工程建设法律实务丛书

工程造价司法鉴定实务解读

丛书主编　张正勤

本书主编　宋艳菊

中国建筑工业出版社

图书在版编目（CIP）数据

工程造价司法鉴定实务解读／宋艳菊主编．—北京：
中国建筑工业出版社，2018.6（2024.11重印）
（工程建设法律实务丛书／张正勤丛书主编）
ISBN 978-7-112-22011-3

Ⅰ.①工…　Ⅱ.①宋…　Ⅲ.①建筑造价—合同纠
纷—司法鉴定—法律解释—中国　Ⅳ.①D923.65

中国版本图书馆CIP数据核字（2018）第060694号

责任编辑：赵晓菲　朱晓瑜
责任校对：王雪竹

工程建设法律实务丛书
工程造价司法鉴定实务解读

丛书主编　张正勤

本书主编　宋艳菊
　　*
中国建筑工业出版社出版、发行（北京海淀三里河路9号）
各地新华书店、建筑书店经销
北京点击世代文化传媒有限公司制版
建工社（河北）印刷有限公司印刷
　　*
开本：787×1092毫米 1/16　印张：22¾　字数：432千字
2018年6月第一版　2024年11月第十一次印刷
定价：50.00 元
ISBN 978-7-112-22011-3
　　（31897）

代　序

张正勤

上篇：造价鉴定干涉诉讼权利的情形分析

前　言

建设工程合同中定性的权利义务最终一定通过定量的工程价款来体现。实践中，由于工程价款的专业性和诉讼参与者的非工程专业背景，工程价款往往只能通过司法鉴定予以最终确定，而进行司法鉴定的相关人员又往往不具有法律背景。因此，其常常会以"客观事实"代替"法律事实"，例如：自行决定"鉴定范围"、擅自选取"鉴定依据"、随意取舍"鉴定证据"、主动积极"采取证据"等。

同时，对于鉴定报告的质证由于时间和场地等限制，往往不能做到"开封查验"。就某些专业性问题进行质证时，提出的问题往往在"形式审查"的质证程序后以鉴定报告"打包封箱"，最终经由判决书"打包入库"。至此，当事人的权益就会随着这些冷冻的数款封存。

导致上述问题最重要的原因在于：法律思维和专业考量无法融合。

解决上述问题最有效的方式在于：全面跟踪造价司法鉴定全过程。

本文在对具体情形作出列举的前提下，通过对其简要的法理解读以及关键原因的分析，提出专业的律师建议，希望可供读者在以后处理相关纠纷中能够予以参考。

一、代替法庭法律定性，干涉法庭行使审判权

1.具体情形

实践中甚至可能出现基础证据材料尚未质证就开始的工程造价鉴定。此时，若出现数份合同或同一事项数张变更签证的情况，往往由鉴定单位的造价工程

师予以选定从而适用于鉴定报告。

而对于证据材料的法律判定，实属法庭对于案件的定性行为。鉴定单位行为无形中代替了法庭行使其审判权，是对法庭审判权的干涉。

2. 简要分析

鉴定应仅就专业性问题得出结论，而不应对法律性问题作出判断。法律性问题是法庭行使审判权来解决的范畴，因此，应先由法庭作出法律判断后，再由鉴定单位作出专业结论。例如：经过招标发包的建设工程，可能存在数份合同，以哪份合同作为计价依据进行鉴定，应由法庭行使审判权完成，鉴定单位无权也无能力进行判断。

3. 关键原因

首先，绝大多数建设工程发包是招标发包的，而基于建筑法中强制规定繁多，且建设工程项目的不确定性及工程造价的专业性等特点，往往会出现阴合同和阳合同、挂靠合同和实际履行合同、工程签证和会议纪要如何适用的问题，甚至纠纷产生就来之于此。

其次，在审理建设工程合同纠纷案时，会出现先进行造价鉴定再进行法庭审理的情况。因此，哪份合同应当作为计价的依据，哪张签证可以计价往往由造价工程师来决定，以便进行具体的造价鉴定，否则鉴定工作将被中止无法进行。这些将导致鉴定单位代替法庭做出法律定性工作，即行业通常所说的"以审代判"。

再次，造价鉴定过程中，若一方律师对鉴定单位的选择提出异议，则鉴定单位也要作出一个判断，或坚持自己的选择；或接受一方律师的异议；或确定不了，对第三种情况，鉴定单位往往会出具两份合同计算出来的结果，对这种情况鉴定单位往往会提出增加鉴定费的要求；但是，鉴定单位对一方律师的异议的判断也没有改变由造价鉴定单位代替法官审判法律问题的性质。

4. 律师建议

律师在鉴定开始前就应当将属于法律定性的问题予以列明，并要求法庭予以明确，例如：哪份合同应作为鉴定的依据、哪份签证作为工程变更价款的计算依据。从而有效地解决法律判断与专业问题混淆的情况，也不会妨碍鉴定单位的鉴定活动。即便法庭判断错误，当事人也可以有效的法定途径进行救济①。

当事人首先应当将法律问题与专业问题明确区分。法律问题由法庭解决，专业问题由鉴定单位解决。更重要的是，当事人应当明确，必须先解决定性的法律问题才可能解决定量的专业问题。

二、代替法庭进行质证，干涉法庭行使质证权

1. 具体情形

涉及工程造价鉴定的案件，当事人除了需向法庭提交基本证据材料外，就鉴定行为往往还需要提交由鉴定单位开列目录的延伸证据材料。而该部分延伸证据材料往往不经由法庭而由当事人直接提交给鉴定单位。这也意味着，鉴定单位收到的延伸证据材料并未经过法庭质证。而实践中，甚至存在基本证据材料未经质证直接移交给鉴定单位的情况。

而对于这些证据材料，鉴定单位往往会直接自行决定是否作为鉴定结论所需依据进行适用，其本质是鉴定单位行使了本应由法庭行使的质证权，是鉴定单位的越权行为。

2. 简要分析

首先应当明确的是，当事人初步提供给法庭的仅能称为"证据材料"。只有经过法庭就三性（真实性、合法性和关联性）进行的质证后，其方可成为法律意义上的"证据"，才能作为判定法律事实的依据。

因此，无论是当事人提供给法庭的，还是直接由鉴定单位接收的，其在未经法庭质证前均不可能成为"证据"对案件的法律事实产生影响，而质证必须在法庭的主持下方可进行。故作为鉴定报告的依据，该证据材料只有进行质证后，方可予以适用。

3. 关键原因

首先，对于涉及工程造价鉴定的案件，先把定量的工程造价确定后再进行

---

① 《最高人民法院关于审理建设工程施工合同纠纷案件适用法律问题的解释》第二十一条规定：
"当事人就同一建设工程另行订立的建设工程施工合同与经过备案的中标合同实质性内容不一致的，应当以备案的中标合同作为结算工程价款的根据。"

最终定性的判决是一般法官的通常做法。并且，因鉴定期限不算入审限，故鉴定报告与其他证据材料可以一并质证效率性更好。因此，很多法官第一次开庭的主要任务就是确定工程造价的鉴定。往往此时，很有可能连案件的基础证据材料都未经质证。

其次，立案时通常仅提出基础证据材料，例如：施工合同、竣工验收报告等。待决定进入工程造价鉴定程序后，法庭才会要求当事人提供与鉴定有关的延伸证据材料，例如：竣工图、竣工报告、工程签证、变更指令以及过程中往来函件，甚至可能还包括招标文件、招标图纸、投标文件、投标报价清单等。因此，工程造价鉴定所需证据材料的提供具有一定的滞后性。

另外，延伸证据资料往往具有以下特点：(1) 专业性强；(2) 不同项目的种类相差大；(3) 通常会随鉴定进程逐渐提供。而鉴于这些特点，延伸证据资料往往直接由鉴定单位进行选择。若对其进行质证，会打断鉴定节奏。同时，对法官而言，因证据资料的专业性太强，其"三性"的质证确实存在一定难度。况且，最终的鉴定报告还是需要经过质证的。

4. 律师建议

若有可能，律师应尽可能在立案时将需要的证据材料全部提供。若确有困难，也应当将延伸证据目录在诉状中明确并坚持要求法庭先就证据材料进行质证再进入鉴定程序。若出现鉴定过程中需要其他延伸证据材料的情况，原则上应向法庭提交并要求质证后再转交鉴定单位。

当事人在准备起诉材料时，应提醒律师考虑造价鉴定所需的延伸证据，并尽可能一次性提供完毕，避免多次质证影响鉴定效力。

三、改变一方诉讼请求，干涉当事人讼诉权利

1. 具体情形

当一方当事人的诉讼请求中未包含工程索赔款，并且委托的鉴定范围也未包含工程索赔款，但是，若鉴定报告中包括工程索赔款，则意味着鉴定行为在无形中为一方增加了诉讼请求。

当一方当事人的诉讼请求中包含工程索赔款，并且委托的鉴定范围也包括

工程索赔款，但是，若鉴定报告中未包括工程索赔款，则意味着鉴定行为无形中减少了一方的诉讼请求。

2. 简要分析

诉讼请求的提出是当事人在诉讼中最基本的权利。诉请的具体确定应由当事人自行决定，法庭主要遵循"不诉不理，诉什么，审什么"的原则。

鉴定过程中，草率地增加或缩小鉴定范围其实意味着增加或减少一方的诉讼请求，是对当事人诉讼权利的侵犯。无论是工程造价鉴定单位还是法庭均无权侵犯当事人应有的权利，故鉴定单位应当严格遵循"委托什么，鉴定什么"的原则，以便维护当事人权利的正常行使。

3. 关键原因

首先，无论是工程建筑业，还是法律界，对于工程合同价款、工程造价、索赔款和赔偿款的概念区分都不够明确。因此，实践中常常会出现将工程合同价款与工程造价相等同、混淆工程造价与工程索赔的概念、不太区分违约赔偿与工程索赔等情况。

其次，除了需要鉴定活动的相关参与人员均对上述概念有着清晰的理解外，还需彼此达成一致。若当事人提出的申请鉴定书中的表达是正确的，但法官向鉴定单位出具的委托鉴定书中未正确表达，则鉴定报告中的结果也不可能正确；若申请鉴定书和委托鉴定书中的表达均是正确的，也经常出现不被进行具体鉴定的造价工程师所理解，甚至会出现，虽然被进行具体鉴定的造价工程师所理解，但是，也不一定能在专业计价后的最终数据中所体现。

另外，当事人的律师往往不会对具体的鉴定工作进行全过程的跟踪，经办法官也往往将委托事宜交由法庭相关具体鉴定部门负责，而鉴定单位也是由具体造价工程师办理的。可以说，三者均未对鉴定活动进行直接接触，这种情形也是造成鉴定范围改变从而影响当事人诉请的原因之一①。

---

① 《司法鉴定程序通则》第十四条规定：
"司法鉴定机构收到委托，应当对委托的鉴定事项进行审查，对属于本机构司法鉴定业务范围、委托鉴定事项的用途及鉴定要求合法，提供的鉴定材料真实、完整、充分的鉴定委托，应当予以受理。
对提供的鉴定材料不完整、不充分的，司法鉴定机构可以要求委托人补充；委托人补充齐全的，可以受理。"

4. 律师建议

律师应尽可能从法律角度理解专业问题，从专业层面表达法律要求。正确适当地提出诉讼请求和鉴定申请并及时审核委托鉴定书。若发现问题，应当第一时间向法庭和鉴定单位提出异议。同时，应对鉴定活动进行会面跟踪，确保在发现委托范围出现偏离时能及时提出，若仍不能纠正，则要善于利用鉴定报告质证时的提问，通过鉴定造价工程的回答来自认改变鉴定范围的事实，从而达到对鉴定报告重新鉴定或补充鉴定的目的。

当事人涉及工程造价案件时应尽可能聘请专业律师。若涉案标的较大、案情较复杂，则还可以聘请专业律师就工程造价鉴定活动专门提供相关的非诉法律服务。

四、代替一方进行举证，干涉当事人举证责任

1. 具体情形

实践中，即便当事人提供的证据中不能反映其申请鉴定的内容，鉴定单位往往仍会本着"实事求是"的精神进行"现场勘察，具体丈量"，并将取得的现场数据作为鉴定依据反映在正式的鉴定报告中。

但其实，这种"实事求是"的行为本质上越过鉴定单位的中立立场代替一方当事人进行举证，从而打破了双方当事人法定的举证责任分配。

2. 简要分析

法律界有句俗语："打官司就是打证据"。从中不难看出，当事人诉请是否能够得到法庭支持与其能够提供的证据具有非常密切的关联。因此，举证责任的分配在诉讼中是至关重要的。

法律原则规定"谁主张谁举证[①]"，除了法庭在法律特别规定的情形下可以收集证据外，非诉讼当事人的其他个人、团体、组织均无权擅自向法庭提供证据。

[①] 《中华人民共和国民事诉讼法》第六十四条规定：

"当事人对自己提出的主张，有责任提供证据。

当事人及其诉讼代理人因客观原因不能自行收集的证据，或者人民法院认为审理案件需要的证据，人民法院应当调查收集。

人民法院应当按照法定程序，全面地、客观地审查核实证据。"

同时，法律规定，负有举证责任的一方应当主动按时地提交相关证据。若不能提供或未按时提供，将承担举证不能的不利后果[①]。

由此，鉴定单位无权为诉讼当事人中的任何一方进行举证。而是应当仅以当事人提供的证据进行专业的鉴定，从而使法庭的审判得到"法律事实"的结果，而不得主动为一方进行举证从而企图得到所谓的"客观事实"。

3. 关键原因

首先，现今工程造价鉴定的专业主要由各地的造价协会或工程造价定额站负责，且对工程造价鉴定起很大作用的《建设工程造价鉴定规程》中有单独一章对"现场勘察"进行了规定。故，一味以法学界的法律思维来要求造价工程师显然过于苛求，现阶段也不太可能。

其次，进行具体鉴定活动的造价工程师大多是理工毕业生。应当说，不受系统法律教育的理工科对于"法律事实"的概念还不太理解，更倾向于对于"实事求是"的认知意识，往往具有倾向性地认为"人家做应当给予人家"，从而影响了鉴定单位的中立立场。

另外，法官和律师虽然本着职业素养对相关问题较为敏感，但由于其对建设工程的相关行业的专业问题熟悉程度有限。因此，绝大多数情况下，其在委托后并不参与鉴定过程。由此也导致了最终实际控制造价鉴定进程及结果的是造价工程师。

4. 律师建议

律师应当适时地向鉴定单位的造价工程师说明证据的相关规则。若鉴定单位需要进行现场勘察，律师应第一时间明确己方观点。若鉴定单位坚持要去现场勘察，则应尽可能随同前往，争取在其现场勘测过程中明确表达己方观点。

---

① 《中华人民共和国民事诉讼法》第六十五条规定：
"当事人对自己提出的主张应当及时提供证据。
人民法院根据当事人的主张和案件审理情况，确定当事人应当提供的证据及其期限。当事人在该期限内提供证据确有困难的，可以向人民法院申请延长期限，人民法院根据当事人的申请适当延长。当事人逾期提供证据的，人民法院应当责令其说明理由；拒不说明理由或者理由不成立的，人民法院根据不同情形可以不予采纳该证据，或者采纳该证据但予以训诫、罚款。"

适当的情况下，律师也可以通过书面形式向法庭阐明观点①。

当事人无论在聘请的诉讼律师合同中，还是在聘请专业律师就工程造价鉴定提供非诉法律服务的合同中，均应明确若出现鉴定单位"现场勘察"的情况，律师有义务提出异议并随同前往。

后记

在建设工程合同纠纷中，法庭主要行使审判权来解决定性的法律问题，造价鉴定单位主要解决定量的专业问题。并且，应先由法庭解决定性的法律问题，再由造价鉴定单位解决定量的专业问题，即：法庭先解决证据材料的质证和证据的定性后才将该证据移交给造价鉴定单位处理，而鉴定单位应仅在委托范围内根据法院移交的证据进行专业的定量鉴定，否则很难保证鉴定的正确性。就像烹饪，应先要对食材进行挑选清洗方可进行烹煮，否则这道菜很难保证是干净的。

现实生活中出现的某些错误，往往来自于主体定位和行为顺序的错误。只要大家都能"做我现在该做的事"，那么，错误发生的概率就会小很多。而就建设工程合同纠纷而言，法庭行使审判权解决定性的法律问题，造价鉴定单位运用专业知识解决定量的专业问题，这样，错误发生的概率就会小很多。

中篇：应当鉴定"发包人应付"的"合同造价"
而非鉴定"承包人已完"的"成本造价"

前　言

笔者在 2017 年 5 月 29 日发表了《造价鉴定干涉诉讼权利的情形分析》，旨在分析因工程造价司法鉴定程序存在的瑕疵而影响的权利行使。拙作如笔者所望地起到了抛砖引玉的作用，在此，谢谢各位的关注，也特别感谢各位提出

---

① 《最高人民法院关于民事诉讼证据的若干规定》第十五条规定：
"《民事诉讼法》第六十四条规定的'人民法院认为审理案件需要的证据'，是指以下情形：
(一) 涉及可能有损国家利益、社会公共利益或者他人合法权益的事实；
(二) 涉及依职权追加当事人、中止诉讼、终结诉讼、回避等与实体争议无关的程序事项。"

意见和观点。

为了将工程造价司法鉴定的相关问题讨论更透彻，笔者以自己承办的工程造价司法鉴定案件为基础，结合法律和建筑的理论写出了本篇拙作。若是上篇拙作是从程序角度对造价司法鉴定存在的问题进行探讨的话，那么本篇则是从实体上对造价司法鉴定存在的问题提出自己的观点和建议。

笔者认为：

因为，应依据"真实合意"鉴定，而非"按实结算"鉴定；

所以，应鉴定"合同造价"，而非"成本造价"；

即：应鉴定竣工时发包人"应付"合同造价的数额，而非鉴定承包人"已做"成本造价的数额。

但是，在工程造价鉴定中，鉴定单位往往本着"实事求是"的原则，秉承着"做了就给"的朴素思想，造成一系列本不应存在的错误，例如：用"成本造价"代替"合同造价"、用"发包人应付"代替"承包人已做"、用"鉴定时的现场状况"代替"竣工时的实际情况"、用"按实鉴定"代替"按真实合意鉴定"、用"教条理解"代替"本意主旨"等。

本文首先阐述了按"应当鉴定'发包人应付'的'合同造价'而非鉴定'承包人已完'的'成本造价'"的理由和依据，然后在具体列举了三种常见的鉴定案例的前提下，通过对其简要的法理解读以及关键原因的分析，最后提出了专业律师的建议。希望可供读者在以后处理相关纠纷中予以参考，也恳请各位予以斧正。

一、造价鉴定应鉴定"发包人""应付"的"合同造价"

笔者一直坚持认为：工程造价可分为合同造价和成本造价。所谓的"合同造价"是指承包人保质完成建设工程发包人应付的对价；而"成本造价"则是指承包人为了取得合同造价而保质完成建设工程所花费的成本和费用。

除均受具体项目的技术参数影响外，相比较而言，合同造价更主要受工程发包形式、市场供求关系、承发包双方的博弈技巧等左右，并最终在建设工程合同中以计价方式、确定形式、结算方式等条款方式予以锁定。而成本造价则更主要受承包人的管理水平、技术水准等所制约，并最终以其与第三方就人工、材料、机械等签订的采购合同以及内部管理的成本所反映。

综上，合同造价是双方合意的结果，约束承发包双方；而成本造价则是一方内部成本和费用花费的结果，原则上，只能影响承包人方。从理论上而言，二者彼此独立，互不干涉，就建设工程合同而言，发包人支付的，承包人要求的只能是合同造价，不可能是成本造价。

若未涉及判断合同造价是否低于成本造价的诉讼，通常的建设工程合同纠纷中的造价鉴定对象是基于双方合意的合同造价，而不可能是基于一方管理水平和技术水准的成本造价。

二、造价鉴定并非鉴定"承包人已做"的"成本造价"

既然建设工程合同纠纷中的造价鉴定通常鉴定的对象是合同造价，不难看出，建设工程合同纠纷中的造价鉴定所鉴定的是发包人应付多少。必须明确，发包人应付的数额与承包人已做的数额并不完全等同。

首先，这其中存在计量风险承担的问题。例如：在双方合意的建设工程合同中约定：固定价固定在施工图纸中而清单报价的计量的风险由承包人承担，则就有可能存在某一子项承包人已做而发包人不应支付的情形。

其次，存在适当履行的问题。例如：承包人提高技术参数的规格或尺寸，虽然实际已做，但从法律角度而言，该行为就是一个违约行为。发包人不仅不应支付超规格或超尺寸部分的价格，而且有权要求承包人承担违约责任。

另外，若按建设工程合同发包人应支付给承包人某一版号的钢筋每吨3400元，则无论承包人实际采购成本造价是每吨3200元还是3600元，均不会也不应影响发包人支付的3400元合同造价。

通常情况下，合同造价应当大于成本造价的，但也有可能存在合同造价小于成本造价的情况。对于后者，只要约定时的合同造价不低于承包人当时的成本造价，就应当认定是一个正常商业风险。

综上，工程造价的鉴定对象是发包人应付的合同造价而非承包人实际的成本造价。

三、固定价在建工程应"按真实合意鉴定"

1. 情况概述

如果合同造价以固定总价形式确定，当建设工程合同解除，若质量无异议的，已完工程合同造价应当支付[1]。因此，一方要求鉴定已完工程合同造价应当被允许。

而由于固定总价的计价方式并不常被强调，并且工程量清单与施工图纸的对应也可能存在差异等原因，鉴定固定总价的在建工程鉴定单位往往本着"实事求是"的精神，"价按定额、量按实际"进行"按实结算"。

2. 建议方式

笔者认为：在建工程的工程造价的鉴定应在固定总价的基础上扣除未完工程量所对应的工程造价再加上工程变更确认的追加工程价款，即：

在建工程的工程造价＝固定价款－未完工程量的价款 ± 工程追加合同价款。

3. 主要理由

固定价在签约时已通过具体数据的方式将风险分配完毕，即：无论承包人为取得该工程造价花费多少成本造价，发包人支付的工程价都是不变的。而可调价则是在签约时主要通过一定计量规则和抽象的费率将风险分配完毕，即：承包人取得合同造价是以成本造价为基础的，且计价方式与价额确定方式在某种意义上是统一的。

因此，可调价的在建工程鉴定容易做到尊重合意，反映法律事实；而固定价的在建工程鉴定往往会"天经地义"地通过"按实结算"的方式进行。若固定价的在建工程以"按实结算"的思路进行鉴定，笔者认为这其中至少存在以下三个问题：

（1）无形中将约定的"固定总价"改变为"可调价"，也势必将投标时工程量计算误差的风险无形中进行转移。

（2）无形中将承包人可能未按图施工的瑕疵责任予以免除且给予合法化。

（3）有可能将确实实际完成的，但根据法律规定或双方约定缺乏合法要件而不应计价的部分予以计价。

---

[1] 《最高人民法院关于审理建设工程施工合同纠纷案件适用法律问题的解释》第十条第一款规定：
"建设工程施工合同解除后，已经完成的建设工程质量合格的，发包人应当按照约定支付相应的工程价款；已经完成的建设工程质量不合格的，参照本解释第三条规定处理。"

综上，最高院为了防止这种所谓的"按实结算"打破双方合意，使得客观事实代替法律事实的情况，故明确规定：一方要求对固定价申请鉴定的，法庭不予准许[①]。

但由于固定价的在建工程必须鉴定，因此，笔者认为：应当鉴定未完工程价款，然后在固定总价的前提下予以扣除的方式才是真正体现"按"当时真"实"的合意"结算"。

4. 律师提醒

在约定以固定价（尤其固定总价）确定合同价款时，尽可能同时明确计价方式、计量误差风险的承担主体以及同时引入进度款与应付款的概念。

四、可调价鉴定中费率的取定应"遵从本意"

1. 情况概述

当合同中约定造价以当地工程造价管理部门出具的定额确定时，如果由于发包人的违约而承包人要求解除合同，则造价鉴定中往往包括：已完工程造价、实际损失中临时设施费和预期利润。

通常情况下，鉴定单位往往是以双方签订的建设工程合同中约定的承包范围内的工程规模来确定工程类别，从而决定其费率而进行已完工程造价鉴定。而临时设施费则以提供的证据"按实鉴定"，预期利润往往会认为承包人没有实际发生则不予鉴定。

2. 建议方式

笔者认为：在建工程的合同造价应当以已完工程规模相应的工程类别来取定费率；临时措施费和预期利润则以合同约定的承包范围所对应的工程规模相应的工程类别取定费率予以计算。

3. 主要理由

（1）已完工程造价的鉴定

根据法律相关规定，无论何种原因解除建设工程合同，对于承包人已完成

---

① 《最高人民法院关于审理建设工程施工合同纠纷案件适用法律问题的解释》第二十二条规定：
    "当事人约定按照固定价结算工程价款，一方当事人请求对建设工程造价进行鉴定的，不予支持。"

且符合质量要求的工程，发包人仍应约定支付相应的工程价款。

定额费率是以工程规模大小将建设工程分为不同类别而设定不同比率从而使工程规模与造价费率的相匹配达到实际公平的社会效果。而承包范围工程规模对应的类别是以全部完成的建设工程为前提的。但是，在合同解除的情况下，通常仅仅完成部分工程，可能存在承包范围的工程规模与已完工程规模对应的工程类别是不一致的情况。

故，在鉴定已完工程造价时，若教条地按建设工程合同中的承包范围所对应的工程规模套用相应费率是不合适，也是不科学的，更是与设定工程类别的宗旨相违背的。只有根据已完工程的规模取得工程类别，才能将工程施工过程中直接耗费的构成工程实体规模与定额费率相匹配。

（2）实际损失中的措施费的鉴定

按照行为惯例，通常承包人进场施工前是按建设工程合同承包范围的规模和要求建设临时设施的，因此，若由于发包人的违约致使合同解除，承包人往往会要求发包人承担除已完工程造价中已包含之外的临时设施费。

若双方约定按定额结算合同造价时，只要承包人完成符合约定要求建设工程时，发包人就应当支付按定额结算的合同造价，不存在以承包人要求发生定额相应的费用为前提，因此，笔者认为：临时设施措施费的鉴定原则上是不存在"按实结算"的，即：承包人无需承担举证证明已完成临时设施费用花费情况的义务。在合同中，双方已经约定按相应定额进行结算，就意味着双方均同意该部分的费用由发包人支付，故不存在以承包人是否实际支出为前提。

综上，鉴定的对象应是发包人按约定应当支付的费用而非承包人实际花费的费用。

（3）预期利润的鉴定

根据法律的相关规定 [①]：因一方违约导致合同解除的，违约方应当赔偿因此

[①] 《最高人民法院关于审理建设工程施工合同纠纷案件适用法律问题的解释》第十条第二款规定："因一方违约导致合同解除的，违约方应当赔偿因此而给对方造成的损失。"

给对方造成的损失。该损失包括：预期利润和实际损失^①。

发包人违约被承包人解除的建设工程合同将造成承包人的预期利润不能取得。而由于双方约定按定额计价的，在定额的费率表有相应的利润率。因此，发包人应当承担赔偿承包人预期利润的损失，这是对契约精神的尊重，也是守信原则的体现。

4. 律师提醒

当合同中约定以定额计算合同造价时，应明确只要建设工程符合要求，定额中包括的所有内容均是发包人应当支付的，原则上，承包人对此无需举证证明是否实际发生。

五、鉴定超标施工子目的价款首先应"遵循法理"

1. 现状概述

若在工程竣工结算时，双方对结算价款存在纠纷从而进行诉讼的，在鉴定过程中，往往会出现超规格或超尺寸的情况，在鉴定中发现，鉴定单位往往本着"实事求是"的精神对超标施工的子目进行"按实结算"。

例如：施工图和预算书等技术资料中的某种钢筋的规格是22mm，而竣工图和结算书等技术资料中为25mm的钢筋，且承包人确实按25mm的标准施工，并且也没有发包人的工程变更单，则通常鉴定机构会以18mm"按实鉴定"。

2. 建议方式

笔者认为：若没有发包人签发的工程变更的合法证据，鉴定机构应按照施工图和预算书等技术资料中所标示的22mm进行鉴定，而不应按照竣工图和结算书等技术资料所显示的25mm进行鉴定。

3. 主要理由

首先，从鉴定目的而言，竣工结算纠纷的本质是"发包人应付承包人多少合同造价"的纠纷，故其造价鉴定寻求的是"根据双方合同约定，发包人应付

---

① 《中华人民共和国合同法》第一百一十三条第一款规定：

"当事人一方不履行合同义务或者履行合同义务不符合约定，给对方造成损失的，损失赔偿额应当相当于因违约所造成的损失，包括合同履行后可以获得的利益，但不得超过违反合同一方订立合同时预见到或者应当预见到的因违反合同可能造成的损失。"

承包人多少合同造价"而非"承包人实际完成的成本造价"。

其次，从建筑学的角度而言，钢筋从22mm变为25mm并非一定有利于建设工程质量。相反，结构设计需要考量诸多因素从而达到整体平衡。每一细微数据的取定均是在其他诸多数据的前提下进行的；每一数据的改变会影响其他数据，从而影响整个体系。

再次，从法律的角度而言，将22mm变为25mm其本质是违约行为。所谓的"违约"包括未履行约定义务，也包括虽履行约定义务，但不符合约定要求[①]，例如：22mm变为25mm。也因此，建筑法明确要求，施工承包人的主要义务是按图施工。

若鉴定时按22mm计算也可视为不予追求承包人违约责任。若进一步按25mm进行鉴定计算，则等同于将违约行为合法化。

4. 律师提醒

出现这种超规格或超标准的施工，首先应当向鉴定单位和法官明确其行为属于违约行为。若发包人未反诉也不等同于认可该行为的合法。应坚决要求按施工图规格或标准进行鉴定。

【结语】

若将提交给鉴定单位的证据定义为"鉴材"，则首先应在法庭质证确认其符合"真实性、合法性和关联性"后方可转交鉴定单位。

而鉴定单位应当（也必须）仅按这些"鉴材"进行鉴定。就像烹饪，应先要对食材进行挑选清洗后方可进行烹煮，否则这道菜很难保证是干净的。不仅如此，若在烹饪过程中不加思考地随意放入食材，随意改变烹饪方式，往往会出现"串味"的"大杂烩"，而非真正美味的"盛宴"。

[①] 《中华人民共和国合同法》第一百零七条规定：

"当事人一方不履行合同义务或者履行合同义务不符合约定的，应当承担继续履行、采取补救措施或者赔偿损失等违约责任。"

下篇：造价司法鉴定非诉法律服务很有必要

前　言

2017 年 5 月 29 日、6 月 13 日，笔者先后发表了造价司法鉴定问题论文系列之一《造价鉴定干涉诉讼权利的情形分析》和论文系列之二《应当鉴定"发包人应付"的"合同造价"而非鉴定"承包人已完"的"成本造价"——兼谈客观事实与法律事实在工程造价鉴定中的影响》。上述两篇拙作旨在分析实践中因工程造价司法鉴定程序可能存在的瑕疵而影响的权利行使以及如何建立"应鉴定的是发包人竣工时点应付的合同造价"的理念。

通常情况下，建设工程案件的诉讼均会涉及司法鉴定，尤其是工程造价司法鉴定。而基于上述提及的逻辑路径，笔者认为：

（1）建设工程案件的诉讼质量可由两部分组成：一部分是司法鉴定报告的质量；另一部分则是除此之外的庭审质量。而大多数建设工程案件的诉讼质量都与司法鉴定报告的质量息息相关。

（2）由于"一般情况律师不参与造价鉴定全过程"且"鉴定报告的质证常受时间和场地限制"，故很难做到"开封查验"，即：对报告中的具体专业问题（例如：量、价、费等）当庭核实和对账式的质证。

（3）质证后启动"补充（或重新）鉴定"程序通常是在报告存在明显瑕疵，且需申请方的律师不但敬业，而且以专业为前提的。否则，将很难启动该程序。而若无法启动，原则上鉴定报告的瑕疵再无其他救济途径。

（4）为了保证建设工程案件的诉讼质量，维护当事人合法权益，重视和提高司法鉴定报告的质量是诉讼过程中的重中之重，而其关键在于：全过程跟踪造价鉴定，努力将瑕疵消灭在出报告之前。

（5）"努力将瑕疵消灭在出具鉴定报告之前"的关键是司法鉴定环节必须有律师跟进。跟进方式主要有两种：第一种，由同一律师同时承担司法鉴定和诉讼过程的相关工作；第二种，由不同律师分别承担司法鉴定和诉讼过程的相关工作。前者有利于对案件进行整体把握，而后者也不失为一种亡羊补牢的办法。

为了将工程造价司法鉴定的相关问题讨论得更为透彻，笔者以《上海东方环发律师事务所工程司法鉴定研究中心》（以下简称"工程司法鉴定研究中心"）承办的工程造价司法鉴定案件为基础，结合《工程司法鉴定研究中心》的操作规程，撰写本篇论文作为造价司法鉴定问题论文系列之三。希望可供读者在以后处理相关纠纷中能够予以参考，也恳请各位予以斧正。

　　以下是"工程司法鉴定研究中心"全面跟踪造价司法鉴定操作规程的主要环节：

一、收集证据并测算结果后分析诉讼风险

　　若律师接受案件被告委托的建设工程案件时，应判断诉讼相对方，即原告是否存在质量瑕疵和工期违约的情况，并测算对应的造价和损失，从而分析是否需要提出反诉？若需要，何时提出鉴定？

　　若律师接受案件原告委托的建设工程案件时，在注意相关证据搜集齐全的前提下，应判断诉讼相对方，即被告是否存在提出反诉的可能性，并测算不同情况下的结算结果[①]。

　　这一阶段工作的主要目的在于：收集与本案有关的所有证据并定量测算，本着降低诉讼风险的目的，客观理性地分析各种诉讼策略存在的风险。

二、审核鉴定范围使诉讼请求与鉴定范围相匹配

　　当律师仅接受关于造价鉴定的非诉法律服务时，无论是接受原告委托，还是接受被告委托，首先需要做的是阅卷。律师应阅览诉讼中原告和被告提交给法庭的所有材料及庭审时的所有笔录。而后，应在巩固之前工作成果的前提下，重点分析申请鉴定的鉴定范围是否与委托人的诉请相一致。

　　这一阶段工作的主要目的在于：在了解之前工作成果的前提下，审核鉴定范围是否与鉴定目的一致，是否与诉讼请求一致，若发现偏差时及时向法院提出。

---

① 《中华人民共和国合同法》第一百一十三条第一款规定：
　　"当事人一方不履行合同义务或者履行合同义务不符合约定，给对方造成损失的，损失赔偿额应当相当于因违约所造成的损失，包括合同履行后可以获得的利益，但不得超过违反合同一方订立合同时预见到或者应当预见到的因违反合同可能造成的损失。"

三、确定提交鉴定所需资料并使其符合证据要件

当法庭决定工程造价鉴定后，若作为申请人的代理人，应当从专业角度提供司法鉴定所需要的相关证据材料，并向鉴定单位解释其对鉴定造价的作用。若作为被申请人的代理人，应就申请人提交的证据材料要求法庭组织质证，对不符合证据要件的证据材料向法庭请求不予提交鉴定单位作为鉴定依据[①]。

这一阶段工作的主要目的在于：申请人提供的鉴定所需证据材料应尽可能穷尽且努力使鉴定单位理解其作用；而被申请人应当避免非证据的材料作为鉴定依据纳入鉴定结论。

四、提交法律意见书并单方测定工程造价结果

当双方就造价鉴定向法庭提交完毕证据材料后，应就工程造价鉴定的相关问题拟订法律意见书，在向当事人的专业人员进行解读后要求当事人的专业人员在理解法律意见的前提下，根据鉴定单位具有的证据材料进行单方的专业测算，即：单方模拟出一份"造价鉴定报告"，从而做到自己心里有数，也便于后续鉴定过程的跟进更有理有据。

这一阶段工作的主要目的在于：对造价鉴定中可能碰到的定性问题予以明确表态并准备充分依据；对造价鉴定中的定量问题先进行测算，以便心中有数，为造价鉴定的后续跟进做好准备。

五、全面跟踪造价鉴定全过程并及时提出意见

全面跟踪造价鉴定全过程，参与由鉴定单位组织的鉴定资料核实碰头会。对于未经过质证的证据资料和超过举证期限的证据材料，应及时向鉴定单位和法院提出不予采纳。同时，对于由鉴定单位组织的现场勘查应积极参加，并明确鉴定时点应当是竣工时点。若出现以现场状态和勘查时点为鉴定依据的情况

---

① 《中华人民共和国民事诉讼法》第六十四条规定：
　　"当事人对自己提出的主张，有责任提供证据。
　　当事人及其诉讼代理人因客观原因不能自行收集的证据，或者人民法院认为审理案件需要的证据，人民法院应当调查收集。
　　人民法院应当按照法定程序，全面地、客观地审查核实证据。"

时，应及时向鉴定单位和法院提出意见。

这一阶段工作的主要目的在于：保证造价鉴定中采用的证据材料符合证据要件，并保证造价鉴定的时点是竣工时点，并在鉴定过程中向鉴定单位和法庭提交代理意见书，从而影响鉴定机构和法庭使鉴定过程中已发现的问题尽可能不要出现在鉴定初稿中。

六、从法律和专业角度对初稿提出可能的异议

对于鉴定单位出具的初稿意见，应及时组织当事人的专业人员进行核对。对于其中的疏漏和错误分别从定性的法律角度和定量的专业角度以异议书的形式向鉴定单位和法院提出，并尽可能与鉴定人员进行当面沟通交流。

这一阶段工作的主要目的在于：努力使初稿中的瑕疵在出具正式报告前予以消除，降低其后质证过程的对抗性[①]。

七、法庭质证中就实体、程序作出提问

在收到正式报告后，首先应从定性的法律问题和定量的专业问题进行分析。若存在瑕疵，则组织当事人的相关人员进行讨论，统一认识，归纳总结，然后提出质证的策略：质证顺序如何，如何提问等，并模拟质证时可能出现的情况进行准备。

这一阶段工作的主要目的在于：发挥质证技巧，提高质证效果。在法庭上通过质证使报告的瑕疵迅速凸显出来，让法庭能明确认识，从而达到补充（或重新）鉴定的目的。

八、根据质证情况就报告存在的问题提交代理意见

质证完毕后，应及时、理性地分析质证效果，确定质证过程中哪些问题已

[①]《司法鉴定程序通则》第十四条规定：

"司法鉴定机构收到委托，应当对委托的鉴定事项进行审查，对属于本机构司法鉴定业务范围，委托鉴定事项的用途及鉴定要求合法，提供的鉴定材料真实、完整、充分的鉴定委托，应当予以受理。

对提供的鉴定材料不完整、不充分的，司法鉴定机构可以要求委托人补充；委托人补充齐全的，可以受理。"

经明确，哪些问题明确不够以及哪些问题没有明确。就上述分析，应及时向法庭提交一份就质证问题为主要内容的代理意见。该代理意见应当做到简洁、周延、明确，同时提交申请补充（或重新）鉴定申请书。

这一阶段工作的主要目的在于：在锁定质证成果的前提下，补正质证中的不足或缺陷，并尝试再次影响法庭。同时，以书面形式正式向法庭提出补充（或重新）鉴定的申请。

【结语】

综上，笔者认为，工程造价鉴定非诉法律服务的主要原则在于：以造价鉴定的原则性遵守职业操守；以工程造价的契约性尊重双方的合意；以工程计价的提前性遵守法律规定；以基础资料的证据性把握规则精髓；以工程造价的专业性遵从取舍原则。

受限于时间仓促与学识浅薄，本书难免存疏漏乃至谬误之处，敬请广大读者及业界同仁不吝赐教、批评指正。本书的出版得到了郑州市中级人民法院王玮琦法官、张姝律师的大力支持，在此一并表示感谢！

目 录

第一章　直接发包合同价款的鉴定

第一节　总包情形下的司法鉴定

一、主要条款归纳

（一）直接发包

《中华人民共和国建筑法》第十九条规定：

"建筑工程依法实行招标发包，对不适于招标发包的可以直接发包。"

┌─主旨诠释─────────────────────────┐

　　本条是关于建筑工程发包方式的规定。建设工程发包，是指建设单位采用一定的方式，在政府管理部门的监督下，遵循公开、公正、公平的原则，择优选定设计、施工等单位的活动。

　　建筑工程发包分为招标发包和直接发包两类。招标发包可以采取公开招标和邀请招标两种方式。建筑工程依法实行招标发包，对不适于招标发包的可以直接发包。

└──────────────────────────────┘

（二）直接发包

《中华人民共和国招标投标法》第六十六条规定：

"涉及国家安全、国家秘密、抢险救灾或者属于利用扶贫资金实行以工代赈、需要使用农民工等特殊情况，不适宜进行招标的项目，按照国家有关规定可以不进行招标。"

《中华人民共和国招标投标法实施条例》第九条规定：

"除招标投标法第六十六条规定的可以不进行招标的特殊情况外，有下列情形之一的，可以不进行招标：

（一）需要采用不可替代的专利或者专有技术；

（二）采购人依法能够自行建设、生产或者提供；

（三）已通过招标方式选定的特许经营项目投资人依法能够自行建设、生产或

1

者提供；

（四）需要向原中标人采购工程、货物或者服务，否则将影响施工或者功能配套要求；

（五）国家规定的其他特殊情形。

招标人为适用前款规定弄虚作假的，属于招标投标法第四条规定的规避招标。"

《工程建设项目招标范围和规模标准规定》第八条规定：

"建设项目的勘察、设计，采用特定专利或者专有技术的，或者其建立艺术造型有特殊要求的，经项目主管部门批准，可以不进行招标。"

《工程建设项目施工招标投标办法》第十二条规定：

"依法必须进行施工招标的工程建设项目有下列情形之一的，可以不进行施工招标：

（一）涉及国家安全、国家秘密、抢险救灾或者属于利用扶贫资金实行以工代赈需要使用农民工等特殊情况，不适宜进行招标；

（二）施工主要技术采用不可替代的专利或者专有技术；

（三）已通过招标方式选定的特许经营项目投资人依法能够自行建设；

（四）采购人依法能够自行建设；

（五）在建工程追加的附属小型工程或者主体加层工程，原中标人仍具备承包能力，并且其他人承担将影响施工或者功能配套要求；

（六）国家规定的其他情形。"

《房屋建筑和市政基础设施工程施工招标投标管理办法》第十条规定：

"工程有下列情形之一的，经县级以上地方人民政府建设行政主管部门批准，可以不进行施工招标：

（一）停建或者缓建后恢复建设的单位工程，且承包人未发生变更的；

（二）施工企业自建自用的工程，且该施工企业资质等级符合工程要求的；

（三）在建工程追加的附属小型工程或者主体加层工程，且承包人未发生变更的；

（四）法律、法规、规章规定的其他情形。"

《国家发展改革委关于印发〈传统基础设施领域实施政府和社会资本合作项目工作导则〉的通知》第十三条规定：

"社会资本方遴选依法通过公开招标、邀请招标、两阶段招标、竞争性谈判等方式，公平择优选择具有相应投资能力、管理经验、专业水平、融资实力以及信用状况良好的社会资本方作为合作伙伴。其中，拟由社会资本方自行承担工程项目勘察、设计、施工、监理以及与工程建设有关的重要设备、材料等采购的，必须按照《招标投标法》的规定，通过招标方式选择社会资本方。"

《财政部关于在公共服务领域深入推进政府和社会资本合作工作的通知》（财金 [2016]90 号）第九条规定：

"简政放权释放市场主体潜力。各级财政部门要联合有关部门，加强项目前期立项程序与 PPP 模式操作流程的优化与衔接，进一步减少行政审批环节。对于涉及工程建设、设备采购或服务外包的 PPP 项目，已经依据政府采购法选定社会资本合作方的，合作方依法能够自行建设、生产或者提供服务的，按照《招标投标法实施条例》第九条规定，合作方可以不再进行招标。"

主旨诠释

根据上述法律、法规和规章的规定，有下列情形之一的建设工程项目，可以不进行招标：（1）涉及国家安全、国家秘密或者抢险救灾而不适宜招标的；（2）属于利用扶贫资金实行以工代赈需要使用农民工的；（3）施工主要技术采用特定的专利或者专有技术的；（4）施工企业自建自用的工程，且该施工企业资质等级符合工程要求的；（5）在建工程追加的附属小型工程或者主体加层工程，原中标人仍具备承包能力的或承包人未发生变更的；（6）停建或者缓建后恢复建设的单位工程，且承包人未发生变更的；（7）建设项目的勘察、设计，采用特定专利或者专有技术的，或者其建筑艺术造型有特殊要求的，经项目主管部门批准的；（8）采购人依法能够自行建设；（9）已通过招标方式选定的特许经营项目投资人依法能够自行建设、生产或者提供；（10）法律、行政法规规定的其他情形。

另外，笔者认为：建设工程总承包和建设工程施工总承包的承包人进行分包也可以不进行招标。

（三）施工总承包资质

《建筑业企业资质管理规定》第五条规定：

"建筑业企业资质分为施工总承包资质、专业承包资质、施工劳务资质三个序列。

施工总承包资质、专业承包资质按照工程性质和技术特点分别划分为若干资质类别，各资质类别按照规定的条件划分为若干资质等级。施工劳务资质不分类别与等级。"

主旨诠释

本条款是关于建筑业企业资质分类的法律规定。

结合《建筑业企业资质标准》（建市 [2014]159 号）总则第一条和第三条的规定，建筑业企业资质分为施工总承包、专业承包和施工劳务三个序列。

其中施工总承包序列设有 12 个类别，一般分为 4 个等级（特级、一级、二级、三级）；专业承包序列设有 36 个类别，一般分为 3 个等级（一级、二级、三级）；施工劳务序列不分类别和等级。

各类资质可以承接的业务范围为：

（1）施工总承包工程应由取得相应施工总承包资质的企业承担。取得施工总承包资质的企业可以对所承接的施工总承包工程内各专业工程全部自行施工，也可以将专业工程依法进行分包。对设有资质的专业工程进行分包时，应分包给具有相应专业承包资质的企业。施工总承包企业将劳务作业分包时，应分包给具有施工劳务资质的企业。

（2）取得专业承包资质的企业可以承接具有施工总承包资质的企业依法分包的专业工程或建设单位依法发包的专业工程。取得专业承包资质的企业应对所承接的专业工程全部自行组织施工，劳务作业可以分包，但应分包给具有施工劳务资质的企业。

（3）取得施工劳务资质的企业可以承接具有施工总承包资质或专业承包资质的企业分包的劳务作业。

（4）取得施工总承包资质的企业，可以从事资质证书许可范围内的相应工程总承包、工程项目管理等业务。

二、鉴定方法解读

（一）工程总承包工程的价款鉴定

国家发展改革委、工业和信息化部、财政部、住房和城乡建设部、交通运输部、铁道部、水利部、广电总局、中国民用航空局《关于印发简明标准施工招标文件和标准设计施工总承包招标文件的通知》（发改法规 [2011]3018 号）下发了工程总承包招标文件的示范文本《标准设计施工总承包招标文件》（2012 年版，下称《标准文件》）。其中第四章规定了合同条款及格式，下述观点以该章内容作为依据。

标准文件对发包人要求和承包人建议书的定义如下：

（1）发包人要求：指构成合同文件组成部分的名为发包人要求的文件，包括招标项目的目的、范围、设计与其他技术标准和要求，以及合同双方当事人约定对其所作的修改或补充。

（2）承包人建议书：指构成合同文件组成部分的名为承包人建议书的文件。承包人建议书由承包人随投标函一起提交。承包人建议书应包括承包人的设计图纸及相应说明等设计文件。不可预见物质条件，除专用合同条款另有约定外，是指承包人在施工场地遇到的不可预见的自然物质条件、非自然的物质障碍和污染物，包括地下和水文条件，但不包括气候条件。

工程总承包方式下，发包人要求应该越全面、越细致、越具有可操作性越好。承包人建议书应该在详细研究发包人要求的基础上编制，如果发现发包人要求错误应当提出，未发现或不提出的视为发包人要求无错误。但需注意以下特殊情形：

1）发包人拒不修改承包人指出的错误，或者发包人在合同履行过程中修改补充发包人要求，导致承包人增加费用和（或）工期延误的，发包人应承担由此增加的费用和（或）工期延误，并向承包人支付合理利润。

2）无论承包人发现与否，在任何情况下，发包人要求中的下列错误导致承包人增加的费用和（或）延误的工期，由发包人承担，并向承包人支付合理利润：

①发包人要求中引用的原始数据和资料；

②对工程或其任何部分的功能要求；

③对工程的工艺安排或要求；

④试验和检验标准；

⑤除合同另有约定外，承包人无法核实的数据和资料。

（3）承包人遇到不可预见物质条件时，应采取适应不利物质条件的合理措施继续设计和（或）施工，并及时通知监理人，通知应载明不利物质条件的内容以及承包人认为不可预见的理由。监理人应当及时发出指示，指示构成变更的，变更价格应包括合理的利润。监理人没有发出指示的，承包人因采取合理措施，而增加的费用和（或）工期延误，由发包人承担。

除上述情况外，发包人要求未作更改的情况下，承包人建议书不满足规范或者施工要求造成的损失由承包人自行承担。在司法鉴定时，承包人因采取合理措施而增加的费用包含利润，合同约定有计价方式的按照合同约定，合同未约定的按照签订合同时当地建设行政主管部门发布的计价方法或者计价标准结算工程价款。工程总承包合同约定由承包人负责勘察设计，并约定不利物质条件不作为调价因素的，按照合同约定不予调整。

（二）施工总承包不利条件下增加的费用鉴定

施工总承包方式下，勘察设计由发包人负责，承包人仅承担按图施工的责任，任何设计缺陷造成的承包人损失均由发包人承担，这是施工总承包与工程总承包方式在工程价款鉴定中最大的区别。

在理想的施工总承包方式下，没有甲供材和暂估价，没有指定分包，所有与建筑工程有关的施工均由施工总承包单位完成。在经发包人同意的情况下，施工总承包单位可以分包非主体工程，可以进行劳务分包，但分包不影响总承包合同的履行，全部工程价款由发包人与施工总承包人结算。其中因不利物质条件增加的费用鉴定方式为：

《建设工程施工合同（示范文本）》GF—2017—0201（以下简称《建设工程施工合同（示范文本)》）对不利物质条件的定义是：指有经验的承包人在施工现场遇到的不可预见的自然物质条件、非自然的物质障碍和污染物，包括地表以下物质条件和水文条件以及专用合同条款约定的其他情形，但不包括气候条件。

承包人遇到不利物质条件时，应采取克服不利物质条件的合理措施继续施工，并及时通知发包人和监理人。通知应载明不利物质条件的内容以及承包人认为不可预见的理由。监理人经发包人同意后应当及时发出指示，指示构成变更的，按变更约定执行。承包人因采取合理措施而增加的费用和（或）延误的工期由发包人承担。增加费用在司法鉴定时，按照如下规则计价：

（1）已标价工程量清单或预算书有相同项目的，按照相同项目单价认定。

（2）已标价工程量清单或预算书中无相同项目，但有类似项目的，参照类似项目的单价认定。

（3）变更导致实际完成的变更工程量与已标价工程量清单或预算书中列明的该项目工程量的变化幅度超过15%的，或已标价工程量清单或预算书中无相同项目及类似项目单价的，按照合理的成本与利润构成的原则，由合同当事人协商确定变更工作的单价。当事人不能协商确定的，按照已标价工程量清单或预算书组价原则计算合理的成本与利润。

（三）成本加酬金方式计价的工程价款鉴定

成本加酬金合同也称为成本补偿合同，这是与固定总价合同正好相反的合同，工程施工的最终合同价格将按照工程实际成本再加上一定酬金进行计算。在合同签订时，工程实际成本往往不能确定，只能确定酬金的取值比例或者计算原则。最终由业主向承包单位支付工程项目的实际成本，并按事先约定的某一种方式支付酬金的合同类型。

主要适用于：（1）需要立即开展的项目（紧急工程）。时间特别紧迫，如抢险、救灾工程，来不及进行详细的计划和商谈；（2）新型的工程项目；（3）风险很大的项目（保密工程）。

在进行工程价款鉴定时成本的确定原则为：人材机的消耗量一般采用当地造价管理部门发布的社会性平均消耗量进行计算。成本加酬金合同总的来说主要是按工程成本加上一定的酬金进行计算。这里的成本应该包括工程施工过程所花费的所有费用，包括人工费、机械费、材料费、税金、利息、保险、场地租赁费用、招待费、宣传费、施工管理人员过程管理费用、水费、电费及因管理失误、设计变更等导致的返工费用、不可抗力因素中属于承建单位应当承担的责任等。这里的工程成本有些在定额内可直接套用，或采用定额规定的直接费的某个系数确定，而有些在定额之外，在定额之外的应该经发包人的确认。

三、典型案例

（一）基本案情

某建设集团与某工厂签订建设工程施工合同，约定由该建设集团承建某工厂的厂房项目。在土方开挖过程中，遇到大石块及地下暗浜，某建设集团未办理签证，仅办理了监理单位签认的《工程量现场确认单》。

工程量现场确认单显示，开挖过程中在某某位置出现大石块，大石块的数量及体积，以及采用了吊车多少个台班，购土回填的体积；在某某位置出现地下暗浜，地下暗浜的宽度及淤泥的体积，以及淤泥外运距离和购土回填的体积。

（二）争议焦点

（1）没有签证是否可以计算费用？

（2）如何计算费用？

（三）简要评析

涉案工程属于直接发包的工程，发包人与承包人直接签订了建设工程施工合同，合同约定了现场代表和监理单位，并约定监理单位的授权见监理合同，监理合同约定监理无经济签证权。

（1）本案中因现场工程量确认单有监理单位的签章，但未办理签证，存在一定的风险，如果合同明确约定监理没有经济签证权，或者合同约定必须办理签证单才能调整工程价款的，存在不能调整结算的风险。本案中法院认定监理授权不明确，可以调整结算。

（2）因工程量确认单仅描述了地下障碍物的数量和购土回填及外运的距离，没有价格的描述。鉴定单位最终采用当地的定额及信息价和市场询价确定调整工程价款的具体金额。

（3）本案中淤泥的处理在施工图中有明确的处理方法，如果施工图中没有处理方式，承包人应该报请监理及发包人，发包人通知设计单位出具设计变更。如果承包人擅自处置，不仅存在不能调整工程价款的风险，还要承担将来发生建筑物沉降或者倒塌的风险。

四、律师建议

（1）直接发包工程，合同应对工程价款的结算依据约定清楚，发生不利的地质条件时的处理程序也应约定清楚，对于不利的地质条件所增加的费用如何计算等也应进行约定。司法鉴定时，鉴定人应严格依据合同约定的结算依据和计算方法进行工程价款的鉴定。约定不明时，可以根据自己的执业能力提出计算依据和计算方法的建议，征求当事人和法院的意见，当事人不同意鉴定人提出的建议并有合理理由的，鉴定人可以向行政主管机关咨询，并根据咨询的结果最终确定鉴定采用的依据和方法。避免因错误鉴定承担过错责任。

（2）工程总承包合同中的业主要求取代了施工合同中的图纸和规范，确定了工程总承包项目的标准。工程总承包的这一特点决定了业主强调项目最终使用功能；业主承担的支付义务是合同约定的固定总价。业主对项目的这种抽象要求，以及合同双方对于项目仅有文字约定而无图纸约定的事实，常常导致总承包商的承包范围难以确定，业主对总承包商设计文件的一些修改意见，往往被业主视为是符合工程预期目的的设计优化而不是设计内容的变更，已包死的合同价格因此被认为不能发生变更。

在进行工程价款司法鉴定时，对设计变更和承包合同内容的变更应区别认识。设计变更不等于承包合同内容的变更。设计变更是指，设计单位根据委托人或者根据政府的有关规定对图纸的改变，设计变更通常是对设计的局部修改、完善，一般包括更改工程有关部分的标高、基线、位置和尺寸，或是调整有关工程的施工时间、顺序，或是增减合同中约定的工程量，以及其他有关工程变更需要的附加工作。承包合同内容变更是指，订立合同的当事人，对承包合同确定的权利义务经协商一致予以改变。设计变更并不意味着承包合同内容变更。在工程总承包合同中，据以确定合同价款的依据是业主的项目要求，而不是签约后总承包方完成的初步设计图纸。在上述案例中，总承包方是否有权索赔，关键看变更后的施工图纸是否对业主的项目要求进行了实质性变更，如进行了实质性变更，总承包方有权提出索赔。总承包方仅仅拿施工图纸对初步设计图纸作了修改为由要求索赔，是不会得到法律支持的。

笔者认为，在工程总承包项目中，为避免纠纷，合同双方应当具体定义业主的项目要求并以此作为调整合同价款的依据。业主的项目要求应该采用具体与概括相统一的办法，明确竣工工程在功能方面的特定要求，包括范围、质量以及要求承包人供应的材料、设备等。

（3）司法鉴定时，哪些证据可以作为结算工程价款的依据问题，签证的效力如何，司法鉴定单位应该征求法院的意见。

浙江省高级人民法院的观点[①]："双方当事人在建设工程施工过程中形成的补充协议、会议纪要、工程联系单、工程变更单、工程对账签证以及其他往来函件、记录等书面证据，可以作为工程量计算和认定工程价款的依据。除法定代表人和约定明确授权的人员外，其他人员对工程量和价款等所作的签证、确认，不具有法律效力。没有约定明确授权的，法定代表人、项目经理、现场负责人的签证、确认具有法律效力；其他人员的签证、确认，对发包人不具有法律效力，除非承包人举证证明该人员确有相应权限。"笔者认为基于表见代理的法律规定，发包人不能证明签字人员没有相应权限，且承包人有理由相信签字人员有相应权限的情况下，其他人员对工程量和价款等所作的签证、确认也具有法律效力。

浙江省高级人民法院观点[②]："第十二条 建设工程价款进行鉴定的，承包人出具的工程签证单等工程施工资料有瑕疵，鉴定机构未予认定，承包人要求按照工程签证单等工程施工资料给付相应工程价款的，人民法院不予支持，但当事人有证据证明工程签证单等工程施工资料载明的工程内容确已完成的除外。"笔者认为，施工企业应该保存好有争议签证的影像资料，该影像资料应该有监理的人员的出现或者经监理确认，监理不予确认的可以请公证处公正。

江苏省高级人民法院观点[③]："施工合同中，当事人之间会有很多的签证，其

---

① 《浙江省高级人民法院民事审判第一庭〈关于审理建设工程施工合同纠纷案件若干疑难问题的解答〉》。
② 《浙江省高级人民法院关于审理建设工程施工合同纠纷案件若干问题的意见》。
③ 《江苏省高级人民法院审判工作座谈会纪要2009年》。

中与工程价款结算有关的签证如何认定比较有争议。我们认为，建筑工程类案件，在工程设计、施工、质量验收、决算等方面涉及许多专业性问题，法官不可能都精通，但当事人对工程质量、工程结算的争议，法官一方面可以借助鉴定等诉讼手段认定双方是否按约履行义务；另一方面，法官的专长在于从证据上把关、审核。合同虽然是当事人结算的重要依据，但合同履行中的签证也是认定当事人之间结算的依据。法官应当从证据的真实性、关联性、合法性上来认定证据的效力；其次，从签证的内容来判断当事人是否通过签证改变了合同中的约定，如果签证中涉及工程量或对某些项目计价方式的确定与合同约定不符，可以认为是对合同的变更，法官应根据变更的签证对当事人之间的争议进行认定。"笔者认为，签证的内容在没有合理理由的情况下，变更必须招标工程的备案合同约定的计价方式，仍应该按照备案合同约定结算工程价款。

总之，证据的效力问题应该由法院认定，鉴定单位仅能就证据对工程造价的影响作出金额的认定，是否应该计入工程总价由法院判决。

第二节　发包人肢解发包的司法鉴定

一、主要条款归纳

（一）肢解发包

《中华人民共和国建筑法》第二十四条规定：

"提倡对建筑工程实行总承包，禁止将建筑工程肢解发包。建筑工程的发包单位可以将建筑工程的勘察、设计、施工、设备采购一并发包给一个工程总承包单位，也可以将建筑工程勘察、设计、施工、设备采购的一项或者多项发包给一个工程总承包单位；但是，不得将应当由一个承包单位完成的建筑工程肢解成若干部分发包给几个承包单位。"

《中华人民共和国合同法》第二百七十二条规定：

"发包人可以与总承包人订立建设工程合同，也可以分别与勘察人、设计人、施工人订立勘察、设计、施工承包合同。发包人不得将应当由一个承包人完成的建设工程肢解成若干部分发包给几个承包人。"

《中华人民共和国建筑法》第二十八条规定：

"禁止承包单位将其承包的全部建筑工程转包给他人，禁止承包单位将其承包的全部建筑工程肢解以后以分包的名义分别转包给他人。"

《建设工程质量管理条例》第七条规定：

"建设单位应当将工程发包给具有相应资质等级的单位。建设单位不得将建设工程肢解发包。"

《建设工程质量管理条例》第七十八条规定：

"本条例所称肢解发包，是指建设单位将应当由一个承包单位完成的建设工程分解成若干部分发包给不同的承包单位的行为。"

《住房城乡建设部关于印发〈建筑工程施工转包违法分包等违法行为认定查处管理办法（试行）〉的通知》（建市 [2014]118 号）第十三条规定：

"县级以上人民政府住房城乡建设主管部门要加大执法力度，对在实施建筑市场和施工现场监督管理等工作中发现的违法发包、转包、违法分包及挂靠等违法行为，应当依法进行调查，按照本办法进行认定，并依法予以行政处罚。

（一）对建设单位将工程发包给不具有相应资质等级的施工单位的，依据《建筑法》第六十五条和《建设工程质量管理条例》第五十四条规定，责令其改正，处以 50 万元以上 100 万元以下罚款。对建设单位将建设工程肢解发包的，依据《建筑法》第六十五条和《建设工程质量管理条例》第五十五条规定，责令其改正，处工程合同价款 0.5% 以上 1% 以下的罚款；对全部或者部分使用国有资金的项目，并可以暂停项目执行或者暂停资金拨付……"

主旨诠释

按照《建设工程分类标准》GB/T 50841—2013 规定，单位工程是指具备独立施工条件并能形成独立使用功能的建筑物或构筑物。是单项工程的组成部分，可分为多个分部工程。分部工程是按工程的部位、结构形式的不同划分的工程。是单位工程的组成部分，可分为多个分项工程。分项工程是根据工种、构件类别、设备类别、使用材料不同划分的工程项目，是分部工程的组成部分。根据《建筑工程施工质量验收统一标准》GB 50300—2013，一个单位建设工程共有：地基与基础、主体结构、建筑装饰装修、屋面工程、建筑给水排水及供暖、通风与空调、建筑电气、建筑智能化、建筑节能、电梯等十项分部工程。其中消防专业工程属分部工程建筑智能化的分项工程，桩基础专业工程属分部工程地基与基础的分项工程，钢结构专业工程属分部工程主体结构的分项工程，玻璃幕墙专业工程属分部工程建筑装饰装修的分项工程。上述规定明确，除单独立项的专业工程外，建设单位不得将一个单位工程的分部工程施工发包给专业承包单位。

（二）总承包服务费的定义

《建设工程工程量清单计价规范》GB 50500—2013 第 2.0.21 条规定：

"总承包服务费 总承包人为配合协调发包人进行的专业工程发包，对发包人自行采购的材料、工程设备等进行保管以及施工现场管理、竣工资料汇总整理等服务所需的费用。

该条的条文说明为：总承包服务费是在工程建设的施工阶段实行施工总承包时，当招标人在法律、法规允许的范围内对专业工程进行发包和自行采购供应部分材料、工程设备时，要求总承包人提供服务（如分包人使用总承包人的脚手架、水电接驳等）和施工现场管理等所需的费用。"

《建筑安装工程费用项目组成》（建标 [2013]44 号）附件 2 规定：

"3.总承包服务费：是指总承包人为配合、协调建设单位进行的专业工程发包，对建设单位自行采购的材料、工程设备等进行保管以及施工现场管理、竣工资料汇总整理等服务所需的费用。"

主旨诠释

由上述条文可以看出，总承包服务费是在发包人合法分包的专业工程和自行采购部分材料、工程设备时，总承包人收取的费用，该费用主要指总承包人提供服务和施工现场管理等所需的费用。收取此费用并不导致总承包人就分包工程的工期、质量、安全等承担连带责任。

二、鉴定方法解读

肢解发包中，本应由一个施工单位完成的建筑工程，分解成若干部分由几个施工单位完成，使原本很狭小的工作面同时涌入过多的施工单位，导致工作界面不清，责任主体不明，合同纠纷增多，工作秩序必然混乱。肢解发包也人为地增加了发包单位对项目的管理难度和管理成本，稍有不慎，就会引起工程质量和安全事故，因此法律法规均将其列为明令禁止的违法行为。

（一）合同明确约定肢解发包的工程价款鉴定

直接发包的建筑工程仅签署一份《建设工程施工合同》，合同中约定了肢解发包的条款，且工程已经竣工验收。此种情况下应按照合同约定的施工范围和结算条款结算工程价款，但应对肢解发包的专业工程计取总承包服务费。

直接发包的建筑工程仅签署一份《建设工程施工合同》，合同中约定塑钢窗和外墙保温等工程由发包人另行发包的条款，县级以上人民政府住房城乡建设主管部门可以依据《建筑工程施工转包违法分包等违法行为认定查处管理办法（试行）》第十三条的规定，责令发包人和承包人改正，并处工程合同价款0.5%以上1%以下的罚款；对全部或者部分使用国有资金的项目，并可以暂停项目执行或者暂停资金拨付。

如果发包人直接发包的事实已经成立，并已施工完毕，笔者认为应该按照合同约定的施工范围和结算条款结算工程价款，但应对肢解发包的专业工程计取总承包服务费。总承包服务费的计算方式有约定的遵从约定，没有约定的按照当地建设行政主管部门发布的文件执行，或者参考行业惯例计算。

（二）事实肢解发包的工程价款鉴定

直接发包的建筑工程仅签署一份《建设工程施工合同》，合同中约定了肢解发包的条款，且工程已经竣工验收。但总承包人提供了发包人加盖公章的分部工程验收记录和（或）单位工程竣工验收记录，记录中载明发包人肢解发包的专业工程的施工单位是总承包人。

现行法律规定禁止肢解发包，因此竣工验收时需要提供的相关档案文件中，如果存在非施工许可证中载明的施工单位之外的施工单位盖章的技术文件（如分部分项验收记录），不可能通过备案审查，因此即使发包人肢解发包的专业工程，最终备案的资料中（如单位工程验收记录、分部工程验收记录）显示的施工单位仍然是总承包人。这是建设行政工程主管部门对建筑工程承发包行为是否符合法律强制性规定的一种监督形式。

如果总承包单位人提供有发包人加盖公章的分部工程验收记录和（或）单位工程竣工验收记录，记录中载明发包人肢解发包的专业工程的施工单位是总承包人的情况下，应该认定发包人与总承包人协商一致变更了《建设工程施工合同》约定的施工范围。此种情况下，总承包单位承担了实际肢解发包工程的安全责任，笔者认为应视为肢解发包工程属于总承包合同的施工范围，应该按照《建设工程施工合同》约定的结算方式结算肢解发包的专业工程价款，发包人有证据证明已经支付给施工专业工程的实际施工人的分包工程价款可以从结算中扣除，笔者认为扣除额不得超过按照《建设工程施工合同》约定结算方式计算肢解发包的专业工程价款中的除利润之外的金额，即总承包人至少可以取得肢解发包工程的合理利润。

法律依据为《中华人民共和国合同法》第113条的规定^①，发包人违约应赔偿承包人的损失，承包人的损失包括可期待利益。

（三）发包人违约肢解发包的工程价款鉴定

建设工程施工合同具有履行时间长、内容条款多、涉及面广等特点。在施工过程中，如果存在发包人实际肢解发包的行为，应认定发包人违约。仍按照《建设工程施工合同》约定结算方式结算肢解发包的专业工程价款。发包人有证据证明已经支付给施工专业工程的实际施工人的分包工程价款可以从结算中扣除，但扣除额不得超过按照《建设工程施工合同》约定结算方式计算肢解发包的专业工程价款中的除利润之外的金额。

发包人肢解发包的主要原因就是为了降低成本，如果司法实践中能够按照上述观点审理建设工程施工合同纠纷，发包人通过肢解发包降低成本的目的就不能实现，也就自发地不采取肢解发包的形式。司法审判的引导作用远大于政府建设行政主管部门的行政处罚，首先行政处罚的金额远低于发包人违法实际获得的利益，其次违法行为较隐蔽，通过书面的证据很难认定违法行为。而司法审判的作用则不同，新闻曾报道，深圳在房价快速上涨的时候，出卖人违约的情况增多，此时司法审判的生效判决认定出卖人应该承担的违约金高于房屋实际涨价的金额，有效遏制了出卖人违约的势头。

三、典型案件评析

（一）基本案情

浙江某股份有限公司（下称分包人）是发包人某有限公司（下称发包人）通过公开招标选择的钢结构分包单位。分包人中标后并未与发包人签订分包合同，发包人为了规避风险，要求浙江某集团有限公司（下称总承包人）与发包人签订分包合同，由总承包人承担总包责任。总承包人为了维护与发包人的关系，在发包人同意作为见证人的前提下，2007年6月13日，与分包人签订《某项目联合厂房钢结构制作与安装施工分包合同》（以下简称分包合同）。合同明确约定了工程

---

① 《中华人民共和国合同法》第一百一十三条规定：
　"当事人一方不履行合同义务或者履行合同义务不符合约定，给对方造成损失的，损失赔偿额应当相当于因违约所造成的损失，包括合同履行后可以获得的利益，但不得超过违反合同一方订立合同时预见到或者应当预见到的因违反合同可能造成的损失。"

质量标准为：确保金刚奖，并一次验收合格。如达不成一次验收合格，不能取得金刚奖，按本合同结算总造价 3% 罚款。约定由分包人负责完成钢结构的采购、制作和施工，合同价款 5073.5678 万元，2007 年 7 月 15 日进场，2007 年 8 月 1 日开始吊装，吊装工期 80 天，在 2007 年 10 月 19 日前完工。发包人于 2008 年 9 月 27 日对整个工程进行了竣工验收。

分包合同第 18.1 条约定："本合同价款采用项目清单单价闭口包干，分包人的报价包含了措施费用、安全文明施工费、临时设施费、外来人员综合保险费、管理费（包括规费）、税金、临时用水、临时用电等费用。"合同第 34.8 条约定，所有总包单位的设施均有偿使用。分包人在施工过程，使用了总承包人的道路、围墙、电缆、治安等基本设施。

本工程 2009 年 7 月 9 日初步完成分包的钢结构工程审价，由分包人、总承包人、发包人、审价机构在审定结算总价为 56481343 元的"工程审价初步审定单"上盖章确认。并于 2009 年 8 月 21 日完成对整个工程的审价，由总承包人、发包人、审价机构在审定结算总价为 143825969 元的"工程审价审定单"上签字确认，其中含分包人分包的钢结构工程结算价为 56481343 元。总承包人认为应扣除费用包含代扣代缴的税费和规费；临时设施有偿使用费；商业承兑汇票的贴息费用；因分包人违规违章作业，导致发包人收到的政府处罚款；应按照结算价的 3% 计算的总包管理费。

合同结算过程中，总承包人与分包人就应扣除款项产生争议。分包人申请仲裁要求总承包人支付剩余工程款，承担逾期付款的违约责任。总承包人提出仲裁反请求，要求发包人返还多付的工程款，并承担逾期竣工的违约责任和未取得金刚奖的质量违约金。

（二）争议焦点

本案中分包工程属于建筑工程单位工程（某项目联合厂房）的主体结构分部工程，分包人为发包人招标选定的分包单位，应该定义为指定分包，属于肢解发包的一种。总承包人与分包人的主要争议是按照发包人审核确定的分包合同结算价款依据分包合同约定可以扣除的款项和具体金额。具体争议焦点主要有以下几个方面：

（1）哪些费用可以扣除，扣除的具体金额是多少？

（2）分包人是否存在逾期竣工，应承担的违约金是多少？

（三）简要评析

（1）因合同约定分包工程价款含税金，且总承包人有代扣代缴义务，税金可以扣除。税金的扣除金额双方有争议。

税费是非常专业的问题，有专门的律师研究税法，为公司提供税务策划，合理避税。在项目转让过程中，不同的转让形式，税负也完全不同，值得研究。本书不作重点论述。

（2）因合同约定分包工程价款含规费，且总承包人已经按照总承包人合同结算价款（含分包合同结算价款）缴纳，规费可以扣除。

规费的规定各地建设行政主管部门都有文件，律师应该查询涉案工程所在地以及施工企业所在地的相关规定。或者要求委托人的预算人员提供相关文件。

（3）分包合同第34.8条约定，所有总包单位的设施均有偿使用。分包人在施工过程中，使用了总承包人的道路、围墙、电缆、治安等基本设施。因此该等费用可以扣除。

总承包人现场已有临时设施应该供分包人使用，是否有偿双方应该进行约定，通常总承包合同中会约定总承包人为分包人另行发包的专业分包无偿提供配合的范围。

该类配合费可以按分包价款的一定比例计算，也可以约定固定的金额。

（4）在分包工程支付中，由于发包人支付的方式为6个月的商业承兑汇票，故总承包人为支付上述费用必须对预扣的10%工程款向银行贴息兑现，该部分贴息费用由分包人承担。

（5）因分包人违规违章作业，发包人处罚总承包人3000元，由分包人承担。

因发包人与分包人没有合同关系，只能处罚有合同关系的总承包人，总承包人可以依据分包合同处罚分包人，无论分包合同有无约定，根据《合同法》的规定，因乙方不履行合同或者履行合同给另一方造成的损失，均由违约方承担。

（6）依据合同补充条款第34.4条分包人施工用电根据双方确认的度数承担电费。

电费的扣除在司法鉴定中也是争议较多的项目。本案中分包单位有专用的电表，有双方确认的度数，因此没有争议。有些案件中分包单位没有专用的电表，双方在合同中也没有约定扣除电费的计算方式，但确实存在分包单位用电的事实，此时可以采用扣除分包工程结算价款中电费的定额含量。

（7）分包人作为发包人指定的分包单位，由总承包人承担总包管理责任，并对质量、工期等承担连带责任，根据总承包人的公司管理制度及行业惯例，发包人应按照结算价的3%支付总包管理费。

本案中分包合同并未明确约定总包管理费的金额和计算方式，但仲裁庭认可了我们的代理意见，本案存在发包人指定分包的事实，总承包人对发包人事实上也履行了总承包人对分包人的管理义务，并就分包工程与分包人共同向发包人承担连带责任。根据行业惯例以及总承包人的内部制度，按照分包工程结算价的3%计算总承包管理费。虽然该比例不高，但说明我们的观点是正确的。

工期问题本案中不再论述，下文将专章进行分析。

四、律师建议

(1)肢解发包导致发包单位现场管理难度大。首先发包单位工程发包任务量大，其次发包单位需要协调专业分包与总承包之间以及各专业分包之间的关系，还需控制多项合同价格，管理机构人员数量多，增加管理成本。专业分包多，施工界面不清晰，施工中各施工单位之间矛盾多，对发包单位现场管理人员的各方面能力要求较高；专业分包多，施工过程中设计变更和修改也较多，导致投资增加。

(2) 肢解发包导致施工现场秩序混乱、责任不清。存在肢解发包的建筑工程项目，发包单位项目管理人员不足时，相互协调、资料管理势必不及时。使得整个工程建设在管理和技术上缺乏应有的统筹协调，往往造成施工现场秩序混乱、责任不清，严重影响工程建设质量，出了问题也很难确定责任者。

(3) 肢解发包不利建设项目进度目标的控制。肢解发包意味着应该由一家施工单位完成的项目，实际由两家或者两家以上的施工单位完成。不利于各工序的协调，难以形成流水作业，不利于进度目标的控制。

(4) 肢解发包可能导致发包单位变相规避招标。发包单位可能会将大的工程项目肢解成若干小的工程项目，使得每一个小的工程项目都不满足关于招标规模和标准的规定，从而达到了变相规避招标的效果。化整为零规避招标，直接发包给承包单位，不利于工程造价控制和择优选择承包单位。发包单位与诸多承包单位接触，增大了工程建设领域腐败的可能性。

(5) 肢解发包工程在办理合同备案手续时会因合同有肢解发包的约定不能通过审核的情况，实务中承发包双方也会签订一份符合法律规定的建设工程施工合同用于备案，而在备案之后签署另一份实际履行的建设工程施工合同，或者实际履行签订在备案合同之前有肢解发包规定的建设工程施工合同。如塑钢窗的制作安装及外墙保温施工等经常被作为发包人另行发包的分部分项工程。在肢解发包的情况下，鉴定单位应重点审查，是否存在两份建设工程施工合同，是否存在一份建设工程施工合同约定承包范围不包括塑钢窗和外墙保温工程，或者约定塑钢窗和外墙保温工程由发包人另行发包的情况。

（6）对于发包人来讲，可以通过暂估价的形式控制重要分部分项工程的成本，最好不要在合同中约定肢解发包分部分项工程。约定暂估价的，应该同时约定暂定价的最终确定形式，如承包人必须采用公开招标的形式确定分部分项工程的分包单位及分包工程价款。《最高人民法院关于审理建设工程施工合同纠纷案件适用法律问题的解释》规定①，发包人指定分包、供应或者指定购买材料、设备，造成建设工程质量缺陷的，应承担过错的责任。因此指定分包并不能解决肢解发包带来的风险，而暂估价是法律允许的，不仅在《建设工程工程量清单计价规范》②中有明确规定，且《建设工程施工合同（示范文本）》③中也有专门条款进行定义。

（7）如果建筑工程发包单位实际上存在肢解发包或指定分包，总承包人为了承接工程，也未提出异议，在建设工程施工合同履行过程中，应与发包单位肢解发包的分包单位签订施工配合协议，约定配合的范围以及费用的计算方式，此时分包单位受制于总承包人，协议的内容对总承包人会比较有力。即便是总承包合同中约定了无偿配合分包单位的内容，总承包人在配合过程中仍可通过施工进度要求拆除自己不再需要的脚手架等分包单位需要使用的临时设施。应分包单位要求保留脚手架的，与分包单位协商收费的标准和金额。

对于发包单位指定的分包单位，在签署分包合同时，直接在分包合同中约定配合的范围及费用计算方式。

（8）鉴定人员如果在鉴定过程中，发现发包人有肢解发包的情形，如果同时负责工期索赔的鉴定，应该考虑发包单位肢解发包和指定分包对工期的影响，

---

① 《最高人民法院关于审理建设工程施工合同纠纷案件适用法律问题的解释》第十二条规定：
　"发包人具有下列情形之一，造成建设工程质量缺陷，应当承担过错责任：
　（一）提供的设计有缺陷；
　（二）提供或者指定购买的建筑材料、建筑构配件、设备不符合强制性标准；
　（三）直接指定分包人分包专业工程。承包人有过错的，也应当承担相应的过错责任。"
② 《建设工程工程量清单计价规范》第 2.0.19 条规定：
　"暂估价招标人在工程量清单中提供的用于支付必然发生但暂时不能确定价格的材料、工程设备以及专业工程的金额。"
③ 《建设工程施工合同（示范文本）》第 3.5.2 条规定：
　"分包的确定承包人应按专用合同条款的约定进行分包，确定分包人。已标价工程量清单或预算书中给定暂估价的专业工程，按照第 10.7 款〔暂估价〕确定分包人。按照合同约定进行分包的，承包人应确保分包人具有相应的资质和能力。工程分包不减轻或免除承包人的责任和义务，承包人和分包人就分包工程向发包人承担连带责任。除合同另有约定外，承包人应在分包合同签订后 7 天内向发包人和监理人提交分包合同副本。"

第三节　承包人违法情形的司法鉴定

一、主要条款归纳

（一）违法分包的规定

《中华人民共和国建筑法》第二十九条规定：

"建筑工程总承包单位可以将承包工程中的部分工程发包给具有相应资质条件的分包单位；但是，除总承包合同中约定的分包外，必须经建设单位认可。施工总承包的，建筑工程主体结构的施工必须由总承包单位自行完成。

建筑工程总承包单位按照总承包合同的约定对建设单位负责；分包单位按照分包合同的约定对总承包单位负责。总承包单位和分包单位就分包工程对建设单位承担连带责任。

禁止总承包单位将工程分包给不具备相应资质条件的单位。禁止分包单位将其承包的工程再分包。"

《中华人民共和国合同法》第二百七十二条规定：

"承包人不得将其承包的全部建设工程转包给第三人或者将其承包的全部建设工程肢解以后以分包的名义分别转包给第三人。"

《建设工程质量管理条例》第七十八条第三款规定：

"本条例所称转包，是指承包单位承包建设工程，不履行合同约定的责任和义务，将其承包的全部建设工程转给他人或者将其承包的全部建设工程肢解以后以分包的名义分别转给其他单位承包的行为。"

《住房城乡建设部关于印发〈建筑工程施工转包违法分包等违法行为认定查处管理办法（试行）〉的通知》（建市 [2014]118 号）第九条规定：

"存在下列情形之一的，属于违法分包：

（一）施工单位将工程分包给个人的；

（二）施工单位将工程分包给不具备相应资质或安全生产许可的单位的；

（三）施工合同中没有约定，又未经建设单位认可，施工单位将其承包的部分工程交由其他单位施工的；

（四）施工总承包单位将房屋建筑工程的主体结构的施工分包给其他单位的，钢结构工程除外；

（五）专业分包单位将其承包的专业工程中非劳务作业部分再分包的；

19

（六）劳务分包单位将其承包的劳务再分包的；

（七）劳务分包单位除计取劳务作业费用外，还计取主要建筑材料款、周转材料款和大中型施工机械设备费用的；

（八）法律法规规定的其他违法分包行为。"

主旨诠释

劳务分包单位收取的费用应仅限定在分包工程的劳务报酬及必要的辅材费用。如果劳务分包单位还计取分包工程主要建筑材料款、周转材料款和大中型施工机械设备费用中一项的，则属于以劳务分包为名，超越资质范围承接工程，也就是常说的扩大劳务分包，因而应当认定为违法分包。钢结构属于主体工程，但因为钢结构有专项资质，实务中钢结构多采用分包形式，《建筑工程施工转包违法分包等违法行为认定查处管理办法（试行）》将其排除在违法分包行为之外。违法分包的情形主要有：（1）总承包单位将工程分包给不具备相应资质条件的单位或个人；（2）专业分包单位将其承包的专业工程中非劳务作业部分再分包的；（3）总承包单位将其承包的全部建设工程转给他人或者将其承包的全部建设工程肢解以后以分包的名义分别转给其他单位；（4）施工合同中没有约定，又未经建设单位认可，施工单位将其承包的部分工程交由其他单位施工的；（5）施工总承包单位将房屋建筑工程的主体结构的施工分包给其他单位的，钢结构工程除外；（6）专业分包单位将其承包的专业工程中非劳务作业部分再分包的；（7）劳务分包单位除计取劳务作业费用外，还计取主要建筑材料款、周转材料款和大中型施工机械设备费用的；（8）法律法规规定的其他违法分包行为。

（二）挂靠的规定

《中华人民共和国建筑法》第二十六条规定：

"承包建筑工程的单位应当持有依法取得的资质证书，并在其资质等级许可的业务范围内承揽工程。

禁止建筑施工企业超越本企业资质等级许可的业务范围或者以任何形式用其他建筑施工企业的名义承揽工程。禁止建筑施工企业以任何形式允许其他单位或者个人使用本企业的资质证书、营业执照，以本企业的名义承揽工程。"

《住房城乡建设部关于印发〈建筑工程施工转包违法分包等违法行为认定查处管理办法（试行）〉的通知》（建市 [2014]118 号）第十一条规定：

"存在下列情形之一的，属于挂靠：

（一）没有资质的单位或个人借用其他施工单位的资质承揽工程的；

（二）有资质的施工单位相互借用资质承揽工程的，包括资质等级低的借用资质等级高的，资质等级高的借用资质等级低的，相同资质等级相互借用的；

（三）专业分包的发包单位不是该工程的施工总承包或专业承包单位的，但建设单位依约作为发包单位的除外；

（四）劳务分包的发包单位不是该工程的施工总承包、专业承包单位或专业分包单位的；

（五）施工单位在施工现场派驻的项目负责人、技术负责人、质量管理负责人、安全管理负责人中一人以上与施工单位没有订立劳动合同，或没有建立劳动工资或社会养老保险关系的；

（六）实际施工总承包单位或专业承包单位与建设单位之间没有工程款收付关系，或者工程款支付凭证上载明的单位与施工合同中载明的承包单位不一致，又不能进行合理解释并提供材料证明的；

（七）合同约定由施工总承包单位或专业承包单位负责采购或租赁的主要建筑材料、构配件及工程设备或租赁的施工机械设备，由其他单位或个人采购、租赁，或者施工单位不能提供有关采购、租赁合同及发票等证明，又不能进行合理解释并提供材料证明的；

（八）法律法规规定的其他挂靠行为。"

主旨诠释

　　挂靠在相当多的情况下实际上很难界定，只有在挂靠人与被挂靠人之间发生纠纷诉之法律时，才会被发现。挂靠的主要情形有：

（1）没有资质的单位或个人借用其他施工单位的资质承揽工程的；

（2）有资质的施工单位相互借用资质承揽工程的；

（3）除建设单位依约作为发包单位的，专业分包的发包单位不是该工程的施工总承包或专业承包单位的；

（4）劳务分包的发包单位不是该工程的施工总承包、专业承包单位或专业分包单位的；

（5）施工单位在施工现场派驻的项目负责人、技术负责人、质量管理负责人、安全管理负责人中一人以上与施工单位没有订立劳动合同，或没有建立劳动工资或社会养老保险关系的；

（6）实际施工总承包单位或专业承包单位与建设单位之间没有工程款收付关系，或者工程款支付凭证上载明的单位与施工合同中载明的承包单位不一致，又不能进行合理解释并提供材料证明的；

（7）合同约定由施工总承包单位或专业承包单位负责采购或租赁的主要建筑材料、构配件及工程设备或租赁的施工机械设备，由其他单位或个人采购、租赁，或者施工单位不能提供有关采购、租赁合同及发票等证明，又不能进行合理解释并提供材料证明的；

（8）法律法规规定的其他挂靠行为。

（三）非法转包的规定

《中华人民共和国建筑法》第二十八条规定：

"禁止承包单位将其承包的全部建筑工程转包给他人，禁止承包单位将其承包的全部建筑工程肢解以后以分包的名义分别转包给他人。"

《住房城乡建设部关于印发〈建筑工程施工转包违法分包等违法行为认定查处管理办法（试行）〉的通知》（建市 [2014]118 号）第七条规定：

"存在下列情形之一的，属于转包：

（1）施工单位将其承包的全部工程转给其他单位或个人施工的；

（2）施工总承包单位或专业承包单位将其承包的全部工程肢解以后，以分包的名义分别转给其他单位或个人施工的；

（3）施工总承包单位或专业承包单位未在施工现场设立项目管理机构或未派驻项目负责人、技术负责人、质量管理负责人、安全管理负责人等主要管理人员，不履行管理义务，未对该工程的施工活动进行组织管理的；

（4）施工总承包单位或专业承包单位不履行管理义务，只向实际施工单位收取费用，主要建筑材料、构配件及工程设备的采购由其他单位或个人实施的；

（5）劳务分包单位承包的范围是施工总承包单位或专业承包单位承包的全部工程，劳务分包单位计取的是除上缴给施工总承包单位或专业承包单位"管理费"之外的全部工程价款的；

（6）施工总承包单位或专业承包单位通过采取合作、联营、个人承包等形式或名义，直接或变相的将其承包的全部工程转给其他单位或个人施工的；

（7）法律法规规定的其他转包行为。"

《最高人民法院关于审理建设工程施工合同纠纷案件适用法律问题的解释》第

四条规定：

"承包人非法转包、违法分包建设工程或者没有资质的实际施工人借用有资质的建筑施工企业名义与他人签订建设工程施工合同的行为无效。人民法院可以根据民法通则第一百三十四条规定，收缴当事人已经取得的非法所得。"

《最高人民法院关于审理建设工程施工合同纠纷案件适用法律问题的解释》第七条规定：

"具有劳务作业法定资质的承包人与总承包人、分包人签订的劳务分包合同，当事人以转包建设工程违反法律规定为由请求确认无效的，不予支持。"

《2015年全国民事审判工作会议纪要》第五十条规定：

"对实际施工人向与其没有合同关系的转包人、分包人、总承包人、发包人提起的诉讼，要严格依照法律、司法解释的规定进行审查，不能随意扩大《关于审理建设工程施工合同纠纷案件适用法律问题的解释》第二十六条第二款的适用范围，并且要严格根据相关司法解释规定明确发包人只在欠付工程价款范围内对实际施工人承担责任。"

《2015年全国民事审判工作会议纪要》第五十一条规定：

"实际施工人借用建筑施工企业资质或者挂靠建筑施工企业进行招投标的，如果建设工程出现质量问题，发包人依据《合同法》第一百一十一条规定及《最高人民法院关于审理建设工程施工合同纠纷案件适用法律问题的解释》第二十五条规定，主张由投标的建筑施工企业和实际施工人承担连带质量保修责任的，人民法院应予支持。"

主旨诠释

转包在相当多的情况下实际上很难界定，只有发生纠纷诉之法律时，才会被发现。转包的主要情形有：

（1）施工单位将其承包的全部工程转给其他单位或个人施工的；

（2）施工总承包单位或专业承包单位将其承包的全部工程肢解以后，以分包的名义分别转给其他单位或个人施工的；

（3）施工总承包单位或专业承包单位未在施工现场设立项目管理机构或未派驻项目负责人、技术负责人、质量管理负责人、安全管理负责人等主要管理人员，不履行管理义务，未对该工程的施工活动进行组织管理的；

（4）施工总承包单位或专业承包单位不履行管理义务，只向实际施工单位收取费用，主要建筑材料、构配件及工程设备的采购由其他单位或个人实施的；

（5）劳务分包单位承包的范围是施工总承包单位或专业承包单位承包的全部工程，劳务分包单位计取的是除上缴给施工总承包单位或专业承包单位"管理费"之外的全部工程价款的；

（6）施工总承包单位或专业承包单位通过采取合作、联营、个人承包等形式或名义，直接或变相地将其承包的全部工程转给其他单位或个人施工的；

（7）法律法规规定的其他转包行为。

值得注意的是，项目经理内部承包责任制是国家鼓励的，项目经理自己组成项目部，项目部主要负责人均为施工单位的正式员工，项目经理上缴施工单位一定比例的管理费，施工合同的权利和义务均由项目经理承担，项目的盈亏也由项目经理自行承担。这与挂靠和转包最大的不同是项目经理是施工单位的正式员工，建造师证书也注册在施工单位。

二、鉴定方法解读

（一）非法转包的建设工程价款鉴定

《最高人民法院关于审理建设工程施工合同纠纷案件适用法律问题的解释》明确规定，承包人非法转包、挂靠建设工程的行为无效。可以收缴承包人的非法所得。

鉴于收缴非法所得在司法实践中使用的并不多，笔者认为司法鉴定中可以采用如下方式结算非法转包工程的工程价款：

根据承包人与分包人签订的非法转包合同中结算条款结算工程款，承包人在非法转包合同中约定的可得利益不予结算。依据是《合同法》有关违约赔偿的相关规定，《最高人民法院关于审理建设工程施工合同纠纷案件适用法律问题的解释》仅规定了非法转包行为无效，非法转包合同即使被认定无效，工程已竣工的，仍可以参照合同约定结算工程款，此种情况下实际施工人取得工程价款是受法律保护的。承包人违约所获的利益就是根据建设工程施工合同约定的结算方式结算的工程款与违法转包合同约定的结算方式结算的工程款差额，该差额属于违约所获利益，应当返还发包人。如果发包人有损失组成的相关证据，也可以按照发包人的证据计算承包人应当赔偿的损失。如果发包人对非法转包行为明知，并存在过错的，则法院应对该差额进行收缴。

（二）违法分包的建设工程价款鉴定

《中华人民共和国建筑法》并不禁止合法的分包，建筑工程总承包单位可以将承包工程中的部分工程发包给具有相应资质条件的分包单位；但是，除总承包合同中约定的分包外，必须经建设单位认可。施工总承包的，建筑工程主体结构的施工必须由总承包单位自行完成。

违法分包工程的工程价款。发包人可以根据承包人与案外人签订的违法分包合同中结算条款结算工程款。依据是《中华人民共和国合同法》有关违约赔偿的相关规定，《最高人民法院关于审理建设工程施工合同纠纷案件适用法律问题的解释》仅规定了违法分包行为无效，违法分包合同即使被认定无效，工程已竣工的，仍可以参照合同约定结算工程款，此种情况下实际施工人取得工程价款是受法律保护的。根据建设工程施工合同约定的结算方式结算的工程款与违法分包合同约定的结算方式结算的工程款差额，属于承包人违约所获的利益，应当返还发包人。如果发包人有损失组成的相关证据，也可以按照发包人的证据计算承包人应当赔偿的损失。如果发包人对违法分包行为明知，并存在过错的，则法院应对该差额进行收缴。

对与违法分包合同约定的结算方式不明的情况，对于钢结构或者门窗类市场价格比较容易获取的分包工程，以市场价鉴定的结论更接近造价成本，更有利于保护当事人的利益。司法鉴定单位可以根据自身的经验，以及同期、同地区、同类型的分包工程市场价格鉴定分包工程的价款。

（三）挂靠的建设工程价款鉴定

挂靠情况下，通常会约定挂靠人需向被挂靠人缴纳一定比例的管理费。该管理费属于被挂靠人的违法所得，应当返还发包人。如果发包人有损失组成的相关证据，也可以按照发包人的证据计算承包人应当赔偿的损失。如果发包人对挂靠行为明知，并存在过错的，则法院应对该管理费进行收缴。

三、典型案例

（一）基本案情

A公司冒用B公司的公章与C公司约定，B公司承建C公司的某厂房项目。A公司提供了两份合同均是制式合同。两份合同记载的发包人均是C公司，承包人均是B公司。其中一份合同约定：工程名称是翼缘板轧制厂，厂房建筑面积11639m²，工程内容是按投标工程报价的各项目内容及施工图纸规定项目施工，承包范围是图纸设计内容（除水电安装、地面以外图纸所设计的所有内容），工程质量标准为合格，争取优良，合同价款是 452 万元，合同订立时间是 2003 年 11 月 1 日，项目经理是刘某。另一份合同约定：工程名称是 30 万 t 棒线材轧钢厂，厂房建筑面积 18601m²，工程内容是按投标工程报价的各项目内容及施工图纸规定项目施工，承包范围是图纸设计内容（除水电安装、地面以外图纸所设计的所有内容），工程质量标准为合格，争取优良，合同价款 1186 万元，合同订立时间是 2003 年 11 月 1 日，项目经理是刘某。C 公司提供了一份合同，发包人为 C 公司，承包人为 B 公司，工程名称是轧钢厂房，厂房建筑面积 28254m²，工程内容按投标工程报价的各项目内容及施工图纸规定项目施工，承包范围是图纸设计内容（除水电安装、地面以外图纸所设计的所有内容），工程质量标准为合格，争取优良，合同价款是 988 万元，合同订立时间是 2003 年 11 月 1 日，项目经理是刘某。三份合同于同一天签署且相互矛盾。

A 公司提供《工程竣工质量验收报告》，报告载明的工程类别为钢结构，工程地点以及工程名称，工程性质是工业用，包工总价是 1588 万元，发包单位是 C 公司，工程量及简要内容是柱基开挖、浇筑混凝土、钢结构厂房的制作、安装（含行车梁的制作安装），发包、监理、承包和设计单位验收意见是验收达到合格标准、开工日期是 2003 年 11 月 2 日，验收日期是 2004 年 5 月 28 日。C 公司在报告发包方一栏加盖公章，某设计研究院在设计单位一栏加盖公章，承包单位一栏加盖的公章名称是 B 公司，报告书监理单位一栏未加盖公章。A 公司还提供了钢结构安装单位工程观感质量表、各分项工程质量验收记录、分部工程质量评定表均记载质量合格，建设工程监理服务中心业务一科在上述材料上加盖了公章。A 公司提供工程竣工验收总表，竣工验收情况结论是基础施工、钢构件制作、焊接、钢构件安装等符合要求合格，C 公司、建设工程监理服务中心业务一科在总表上加盖公章，施工单位一栏加盖的公章是 B 公司，签名的是 A 公司法定代表人刘某。

A 公司起诉要求是 C 公司支付工程欠款。一审法院审理中委托造价公司对 A 公司承建的钢结构厂房的造价进行鉴定。造价公司出具的《造价鉴定报告书》认定，工程造价无异议部分是 15772204.01 元，其中直接工程费和措施费合计 12097423.01 元；有异议部分是 39922.82 元。该报告书第五项有关情况说明称，钢结构工程有两种结算方式：一种为市场价；另一种为定额价。按照钢结构工程造价鉴定的惯例，应以市场价进行鉴定。根据一审法院要求，造价公司出具《造价鉴定补充说明》，该说明以 C 公司提供的总价款为 988 万元的合同约定的单价 337.73 元 /m² 和施工图纸及施工记录记载的建筑面积 29240m² 为依据，得出工程总造价市场价值为 9875225.20 元。A 公司对此认定提出异议，认为进行鉴定就是因为双方提供的合同约定的价款相互矛盾，鉴定部门仍以 A 公司提供的合同得出市场价显然不妥。造价公司又出具《造价鉴定补充说明（一）》，该说明称收到的三份合同相互矛盾，均不采纳。结合当时市场情况和双方提供的其他证据，认为综合单价应采用鲁正基审字（2004）第 0180 号造价咨询报告的综合单价，建筑面积采用施工图纸，比较符合市场情况，即工程造价（市场价）为：认定工程综合单价为 388.35 元 $/m^2$，工程总面积为 $29240m^2$，工程总造价为 11355354 元。鲁正基审字（2004）第 0180 号造价咨询报告是与涉案工程同时期同类项目的审核报告。

（二）争议焦点

（1）A 公司是否是涉案工程的实际施工人？
（2）涉案工程施工合同的效力认定。
（3）涉案工程价款的确定依据。

（三）简要评析

（1）关于 A 公司是否是涉案工程的实际施工人的问题。

虽然从本案建设工程施工合同的形式看，承包人为 B 公司，与 A 公司并无直接的法律关系，从本案建设工程施工合同的内容看，也没有约定与 A 公司有关的权利义务内容，但是，A 公司提供了网通公司书证，证明上述施工合同乙方（承包方）一栏记载的电话均是 A 公司办公电话。其次，A 公司提供的提货单证明 A 公司抵顶工程款的钢材均运送到 A 公司；A 公司的财务记账凭证、外联单位的收款收据、发票等证据能够证明支付给涉案工程外联单位的各种款项由 A 公司支付。A 公司持有双方争议工程的施工合同、施工技术资料，收取了 C 公司供应的工程用钢材及 A 公司支付的工程价款。显然，A 公司是涉案工程的实际施工人。

（2）关于涉案工程施工合同的效力问题。

A 公司冒用 B 公司名义承包涉案工程，A 公司的行为构成欺诈，且违反了建筑法以及相关行政法规关于建筑施工企业应当取得相应等级资质证书后，在其资质等级许可的范围内从事建筑活动的强制性规定。依照《中华人民共和国合同法》第五十二条第（五）项、最高人民法院《关于审理建设工程施工合同纠纷案件适用法律问题的解释》第一条之规定，A 公司冒用 B 公司与 C 公司签订的建设工程施工合同无效。

（3）关于涉案工程价款的确定依据的问题。

尽管当事人签订的三份建设工程施工合同无效，但在工程已竣工并交付使用的情况下，根据无效合同的处理原则和建筑施工行为的特殊性，对于 A 公司实际支出的施工费用应当采取折价补偿的方式予以处理。本案所涉建设工程已经竣工验收且质量合格，在工程款的确定问题上，按照最高人民法院《关于审理建设工程施工合同纠纷案件适用法律问题的解释》第二条的规定，可以参照合同约定支付工程款。但是，由于本案双方当事人提供了由相同的委托代理人签订的、签署时间均为同一天、工程价款各不相同的三份合同，在三份合同价款分配没有规律且无法辨别真伪的情况下，不能确认当事人对合同价款约定的真实意思表示。因此，该三份合同均不能作为工程价款结算的依据。

本案不应以定额价作为工程价款结算依据。首先，建设工程定额标准是各地建设主管部门根据本地建筑市场建筑成本的平均值确定的，是完成一定计量单位产品的人工、材料、机械和资金消费的规定额度，是政府指导价范畴。本案中，A 公司假冒 B 公司承包涉案工程，如果采用定额价，亦不符合公平原则。此外，本案所涉钢结构工程按照钢结构工程造价鉴定的惯例，以市场价鉴定的结论更接近造价成本，更有利于保护当事人的利益。最后，根据《中华人民共和国合同法》第六十二条第（二）项规定，当事人就合同价款或者报酬约定不明确，依照合同法第六十一条的规定仍不能确定的，按照订立合同时履行地的市场价格履行；依法应当执行政府定价或者政府指导价的，按照规定履行。本案所涉工程不属于依法应当执行政府定价的范围，因此，以市场价作为合同履行的依据不仅更符合法律规定，而且对双方当事人更公平。

造价公司按市场价结算方式出具的鉴定结论主要是以鲁正基审字（2004）第0180号造价咨询报告为鉴定依据，鲁正基审字（2004）第0180号造价咨询报告中的综合单价388.35元，比较符合当时的市场情况。本案所涉工程总面积为29240m²，故工程总造价按市场价应为11355354元。

四、律师建议

（1）建设工程领域挂靠、转包的现象比较普遍。住房和城乡建设部近两年出重拳进行查处，并将查出的问题进行公示。其中转包和自然人挂靠的现象仍然存在，转包单位和被挂靠单位仅收取管理费，造成工程质量和安全隐患。因为挂靠和转包行为较为隐蔽，查处的仅仅是个别的项目，大部分项目均规避了《建筑工程施工转包违法分包等违法行为认定查处管理办法（试行）》中罗列的认定标准。只有在挂靠和转包的当事人发生矛盾诉之法律时才会被发现。

在存在挂靠和转包现象的诉讼案件中，法院和鉴定单位均应该根据发包人是否明知或者是否参与来区别对待。发包人不知道承包人存在挂靠和转包行为的，不应认定总包合同无效，否则发包人将不能追究被挂靠人和转包人的合同义务（如逾期竣工违约责任等）。生效判决不仅让违法的人承担相应的责任，对行政处罚进行补充，更要让违法的人不仅无利可图，甚至要承担更多的安全、质量责任，引导建筑市场走向正轨。

（2）法律规定了承包人合法分包的途径。违法分包多数是分包给没有资质的人或者层层分包，造成工程质量和安全隐患。违法分包的主要目的是降低成本，获取总包合同和分包合同的工程款差额的利润。法院和鉴定单位如果能够按照违法分包合同约定结算工程价款，让承包人无利可图，承包人自然不会再违法分包。

（3）合法的劳务分包与转包的区分。福建省高级人民法院认为[1]："劳务分包是指建设工程的总承包人或者专业承包人将所承包的建设工程中的劳务作业（包括木工、砌筑、抹灰、石制作、油漆、钢筋、混凝土、脚手架、模板、焊接、水暖、钣金、架线等）发包给劳务作业承包人完成的活动。转包是承包人将所承包的全部建设工程转由第三人施工完成。分包是承包人将所承包的建设工程的某一部分施工项目交由第三人施工建设，其中《建筑法》与《建设工程质量管理条例》第七十八条所列的四种行为属违法分包。劳务分包既不是转包，也不是分包；转包及违法分包为法律所禁止，劳务分包则不为法律所禁止。"劳务分包是合法的，劳务分包应该分包给有相应资质的劳务分包单位。

江苏省高级人民法院认为[2]："同时符合下列情形的，应认定为劳务分包，所签订的合同有效：（1）实际施工人具备劳务分包企业资质等级标准规定的一种或几种项目的施工资质，承包的施工任务仅是整个工程的一道或几道工序，而不是工程的整套工序；（2）承包的方式为提供劳务，而非包工包料。"笔者认为，劳务分包的是工程整套工序更易于管理，也应认定为劳务分包。

北京市高级人民法院观点[3]："4.劳务分包合同的效力如何认定？同时符合下列情形的，所签订的劳务分包合同有效：（1）劳务作业承包人取得相应的劳务分包企业资质等级标准；（2）分包作业的范围是建设工程中的劳务作业（包括木工、砌筑、抹灰、石制作、油漆、钢筋、混凝土、脚手架、模板、焊接、水暖、钣金、架线）；（3）承包方式为提供劳务及小型机具和辅料。合同约定劳务作业承包人负责与工程有关的大型机械、周转性材料租赁和主要材料、设备采购等内容的，不属于劳务分包。"

---

[1]　福建省高院《关于审理建设工程施工合同纠纷案件疑难问题的解答》。
[2]　《江苏省高院关于审理建设工程施工合同纠纷案件若干问题的意见》。
[3]　《北京市高级人民法院关于审理建设工程施工合同纠纷案件若干疑难问题的解答》。

笔者认为，北京市高级人民法院的观点更为准确、完善。总之，劳务分包单位应具有相应的资质，劳务分包的承包范围是建设工程中的劳务作业，承包方式不能是包工包料（小型机具和辅料除外）。

（4）内部承包合同与挂靠的区分。浙江省高级人民法院认为[1]："建设工程施工合同的承包人与其下属分支机构或在册职工签订合同，将其承包的全部或部分工程承包给其下属分支机构或职工施工，并在资金、技术、设备、人力等方面给予支持的，可认定为企业内部承包合同；当事人以内部承包合同的承包方无施工资质为由，主张该内部承包合同无效的，不予支持。"福建省高级人民法院认为[2]："建设工程施工合同的承包人与其下属分支机构或职工就所承包的全部或部分工程施工所签订的承包合同为企业内部承包合同，属建筑施工企业的一种内部经营方式，法律和行政法规对此并不禁止，承包人仍应对工程施工过程和质量等进行管理，对外承担施工合同的权利义务。"北京市高级人民法院观点[3]："5. 如何认定建筑企业的内部承包行为？建设工程施工合同的承包人将其承包的全部或部分工程交由其下属的分支机构或在册的项目经理等企业职工个人承包施工，承包人对工程施工过程及质量进行管理，对外承担施工合同权利义务的，属于企业内部承包行为；发包人以内部承包人缺乏施工资质为由主张施工合同无效的，不予支持。"

笔者认为，企业内部承包行为不属于挂靠或者转包，承包人可以与其下属分支机构或职工就所承包的全部工程或者部分工程签订企业内部承包合同，属于建筑施工企业的一种内部经营方式，承包人是否对工程施工过程及质量进行管理，都不影响内部承包合同的效力。因为是内部承包合同，因此仅对内有约束力，对外承包人仍应对工程质量和安全承担总承包合同约定的义务。

（5）被挂靠人的责任承担问题。福建省高级人民法院认为[4]：挂靠人以自己的名义将工程转包或者与材料设备供应商签订购销合同，实际施工人或者材料设备供应商起诉要求被挂靠单位承担合同责任的，不予支持；挂靠人以被挂靠单位的名义将工程转包或者与材料设备供应商签订购销合同的，一般应由被挂靠单位承担合同责任，但实际施工人或者材料设备供应商签订合同时明知挂靠的事实，并起诉要求挂靠人承担合同责任的，由挂靠人承担责任。

---

[1]《浙江省高级人民法院关于审理建设工程施工合同纠纷案件若干疑难问题的解答》。
[2]《福建省高院关于审理建设工程施工合同纠纷案件疑难问题的解答》。
[3]《北京市高级人民法院关于审理建设工程施工合同纠纷案件若干疑难问题的解答》。
[4]《福建省高院关于审理建设工程施工合同纠纷案件疑难问题的解答》。

挂靠行为对被挂靠人来讲风险巨大，挂靠人在施工过程中，对外签订的转包或者与材料设备供应商的购销合同，一般都加盖项目章，项目章均带有被挂靠人名称，通常被认定为以被挂靠人名义，此种情况下，想要举证证明实际施工人或者材料设备供应商签订合同时明知挂靠的事实很难。因此对项目部的授权内容就显得极为重要，在项目章中添加不得签署经济合同的备注是减少风险的一种方式。

（6）表见代理的问题。

江苏省高级人民法院认为[1]："房地产开发建设领域是受宏观经济形势变化直接影响较大的领域。在建设工程中，分包商以建筑总承包商'工程项目部'、'项目经理'或者个人的名义，对外签订建筑工程所需的材料供应、借款、租赁等合同。宏观经济环境发生变化后，部分分包商无法履行合同债务，甚至放弃项目逃跑避债，债权人将诉讼矛头指向总承包商。此类案件的核心问题是，在总承包商没有向分包商明确授权的情况下，分包商对外签订的合同主体如何认定。审判实务中，各地法院对此把握标准不一。

一种观点认为，'工程项目部'、'项目经理'在外观上已经具备获得总承包商概括性授权的外部特征，与其交易的相对方有理由相信其能代表总承包商对外缔约，应当认定"工程项目经理"的行为为职务行为，其责任应当由该建设工程的总承包商承担。

另一种观点认为，应当根据当事人以何种名义签署合同或者条据来确定合同责任主体，以'项目经理'或者'工程项目部'名义对外缔约的，应当认定总承包商为合同主体，而以个人名义对外缔约的，应当认定个人为合同主体。

我们倾向于认为，第一，在总承包商没有授权分包商代表其对外缔约的情况下，'项目经理'或者'工程项目部'的行为构成无权代理。合同相对方主张其构成表见代理的，应当承担举证责任。第二，在证明'项目经理'或者'工程项目部'的行为构成表见代理的诸多证据中，'项目经理'或者'工程项目部'对外缔约的名义是重要证据，但并不是具有决定性意义的证据。根据合同法第四十九条的规定，合同相对人还应当举证证明其有理由相信分包商有代理总承包商对外缔约的权利，即证明自己善意无过失地相信对方的代理权。第三，判断合同相对人是否尽到合理注意义务、构成善意无过失，必须结合合同签订和履行过程中证据的出具时间、以谁的名义签字、标的物交付方式、地点和用途等因素，结合经验法则作出综合分析判断。"

---

[1]　《江苏省高级人民法院民二庭宏观经济形势变化下的商事司法问题研究》。

笔者认为，浙江省高级人民法院的观点不具有普遍意义，项目经理部在施工现场，合同约定的标的物也是交付到现场，基本上可以认定合同相对人有理由相信工程项目部有代理权。

（7）挂靠的认定标准问题。

北京市高级人民法院观点[①]："2.《最高人民法院关于审理建设工程施工合同纠纷案件适用法律问题的解释》（以下简称《解释》）第一条第（二）项规定的'没有资质的实际施工人借用有资质的建筑施工企业名义'承揽建设工程（即'挂靠'）具体包括哪些情形？具有下列情形之一的，应当认定为《解释》规定的'挂靠'行为：（1）不具有从事建筑活动主体资格的个人、合伙组织或企业以具备从事建筑活动资格的建筑施工企业的名义承揽工程；（2）资质等级低的建筑施工企业以资质等级高的建筑施工企业的名义承揽工程；（3）不具有施工总承包资质的建筑施工企业以具有施工总承包资质的建筑施工企业的名义承揽工程；（4）有资质的建筑施工企业通过名义上的联营、合作、内部承包等其他方式变相允许他人以本企业的名义承揽工程。"

笔者认为，北京市高级人民法院的观点还不够具体，名义上的内部承包具体认定的方法应该是内部承包人是否属于施工企业的正式员工，以及项目部主要负责人是否属于施工企业的正式员工。

---

① 《北京市高级人民法院关于审理建设工程施工合同纠纷案件若干疑难问题的解答》。

第二章 招标发包的工程价款鉴定

第一节 招标前签订有合同的价款鉴定

一、主要条款归纳

（一）必须招标的项目范围

《中华人民共和国招标投标法》第三条规定：

"在中华人民共和国境内进行下列工程建设项目包括项目的勘察、设计、施工、监理以及与工程建设有关的重要设备、材料等的采购，必须进行招标：

（一）大型基础设施、公用事业等关系社会公共利益、公众安全的项目；

（二）全部或者部分使用国有资金投资或者国家融资的项目；

（三）使用国际组织或者外国政府贷款、援助资金的项目。

前款所列项目的具体范围和规模标准，由国务院发展计划部门会同国务院有关部门制订，报国务院批准。

法律或者国务院对必须进行招标的其他项目的范围有规定的，依照其规定。"

《工程建设项目招标范围和规模标准规定》第二条规定：

"关系社会公共利益、公众安全的基础设施项目的范围包括：

（一）煤炭、石油、天然气、电力、新能源等能源项目；

（二）铁路、公路、管道、水运、航空以及其他交通运输业等交通运输项目；

（三）邮政、电信枢纽、通信、信息网络等邮电通讯项目；

（四）防洪、灌溉、排涝、引（供）水、滩涂治理、水土保持、水利枢纽等水利项目；

（五）道路、桥梁、地铁和轻轨交通、污水排放及处理、垃圾处理、地下管道、公共停车场等城市设施项目；

（六）生态环境保护项目；

（七）其他基础设施项目。"

《工程建设项目招标范围和规模标准规定》第三条规定：

"关系社会公共利益、公众安全的公用事业项目的范围包括：

（一）供水、供电、供气、供热等市政工程项目；

（二）科技、教育、文化等项目；

（三）体育、旅游等项目；

（四）卫生、社会福利等项目；

（五）商品住宅，包括经济适用住房；

（六）其他公用事业项目。"

主旨诠释

　　本条是关于依法必须招标的项目即法定强制招标项目的规定。按照本条规定，法定强制招标项目的范围有两类：一是本法已明确规定必须进行招标的项目；二是依照其他法律或者国务院的规定必须进行招标的项目。值得注意的是，国务院拟缩小必须招标工程项目的范围①，对于非国有投资的商品住宅以及其他国有投资占比很小的工程项目（邮政、道路、桥梁、地铁和轻轨交通、污水排放及处理、垃圾处理、地下管道、公共停车场等城市设施项目）将排除在必须招标的范围之外，目前已经在部分地区试行。

（二）中标及签署建设工程施工合同

《中华人民共和国招标投标法》第四十五条规定：

"中标人确定后，招标人应当向中标人发出中标通知书，并同时将中标结果通知所有未中标的投标人。

中标通知书对招标人和中标人具有法律效力。中标通知书发出后，招标人改变中标结果的，或者中标人放弃中标项目的，应当依法承担法律责任。"

《中华人民共和国招标投标法》第四十六条规定：

"招标人和中标人应当自中标通知书发出之日起三十日内，按照招标文件和中标人的投标文件订立书面合同。招标人和中标人不得再行订立背离合同实质性内容的其他协议。

招标文件要求中标人提交履约保证金的，中标人应当提交。"

---

① 《工程建设项目招标范围和规模标准规定（修订）征求意见稿》。

主旨诠释

本条文是对中标效力的约定，主要包含以下内容：

（1）中标人确定后，招标人应当向中标人发出中标通知书，并同时将中标结果通知所有未中标的投标人。

（2）中标通知书对招标人和中标人具有法律效力。中标通知书发出后，招标人改变中标结果的，或者中标人放弃中标项目的，应当依法承担法律责任。

（3）中标后应在三十日内按照招标文件和中标人的投标文件订立书面合同。招标人和中标人不得再行订立背离合同实质性内容的其他协议。

（三）黑白合同的规定

《最高人民法院关于审理建设工程施工合同纠纷案件适用法律问题的解释》第二十一条规定：

"当事人就同一建设工程另行订立的建设工程施工合同与经过备案的中标合同实质性内容不一致的，应当以备案的中标合同作为结算工程价款的根据。"

主旨诠释

如果承发包双方在签订备案的中标合同的同时，或者没有合理的理由在签订备案的中标合同前后另行订立与备案的中标合同实质性内容不一致的建设工程施工合同的，应当以备案的中标合同作为结算工程价款的根据。《最高人民法院关于审理建设工程施工合同纠纷案件适用法律问题的解释》并未就两份或者多份合同的效力发表意见。仅规定了结算应依据的合同文本。

（四）实质性内容定义

《2015年全国民事审判工作会议纪要》第44条规定：

"招标人和中标人另行签订改变工期、工程价款、工程项目性质等影响中标结果实质性内容的协议，导致合同双方当事人就实质内容享有的权利义务发生较大变化的，应认定为变更中标合同实质性内容。"

《2015年全国民事审判工作会议纪要》第45条规定：

"中标人作出的以明显低于市场价格购买承建房产、无偿建设住房配套设施、让利、向建设方捐款等承诺，亦应认定为变更中标合同的实质性内容。对于变更中标合同实质性内容的工程价款结算，应按照《关于审理建设工程施工合同纠纷案件适用法律问题的解释》第二十一条规定，以备案的中标合同作为结算工程价款的根据。"

《2015年全国民事审判工作会议纪要》第46条规定：

"建设工程开工后，因设计变更、建设工程规划指标调整等客观原因，发包人与承包人通过补充协议、会议纪要、往来函件、签证洽商记录形式变更工期、工程价款、工程项目性质的，不应认定为变更中标合同的实质性内容。"

主旨诠释

实质性内容不一致是认定黑白合同的重要依据。实质性内容的定义在《中华人民共和国招标投标法》和《最高人民法院关于审理建设工程施工合同纠纷案件适用法律问题的解释》中均没有明确的规定。业界普遍认为工期、质量、价款是实质性内容，2015年的最高院的意见对此进行了明确。

《建设工程施工合同纠纷案件适用法律问题的解释（二）》（征求意见稿）中对实质性内容的认定标准为：招标投标法第四十六条第一款规定的"合同实质性内容"，主要指有关工程范围、建设工期、工程质量、工程造价等约定内容。中标人作出的以明显高于市场价格购买承建房产、无偿建设住房配套设施、让利、向建设方捐款等承诺，应认定变更中标合同工程造价实质性内容。

并在第四条中规定：建设工程开工后，因设计变更、建设工程规划指标调整、主要建筑材料价格异常变动等客观原因，发包人与承包人变更有关工程范围、建设工期、工程质量、工程造价等约定，不适用《中华人民共和国招标投标法》第四十六条规定。当事人请求根据变更的合同约定结算工程价款的，人民法院应予支持。

二、鉴定方法解读

（一）依据备案合同结算的工程价款鉴定

必须招标的工程，未经招标提前签订了建设工程施工合同（下称"前合同"），后又通过招标程序签订了建设工程施工合同并备案（下称"备案合同"），且备案合同与前合同约定的实质性内容不一致。此种情况下，根据《中华人民共和国招标投标法》的规定，前合同因未招标签订属于无效合同，备案合同属于对应该招标未招标的违法行为的改正，只要不存在中标无效的情形，应该按照备案合同结算工程价款。

实践中存在强制招标范围以外的一些项目，建设单位根据主管部门要求或者自愿进行招投标并根据招投标结果签订施工合同，将合同进行备案。如果在备案合同之外，当事人又签订实质性内容不同的合同且未备案，应该按照备案合同结算工程价款。笔者认为虽然工程项目属于非强制招投标范围，但当事人自愿进行招投标，也应当受《中华人民共和国招标投标法》的约束，同样也存在黑白合同问题。因为《中华人民共和国招标投标法》所保护的不仅是当事人自身的利益，更是对社会招投标市场的规范，事关不特定投标人利益的保护，涉及市场竞争秩序的维护，因此，只要根据《中华人民共和国招标投标法》进行的招投标并因此签订的合同均应受该法约束，当事人不得在此之外签订黑合同。

实践中还存在既非强制招投标项目，当事人又未自愿进行招投标，但根据当地行政主管部门的要求，承、发包双方签订的施工合同必须备案。当事人在备案合同之外，另行签订实质性内容不同的合同且未备案的，并非不能作为结算的依据。此时对合同的认定，应以该合同是否违反法律禁止性规定，是否体现当事人真实意思表示进行判断。笔者认为，非属强制招投标范围的工程，备案与否不影响合同效力，不存在黑白合同的问题。

（二）依据实际履行合同结算的工程价款鉴定

必须招标的工程，未经招标提前签订了建设工程施工合同（下称"前合同"），后又通过招标程序签订了建设工程施工合同并备案（下称"备案合同"），且备案合同与前合同约定的实质性内容不一致。此种情况下，如存在中标无效的情形，则前合同和备案合同均为无效合同，应该按照实际履行的合同结算工程价款。

笔者认为，要依法维护通过招投标所签订的中标合同的法律效力。除当事人违反工程建设强制性标准，任意压缩合理工期、降低工程质量标准的，应当认定无效外，不能仅仅以中标前进场施工或中标前签订有黑合同而简单认定备案合同无效。对于约定无效后的工程价款结算，应依据《关于审理建设工程施工合同纠纷案件适用法律问题的解释》的相关规定，参照实际履行的合同作为工程价款的结算依据。

必须招标的工程，未招标签订了建设工程施工合同，此种情况下，尽管因为未经招标签订的合同无效，只要合同已经实际履行工程也竣工验收合格，仍可以按照该合同结算工程价款。

（三）按照定额结算的工程价款鉴定

必须招标的工程，未经招标提前签订了建设工程施工合同（下称"前合同"），后又通过招标程序签订了建设工程施工合同并备案（下称"备案合同"），且备案合同与前合同约定的实质性内容不一致。此种情况下，如存在中标无效的情形，则前合同和备案合同均为无效合同，双方也不能证明实际履行的是前合同还是备案合同时，笔者认为应该按照定额结算工程价款。

这种判例非常少，原因是定额结算工程价款往往高于前合同，甚至高于备案合同，所以按照此种方式鉴定的工程造价可能被作为调解或者法院酌情判决的依据。

导致合同无效的原因是中标无效，中标无效的情形有多种，如果归责于发包人，笔者认为应该按照定额结算工程价款，以引导作为强势一方的发包人能够遵纪守法，增大其违法成本。

三、典型案例

（一）基本案情

2009年6月1日，A公司与B公司签订建设工程施工合同（13号合同），内容为：发包人A公司，承包人B公司，工程名称：年产20万t标准化肉类综合加工产业示范基地建设项目——待宰车间、屠宰车间、冷却车间、分割车间、冷藏车间、制冷机房变配车间、物料间、消防给水泵房、原料综合办公室、锅炉房、原料入口门卫室、清水池、消防池、循环水池、室外管道支架及室外硬化、管网工程施工合同。工程承包范围：施工图纸设计的全部工程（具体要求详见合同文件）。承包方式：包工包料。合同工期：210个日历天，自2009年6月1日至2009年12月27日。质量标准：（1）完成工程设计和合同中规定的各项工作内容，并达到国家规定的竣工条件。（2）工程质量符合国家法律、法规、技术标准、设计文件和合同中规定的要求，经法定质量监督机构核定为合格。（3）工程所用的材料、构配件和设备必须有出厂合格证和必要的检测、试验报告。（4）具有完整的工程技术档案和竣工图，并已办理工程竣工交付使用的有关手续。（5）已签署的工程保修证书。合同价款：全部工程价款采用固定总价，6068万元，该价格包括人、材、机等不可预见性价格风险。竣工技术资料的交付时间：工程竣工后一个月。竣工验收：依据本合同、施工图纸、施工技术性文件和国家相关部委规章规定等进行验收。

2009年9月7日，A公司发出工程施工中标通知书，内容为：建设单位年产20万t标准化肉类综合加工产业示范基础一期工程，报建规模136000m²，项目总投资额 75000 万元，施工招标备案字第 12162009084012 号，共分 2 标段。通过招标，其中二标段（标段工程名称为年产 20 万 t 标准化肉类综合加工产业示范基地一期工程二标段）确定 B 公司为中标单位，中标建设规模 31911.67m²，中标标价为 6068 万元，中标施工工期自 2009 年 9 月 13 日开工，至 2010 年 1 月 31 日竣工完成，工程质量达到国家施工验收规范合格标准。

2009 年 9 月 7 日，双方签订建设工程施工合同（117 号合同），合同约定，A 公司为发包人，B 公司为承包人，工程名称：年产 20 万 t 标准化肉类综合加工产业示范基地一期工程二标段。工程内容：施工图纸设计的全部工程。工程承包范围：建设单位所发设计施工图纸中全部工程。开工日期：2009 年 9 月 13 日。竣工日期：2010 年 1 月 31 日，合同工期总日历天数 141 天（包括法定节假日）。工程质量标准：国家施工验收规范合格标准。合同价款：陆仟零陆拾捌万元（人民币）6068 万元。本协议中有关词语含义与本合同第二部分《通用条款》中分别赋予它们的定义相同，承包人向发包人承诺按照合同约定进行施工、竣工并在质量保修期内承担工程质量保修责任，发包人向承包人承诺按照合同约定的期限和方式支付合同价款及其他应当支付的款项。违约责任：发包人不拨付，每延期付款一天按应付工程合同总额的日万分之三及承包人同期向银行贷款的利率计算违约金；承包人违约致发包人延误工期，每延误一天承包人按合同总价的日万分之三及同期向银行贷款的利率计算违约金。本合同双方约定：盖章、签字、备案后生效。专用条款第 26 条规定，工程初验合格后拨付至工程总造价的 95%，扣留 5% 质量保修金，待保修期满一年后 15 日全部付清。该合同于 2009 年 10 月 19 日经合同管理办公室审核备案。

因结算不能达成一致，B 公司向原审法院提起诉讼，请求：（1）A 公司支付工程款 7172896.19 元；（2）A 公司支付违约金 800 万元；（3）A 公司支付逾期付款利息 90 万元；（4）诉讼费由 A 公司承担。

（二）争议焦点

应该依据哪一份合同结算工程价款？

（三）简要评析

最高人民法院《关于审理建设工程施工合同纠纷案件适用法律问题的解释》第二十一条规定，当事人就同一工程另行订立的建设工程施工合同与经过备案的中标合同实质性内容不一致的，应当以备案的中标合同作为结算工程价款的根据。双方当事人订立 13 号合同后，又订立了 117 号合同，虽然 13 号合同与 117 号合同的工程总价款均为 6068 万元，但 117 号合同是经过备案的中标合同，因此，双方应按照 117 号合同作为结算工程价款的根据。

A 公司与 B 公司签订并在主管部门备案的建设工程施工合同是双方当事人的真实意思表示，且不违反法律、行政法规的强制性规定，应当认定为合法有效。A 公司主张双方签订该备案合同之前存在串通投标的行为，违反了《中华人民共和国招标投标法》的强制性规定，缺乏依据，不予支持。

四、律师建议

（1）国家正在试行减少必须招标的工程范围，对于非国有资金投资的房地产项目是一个福音。不是必须招标的工程如果按照《中华人民共和国招标投标法》的规定履行了招标程序确定中标人后签订的中标合同是否适用《最高人民法院关于审理建设工程施工合同纠纷案件适用法律问题的解释》第 21 条的规定，各地法院认识不一致，尽量不要出现黑白合同的情形。就司法鉴定而言，合同的效力问题属于法律问题，应由法院来认定，司法鉴定人员不能以鉴代判，对合同效力或者结算依据哪一份合同进行判定。

（2）备案合同的效力问题。

最高院观点[①]："四、加大对招标投标法的贯彻力度。要依照招标投标法和最高人民法院《关于审理建设工程施工合同纠纷案件适用法律问题的解释》的规定，准确把握"黑白合同"的认定标准，依法维护中标合同的实质性内容；对案件审理中发现的带有普遍性的违反招标投标法等法律、行政法规和司法解释规定的问题，要及时与建设行政管理部门沟通、协商，共同研究提出从源头上根治的工作方案，切实维护建筑市场秩序。"当前普遍违反招标投标法的行为就是在招标之前已经签订施工合同，这种情形下如果认定备案合同无效，则会造成招标投标法因发包人的违法行为而对发包人有利的事实，变相鼓励发包人违法。笔者认为，如果没有其他证据证明有中标无效的情形，应该按照黑白合同中对发包人不利的合同结算工程价款，加大发包人的违法成本，以引导发包人遵纪守法。

最高院观点[②]："42. 就尚未取得建设工程规划许可审批手续的工程，发包人与承包人签订的建设工程施工合同无效。但在一审法庭辩论终结前发包人取得相应审批手续或者经主管部门批准建设的，应当认定合同有效。43. 要依法维护通过招

———————
① 最高人民法院《关于当前形势下进一步做好房地产纠纷案件审判工作的指导意见》。
② 《最高人民法院 2015 全国民事审判工作会议纪要》。

投标所签订的中标合同的法律效力。当事人违反工程建设强制性标准，任意压缩合理工期、降低工程质量标准的约定，应当认定无效。对于约定无效后的工程价款结算，应依据《关于审理建设工程施工合同纠纷案件适用法律问题的解释》的相关规定处理。"

笔者认为，最高院的观点旨在保障工程质量，中标合同任意压缩合理工期、降低工程质量标准危害的是社会利益，此时虽然认定中标合同无效，根据《关于审理建设工程施工合同纠纷案件适用法律问题的解释》的规定，只要承包人按照国家规定的质量标准工程经竣工验收合格，结算仍按照合同约定结算工程价款，但发包人不能要求承包人按照合同约定承担逾期竣工的违约责任。

江苏省高级人民法院观点[①]："（一）黑白合同的认定。法律、行政法规规定必须进行招投标的建设工程，当事人实际履行的建设工程施工合同和备案的中标合同实质性内容不一致的，应当以备案的中标合同作为工程价款的结算根据；未经过招标投标的，该建设工程施工合同为无效合同，可以参照实际履行的合同作为工程价款的结算依据。法律、行政法规虽未规定必须进行招投标的建设工程，但当事人依法履行了招投标手续的，当事人实际履行的建设工程施工合同和中标合同实质性内容不一致的，应当以中标合同作为工程价款的结算依据。

1. 强制招标工程中黑白合同效力的认定。强制招标工程若未通过招标程序签订工程合同的，则无论黑白合同，根据《中华人民共和国合同法》第五十二条的规定，该合同均因违反法律的强制性规定而无效。若强制招标工程虽然通过招标程序，但是双方签订了黑白合同，则无论黑合同签署在白合同之前还是之后都属无效。

2. 非强制招标工程中黑白合同效力的认定。

（1）自主备案中的黑白合同问题。实践中存在既非强制招投标项目，当事人又未自愿进行招投标，但根据当地行政主管部门的要求，承、发包双方签订的施工合同必须备案。当事人在备案合同之外，另行签订实质性内容不同的合同且未备案的，是否属于黑合同？我们认为，非属强制招投标范围的工程，备案与否不影响合同效力，不存在黑白合同的问题。当事人签订的合同尽管与备案的合同有实质性内容的不同，但并非不能作为结算的依据。此时对合同的认定，应以该合同是否违反法律禁止性规定，是否体现当事人真实意思表示进行判断。

（2）自主招标中的黑白合同问题。《最高人民法院关于审理建设工程施工合同纠纷案件适用法律问题的解释》第1条规定'建设工程必须进行招标而未招标或

---

① 《江苏省高级人民法院建设工程施工合同案件审理指南（2010）》。

者中标无效所订立的合同'作为无效合同对待。所谓必须进行招投标的项目，即强制招标的范围，都是国家投资、融资项目，关系到社会公共利益和公共安全的项目，或者使用国家统借外债的项目，招投标法规定必须采用招投标方式，以体现国家对这类民事活动的干预和监督。但实践中存在强制招标范围以外的一些项目，建设单位根据主管部门要求或者自愿进行招投标并根据招投标结果签订施工合同，将合同进行备案。如果在备案合同之外，当事人又签订实质性内容不同的合同且未备案，是否存在黑合同？

对此问题实务中存在两种意见：一种意见认为，当事人自愿进行招投标的项目，在备案的合同之外，如果又另行签订的合同并不违反法律禁止性规定，则不存在黑白合同的问题，根据合同是否体现当事人真实意思表示对其效力予以认定。另一种意见认为，虽然工程项目非强制招投标范围，但当事人自愿进行招投标，应当受《中华人民共和国招标投标法》的约束，同样也存在黑白合同问题。我们赞同此说，因为招标投标法所保护的不仅是当事人自身的利益，更是对社会招投标市场的规范，事关不特定投标人利益的保护，涉及市场竞争秩序的维护，因此，只要根据招标投标法进行的招投标并因此签订的合同均应受该法约束，当事人不得在此之外签订黑合同。"

笔者认为，招标投标法规定的招标流程较为严谨，非必须招标的工程如果严格按照中标投标法的招标流程履行了招标程序，应该受该法的约束。如果仅仅只是邀请几家意向单位进行价格的比价和谈判，即使存在招标文件和投标文件以及中标通知书等，也不能认定为存在黑白合同问题。

(3) 实质性变更的认定。

江苏省高级人民法院观点 [①]："（二）实质性内容不一致的判断标准。施工合同的内容包括工程范围、建设工期、中间交工工程的开工和竣工时间、工程质量、工程造价、技术资料交付时间、材料和设备供应责任、拨款和结算、竣工验收、质量保修范围和质量保证期、双方相互协作等条款。建设工程中事关当事人权利义务的核心条款是工程结算，而影响工程结算的主要涉及三个方面：工程质量、工程期限和计价方式。工程质量指建设工程施工合同约定的工程具体条件，也是这一工程区别其他同类工程的具体特征。工程期限，指建设工程施工合同中约定的工程完工并交付验收的时间。计价方式包括按实结算、固定总价结算、固定单价结算等。如果备案和未备案的两份施工合同在建设工期、施工质量、计价方式等方面发生

---

① 《江苏省高级人民法院建设工程施工合同案件审理指南（2010）》。

变化，当无疑义属于实质性内容的变化，未备案的合同应属于无效的黑合同。"

浙江省高级人民法院认为[①]：'黑白合同'时所涉的'实质性内容'，主要包括合同中的工程价款、工程质量、工程期限三部分。对施工过程中，因设计变更、建设工程规划指标调整等客观原因，承、发包双方以补充协议、会谈纪要、往来函件、签证等洽商记录形式，变更工期、工程价款、工程项目性质的书面文件，不应认定为《中华人民共和国招标投标法》第46条规定的'招标人和中标人再行订立背离合同实质性内容的其他协议'。"

安徽省高级人民法院观点[②]："9. 承包人就招投标工程承诺对工程价款予以大幅度让利的，属于对工程价款的实质性变更，应认定无效；承包人就非招投标工程承诺予以让利，如无证据证明让利后的工程价款低于施工成本，可认定该承诺有效，按该承诺结算工程价款。"

北京市高级人民法院观点[③]："招投标双方在同一工程范围下另行签订的变更工程价款、计价方式、施工工期、质量标准等中标结果的协议，应当认定为《解释》第二十一条规定的实质性内容变更。中标人作出的以明显高于市场价格购买承建房产、无偿建设住房配套设施、让利、向建设方捐款等承诺，亦应认定为变更中标合同的实质性内容。备案的中标合同实际履行过程中，工程因设计变更、规划调整等客观原因导致工程量增减、质量标准或施工工期发生变化，当事人签订补充协议、会谈纪要等书面文件对中标合同的实质性内容进行变更和补充的，属于正常的合同变更，应以上述文件作为确定当事人权利义务的依据。"

"黑白合同"所涉及的"实质性内容"，主要包括合同中的工程价款、工程质量、工程期限三部分，此认定没有争议。北京市高级人民法院观点又加入了中标人作出的以明显高于市场价格购买承建房产、无偿建设住房配套设施、让利、向建设方捐款等承诺作为实质性内容，是结合了实务碰到的常见的标后让利行为而作出的认定。笔者认为，标后让利除此之外还有其他形式，无论何种形式，只要对合同约定的工程价款产生实质影响，均可以认定为实质性内容的变更。

浙江省高级人民法院"对施工过程中，因设计变更、建设工程规划指标调整等客观原因，承、发包双方以补充协议、会谈纪要、往来函件、签证等洽商记录形式，变更工期、工程价款、工程项目性质的书面文件，不应认定为再行订立背离合同实质性内容的其他协议"的观点虽然不属于普遍的观点，笔者认为，施工

---

① 《浙江省高级人民法院关于审理建设工程施工合同纠纷案件若干疑难问题的解答》。
② 《安徽省高级人民法院关于审理建设工程施工合同纠纷意见案件适用法律问题的指导意见》。
③ 《北京市高级人民法院关于审理建设工程施工合同纠纷案件若干疑难问题的解答》。

过程中，因设计变更、建设工程规划指标调整，甚至是发包人延迟开工等违约行为，势必导致原合同的工程价款产生变化。承、发包因此而以书面文件对工程价款的变更是有合理理由变更，不属于黑白合同问题。

第二节　招标后签订合同的价款鉴定

一、主要条款归纳

《中华人民共和国合同法》第七十七条规定：

"当事人协商一致，可以变更合同。"

《中华人民共和国合同法》第七十八条规定：

"当事人对合同变更的内容约定不明确的，推定为未变更。"

┌─ 主旨诠释 ─

　　合同变更主要是指合同内容的变更，即在合同成立后尚未履行完毕之前，合同当事人就合同的内容进行修改和补充的行为。合同变更后，在维持原合同性质、效力的基础上，若干新的权利义务代替了旧的规定，被变更的权利义务归于消灭。

　　当事人受新的权利义务关系的约束。合同变更不是消灭既有合同效力，因而没有溯及力，对于已履行的债务，除非法律有规定或是当事人特别规定，不得主张更改。

二、鉴定方法解读

（一）合理变更情形的工程价款鉴定

有合理理由变更结算方式的，如建设工程开工后，发包方与承包方因设计变更、建设工程规划指标调整、迟延开工超过合同约定的期限、暂停施工等原因，通过补充协议、会谈纪要、往来函件、签证等形式变更工期、工程价款、工程项目性质的，并不视为"黑合同"，是合同的正常变更，不违反《中华人民共和国招标投标法》的强制性规定。此种情况下，应该按照变更后的结算方式结算工程价款。

在实务中判断是否有合理理由的证据除了补充协议、会谈纪要、往来函件、签证的内容是否体现以外，还可以从辅助证据（如计划开工日期和实际开工日期、暂停施工的甲方指令、构成重大变更的设计变更通知单等）认定。

如果补充协议、会谈纪要中仅仅变更了结算方式，而没有任何合理的理由，应视为"黑合同"，在此种情况下，应该按照"白合同"约定的结算方式结算工程价款。

（二）不合理变更情形的工程价款鉴定

黑白合同常见的方式就是在签订备案合同的同时或者很短的时间内签署一份与备案合同实质性内容不一致的黑合同，主要目的是为了规避法律。因此司法解释针对此现象作出了二十一条的规定，存在两份实质性内容不一致的合同情况下，以备案合同作为结算工程价款的依据。

在实务中可以以黑白合同的签订时间，以及黑合同有无陈述合理理由变更白合同的约定，认定以哪一份合同作为结算工程价款的依据。

黑合同约定的结算方式低于白合同约定的结算方式时尤其应该注意，通常情况下涉及标后让利，是典型的黑合同。

（三）变更后的结算方式约定不明的工程价款鉴定

存在合理理由变更结算方式的，如果变更后的结算方式约定不明应视为没有变更，仍按原合同约定结算工程价款。此种情况下，司法鉴定单位仅仅依据变更后约定的结算方式无法计算工程价款时，应该报告法院，由法院确定按照哪一份合同结算，不能擅自决定。

实务中会出现承、发包双方在会议纪要或者来往函件中提出变更的要求，但对如何变更不能达成一致的情况，在此种情况下，原合同约定的变更结算方式也不明时，可以由司法鉴定单位按照行业管理或者定额来鉴定出变更工程价款作为判决的依据。

如发包人要求增加工程内容，而该工程内容在原合同价中没有可以参考的单价，或者有参考的单价但增加工程量时，因变更的时间与投标时间相距甚远，因物价上涨等原因，原单价已经不能覆盖成本，承包人也提出合理的理由要求重新组价。此时，在双方没有达成一致的情况下，鉴定单位可以根据定额或者市场价给出合理的价格供法院判决时参考。

三、典型案例

（一）基本案情

2005 年 9 月 25 日，A 建筑公司与 B 房地产公司签订了一份《建设工程施工合同》（以下简称《9.25 合同》）并备案；双方又于 2006 年 7 月 8 日签订一份《建设工程施工合同》（以下简称《7.8 合同》）；2007 年 1 月 1 日，双方又签订了一份《地下车库工程协议书》（以下简称《地库协议》）。合同签订后，A 建筑公司依约履行了施工义务，双方不能就工程款的结算达成一致。A 建筑公司诉至法院，请求：（1）判令 B 房地产公司立即给付工程欠款 20784401.92 元（含文明施工费）；（2）判令 B 房地产公司按照合同约定支付预付款违约金 2752411.96 元，并自 2010 年 8 月 16 日起按照每日万分之三的标准支付工程款违约金至实际付款之日止；（3）确认 A 建筑公司对上述工程款及违约金享有优先受偿权；（4）该案的一切费用由 B 房地产公司负担。

（二）争议焦点

应以哪一份合同作为结算依据？

（三）简要评析

这是典型的黑白合同纠纷，没有合理的理由另行签订实质性条款与备案合同不一致的合同。

（1）双方当事人签订的《9.25 合同》、《7.8 合同》已经履行了法定的招投标程序，且已在行政主管部门备案。而且《补充协议》约定的计价方法等实质性条款与前述中标合同不一致，故依照司法解释第二十一条的规定，应以《9.25 合同》、《7.8 合同》作为结算商住楼工程部分的依据。虽然《补充协议》约定的土建工程造价为（预算基价＋价差调价＋利润＋税金）的基础上下浮 15.5%，但该协议未经招投标程序。而《9.25 合同》、《7.8 合同》均为通过法定招投标程序中标的备案合同，两合同及《地库协议》涉及的工程内容的总和即为 A 建筑公司承包的商住楼的全部工程内容。其与《施工协议》约定的计价方法等实质性条款并不一致。依照最高人民法院《关于审理建设工程施工合同纠纷案件适用法律问题的解释》第二十一条"当事人就同一建设工程另行订立的建设工程施工合同与经过备案的中标合同实质性内容不一致的，应当以备案的中标合同作为结算工程价款的根据"的规定，应以《9.25 合同》、《7.8 合同》以及《地库协议》作为结算依据是正确的。B 房地产公司提出的《施工协议》是当事人真实意思表示，且已实际履行应予认可的再审理由，最高人民法院未予支持。

（2）一审法院委托鉴定单位进行工程造价鉴定，鉴定单位以双方无争议的工程量及备案合同作为鉴定依据，出具的鉴定结论已经质证程序，鉴定单位针对双方当事人的异议亦出具了书面复函并相应调整了鉴定结论，鉴定程序符合法律规定。

四、律师建议

（1）司法鉴定单位在进行司法鉴定时，如发现备案合同签订之后又签订了补充协议等情形时，应该重点审查补充协议签署的原因。如发包人原因造成的迟延开工、工程量因设计原因大幅变动等，双方据此签订补充协议约定新的结算方式，应该按照补充协议约定的结算方式结算工程价款。

（2）黑白合同的情形千变万化，既有为套取银行贷款而抬高白合同价款的情形；也有因政府（部门）搭车违法乱收费为少交税费而压低白合同价款的现象；还有建设单位主动找施工单位适当压价先签合同、甚至让施工单位先进场并要求施工单位找第三方陪标后备案的情况；更有少数地方政府缺少资金，但为追求政绩从而事先寻找投资或合作伙伴、预先订立协议、形式上走招投标程序的特例。因此司法解释第二十一条的适用应在充分研究黑白合同出现的客观情形，以及维护《中华人民共和国招标投标法》规定的前提下认定。

四川省高级人民法院观点[①]："第三条 合同实际履行过程中因设计变更导致工程量（价）增加的，且履行了约定的或规定的报批、审查程序，承包人与发包人就中标合同的内容协商作了修订和补充的，人民法院可以按照《最高人民法院关于审理建设工程施工合同纠纷案件适用法律问题的解释》第十六条第一款的规定，以当事人实际履行的合同作为结算工程价款的依据；当事人对发生变化部分的工程价款不能协商一致的，可以按照《最高人民法院关于审理建设工程施工合同纠纷案件适用法律问题的解释》第十六条第二款的规定，参照建设行政主管部门发布的计价方法或者计价标准结算工程价款。"

福建省高级人民法院观点[②]："19.问：建设工程施工过程中，因设计变更或者遇特殊地质情况等客观原因，当事人另行签订合同，变更了中标合同的内容，是否仍应以中标合同作为结算工程价款的依据？ 答：建设工程施工合同履行过程中，因设计变更或者遇特殊地质情况等客观原因导致工程量增减，当事人协商一致对中标合同的内容进行修改，属于正常行使合同变更权，修改后的合同可以作为结算工程价款的依据。"

---

① 《四川省高级人民法院关于审理涉及招投标建设工程合同纠纷案件的有问题意见》。
② 《福建省高院关于审理建设工程施工合同纠纷案件疑难问题的解答》。

上述观点均认可正当理由的情况下对"白合同"实质性条款进行变更不构成黑白合同问题。四川省高级人民法院更明确，当事人对发生变化部分的工程价款不能协商一致的，可以参照建设行政主管部门发布的计价方法或者计价标准结算工程价款。因此，当合同履行过程中发声重大变更或者发包人违约的情况下，对"白合同"约定的结算条款进行变更是合法的索赔，承包人应该充分利用这样的索赔机会，发包人也应该积极与承包人协商达成新的结算方式，避免被法院认定参照建设行政主管部门发布的计价方法或者计价标准结算工程价款。

（3）结算依据的认定。

重庆市高级人民法院认为[1]："12.'黑白合同'及备案合同。经过招标投标的项目，发包人与承包人签订两份合同的（即所谓'黑白合同'），在双方因工程款结算发生纠纷时，应以中标合同即'白合同'作为结算工程款的依据。不是必须招投标的项目，实际也未经过招投标程序，发包方直接与承包方签订建设工程施工合同，并按照建设行政主管部门的规定，将施工合同在相关行政管理部门予以登记备案，但由于种种原因，登记备案的合同与发包方和承包方在先签订的施工合同在价款、质量和工期等方面存在较大差异的，应当探究当事人的真实意思和合同的实际履行情况，确定一份合同作为结算依据，登记备案的合同并不必然作为双方的结算依据。如果当事人在登记备案合同中减少工程款额的目的仅是为了降低其缴费基数，则应认定以另一份合同作为双方的结算依据。"笔者代理的一个案件就出现过重庆市高级人民法院提到的类似情况，发包人为了降低缴费基数，备案合同约定的合同价款较低且为固定价，因工程属于不是必须招标的工程，实际的发包方式也是直接发包，最终法院也认定按照实际履行的合同结算工程价款。

江苏省高级人民法院观点[2]："第十一条 法律、行政法规规定必须要经过招标投标的建设工程，当事人实际履行的建设工程施工合同与备案的中标合同实质性内容不一致的，应当以备案的中标合同作为工程价款的结算根据；未经过招标投标的，该建设工程施工合同为无效合同，应当参照实际履行的合同作为工程价款的结算根据。法律、行政法规未规定必须进行招标投标的建设工程，应当以当事人实际履行的合同作为工程价款的结算根据；经过招标投标的，当事人实际履行的建设工程施工合同与中标合同实质性内容不一致的，应当以中标合同作为工程价款的结算根据。"

[1] 《重庆市高级人民法院关于当前民事审判若干法律问题的指导意见》。
[2] 《江苏省高院关于审理建设工程施工合同纠纷案件若干问题的意见》。

　　笔者认为，应该招标的工程实际未招标导致合同无效的情形下，如果工程竣工验收合格，可以参照无效合同约定的结算方式结算工程价款。如果在签订合同之后，又经过招投标签订了中标合同，则应该按照中标合同约定的结算方式结算工程价款。

　　浙江省高级人民法院认为[①]："当事人就同一建设工程另行订立的建设工程施工合同与中标合同实质性内容不一致的，不论该中标合同是否经过备案登记，均应当按照最高人民法院《关于审理建设工程施工合同纠纷案件适用法律问题的解释》第二十一条的规定，以中标合同作为工程价款的结算依据。当事人违法进行招投标，当事人又另行订立建设工程施工合同的，不论中标合同是否经过备案登记，两份合同均为无效；应当按照最高人民法院《关于审理建设工程施工合同纠纷案件适用法律问题的解释》第二条的规定，将符合双方当事人的真实意思，并在施工中具体履行的那份合同，作为工程价款的结算依据。"

　　笔者认为，当事人违法招投标只有符合中标无效的法定情形，才能认定中标合同无效。在两份合同都无效的情形下，应该按照不利于导致中标无效责任人的那份合同约定的结算条款结算工程价款。当然当事人对依据哪份合同结算工程价款无争议的则按照双方认可的合同结算工程价款。

　　安徽省高级人民法院观点[②]："8. 备案合同约定的价款与中标价不一致的，如该工程属必须招投标的工程，应按中标价确定工程价款；如该工程不属必须招投标的工程，当事人举证证明备案合同系双方真实意思表示或实际履行的合同，可以备案合同的约定确定工程价款。"实务中也存在中标价与备案合同约定的价款不一致的情况，笔者认同安徽省高级人民法院的观点，根据《中华人民共和国招标投标法》的规定，依法维护中标价的效力。

　　四川省高级人民法院观点[③]："第二条当事人就同一建设工程另行订立的合同与合法有效的备案中标合同实质性内容不一致的，人民法院应当严格按照《最高人民法院关于审理建设工程施工合同纠纷案件适用法律问题的解释》第二十一条的规定，以备案的中标合同作为结算工程款的依据。"

　　北京市高级人民法院观点[④]："法律、行政法规规定必须进行招标的建设工程，或者未规定必须进行招标的建设工程，但依法经过招标投标程序并进行了备案，当

---

① 《浙江省高级人民法院关于审理建设工程施工合同纠纷案件若干疑难问题的解答》。
② 《安徽省高级人民法院关于审理建设工程施工合同纠纷意见案件适用法律问题的指导意见》。
③ 《四川省高级人民法院关于审理涉及招投标建设工程合同纠纷案件的有问题意见》。
④ 《北京市高级人民法院关于审理建设工程施工合同纠纷案件若干疑难问题的解答》。

事人实际履行的施工合同与备案的中标合同实质性内容不一致的，应当以备案的中标合同作为结算工程价款的依据。法律、行政法规规定不是必须进行招标的建设工程，实际也未依法进行招投标，当事人将签订的建设工程施工合同在当地建设行政管理部门进行了备案，备案的合同与实际履行的合同实质性内容不一致的，应当以当事人实际履行的合同作为结算工程价款的依据。备案的中标合同与当事人实际履行的施工合同均因违反法律、行政法规的强制性规定被认定为无效的，可以参照当事人实际履行的合同结算工程价款。"

从上述各高级人民法院的观点来看，在没有合理的理由情况下，按照"白合同"约定的结算方式结算工程价款是共识。

第三节　招标前后均签订有合同的价款鉴定

一、主要条款归纳

（一）应招未招的规定

《中华人民共和国招标投标法》第四十九规定：

"违反本法规定，必须进行招标的项目而不招标的，将必须进行招标的项目化整为零或者以其他任何方式规避招标的，责令限期改正，可以处项目合同金额千分之五以上千分之十以下的罚款；对全部或者部分使用国有资金的项目，可以暂停项目执行或者暂停资金拨付；对单位直接负责的主管人员和其他直接责任人员依法给予处分。"

主旨诠释

本条主要包含以下含义：

（1）必须进行招标的项目而不招标的，责令限期改正。

（2）将必须进行招标的项目化整为零或者以其他任何方式规避招标的，责令限期改正。

（3）如果工程已经完工，没有改正的可能，则可以处项目合同金额千分之五以上千分之十以下的罚款；对单位直接负责的主管人员和其他直接责任人员依法给予处分。

（4）应招未招情况下确定的建设工程施工合同无效。

（二）黑白合同的规定

《中华人民共和国招标投标法》第五十九条规定：

"招标人与中标人不按照招标文件和中标人的投标文件订立合同的，或者招标人、中标人订立背离合同实质性内容的协议的，责令改正；可以处中标项目金额千分之五以上千分之十以下的罚款。"

┌─ **主旨诠释** ─────────────────────────────

　　招标人与中标人不按照招标文件和中标人的投标文件订立合同的，或者招标人、中标人订立背离合同实质性内容的协议的，是责令限期改正的行为。

　　在建设工程招标投标活动中投标人根据招标文件提交的投标文件为要约，招标人以中标人的投标文件为基础的中标通知书为承诺。招标文件和投标文件为要约和承诺的主要内容，合同的订立理应以招标文件和中标人的投标文件为准。否则，就违背了招标投标活动的初衷，对其他未中标人来讲也不公正。

└───

（三）逾期视为认可的规定

《最高人民法院关于审理建设工程施工合同纠纷案件适用法律问题的解释》第二十条规定：

"当事人约定，发包人收到竣工结算文件后，在约定期限内不予答复，视为认可竣工结算文件的，按照约定处理。承包人请求按照竣工结算文件结算工程价款的，应予支持。"

《最高人民法院关于如何理解和适用〈最高人民法院关于审理建设工程施工合同纠纷案件适用法律问题的解释〉第二十条的复函》（[2005]民一他字第23号）规定：

"适用该司法解释第二十条的前提条件是当事人之间约定了发包人收到竣工结算文件后，在约定期限内不予答复，则视为认可竣工结算文件。承包人提交的竣工结算文件可以作为工程款结算的依据。建设部制定的建设工程施工合同格式文本中的通用条款第33条第3款的规定，不能简单地推论出，双方当事人具有发包人收到竣工结算文件一定期限内不予答复，则视为认可承包人提交的竣工结算文件的一致意思表示，承包人提交的竣工结算文件不能作为工程款结算的依据。"

《建筑工程施工发包与承包计价管理办法》[住房城乡建设部令（第16号）]第十八条规定：

"工程完工后，应当按照下列规定进行竣工结算：

（一）承包方应当在工程完工后的约定期限内提交竣工结算文件。

（二）国有资金投资建筑工程的发包方，应当委托具有相应资质的工程造价咨询企业对竣工结算文件进行审核，并在收到竣工结算文件后的约定期限内向承包方提出由工程造价咨询企业出具的竣工结算文件审核意见；逾期未答复的，按照合同约定处理，合同没有约定的，竣工结算文件视为已被认可。

非国有资金投资的建筑工程发包方，应当在收到竣工结算文件后的约定期限内予以答复，逾期未答复的，按照合同约定处理，合同没有约定的，竣工结算文件视为已被认可；发包方对竣工结算文件有异议的，应当在答复期内向承包方提出，并可以在提出异议之日起的约定期限内与承包方协商；发包方在协商期内未与承包方协商或者经协商未能与承包方达成协议的，应当委托工程造价咨询企业进行竣工结算审核，并在协商期满后的约定期限内向承包方提出由工程造价咨询企业出具的竣工结算文件审核意见。

（三）承包方对发包方提出的工程造价咨询企业竣工结算审核意见有异议的，在接到该审核意见后一个月内，可以向有关工程造价管理机构或者有关行业组织申请调解，调解不成的，可以依法申请仲裁或者向人民法院提起诉讼。

发承包双方在合同中对本条第（一）项、第（二）项的期限没有明确约定的，应当按照国家有关规定执行；国家没有规定的，可认为其约定期限均为28日。"

《建设工程价款结算暂行办法》（财建[2004]369号）第十六条规定：

"发包人收到竣工结算报告及完整的结算资料后，在本办法规定或合同约定期限内，对结算报告及资料没有提出意见，则视同认可。

承包人如未在规定时间内提供完整的工程竣工结算资料，经发包人催促后14天内仍未提供或没有明确答复，发包人有权根据已有资料进行审查，责任由承包人自负。"

《建设工程价款结算暂行办法》第十四条第3款规定：

"（三）工程竣工结算审查期限

单项工程竣工后，承包人应在提交竣工验收报告的同时，向发包人递交竣工结算报告及完整的结算资料，发包人应按表2-1规定时限进行核对（审查）并提出审查意见。

规定时限　　　　　　　　　　　　　　　　　　　　　　表 2-1

	工程竣工结算报告金额	审查时间
1	500 万元以下	从接到竣工结算报告和完整的竣工结算资料之日起 20 天
2	500 万~2000 万元	从接到竣工结算报告和完整的竣工结算资料之日起 30 天
3	2000 万~5000 万元	从接到竣工结算报告和完整的竣工结算资料之日起 45 天
4	5000 万元以上	从接到竣工结算报告和完整的竣工结算资料之日起 60 天

建设项目竣工总结算在最后一个单项工程竣工结算审查确认后 15 天内汇总，送发包人后 30 天内审查完成。"

主旨诠释

《建设工程价款结算暂行办法》和《建筑工程施工发包与承包计价管理办法》均规定，发包人在收到竣工结算文件后的约定期限内予以答复，逾期未答复的，按照合同约定处理，合同没有约定的，竣工结算文件视为已被认可。

《建设工程施工合同（示范文本）》通用条款约定了两个默示认可：一个是发包人在收到承包人提交竣工结算申请书后 28 天内未完成审批且未提出异议的，视为发包人认可承包人提交的竣工结算申请单；另一个是承包人对发包人签认的竣工付款证书有异议的，对于有异议部分应在收到发包人签认的竣工付款证书后 7 天内提出异议，承包人逾期未提出异议的，视为认可发包人的审批结果。

虽然有上述规定，法院的观点还是比较谨慎，竣工结算文件涉及当事人的重大利益，只有合同协议书或者专用条款明确约定在"发包人收到竣工结算文件后，在约定期限内不予答复，则视为认可竣工结算文件"的前提下，承包人提交的竣工结算文件可以作为工程款结算的依据。

（四）审计结论的效力

《最高人民法院关于建设工程承包合同案件中双方当事人已确认的工程决算价款与审计部门审计的工程决算价款与审计部门审计的工程决算价款不一致时如何适用法律问题的电话答复意见》：

"你院'关于建设工程承包合同案件中双方当事人已确认的工程决算价款与审计部门审计的工程决算价款不一致时如何适用法律问题的请示'收悉。经研究认为，审计是国家对建设单位的一种行政监督，不影响建设单位与承建单位的合同效力。建设工程承包合同案件应以当事人的约定作为法院判决的依据。只有在合同明确约定以审计结论作为结算依据或者合同约定不明确、合同约定无效的情况下，才能将审计结论作为判决的依据。"

《2015年全国民事审判工作会议纪要》第49条规定：

"49. 依法有效的建设工程施工合同，双方当事人均应依约履行。除合同另有约定，当事人请求以审计机关作出的审计报告、财政评审机构作出的评审结论作为工程价款结算依据的，一般不予支持。合同约定以审计机关出具的审计意见作为工程价款结算依据的，应当遵循当事人缔约本意，将合同约定的工程价款结算依据确定为真实有效的审计结论。承包人提供证据证明审计机关的审计意见具有不真实、不客观情形，人民法院可以准许当事人补充鉴定、重新质证或者补充质证等方法纠正审计意见存在的缺陷。上述方法不能解决的，应当准许当事人申请对工程造价进行鉴定。"

主旨诠释

上述规定主要包含以下内容：

（1）审计是国家对建设单位的一种行政监督，不影响建设单位与承建单位的合同效力。

（2）建设工程承包合同案件应以当事人的约定作为法院判决的依据。

（3）合同约定以审计机关出具的审计意见作为工程价款结算依据的，应当遵循当事人缔约本意，将合同约定的工程价款结算依据确定为真实有效的审计结论。

（4）承包人提供证据证明审计机关的审计意见具有不真实、不客观情形，人民法院可以准许当事人补充鉴定、重新质证或者补充质证等方法纠正审计意见存在的缺陷。

（5）上述方法不能解决的，应当准许当事人申请对工程造价进行鉴定。

二、鉴定方法解读

（一）白合同无效的工程价款鉴定

因中标无效导致备案合同无效，而工程已经竣工验收的情况下，应该依据备案合同还是实际履行的合同结算工程价款，实务界有不同的理解。

根据司法解释第二条的规定，建设工程施工合同无效，但建设工程经竣工验收合格，承包人请求参照合同约定支付工程价款的，应予支持。结合第二十一条的规定，只要同一建设工程另行订立的建设工程施工合同与经过备案的中标合同实质性内容不一致的，应当以备案的中标合同作为结算工程价款的根据。第二十一条并未强调合同的效力问题，普遍认为无论合同是否有效，均应该按照备案合同结算工程价款。

也有地方高级人民法院有不同的意见，如浙江省高级人民法院民事审判第一庭印发的《关于审理建设工程施工合同纠纷案件若干疑难问题的解答》（浙法民一[2012]3号）就认为：当事人就同一建设工程另行订立的建设工程施工合同与中标合同实质性内容不一致的，不论该中标合同是否经过备案登记，均应当按照最高人民法院《关于审理建设工程施工合同纠纷案件适用法律问题的解释》第二十一条的规定，以中标合同作为工程价款的结算依据。当事人违法进行招投标，当事人又另行订立建设工程施工合同的，不论中标合同是否经过备案登记，两份合同均为无效；应当按照最高人民法院《关于审理建设工程施工合同纠纷案件适用法律问题的解释》第二条的规定，将符合双方当事人的真实意思，并在施工中具体履行的那份合同，作为工程价款的结算依据。浙江高级人民法院未对违法进行招标作定义，笔者认为应该理解为中标无效才对。

最高人民法院印发的《2015年全国民事审判工作会议纪要》则规定：当事人就同一建设工程订立的数份施工合同均被认定无效，在结算工程价款时，应当参照当事人真实合意并实际履行的合同约定结算工程价款。无法确定双方当事人真实合意并实际履行合同的，应当结合缔约过错、已完工程质量、利益平衡等因素分配两份或以上合同间的差价确定工程价款。最高人民法院的观点其实否定了无论合同是否有效，均应该按照备案合同约定结算的观点，也变相支持了承发包双方通过串标可以改变中标结果的行为，使得招标投标法形同虚设。

笔者认为，备案合同被确认无效，只要工程竣工验收合格，仍要以备案合同约定结算工程价款。导致备案合同无效的责任人应该承担缔约过失责任。

（二）实际履行合同不明的工程价款鉴定

施工合同的内容包括工程范围、建设工期、中间交工工程的开工和竣工时间、工程质量、工程造价、技术资料交付时间、材料和设备供应责任、拨款和结算、竣工验收、质量保修范围和质量保证期、双方相互协作等条款。

建设工程施工合同履行期限长，实际履行过程中合同当事人通常不能完全按照合同约定履约，如进度款支付、工期的履行等，判断实际履行的是哪一份合同并不容易。

在实际履行合同不明的情况下，是按照签约时项目所在地建设行政主管部门发布的计价方式结算工程款，还是按照备案合同约定结算工程款，笔者认为应该按照备案合同约定结算工程价款。

（三）逾期不结算视为认可的工程价款鉴定

逾期不结算视为认可的前提是当事人之间约定了发包人收到竣工结算文件后，在约定期限内不予答复，则视为认可竣工结算文件，且该约定不是指通用条款的约定。如果必须招标的工程，备案合同中未约定逾期不结算视为认可，而之后签订补充协议约定逾期不结算视为认可但没有进行备案的情况下，笔者认为补充约定合法有效，应该按照送审金额结算工程价款。

三、典型案例

（一）基本案情

2003 年 3 月 30 日，某建设集团股份有限公司经招投标（下称承包人）中标承建了某市第四人民医院（下称发包人）住院部综合楼工程，双方签订了《建设工程施工合同》，合同第三部分专用条款第九条仅对竣工验收与结算作了简单的规定，未规定结算审核的部门和结算审核的期限。合同履行过程中承包人与发包人又签署了《施工合同补充协议书》，补充协议第 4 条约定"乙方向甲方提交竣工结算书后三个月内，甲方即须对乙方所提交的竣工结算书请中介机构审核并结束，否则，乙方即认为甲方对乙方所提交的工程竣工结算造价予以认可，则乙方所提交甲方的竣工结算造价即为最终造价"。工程竣工后，承包人即要求发包人按照施工合同约定对本案工程进行按实结算，经过双方多次沟通，承包人于 2006 年 9 月 23 日通过快递向发包人递交了竣工结算书及相关竣工结算资料。根据承包人的结算报告，涉案工程总造价经让利后应为 4088.0607 万元，但发包人一直拖延审计。经承包人多次催讨，发包人仍以工程尚在有关部门审计之中，拒绝认可承包人递交的结算报告，也不支付拖欠的大量工程款，形成诉讼。

（二）争议焦点

（1）《施工合同补充协议书》是否有效？

（2）工程结算价款如何确定？

（三）简要评析

（1）补充协议书中的约定并未对原中标签订的工程合同进行实质性更改，是双方在履约过程中，根据工程实际情况进行的细化和补充，对原合同约定不明或未约定的情况进行明确约定，是合法有效的。

本案中虽然存在两份合同，一份备案的中标合同，一份补充协议。但两份合同互为补充，并不存在实质性内容不一致的情况，不存在《最高人民法院关于审理建设工程施工合同纠纷案件适用法律问题的解释》第二十一条规定的黑白合同。

双方于 2003 年 3 月 30 日签订了《建设工程施工合同》第三部分专用条款第九条仅对竣工验收与结算作了简单的规定，未规定结算审核的部门和结算审核的期限。根据合同第二部分通用条款第 33 款规定"33.2 发包人收到承包人递交的竣工结算报告及结算资料后 28 天内进行核实，给予确认或者提出修改意见。发包人确认竣工结算报告通知经办银行向承包人支付工程竣工结算价款。承包人收到竣工结算价款后 14 天内将竣工工程交付发包人。33.3 发包人收到竣工结算报告及结算资料后 28 天内无正当理由不支付工程竣工结算价款，从第 29 天起按承包人同期向银行贷款利率支付拖欠工程价款的利息，并承担违约责任"。同时根据《建设工程价款结算暂行办法》（财建 [2004]369 号）第十四条第三款工程竣工结算审查期限的规定，2000 万～5000 万元工程的审查时间为 45 天。因此双方在补充协议中约定三个月的审查时间对发包人来讲是宽松的，是合理的。

根据《政府投资项目审计管理办法》（审投发 [2006]11 号文）第六条的规定"政府重大投资项目应当在相关合同中列明：必须经过审计机关审计后方可办理工程结算或竣工结算"。第八条规定"审计机关对列入年度审计计划的竣工决算审计项目，在具备审计条件的情况下，一般应在审计通知书确定的审计实施日起 3 个月内出具审计报告"。此文件规定说明政府也是以合同约定为依据进行工程竣工结算审计的，对竣工决算的审计期限规定为三个月。

《施工合同补充协议书》第 4 条约定"乙方向甲方提交竣工结算书后三个月内，甲方即须对乙方所提交的竣工结算书请中介机构审核并结束，否则，乙方即认为甲方对乙方所提交的工程竣工结算造价予以认可，则乙方所提交甲方的竣工结算造价即为最终造价"约定的时间是合理的。

（2）本案所涉工程属国家建设项目，工程价款的结算是否必须通过审计，并以审计造价作为双方工程竣工价格结算的依据。

根据各级政府文件规定，审计部门对国家建设工程项目的审计主要是审计国家建设项目预算或概算执行情况，并出具审计意见书，对依法需要给予处理的，应当作出审计决定书，审计机关认为应当由有关主管部门处理的，应当作出审计建议书，向有关部门提出处理意见，被审计单位为建设单位（含项目法人）。《中华人民共和国审计法》、《中华人民共和国审计法实施条例》、《浙江省国家建设项目审计办法》、《浙江省国家建设项目审计办法的实施意见》均规定审计机关对国家建设项目竣工决算进行审计，并规定国家建设项目未经竣工决算审计的，不得办理竣工验收手续。根据注册监理工程师考试教材中专家的观点，工程竣工结算与工程竣工决算是不同的概念，工程竣工决算是由项目业主的财务部门编制的，它包含的内容是建设工程从筹建开始到竣工交付使用为止的全部建设费用，它反映建设工程的投资效益，是业主办理交付、验收、动用新增各类资产的依据。工程竣工结算是依据《建设工程施工合同》对已竣工工程的工程造价进行的结算，是合同双方之间的法律行为。只要合同中未约定以审计结论作为结算依据的，工程价款的结算不必通过审计并以审价造价作为结算的依据。

四、律师建议

（1）逾期不结算视为认可的约定能够明确约定在合同专用条款中是很难的。毕竟建筑市场还是发包人占有绝对优势，承包人话语权相对较少。但在竣工交付阶段，承包人则处于优势，此时签订补充协议约定审核期限，及逾期不结算视为认可的可能性还是有的。《住房城乡建设部关于进一步推进工程造价管理改革的指导意见》（建标 [2014]142 号）规定："完善建设工程价款结算办法，转变结算方式，推行过程结算，简化竣工结算。建筑工程在交付竣工验收时，必须具备完整的技术经济资料，鼓励将竣工结算书作为竣工验收备案的文件，引导工程竣工结算按约定及时办理，遏制工程款拖欠。创新工程造价纠纷调解机制，鼓励联合行业协会成立专家委员会进行造价纠纷专业调解"有部分地区已经试行。

（2）逾期不结算视为认可的约定，未约定审核期限的，笔者认为应该按照行业惯例以 28 天作为审核期限。笔者建议承、发包双方最好在协议中约定明确的审核期限，避免因约定不明适用 28 天的规定，造成审核时间过短的被动局面。

浙江省高级人民法院观点[①]为："建设工程施工合同明确约定发包人应在承包人提交竣工结算文件后一定期限内予以答复，且逾期未答复则视为认可竣工结算文

---

① 《浙江省高级人民法院民事审判第一庭印发的关于审理建设工程施工合同纠纷案件若干疑难问题的解答》。

件的，承包人可以请求按照竣工结算文件进行工程价款结算。 建设工程施工合同虽约定发包人应在承包人提交竣工结算文件后一定期限内予以答复，但未约定逾期不答复则视为认可竣工结算文件的，承包人不能请求按照竣工结算文件确定工程价款。 建设工程施工合同约定发包人在承包人提交竣工结算文件后未答复则视为认可竣工结算文件，但未约定答复期限，且经承包人催告后，发包人仍不予答复的，人民法院可根据实际情况确定合理的答复期限，但答复期限不应超过 60 天。建设工程施工合同中对此未明确约定，承包人不能仅以《建设工程施工合同（示范文本)》GF—1999—0201 通用条款 33.2 条为依据，要求按照竣工结算文件结算工程价款。"浙江省高级人民法院将答复期限定为 60 天，应该是结合了《建设工程价款结算暂行办法》的规定，选择最长的审核时限 60 天作为答复期限。

(3) 审计结论如何理解的问题。

四川省高级人民法院认为[①]："第五条 合同中约定了以第三方审价或者审计确定的造价作为付款依据的，人民法院在诉讼中应当促使双方当事人履行合同，委托第三方对工程款结算的情况进行审价或审计，并以第三方确定的造价作为判决支付工程款的依据。第六条 依照《中华人民共和国审计法》第二十二条规定必须接受审计监督的国家建设项目的工程，通过审计查验完成的工程量的，经审计确认的有关工程量的签证记录可以作为反映客观事实的证据，具有证明力，人民法院应当采信，作为双方工程价款结算的依据。"四川省高级人民法院的观点有待商榷，第三方审计的结论也会出现错误，直接作为结算依据剥夺了一方的异议权。如果第三方审计确有错误，应该按照最高人民法院的意见"承包人提供证据证明审计机关的审计意见具有不真实、不客观情形，人民法院可以准许当事人补充鉴定、重新质证或者补充质证等方法纠正审计意见存在的缺陷。上述方法不能解决的，应当准许当事人申请对工程造价进行鉴定"处理。

广东省高级人民法院观点[②]："(二) 当事人已对政府投资项目进行结算的，应确认其效力。财政部门、审计部门对工程款的审核，是监控财政拨款与使用的行政措施，对民事合同当事人不具有法律的约束力。 发包人以财政部门或审计部门未完成竣工决算审核、审计为由拒绝支付工程款或要求以财政部门、审计部门的审核、审计结果作为工程款结算依据的，不予支持。但双方当事人明确约定以财政部门、审计部门的审核、审计结果作为工程款结算依据或双方当事人恶意串通

---

① 《四川省高级人民法院关于审理涉及招投标建设工程合同纠纷案件的有问题意见》。
② 《广东省高级人民法院关于审理建设工程施工合同纠纷案件若干问题的意见》。

损害国家利益的除外。"审计部门的审核、审计结果承包人不认可，并提出过异议的，审计部门应该有合理的答复。如果审计部门的审核、审计结果确有错误，应该对异议部分进行鉴定。

(4) 逾期不结算视为认可的适用问题。

江苏省高级人民法院观点[①]："法释 [2014]14 号第二十条规定：'当事人约定，发包人收到竣工结算文件后，在约定期限内不予答复，视为认可竣工结算文件的，按照约定处理。承包人请求按照竣工结算文件结算工程价款的，应予支持。'该条是发包人逾期不答复也不结算所承担的法律后果，前提是施工合同为有效。当合同无效时，当事人不得依据此规定请求按照竣工结算文件结算工程价款。"

江苏省高级人民法院观点[②]："第十条 建设工程施工合同中明确约定发包人收到竣工结算文件后，在合同约定的期限内不予答复视为认可竣工结算文件，当事人要求按照竣工结算文件进行工程价款结算的，人民法院应予支持；建设工程施工合同中未明确约定，当事人要求按照竣工结算文件进行工程价款结算的，人民法院不予支持。"

安徽省高级人民法院观点[③]："10.建设工程施工合同约定发包人应在承包人提交结算文件后一定期限内予以答复，但未约定逾期不答复视为认可竣工结算文件的，承包人请求按结算文件确定工程价款的，不予支持。"

福建省高级人民法院观点[④]："14.问：当事人约定发包人收到竣工结算文件后一定期限内应予答复，但未明确约定不答复即视为认可竣工结算文件，发包人未在约定的期限内答复，承包人请求以其提交的竣工结算文件作为结算依据的，应否支持？承包人提交的竣工结算资料不完整，发包人未在约定期限内答复的，如何处理？如果当事人未约定答复期限，能否根据建设部《建筑工程施工发包与承包计价管理办法》第十六条第一款第二项和第二款的规定，认定双方约定的答复期限为 28 日？答：当事人约定发包人收到竣工结算文件后一定期限内应予答复，但未明确约定不答复即视为认可竣工结算文件的，若发包人未在约定的期限内答复，承包人提交的竣工结算文件不能作为工程造价的结算依据。承包人提交的竣工结算资料不完整的，发包人应在约定的期限内告知承包人，发包人未告知的，视为在约定的期限内不予答复。当事人未约定发包人的答复期限的，不应推定其答复期限。"

---

① 《江苏省高级人民法院建设工程施工合同案件审理指南 (2010)》。
② 《江苏省高院关于审理建设工程施工合同纠纷案件若干问题的意见》。
③ 《安徽省高级人民法院关于审理建设工程施工合同纠纷意见案件适用法律问题的指导意见》。
④ 《福建省高院关于审理建设工程施工合同纠纷案件疑难问题的解答》。

浙江省高级人民法院观点①："十四、承包人能否直接请求按照竣工结算文件结算工程价款？建设工程施工合同明确约定发包人应在承包人提交竣工结算文件后一定期限内予以答复，且逾期未答复则视为认可竣工结算文件的，承包人可以请求按照竣工结算文件进行工程价款结算。建设工程施工合同虽约定发包人应在承包人提交竣工结算文件后一定期限内予以答复，但未约定逾期不答复则视为认可竣工结算文件的，承包人不能请求按照竣工结算文件确定工程价款。建设工程施工合同约定发包人在承包人提交竣工结算文件后未答复则视为认可竣工结算文件，但未约定答复期限，且经承包人催告后，发包人仍不予答复的，人民法院可根据实际情况确定合理的答复期限，但答复期限不应超过60天。建设工程施工合同中对此未明确约定，承包人不能仅以《建设工程施工合同（示范文本）》GF—1999—0201通用条款33.2条为依据，要求按照竣工结算文件结算工程价款。"

综合上述高级人民法院的观点，在建设工程施工合同有效的前提下，只有建设工程施工合同明确约定发包人应在承包人提交竣工结算文件后一定期限内予以答复，且逾期未答复则视为认可竣工结算文件的，承包人可以请求按照竣工结算文件进行工程价款结算。建设工程施工合同中对此未明确约定，承包人不能仅以《建设工程施工合同（示范文本）》GF—1999—0201通用条款33.2条为依据，要求按照竣工结算文件结算工程价款。

（5）当事人在诉讼前已就工程价款的结算达成协议，一方要求重新结算的，如何处理？

北京市高级人民法院观点②："当事人在诉讼前已就工程价款的结算达成协议，一方在诉讼中要求重新结算的，不予支持，但结算协议被法院或仲裁机构认定为无效或撤销的除外。建设工程施工合同无效，但工程经竣工验收合格，当事人一方以施工合同无效为由要求确认结算协议无效的，不予支持。"

笔者认为，当事人虽然在诉前已就工程价款的结算达成一致，但结算协议被法院或仲裁机构认定无效和撤销的情况还是存在的。如出具结算报告的机构不具备相应的资质，当事人对结算报告存在重大误解等情况下，都可能导致结算协议无效或可撤销。

---

① 《浙江省高级人民法院关于审理建设工程施工合同纠纷案件若干疑难问题的解答》。
② 《北京市高级人民法院关于审理建设工程施工合同纠纷案件若干疑难问题的解答》。

第三章 固定价的工程价款鉴定

第一节 固定单价的价款鉴定

一、主要条款归纳

（一）综合单价的定义

《建设工程工程量清单计价规范》GB 50500—2013 第 2.0.8 条规定：

"完成一个规定清单项目所需的人工费、材料和工程设备费、施工机具使用费和企业管理费、利润以及一定范围内的风险费用。"

《建设工程工程量清单计价规范》GB 50500—2013 第 6.2.2 条规定：

"6.2.2 综合单价中应包括招标文件中划分的应由投标人承担的风险范围及其费用，招标文件中没有明确的，应提请招标人明确。"

> **主旨诠释**
>
> 上述规定对综合单价包括的费用范围和调整进行了规范。综合单价不包括税金，包括的风险范围应在专用条款中约定，在约定的风险范围内合同单价不再调整。
>
> 约定的范围以外合同单价如何调整也最好在合同专用条款中约定清楚。

（二）单价项目的定义

《建设工程工程量清单计价规范》GB 50500—2013 第 2.0.41 条规定：

"工程量清单中以单价计价的项目，即根据合同工程图纸（含设计变更）和相关工程现行国家计量规范规定的工程量计算规则进行计量，与已标价工程量清单相应综合单价进行价款计算的项目。"

> **主旨诠释**
>
> 单价项目是针对总价项目而言的，本条规定了根据工程量计算规则进行计量的项目是单价项目。

（三）单价合同的计量

《建设工程工程量清单计价规范》GB 50500—2013 第 8.2 条规定：

"8.2.1 工程量必须以承包人完成合同工程应予计量的工程量确定。

8.2.2 施工中进行工程计量，当发现招标工程量清单中出现缺项、工程量偏差，或因工程变更引起工程量增减时，应按承包人在履行合同义务中完成的工程量计算。"

主旨诠释

上述条文是对单价计价情况下工程量计量的规定。本条视为认可的约定应引起重视，如果现场管理水平达不到，可以在专用条款中延长审核的时间，或者取消视为认可的约定。

（四）综合单价的计价方式

《建设工程工程量清单计价规范》GB 50500—2013 第 9.3.1 条规定：

"……

3　已标价工程量清单中没有适用也没有类似于变更工程项目的，应由承包人根据变更工程资料、计量规则和计价办法、工程造价管理机构发布的信息价格和承包人报价浮动率提出变更工程项目的单价，并应报发包人确认后调整。承包人报价浮动率可按下列公式计算：

招标工程：

承包人报价浮动率 $L=$（1- 中标价／招标控制价）×100%　　　　　（9.3.1-1）

非招标工程：

承包人报价浮动率 $L=$（1- 报价／施工图预算）×100%　　　　　（9.3.2-2）

4　已标价工程量清单中没有适用也没有类似于变更工程项目，且工程造价管理机构发布的信息价格缺价的，应由承包人根据变更工程资料、计量规则、计价办法和通过市场调查等取得有合法依据的市场价格提出变更工程项目的单价，并应报发包人确认后调整。"

主旨诠释

上述条文是对设计变更情况下综合单价如何计算的规定。在已标价工程量清单中没有适用也没有类似于变更工程项目的情况下，如何确定综合单价进行规定。如果合同对综合单价的组价有特别约定，应按照合同约定。

本条与《最高人民法院关于审理建设工程施工合同纠纷案件适用法律问题的解释》第十六条的规定"因设计变更导致建设工程的工程量或者质量标准发生变化，当事人对该部分工程价款不能协商一致的，可以参照签订建设工程施工合同时当地建设行政主管部门发布的计价方法或者计价标准结算工程价款"不同，本条在定额的基础上考虑了报价浮动率。

（五）综合单价的调整

《建设工程工程量清单计价规范》GB 50500—2013 第 9.4.1 条规定：

"发包人在招标工程量清单中对项目特征的描述，应被认为是准确的和全面的，并且与实际施工要求相符合。承包人应按照发包人提供的招标工程量清单，根据项目特征描述的内容及有关要求实施合同工程，直到项目被改变为止。"

《建设工程工程量清单计价规范》GB 50500—2013 第 9.4.2 条规定：

"承包人应按照发包人提供的设计图纸实施合同工程，若在合同履行期间出现设计图纸（含设计变更）与招标工程量清单任一项目的特征描述不符，且该变化引起该项目工程造价增减变化的，应按照实际施工的项目特征，按本规范第 9.3 节相关条款的规定重新确定相应工程量清单项目的综合单价，并调整合同价款。"

《建设工程工程量清单计价规范》GB 50500—2013 第 9.6.2 条规定：

"对于任一招标工程量清单项目，当因本节规定的工程量偏差和第 9.3 节规定的工程变更等原因导致工程量偏差超过 15% 时，可进行调整。当工程量增加 15% 以上时，增加部分的工程量的综合单价应予调低；当工程量减少 15% 以上时，减少后剩余部分的工程量的综合单价应予调高。"

主旨诠释

上述条文对两种情况下调整综合单价进行了规定，但并未明确如何降低和提高。合同对偏差比例和综合单价的调整方式有约定的按照合同约定。

二、鉴定方法解读

（一）固定单价不调整的工程价款鉴定

在没有调整综合单价的情形下，司法鉴定时，分部分项工程和措施项目中的单价项目应依据发承包双方确认的工程量与已标价工程量清单中的综合单价计算。

固定单价包括的风险范围内的工程量调整以及市场价格变动均不能调整综合单价。

工程量变化由设计变更导致的变化和清单工程量计算错误导致的变化，具体要根据合同约定的综合单价调整方式分别调整。

市场价格波动的调整应该综合考虑双方可承受的风险承担范围合理约定，约定所有风险均不调整不可取。在合同履约过程中如果出现市场价格波动异常，尤其是市场价格大幅度上涨时，承包人还是会以停工等手段要求发包人调整综合单价。从公平合理的角度，约定一定范围内的市场价格波动作为综合单价的风险范围比较合适。在司法鉴定时如果合同约定综合单价包含所有市场价格波动的风险，而事实上市场价格确实有大幅波动，应在鉴定报告中说明，由法院认定。

（二）固定单价调整的工程价款鉴定

出现可以调整综合单价的情形时，司法鉴定时应按照《建设工程工程量清单计价规范》GB 50500—2013 的相关规定计算新的综合单价。超出 15% 以内部分仍应按照已标价工程量清单中的综合单价计价，超出 15% 以上部分的综合单价，鉴定单位可以组织承发包双方协商，协商不成的，司法鉴定单位可以根据自己的专业判断提出建议，承发包双方对建议有异议的可以提请工程造价管理机构裁决。

合同如果约定设计变更另行按照某种方式调整综合单价的，按照合同约定调整。

合同如果约定承包人有义务复核清单工程量的准确性，因清单工程量错误导致的工程量误差不调整综合单价和工程量的，应该按照合同约定。

（三）按照定额结算的工程价款鉴定

对于已标价工程量清单中没有的新增项目，且合同没有约定如何计价的情况下，综合单价应按照工程项目所在地建设行政主管部门发布的计价方法或者计价标准确定。

对于设计变更的计价方式没有约定，也应该按照工程项目所在地建设行政主管部门发布的计价方法或者计价标准确定。

合同约定设计变更计价方式的按照约定的方式计价。

三、典型案例

（一）基本案情

A 公司与 B 公司签订《建设工程施工合同》，约定 A 公司承建 B 公司的新建厂房项目。约定的承包范围为：依据招标文件、招标图纸与工程规范所示，本工程承包范围包括（但不限于）以下内容：在招标文件内所说明、招标期间所增减（承包人所确认的工程内容）、所有在合同文件中及工程施工图中所提到和反映的工作。承包方式为：本工程的承包方式按承包范围包工包料、包工期、包质量、包安全、包施工和包协调管理的施工总承包方式。工期为：开工日期：2005 年 12 月 9 日，竣工日期：2006 年 10 月 1 日。合同工期总日历天数 297 天。

合同价款采用施工项目清单单价闭口包干，其中总承包管理配合费为固定费用，不另向分包商收取配合费；措施费用（含投标文件中模板支架费用及脚手架费用）包干，不受业主提供的招标资料的制约；分部分项工程量清单数量暂定、单价闭口包干性质[包工、包料、包工期、包质量、包安全、包测试、包工资及材料价之任何市场差价、管理费（包括规费）、利润、税金、大型机械进退场费、临时用电、临时用水、保险、必需的加班费、存仓、运输、因材料或设备迟到工地的窝工费等]；其他项目清单由发包人确定的合同方式确定。

因设计图纸修改引起工程项目、工程量增减变化的，调整时只就修改部分予以增减调整；结算时其单价以承包人投标单价为准。投标中已有适用的变更工程的价格，按投标已有的价格计算，变更合同价款；投标中只有类似的变更工程的价格，应以此作为基础，确定变更价格，变更合同价款；投标中没有类似或适用的价格，由承包人提出适当的工程价格，送监理、造价咨询由发包人核准。

合同履行工程中，A 公司因 B 公司变更过多，提出甩项竣工，后因结算未能达成一致，A 公司起诉 B 公司，要求支付工程余款，承担违约责任。

（二）争议焦点

固定单价是否可以调整？

（三）简要评析

A 公司提出，因为 B 公司的原因，造成工期顺延，固定单价是在合同约定工期内包干，因此结算时应该按照定额重新组价。

B 公司提出，合同明确约定清单单价闭口包干，设计变更引起的工程项目、工程量增减变化的，调整时只就修改部分予以增减调整；结算时其单价以承包人投标单价为准。

鉴定单位出具的鉴定报告按照投标单价出具了工程价款的报告，同时完全按照定额计算了工程价款。由法院认定完全按照定额重新组价的综合单价计算的工程价款与投标单价计算的工程价款之间的差额由谁承担。后根据法院指令，根据施工时间处于合同工期内还是合同工期外，套用投标单价和按照定额重新组价的综合单价计算出工程价款。并最终按照工期逾期的责任比例，酌情认定了工程价款。

固定价的前提是在合同约定的开工时间及工期下，施工图纸没有变化的情况下，正常履约时的价格。如果因发包人的原因造成迟延开工或者变更过多工程量变化较大（变动幅度超过 15%），势必造成综合单价的变动，但这种变动导致的工程价款变化是按照索赔原则还是按照工程价款计价原则处理，司法鉴定单位并没有清晰的认识。笔者认为，设计变更导致的工程量变化应该按照工程价款计价原则处理，合同中对设计变更导致的工程价款计价有约定的按照约定，没有约定的按照工程所在地建设行政主管部门发布的计价方法或者计价标准结算工程价款。对于发包人违约导致的综合单价变动，应该按照索赔原则处理，该综合单价变动属于因发包人违约造成的承包人损失。

四、律师建议

（1）固定单价合同是工程量清单计价模式下的常规计价方式，建设工程施工合同能够完全按照合同工期履行的占比很小，大部分合同工期均存在延长或者延误。此种情况下，投标单价是否必然作为结算依据有争议。

固定单价是由人工费、材料和工程设备费、施工机具使用费和企业管理费、利润以及一定范围内的风险费用组成。如果工期延误，可能造成上述费用的变化，如果上述费用变化，势必导致合同一方的损失，该损失严格来讲属于违约一方应承担的违约责任，并不是工程价款的组成。因此，笔者认为工程价款仍应该严格按照投标单价结算，违约责任另行计算，在证据充分的情况下，判决由责任人承担。

（2）承发包双方应该在建设工程施工合同中约定没有投标单价可以参照的情况下，综合单价的计算方法。

建设工程施工过程中，设计变更出现的比例很高，如果合同未约定新增项目综合单价的计算方法，争议将不可避免。此时根据现行的国家规范及建设行政主管部门发布的政策文件计价，而此类方法计算的综合单价通常高于实际的市场价，不利于发包人。

（3）材料价格等变化情况下，固定价如何调整。

北京市高级人民法院观点[①]："12. 固定价合同履行过程中，主要建筑材料价格

---

① 《北京市高级人民法院关于审理建设工程施工合同纠纷案件若干疑难问题的解答》。

发生重大变化，当事人要求对工程价款予以调整的，如何处理？建设工程施工合同约定工程价款实行固定价结算，在实际履行过程中，钢材、木材、水泥、混凝土等对工程造价影响较大的主要建筑材料价格发生重大变化，超出了正常市场风险的范围，合同对建材价格变动风险负担有约定的，原则上依照其约定处理；没有约定或约定不明，该当事人要求调整工程价款的，可在市场风险范围和幅度之外酌情予以支持；具体数额可以委托鉴定机构参照施工地建设行政主管部门关于处理建材差价问题的意见予以确定。因一方当事人原因导致工期延误或建筑材料供应时间延误的，在此期间的建材差价部分工程款，由过错方予以承担。"

江苏省高级人民法院观点[①]："第九条 建设工程施工合同约定工程价款实行固定价结算的，一方当事人要求按定额结算工程价款的，人民法院不予支持，但合同履行过程中原材料价格发生重大变化的除外。建设工程施工合同约定工程价款实行固定价结算的，因设计变更导致工程量变化或质量标准变化，当事人要求对工程量增加或减少部分按实结算的，人民法院应予支持，当事人另有约定的除外。"

山东省高级人民法院观点[②]："29. 审理建筑工程承包合同纠纷案件，要增强合同意识，对依法确认为有效的合同，一般应以合同作为处理纠纷的依据。但合同订立后，如果出现当事人无法预见和克服的因素，如国家产业政策调整、国家政策性价格调整、税率调整、国家规费调整等，致使双方或一方当事人继续履行合同显失公平的，应适用情势变更原则，公平合理地对合同内容予以变更或解除。30. 在审理建筑工程欠款纠纷中，一般应以当事人在合同中约定的工程造价和结算方式进行结算；但约定的价款明显超过或低于市场价的30%，所得的劳动报酬明显超过或低于同类劳动标准的30%，致使双方利益严重失衡的，应公平合理地对约定价款予以变更。如约定价款与市场行情差别不大或约定的价款虽对一方不利，但是由于该方当事人在合同履行中经营管理不善或主观判断失误使自己的利益受到损失，该方当事人主张变更工程造价的，不应予以支持。"

上述高级人民法院的意见，均对固定单价的风险范围进行了明确，风险范围包括一切风险的观点并不被法院认可，法院还是会考虑公平原则，在市场价格大幅度波动时，会从公平合理的角度对固定单价予以变更。因此在合同中约定合理的市场价格变化幅度作为风险范围，不仅有利于合同的履行，也避免约定无效的尴尬。

---

① 《江苏省高院关于审理建设工程施工合同纠纷案件若干问题的意见》。
② 《山东省高级人民法院关于审理建筑工程承包合同纠纷案件若干问题的意见》。

第二节　固定总价的价款鉴定

一、主要条款归纳

（一）总价合同的定义

《建设工程工程量清单计价规范》GB 50500—2013 第 2.0.12 条对总价合同的规定为：

"发承包双方约定以施工图及其预算和有关条件进行合同价款计算、调整和确认的建设工程施工合同。"

《建设工程施工合同（示范文本)》GF—2017-0201 第 14.2 条约定：

"总价合同是指合同当事人约定以施工图、已标价工程量清单或预算书及有关条件进行合同价格计算、调整和确认的建设工程施工合同，在约定的范围内合同总价不作调整。合同当事人应在专用合同条款中约定总价包含的风险范围和风险费用的计算方法，并约定风险范围以外的合同价格的调整方法，其中因市场价格波动引起的调整按第 11.1 款〔市场价格波动引起的调整〕、因法律变化引起的调整按第 11.2 款〔法律变化引起的调整〕约定执行。"

> **主旨诠释**
>
> 总价合同是在以施工图、已标价工程量清单或预算书及有关条件进行合同价格计算的前提下，双方协商确定的总价合同。总价是固定总价还是可调总价要在合同中约定清楚。固定总价应在专用合同条款中约定总价包含的风险范围和风险费用的计算方法，并约定风险范围以外的合同价格的调整方法。

（二）总价项目的定义

《建设工程工程量清单计价规范》GB 50500—2013 第 2.0.42 规定：

"工程量清单中以总价计价的项目，即此类项目在相关工程现行国家计量规范中无工程量计算规则，以总价（或计算基础乘费率）计算的项目。"

> **主旨诠释**
>
> 总价项目是针对单价项目而言的，本条规定了工程量清单中以总价计价的项目。总价项目通常以"项"为单位，每项的报价可能是具体的金额，也可能是在某个计算基础上的费率。

（三）总价合同的计量

《建设工程工程量清单计价规范》GB 50500—2013 第 8.3.2 条规定：

"采用经审定批准的施工图纸及其预算方式发包形成的总价合同，除按照工程变更规定的工程量增减外，总价合同各项目的工程量应为承包人用于结算的最终工程量"

《建设工程施工合同（示范文本）》GF—2017—0201 第 12.3.4 条约定：

"除专用合同条款另有约定外，按月计量支付的总价合同，按照本项约定执行：

（1）承包人应于每月 25 日向监理人报送上月 20 日至当月 19 日已完成的工程量报告，并附具进度付款申请单、已完成工程量报表和有关资料。

（2）监理人应在收到承包人提交的工程量报告后 7 天内完成对承包人提交的工程量报表的审核并报送发包人，以确定当月实际完成的工程量。监理人对工程量有异议的，有权要求承包人进行共同复核或抽样复测。承包人应协助监理人进行复核或抽样复测并按监理人要求提供补充计量资料。承包人未按监理人要求参加复核或抽样复测的，监理人审核或修正的工程量视为承包人实际完成的工程量。

（3）监理人未在收到承包人提交的工程量报表后的 7 天内完成复核的，承包人提交的工程量报告中的工程量视为承包人实际完成的工程量。"

《建设工程施工合同（示范文本）》GF—2017—0201 第 12.3.5 条约定：

"总价合同采用支付分解表计量支付的，可以按照第 12.3.4 项〔总价合同的计量〕约定进行计量，但合同价款按照支付分解表进行支付。"

主旨诠释

　　总价合同可以约定按节点付款，达到合同约定的付款节点，按照合同约定的节点付款金额支付进度款。也可以按月计量支付，按月计量是每月已完成工程量占合同总价的比例，乘以合同总价，再乘以合同约定的进度款支付比例计算得出每月应支付的进度款金额。

（四）固定总价的调整

《最高人民法院关于审理建设工程施工合同纠纷案件适用法律问题的解释》第二十二条规定：

"当事人约定按照固定价结算工程价款，一方当事人请求对建设工程造价进行鉴定的，不予支持。"

《最高人民法院关于审理建设工程施工合同纠纷案件适用法律问题的解释》第十六条规定：

"当事人对建设工程的计价标准或者计价方法有约定的，按照约定结算工程价款。

因设计变更导致建设工程的工程量或者质量标准发生变化，当事人对该部分工程价款不能协商一致的，可以参照签订建设工程施工合同时当地建设行政主管部门发布的计价方法或者计价标准结算工程价款。

建设工程施工合同有效，但建设工程经竣工验收不合格的，工程价款结算参照本解释第三条规定处理。"

主旨诠释

固定总价不予鉴定的前提是合同约定的施工图范围内的部分，设计变更对施工图进行了改变，此时应该根据当事人约定的工程价款调整方式调整固定总价，如果合同未约定设计变更部分的工程价款计价方式，则参照签订建设工程施工合同时当地建设行政主管部门发布的计价方法或者计价标准结算工程价款。

二、鉴定方法解读

（一）固定总价不调整的工程价款鉴定

以施工图纸为依据签订的固定总价合同，在不存在设计变更的情况下，工程量少算漏算固定总价均不予调整。对于此类固定总价合同，原则上不予鉴定。

以发包人提供的工程量清单为依据签订的固定总价合同，工程量计算错误或漏项的情况下，笔者认为固定总价仅在发包人提供的工程量清单范围内固定总价不予调整，工程量计算错误或漏项的部分仍然可以调整固定总价。

发包人提供的工程量清单仅仅作为参考，发包人提供施工图纸给承包人，在承包人复核后未对工程量提出异议的情况下，工程量计算错误或漏项的情况下，固定总价均不予调整。对于此类固定总价合同，原则上不予鉴定。

（二）固定总价调整的工程价款鉴定

固定总价并不包含所有风险，合同当事人应在专用合同条款中约定固定总价包含的风险范围和风险费用的计算方法，并约定风险范围以外的合同价格的调整方法。

71

《建设工程工程量清单计价规范》GB 50500—2013 和《建设工程施工合同（示范文本）》GF—2017—0201 通用条款约定因市场价格波动引起的调整，有两种方式，第 1 种方式为：采用价格指数进行价格调整；第 2 种方式为：采用造价信息进行价格调整。

《建设工程施工合同（示范文本）》GF—2017—0201 通用条款第 11.2 款约定了因法律变化引起的调整。基准日期后，法律变化导致承包人在合同履行过程中所需要的费用发生除市场价格波动引起的调整以外的增加时，由发包人承担由此增加的费用；减少时，应从合同价格中予以扣减。基准日期后，因法律变化造成工期延误时，工期应予以顺延。

因承包人原因造成工期延误，在工期延误期间出现法律变化的，由此增加的费用和（或）延误的工期由承包人承担。

（三）固定总价存在设计变更时的工程价款鉴定

以施工图纸为依据签订的固定总价合同，存在设计变更的情况下，合同有约定的按照合同约定处理，合同无约定的，原则上按照签订建设工程施工合同时当地建设行政主管部门发布的计价方法或者计价标准计算因设计变更导致的工程价款变化，据此调整固定总价。

以发包人提供的工程量清单为依据签订的固定总价合同，存在设计变更的情况下，合同有约定的按照合同约定处理。合同无约定的，原则上已标价工程量清单中有相同项目的按照相同项目单价计价，有类似项目的参照类似项目单价计价，没有单价的重新组价，并据此调整固定总价。

三、典型案例

（一）基本案情

2004 年 7 月 30 日和 9 月 10 日，经过公开招标，承包人中标发包人投资建设的某中学新校区工程。中标后，双方签订了《某中学新校区配套生活区建筑安装工程施工合同》和《某中学新校区教学区建筑安装工程施工合同》并备案。双方就发包人招标的同一个工程于 2004 年 9 月 15 日又签订了补充协议，补充协议对原备案合同的实质性内容（工程承包范围、质量标准、工期，尤其是工程计价方式和支付）另作约定，把中标并备案合同中的固定价格改为按定额取费的可调价格。随后，于 2004 年 12 月 25 日和 2005 年 4 月 10 日，承包人与发包人又签订了《附属工程施工合同》、《网架、屋面工程承包合同》。

根据中标文件和双方签订的合同，承包人按约进场施工，在开学前准时完成了工程。2005 年 9 月 1 日，发包人在未组织有关各方对工程进行竣工验收且尚欠承包人部分工程款的情况下，擅自将建设工程交付某中学使用。此后，承包人于2005 年 9 月 2 日和 2005 年 11 月 1 日分批向发包人送达了全部工程的结算报告及结算资料，要求发包人支付剩余工程款。发包人无视承包人多次催讨工程款，拒付欠款，承包人向法院提起诉讼。要求按照送审价支付欠付工程款及利息。

（二）争议焦点

（1）本案是否按照送审价结算工程款？是否委托司法鉴定？
（2）鉴定依据应该是备案合同还是补充协议？

（三）简要评析

（1）本案不符合按照送审价结算的司法解释条件，只能委托司法鉴定。

该案件经历一审、二审发回、再一审、二审，原一审代理律师不同意发包人要求鉴定的申请，要求依据合同通用条款第 33 条第 3 款的规定按送审价结算，在法院委托司法鉴定后也没让当事人配合，一审鉴定结论基本上是依据发包人报送的资料鉴定的。

"最高人民法院关于如何理解和适用《最高人民法院关于审理建设工程施工合同纠纷案件适用法律问题的解释》第二十条的复函"（[2005]民一他字第 23 号）中，明确答复：适用该司法解释第二十条的前提条件是当事人之间约定了发包人收到竣工结算文件后，在约定期限内不予答复，则视为认可竣工结算文件。承包人提交的竣工结算文件可以作为工程款结算的依据。建设部制定的建设工程施工合同格式文本中的通用条款第 33 条第 3 款的规定，不能简单地推论出，双方当事人具有在发包人收到竣工结算文件一定期限内不予答复，则视为认可承包人提交的竣工结算文件的一致意思表示，承包人提交的竣工结算文件不能作为工程款结算的依据。因为本案中当事人并未在专用条款中明确约定逾期不答复视为认可结算文件，所以承包人提交的竣工结算文件不能作为结算工程款的依据。只能委托司法鉴定。

（2）鉴定依据应该是备案合同还是补充协议？

本案某中学工程性质系公共建筑，按我国《招标投标法》第三条的规定属于必须招标的工程，在本案中同一个工程中标后分别签订有黑白两份合同，这是典型的黑合同。根据《最高人民法院审理建设工程施工合同案件适用法律问题的解释》（下称司法解释）第 21 条"关于黑白合同的认定"的规定，本案应以白合同作为结算工程价款的根据。

对本案工程造价鉴定的范围，不应对全部工程造价进行鉴定。固定价范围内的造价不能重新进行鉴定，因为司法解释第22、23条对此作有明确的规定，仅对双方不能协商一致的变更部分的造价予以鉴定。

四、律师建议

（1）无论观点如何，只要法院委托司法鉴定，就应该引起充分的重视，积极配合鉴定。

本案中承包人逾期答复视为认可的观点即使成立（视为认可在专用条款有明确约定），法院如果委托司法鉴定，也应全力配合，引导司法鉴定单位出具最接近送审结算的鉴定结论。避免法院以显示公平为由来修正送审结算。笔者曾经代理过一起案件，涉案工程是政府投资项目，双方在补充条款中明确约定逾期答复视为认可送审结算，但法院还是委托了司法鉴定，因为对方认为送审结算高估冒算。后来我们全力配合司法鉴定，鉴定结论确实比送审结算低了很多，最终法院判决按照鉴定结论结算工程款，而鉴定结论的金额已经满足并超出了委托人的预期，虽然我们提起了上诉，但经二审调解后委托人自愿撤回上诉。如果我们坚决不配合鉴定，鉴定结论势必会因为我们未提交资料而少计算很多索赔和签证，造成不必要的损失。

（2）配合司法鉴定，承包人应尽可能提交所有与造价有关的资料。

根据《最高人民法院关于审理建设工程施工合同纠纷案件适用法律问题的解释》第十九条规定："当事人对工程量有争议的，按照施工过程中形成的签证等书面文件确认。承包人能够证明发包人同意其施工，但未能提供签证文件证明工程量发生的，可以按照当事人提供的其他证据确认实际发生的工程量。"

首先，签证并不是唯一能够证明工程量发生的证据，如果必须承发包双方认可且签字齐全才能作为工程量增加的依据，那就是鼓励发包人少签证或者不签证。司法解释之所以作此条规定，就是为了给实际发生而又被拒绝签证的部分工程量以救济的渠道。

承包人应将证明发包人增加工程量、设计变更的全部证据材料，提交给鉴定机构。这些资料包括发包人发给承包人要求增项、变更的书面通知，包括承包人将签证报送给发包人的收文登记，包括承包人施工完成后的分部工程验收报告等，这些证据材料完全可以证明施工中发生的变更和增项是出于施工需要，以及是由发包人提出的，并已由承包人施工完毕。此外，在鉴定过程中承包人还应配合鉴定机构对施工事实经过和相关证据进行了核查。除证据资料外，有些已完成的变更和增项是完全可以通过现场勘验进行测定的。

按照施工图施工对承包人来讲是最有利的，便于施工组织计划的实施和材料的批量采购，没有发包人的口头要求，承包人不可能自己主动进行变更，且现场有监理和发包人的双重管理，也不可能对承包人的任意更改不提出异议。笔者认为，只要发包人没有相反证据证明承包人任意变更，对于项目实际竣工的现状与施工图不一致的，应该按照司法解释的规定，按照实际发生的工程量计算。

（3）固定总价如何调整。

北京市高级人民法院观点[①]："11.固定总价合同履行中，当事人以工程发生设计变更为由要求对工程价款予以调整的，如何处理？建设工程施工合同约定工程价款实行固定总价结算，在实际履行过程中，因工程发生设计变更等原因导致实际工程量增减，当事人要求对工程价款予以调整的，应当严格掌握，合同对工程价款调整有约定的，依照其约定；没有约定或约定不明的，可以参照合同约定标准对工程量增减部分予以单独结算，无法参照约定标准结算的，可以参照施工地建设行政主管部门发布的计价方法或者计价标准结算。主张工程价款调整的当事人应当对合同约定施工的具体范围、实际工程量增减的原因、数量等事实承担举证责任。"北京市高级人民法院认为应该参照合同约定标准结算是在以工程量清单方式招标或者计价的工程，如果不是工程量清单招标，合同也未约定设计变更参照合同固定价组价原则计价的，笔者认为应该参照施工地建设行政主管部门发布的计价方法或者计价标准结算。

广东省高级人民法院观点[②]："（一）当事人约定工程款实行固定价，而实际施工的工程量比约定的工程范围有所增减的，可在确认固定价的基础上，参照合同约定对增减部分进行结算，再根据结算结果相应增减总价款。不应撇开合同约定，对整个工程造价进行重新结算。"

笔者同意广东省高级人民法院的观点，设计变更的结算方式有约定的从约定，没有约定的可以参照施工时建设行政主管部门发布的计价方法或者计价标准结算。不能对整个工程造价进行重新结算。

浙江省高级人民法院观点[③]："建设工程施工合同采用固定总价包干方式，当事人以实际工程量存在增减为由要求调整的，有约定的按约定处理。没有约定，总价包干范围明确的，可相应调整工程价款；总价包干范围约定不明的，主张调整的

---

① 《北京市高级人民法院关于审理建设工程施工合同纠纷案件若干疑难问题的解答》。

② 《广东省高级人民法院关于审理建设工程施工合同纠纷案件若干问题的意见》。

③ 《浙江省高级人民法院民事审判第一庭关于审理建设工程施工合同纠纷案件若干疑难问题的解答》。

当事人应承担举证责任。"固定总价是在什么基础上固定的非常重要，合同如果仅仅约定了固定总价但未约定明确的包干范围，争议产生是迟早的事情。主张调整的一方只要有甲方指令或者甲方认可的涉及价款的任何批复，都可以作为调整的证据。有时即使有一个兜底的概括性约定"包括所有施工范围内的所有风险"，法院也会以种种理由认定可以调整工程价款。因此最好约定固定总价依据什么固定，以及超出固定价范围外的工程价款如何调整以及调整的程序。

第三节　措施费包干的价款鉴定

一、主要条款归纳

（一）措施项目的定义

《建设工程工程量清单计价规范》GB 50500—2013 第 2.0.5 条规定：
"为完成工程项目施工，发生于该工程施工准备和施工过程中的技术、生活、安全、环境保护等方面的项目。"

—主旨诠释—

本条文是关于措施费的定义，措施费是完成实体项目需要采取的措施。首先是为完成工程项目发生的，如果与完成施工项目无关，如发包人因特殊原因要求超出规范要求作出的特别要求（如绿化环境等）应作为签证另行调整合同价款，不属于措施项目，也不在措施费包干的范围。其次不属于主体工程，不用永久存在，只是发生于该工程施工准备和施工过程中的技术（如脚手架、模板）、生活（临时搭建的彩板房）、安全（监控设备）、环境保护（围墙）等方面的项目，工程项目施工完成后，这些都要拆除并清理干净。

（二）措施项目

《建设工程工程量清单计价规范》GB 50500—2013 第 4.3.1 条规定：
"措施项目清单必须根据相关工程现行国家计量规范的规定编制。"
《建设工程工程量清单计价规范》GB 50500—2013 第 4.3.2 条规定：
"措施项目清单应根据拟建工程的实际情况列项。"

主旨诠释

本条文是关于措施项目的定义,措施项目需要根据拟建工程的实际情况列项。措施项目内容包括:

(1)安全文明施工费

1)环境保护费:是指施工现场为达到环保部门要求所需要的各项费用。

2)文明施工费:是指施工现场文明施工所需要的各项费用。

3)安全施工费:是指施工现场安全施工所需要的各项费用。

4)临时设施费:是指施工企业为进行建设工程施工所必须搭设的生活和生产用的临时建筑物、构筑物和其他临时设施费用。包括临时设施的搭设、维修、拆除、清理费或摊销费等。

(2)夜间施工增加费:是指因夜间施工所发生的夜班补助费、夜间施工降效、夜间施工照明设备摊销及照明用电等费用。

(3)二次搬运费:是指因施工场地条件限制而发生的材料、构配件、半成品等一次运输不能到达堆放地点,必须进行二次或多次搬运所发生的费用。

(4)冬雨期施工增加费:是指在冬期或雨期施工需增加的临时设施、防滑、排除雨雪,人工及施工机械效率降低等费用。

(5)已完工程及设备保护费:是指竣工验收前,对已完工程及设备采取的必要保护措施所发生的费用。

(6)工程定位复测费:是指工程施工过程中进行全部施工测量放线和复测工作的费用。

(7)特殊地区施工增加费:是指工程在沙漠或其边缘地区、高海拔、高寒、原始森林等特殊地区施工增加的费用。

(8)大型机械设备进出场及安拆费:是指机械整体或分体自停放场地运至施工现场或由一个施工地点运至另一个施工地点,所发生的机械进出场运输及转移费用及机械在施工现场进行安装、拆卸所需的人工费、材料费、机械费、试运转费和安装所需的辅助设施的费用。

(9)脚手架工程费:是指施工需要的各种脚手架搭、拆、运输费用以及脚手架购置费的摊销(或租赁)费用。

措施项目及其包含的内容各类专业工程的现行国家或行业计量规范有详细的规定。

（三）措施项目的工程价款结算

《建设工程工程量清单计价规范》GB 50500—2013 第 11.2.2 条规定：

"分部分项工程和措施项目中的单价项目应依据发承包双方确认的工程量与已标价工程量清单的综合单价计算；发生调整的，应以发承包双方确认调整的综合单价计算。"

《建设工程工程量清单计价规范》GB 50500—2013 第 11.2.3 条规定：

"措施项目中的总价项目应依据已标价工程量清单的项目和金额计算；发生调整的，应以发承包双方确认调整的金额计算，其中安全文明施工费应按本规范第 3.1.5 条的规定计算。"

主旨诠释

本条文是关于措施项目调整的规定，措施项目分为单价项目和总价项目。施工合同中未约定措施项目费结算方法时，措施项目费可按以下方法结算[①]。

（1）与分部分项工程实体相关的措施项目，应随该分部分项工程的实体工程量的变化，依据双方确定的工程量、合同约定的综合单价进行结算。

（2）独立性的措施项目，应充分体现其竞争性，一般应固定不变，按合同价中相应的措施项目费用进行结算。

（3）与整个建设项目相关的综合取定的措施项目费用，可按照投标时的取费基数、费率基数及费率进行结算。

二、鉴定方法解读

（一）措施费不调整的工程价款鉴定

措施项目大部分属于总价项目，在招标文件中通常要求投标人以固定总价的形式报价。如果合同履行过程中未发生变化的，总价项目的措施费用不予调整。

如施工临时道路，道路的标准由承包人自行决定，满足施工需要就可以，临时道路最终还是要拆除的，而临时道路的施工和拆除费用均由承包人承担。此种情况下，合同约定临时道路按总价项目投标报价，中标后包干不调整时，无论承包人实际施工的临时道路价格高于还是低于其投报的该项目总价，结算时均不予调整。发包人在施工过程中对临时道路的做法提出特别要求的除外。

---

① 《建设项目工程结算编审规程》中价协 [2010]023 号第 4.4.4 条。

（二）措施费调整的工程价款鉴定

措施费项目中的单价项目，在招标文件中通常要求投标人以固定单价的形式报价。结算时根据实际的工程量据实调整。

如模板，模板是措施费项目中的单价项目，如有设计变更影响到模板的工程量，此时工程量可以调整，但单价仍依据已标价工程量清单中的固定单价，结算时据实调整。

（三）安全文明施工费的工程价款鉴定

安全文明施工费属于不可竞争的费用，必须按国家或省级、行业建设主管部门的规定计算。每个地方对安全文明施工费的具体计算方式或者费率不同，鉴定单位应严格按照当地主管部门的文件执行。

安全文明施工费之所以作为不可竞争的费用，主要是考虑到工程的安全和对周围环境的影响，有严格的标准，施工过程中如果被挪用或者不足额投入都要受到相关的行政处罚。

三、典型案例

（一）基本案情

A 公司与 B 公司签订《建设工程施工合同》，约定 A 公司承建 B 公司的新建厂房项目。约定的承包范围为：依据招标文件、招标图纸与工程规范所示，本工程承包范围包括（但不限于）以下内容：在招标文件内所说明、招标期间所增减（承包人所确认的工程内容）、所有在合同文件中及工程施工图中所提到和反映的工作。承包方式为：本工程的承包方式按承包范围包工包料、包工期、包质量、包安全、包施工和包协调管理的施工总承包方式。工期为：开工日期：2005 年 12 月 9 日，竣工日期：2006 年 10 月 1 日。合同工期总日历天数 297 天。

合同价款采用施工项目清单单价闭口包干，其中总承包管理配合费为固定费用，不另向分包商收取配合费；措施费用（含投标文件中模板支架费用及脚手架费用）包干，不受业主提供的招标资料的制约；分部分项工程量清单数量暂定、单价闭口包干（包工、包料、包工期、包质量、包安全、包测试、包工资及材料价之任何市场差价、管理费、规费、利润、税金、大型机械进退场费、临时用电、临时用水、保险、必需的加班费、存仓、运输、因材料或设备迟到工地的窝工费等）；其他项目清单由发包人确定的合同方式确定。

合同履行工程中，A 公司上报技术核定单，修改施工中的技术措施，监理单位和 B 公司均审批同意，有的审批为"同意，费用不调整"的内容，有的审批只有"同意"，结算时就措施费用如何调整未能达成一致，A 公司起诉 B 公司，要求支付工程余款，承担违约责任。

（二）争议焦点

措施费是否可以调整？

（三）简要评析

A 公司认为其调整施工措施已经履行了审批手续，B 公司也已经同意，结算时应该调整措施费用。B 公司认为其对 A 公司调整施工措施的审批仅从安全角度进行考虑是否可行，费用是否调整应该根据合同约定，合同约定了措施费包干，因此结算时不能调整措施费用。

法院最终委托司法审价，鉴定单位认为措施费包干是基于投标文件中的施工措施包干，实际履行过程中既然对投标文件中的施工措施进行了调整，应该按照实际采用的施工措施结算工程价款。

最终法院认定审批意见注明"同意，费用不调整"的技术核定单，结算时措施费用不调整，审批意见仅注明"同意"的技术核定单，结算时措施费用调整。

四、律师建议

（1）措施项目中的临时设施费用通常在投标报价时要求投标人投报固定总价，并包干使用，原则上结算时应不予调整。主要考虑临时设施费用金额较大，对是否中标产生重大影响，投标人在投标时往往编制较为经济的施工措施，如果中标后承包人自行改变施工措施，增加费用又可以调整的话，对其他投标人不公平，有违反《中华人民共和国招标投标法》的立法目的。本案中司法鉴定人的意见有待商榷。法院的认定也没有法律依据，仅仅是行使了法官的自由裁量权。

（2）措施费项目涉及工程的安全，因此开工前承包人需要报送施工组织设计，监理审批同意后执行。开工前报送的施工组织设计与投标时的施工组织设计通常不完全相同，监理审批时也仅关注安全性，并不关注价款的调整，如果法院认定监理审批则可以调整价款的话，对建筑施工行业的引领作用是反面的，不仅鼓励了承包人恶意竞争，也不利于成本控制。鉴于有这样的判例，监理单位在审批组织设计时，不仅要审核安全性，还要在签批意见中注明"措施费用不调整"。

第四章 可调价的工程价款鉴定

第一节 法律变化的价款鉴定

一、主要条款归纳

（一）工程价款调整的规定

《建设工程工程量清单计价规范》GB 50500—2013 第 9.2.1 条规定：

"招标工程以投标截止日前 28 天、非招标工程以合同签订前 28 天为基准日，其后因国家的法律、法规、规章和政策发生变化引起工程造价增减变化的，发承包双方应按照省级或行业建设主管部门或其授权的工程造价管理机构据此发布的规定调整合同价款。"

《建设工程工程量清单计价规范》GB 50500—2013 第 9.2.2 条规定：

"因承包人原因导致工期延误的，按本规范第 9.2.1 条规定的调整时间，在合同工程原定竣工时间之后，合同价款调增的不予调整，合同价款调减的予以调整。"

主旨诠释

以上条款共有三层含义：

（1）招标工程以投标截止日前 28 天、非招标工程以合同签订前 28 天为基准日。

（2）基准日后因国家的法律、法规、规章和政策发生变化引起工程造价增减变化的，发承包双方应按照省级或行业建设主管部门或其授权的工程造价管理机构据此发布的规定调整合同价款。

（3）因承包人原因导致工期延误的，按本规范第 9.2.1 条规定的调整时间，在合同工程原定竣工时间之后，合同价款调增的不予调整，合同价款调减的予以调整。

（二）调整的程序性规定

《建设工程工程量清单计价规范》GB 50500—2013 第 9.1.2 条规定：

"出现合同价款调增事项（不含工程量偏差、计日工、现场签证、索赔）后的

14 天内，承包人应向发包人提交合同价款调增报告并附上相关资料；承包人在 14 天内未提交合同价款调增报告的，应视为承包人对该事项不存在调整价款请求。"

《建设工程工程量清单计价规范》GB 50500—2013 第 9.1.3 条规定：

"出现合同价款调减事项（不含工程量偏差、索赔）后的 14 天内，发包人应向承包人提交合同价款调减报告并附相关资料；发包人在 14 天内未提交合同价款调减报告的，应视为发包人对该事项不存在调整价款请求。"

《建设工程工程量清单计价规范》GB 50500—2013 第 9.1.4 条规定：

"发（承）包人应在收到承（发）包人合同价款调增（减）报告及相关资料之日起 14 天内对其核实，予以确认的应书面通知承（发）包人。当有疑问时，应向承（发）包人提出协商意见。发（承）包人在收到合同价款调增（减）报告之日起 14 天内未确认也未提出协商意见的，应视为承（发）包人提交的合同价款调增（减）报告已被发（承）包人认可。发（承）包人提出协商意见的，承（发）包人应在收到协商意见后的 14 天内对其核实，予以确认的应书面通知发（承）包人。承（发）包人在收到发（承）包人的协商意见后 14 天内既不确认也未提出不同意见的，应视为发（承）包人提出的意见已被承（发）包人认可。"

《建设工程工程量清单计价规范》GB 50500—2013 第 9.1.5 条规定：

"发包人与承包人对合同价款调整的不同意见不能达成一致的，只要对发承包双方履约不产生实质影响，双方应继续履行合同义务，直到其按照合同约定的争议解决方式得到处理。"

《建设工程工程量清单计价规范》GB 50500—2013 第 9.1.6 条规定：

"经发承包双方确认调整的合同价款，作为追加（减）合同价款，应与工程进度款或结算款同期支付。"

主旨诠释

法律、法规、规章和政策发生变化时，承（发）包人要调整工程价款应该履行的程序性如下：

（1）出现合同价款调增事项后的 14 天内，一方提交合同价款调增（减）报告并附上相关资料；一方在 14 天内未提交合同价款调增报告的，应视为对该事项不存在调整价款请求。

（2）另一方应在收到一方合同价款调增（减）报告及相关资料之日起 14 天内对其核实，予以确认的应书面通知一方。当有疑问时，应向一方提出协商意见。另一方在收到合同价款调增（减）报告之日起 14 天内未确认也未提出协商意见的，应视为一方提交的合同价款调增（减）报告已被另一方认可。另一方提出协商意见的，一方应在收到协商意见后的 14 天内对其核实，予以确认的应书面通知另一方。一方在收到另一方的协商意见后14 天内既不确认也未提出不同意见的，应视为另一方提出的意见已被一方认可。

（3）经双方确认调整的合同价款，作为追加（减）合同价款，应与工程进度款或结算款同期支付。

（三）定额的作用

《住房城乡建设部关于进一步推进工程造价管理改革的指导意见》（建标[2014]142 号）提出：

"明确工程定额定位，对国有资金投资工程，作为其编制估算、概算、最高投标限价的依据；对其他工程仅供参考。通过购买服务等多种方式，充分发挥企业、科研单位、社团组织等社会力量在工程定额编制中的基础作用，提高工程定额编制水平。鼓励企业编制企业定额。

建立工程定额全面修订和局部修订相结合的动态调整机制，及时修订不符合市场实际的内容，提高定额时效性。编制有关建筑产业现代化、建筑节能与绿色建筑等工程定额，发挥定额在新技术、新工艺、新材料、新设备推广应用中的引导约束作用，支持建筑业转型升级。"

《住房城乡建设部关于印发〈房屋建筑与装饰工程消耗量定额〉、〈通用安装工程消耗量定额〉、〈市政工程消耗量定额〉、〈建设工程施工机械台班费用编制规则〉、〈建设工程施工仪器仪表台班费用编制规则〉的通知》（建标 [2015]34 号）提出：

"为贯彻落实《住房城乡建设部关于进一步推进工程造价管理改革的指导意见》（建标 [2014]142 号），我部组织修订了《房屋建筑与装饰工程消耗量定额》（编号为 TY01—31—2015）、《通用安装工程消耗量定额》（编号为 TY02—31—2015）、《市政工程消耗量定额》（编号为 ZYA1—31—2015）、《建设工程施工机械台班费用编制规则》以及《建设工程施工仪器仪表台班费用编制规则》，现印发给你们，自 2015 年 9 月 1 日起施行。执行中遇到的问题和有关建议请及时反馈我部标准定额司。"

主旨诠释

> 定额对国有资金投资工程，作为其编制估算、概算、最高投标限价的依据；对其他工程仅供参考。由于企业并没有自己的企业定额，因此投标报价也是基于定额进行下浮后确定的综合单价。
>
> 总之，定额是社会平均水平的体现，在发生造价争议时，定额是唯一可作参考的合理的依据。尤其是在定义是否低于成本价的认定中，笔者认为一个工程的合同造价低于组成该项目的人工费、材料费和机械费的总和的话，应该认定低于成本。

二、鉴定方法解读

（一）计算规则变化的工程价款鉴定

可调价的工程价款通常意义上是据实结算的工程价款，据实结算的含义之一是工程量据实计算。省级或行业建设主管部门或其授权的工程造价管理机构发布的定额通常有计算规则，国家发布了国标《建设工程工程量清单计价规范》后，该规范是全国通用的计算规则，国有资金投资建设的工程项目必须执行，其他项目可以参考。

住房和城乡建设部于 2012 年 12 月 25 日发布《建设工程工程量清单计价规范》GB 50500—2013，自 2013 年 7 月 1 日起实施。省级或行业建设主管部门或其授权的工程造价管理机构也发布了与之相关的政策。对于非据实结算的工程，工程价款严格按照合同约定的计价方式计价。对于可调价的工程，如果结算时间在 2013 年 7 月 1 日之后，应该按照《建设工程工程量清单计价规范》GB 50500—2013 计价。各省也根据该规范下发了相应的文件，司法鉴定时也应遵守。

（二）定额变化的工程价款鉴定

可调价的工程价款通常意义上是据实结算的工程价款，有的体现为定额计价，总价优惠的方式；有的体现为定额计价，主要材料履行批价手续的方式；通常是以定额为基础。省级或行业建设主管部门或其授权的工程造价管理机构发布的规定是可调价工程价款的计价依据。

住房和城乡建设部关于印发《房屋建筑与装饰工程消耗量定额》、《通用安装工程消耗量定额》、《市政工程消耗量定额》、《建设工程施工机械台班费用编制规则》、《建设工程施工仪器仪表台班费用编制规则》的通知（建标 [2015]34 号）规定自 2015 年 9 月 1 日起施行。对于可调价的工程，如果结算时间在 2015 年 9 月 1 日之后，应该按新颁发的定额计价。

（三）规费和税金发生变化的工程价款鉴定

省级或行业建设主管部门或其授权的工程造价管理机构会发布规费和税金的具体缴费方式和金额。规费多为预缴，工程完工后清算。税金则在开具发票时形成。规费和税金发生变化的，按照实际发生的金额调整工程价款。

如签约合同价按照营业税计算，实际按照增值税执行，结算时应该按照增值税调整合同价款。

规费[①] 主要有：（1）社会保险费：包括养老保险费、失业保险费、医疗保险费、工伤保险费、生育保险费；（2）住房公积金；（3）工程排污费。

税金[②] 主要有：（1）营业税；（2）城市维护建设税；（3）教育费附加；（4）地方教育附加。

三、典型案例

（一）基本案情

A 公司与 B 公司签订《建设工程施工合同》，约定 A 公司承建 B 公司的新建厂房项目。约定的承包范围为：依据招标文件、招标图纸与工程规范所示，本工程承包范围包括（但不限于）以下内容：在招标文件内所说明、招标期间所增减（承包人所确认的工程内容）、所有在合同文件中及工程施工图中所提到和反映的工作。承包方式为：本工程的承包方式按承包范围包工包料、包工期、包质量、包安全、包施工和包协调管理的施工总承包方式。工期为：开工日期：2005 年 12 月 9 日，竣工日期：2006 年 10 月 1 日。合同工期总日历天数 297 天。

---

① 《建设工程工程量清单计价规范》GB 50500—2013 第 4.5 条规费规定：
"4.5.1 规费项目清单应按照下列内容列项：
1 社会保险费：包括养老保险费、失业保险费、医疗保险费、工伤保险费、生育保险费；
2 住房公积金；
3 工程排污费。
4.5.2 出现本规范第 4.5.1 条未列的项目，应根据省级政府或省级有关部门的规定列项。"
② 《建设工程工程量清单计价规范》GB 50500—2013 第 4.6 条税金规定：
"4.6.1 税金项目清单应包括下列内容：
1 营业税；
2 城市维护建设税；
3 教育费附加；
4 地方教育附加。
4.6.2 出现本规范第 4.6.1 条未列的项目，应根据税务部门的规定列项。"

合同价款采用施工项目清单单价闭口包干，其中总承包管理配合费为固定费用，不另向分包商收取配合费；措施费用（含投标文件中模板支架费用及脚手架费用）包干，不受业主提供的招标资料的制约；分部分项工程量清单数量暂定、单价闭口包干性质 [包工、包料、包工期、包质量、包安全、包测试、包工资及材料价之任何市场差价、管理费（包括规费）、利润、税金、大型机械进退场费、临时用电、临时用水、保险、必需的加班费、存仓、运输、因材料或设备迟到工地的窝工费等]；其他项目清单由发包人确定的合同方式确定。

合同履行过程中，A 公司上报技术核定单，修改施工中的技术措施，监理单位和 B 公司均审批同意，有的审批为"同意，费用不调整"的内容，有的审批只有"同意"，结算时就措施费用如何调整未能达成一致，A 公司起诉 B 公司，要求支付工程余款，承担违约责任。

（二）争议焦点

税金是否可以调整？

（三）简要评析

A 公司认为工程欠款应该开具相应金额的发票，目前税金比例已经调整，结算时应该按照调整后的税率计算工程价款。B 公司认为合同约定了包干，因此结算时不能调整。

鉴定单位认为根据政府主管部门发布的调整文件，税金由 3.41% 调整为 3.48%，工程价款应按照调整后的税金计价，鉴定报告按照 3.48% 的税金比例对全部工程价款进行了计价。

本案中鉴定单位将全部工程价款按照新的税率计价有待商榷，政府文件中规定按照实际缴纳营业税计算，在调整文件下发前已经开具发票的工程款不应按照新的税率计算。

四、律师建议

（1）在实务中，有的合同约定按照定额计价，但是约定的定额是已经被废止的定额。对于已经废止的定额，政府主管部门不再发布配套的与市场结合的文件，针对新的定额发布的文件是否适用于已经废止的定额，承发包双方在结算时形成纠纷。笔者认为已经被废止的定额不能作为结算工程价款的依据，定额之所以被废止是因为其与当前的市场不匹配，不能体现市场价格，对于可调价的工程价款应该按照现行有效的定额及配套文件结算工程价款。

（2）司法鉴定人员应该仔细研究政府主管部门发布的政策文件，对于不理解的部分应该征询主管部门的解释，不能按照个人的理解出具审价报告，尤其是在当事人提出异议的前提下，避免因错误鉴定承担责任。

（3）法官应该就当事人提出的异议征询主管部门的解释，而不是全部按照鉴定单位的意见判决，避免以鉴代判造成的司法审判不公。

第二节 物价变化时的工程价款鉴定

一、主要条款归纳

（一）物价变化的调整规定

《建设工程工程量清单计价规范》GB 50500—2013 第 9.8 条规定：

"9.8.1 合同履行期间，因人工、材料、工程设备、机械台班价格波动影响合同价款时，应根据合同约定，按本规范附录 A 的方法之一调整合同价款。

9.8.2 承包人采购材料和工程设备的，应在合同中约定主要材料、工程设备价格变化的范围或幅度；当没有约定，且材料、工程设备单价变化超过 5% 时，超过部分的价格应按照本规范附录 A 的方法计算调整材料、工程设备费。

9.8.3 发生合同工程工期延误的，应按照下列规定确定合同履行期的价格调整：

1 因非承包人原因导致工期延误的，计划进度日期后续工程的价格，应采用计划进度日期与实际进度日期两者的较高者。

2 因承包人原因导致工期延误的，计划进度日期后续工程的价格，应采用计划进度日期与实际进度日期两者的较低者。

9.8.4 发包人供应材料和工程设备的，不适用本规范第 9.8.1 条、第 9.8.2 条规定，应由发包人按照实际变化调整，列入合同工程的工程造价内。"

主旨诠释

上述条文是关于物价变化的调整规定。主要包含以下内容：

（1）主要是指人工、材料、工程设备、机械台班价格波动。

（2）合同中约定有主要材料、工程设备价格变化的范围或幅度的按约定处理。

（3）合同没有约定，且材料、工程设备单价变化超过 5% 时，超过部分的价格应按照《建设工程工程量清单计价规范》GB 50500—2013 附录 A 的方法计算调整。

（4）因非承包人原因导致工期延误的，计划进度日期后续工程的价格，应采用计划进度日期与实际进度日期两者的较高者。

（5）因承包人原因导致工期延误的，计划进度日期后续工程的价格，应采用计划进度日期与实际进度日期两者的较低者。

（6）发包人供应材料和工程设备的，由发包人按照实际变化调整，列入合同工程的工程造价内。

（二）物价变化的调整方法

《建设工程工程量清单计价规范》GB 50500—2013 附录 A 规定：

"A.1 价格指数调整价格差额

A.1.1 价格调整公式。因人工、材料和工程设备、施工机械台班等价格波动影响合同价格时，根据招标人提供的本规范附录 L.3 的表 -22，并由投标人在投标函附录中的价格指数和权重表约定的数据，应按下式计算差额并调整合同价款：

$$\Delta P = P_0 \left[A + \left(B_1 \times \frac{F_{t1}}{F_{01}} + B_2 \times \frac{F_{t2}}{F_{02}} + B_3 \times \frac{F_{t3}}{F_{03}} + \cdots + B_n \times \frac{F_{tn}}{F_{0n}} \right) - 1 \right]$$

式中：

ΔP——需调整的价格差额；

P_0——约定的付款证书中承包人应得到的已完成工程量的金额。此项金额应不包括价格调整、不计质量保证金的扣留和支付、预付款的支付和扣回。约定的变更及其他金额已按现行价格计价的，也不计在内；

A——定值权重（即不调部分的权重）；

B_1、B_2、$B_3 \cdots B_n$——各可调因子的变值权重（即可调部分的权重），为各可调因子在投标函投标总报价中所占的比例；

F_{t1}、F_{t2}、$F_{t3} \cdots F_{tn}$——各可调因子的现行价格指数，指约定的付款证书相关周期最后一天的前 42 天的各可调因子的价格指数；

F_{01}、F_{02}、$F_{03} \cdots F_{0n}$——各可调因子的基本价格指数，指基准日期的各可调因子的价格指数。

以上价格调整公式中的各可调因子、定值和变值权重，以及基本价格指数及其来源在投标函附录价格指数和权重表中约定。价格指数应首先采用工程造价管理机构提供的价格指数，缺乏上述价格指数时，可采用工程造价管理机构提供的价格代替。

A.1.2 暂时确定调整差额。在计算调整差额时得不到现行价格指数的，可暂用上一次价格指数计算。并在以后的付款中再按实际价格指数进行调整。

A.1.3 权重的调整。约定的变更导致原合同中的权重不合理时，由承包人和发包人协商后进行调整。

A.1.4 承包人工期延误后的价格调整。由于承包人原因未在约定的工期内竣工的，对原约定竣工日期后继续施工的工程，在使用第 A.1.1 条的价格调整公式时，应采用原约定竣工日期与实际竣工日期的两个价格指数中较低的一个作为现行价格指数。

A.1.5 若可调因子包括了人工在内，则不适用本规范第 3.4.2 条第 2 款的规定。

A.2 造价信息调整价格差额

A.2.1 施工期内，因人工、材料和工程设备、施工机械台班价格波动影响合同价格时，人工、机械使用费按照国家或省、自治区、直辖市建设行政管理部门、行业建设管理部门或其授权的工程造价管理机构发布的人工成本信息、机械台班单价或机械使用费系数进行调整；需要进行价格调整的材料，其单价和采购数应由发包人复核，发包人确认需调整的材料单价及数量，作为调整合同价款差额的依据。

A.2.2 人工单价发生变化且符合本规范第 3.4.2 条第 2 款的规定的条件时，发承包双方应按省级或行业建设主管部门或其授权的工程造价管理机构发布的人工成本文件调整合同价款。

A.2.3 材料、工程设备价格变化按照发包人提供的本规范附录 L.2 的表 -21，由发承包双方约定的风险范围按下列规定调整合同价款：

1 承包人投标报价中材料单价低于基准单价：施工期间材料单价涨幅以基准单价为基础超过合同约定的风险幅度值，或材料单价跌幅以投标报价为基础超过合同约定的风险幅度值时，其超过部分据实调整。

2 承包人投标报价中材料单价高于基准单价：施工期间材料单价跌幅以基准单价为基础超过合同约定的风险幅度值，或材料单价涨幅以投标报价为基础超过合同约定的风险幅度值时，其超过部分据实调整。

3 承包人投标报价中材料单价等于基准单价：施工期间材料单价涨、跌幅以基准单价为基础超过合同约定的风险幅度值时，其超过部分据实调整。

4 承包人应在采购材料前将采购数量和新的材料单价报送发包人核对，确认用于本合同工程时，发包人应确认采购材料的数量和单价。发包人在收到承包人报送的确认资料后 3 个工作日不予答复的视为已经认可，作为调整合同价款的依据。如果承包人未报经发包人核对即自行采购材料，再报发包人确认调整合同价款的，如发包人不同意，则不作调整。

A.2.4 施工机械台班单价或施工机械使用费发生变化超过省级或行业建设主管部门或其授权的工程造价管理机构规定的范围时，按其规定调整合同价款。"

主旨诠释

具体的调价方法有两种。一种是价格指数法，一种是造价信息法。

（1）价格调整公式。因人工、材料和工程设备、施工机械台班等价格波动影响合同价格时，根据招标人提供的《建设工程工程量清单计价规范》GB 50500-2013 附录 L.3 的表 -22，并由投标人在投标函附录中的价格指数和权重表约定的数据，应按下式计算差额并调整合同价款：

$$\Delta P = P_0 \left[A + \left(B_1 \times \frac{F_{t1}}{F_{01}} + B_2 \times \frac{F_{t2}}{F_{02}} + B_3 \times \frac{F_{t3}}{F_{03}} + \cdots + B_n \times \frac{F_{tn}}{F_{0n}} \right) - 1 \right]$$

（2）采用造价信息进行价格调整。施工期内，因人工、材料和工程设备、机械台班价格波动影响合同价格时，人工、机械使用费按照国家或省、自治区、直辖市建设行政管理部门、行业建设管理部门或其授权的工程造价管理机构发布的人工成本信息、机械台班单价或机械使用费系数进行调整；需要进行价格调整的材料，其单价和采购数量应由发包人复核，发包人确认需调整的材料单价及数量，作为调整合同价款差额的依据。

（3）承包人工期延误后的价格调整。由于承包人原因未在约定的工期内竣工的，对原约定竣工日期后继续施工的工程，在使用《建设工程工程量清单计价规范》GB 50500—2013 第 A.1.1 条的价格调整公式时，应采用原约定竣工日期与实际竣工日期的两个价格指数中较低的一个作为现行价格指数。

（三）计日工的规定

《建设工程工程量清单计价规范》GB 50500—2013 第 2.0.20 条规定：

"在施工过程中，承包人完成发包人提出的工程合同范围以外的零星项目或工作，按合同中约定的单价计价的一种方式。"

《建设工程工程量清单计价规范》GB 50500—2013 第 9.7 条规定：

"9.7 计日工

9.7.1 发包人通知承包人以计日工方式实施的零星工作，承包人应予执行。

9.7.2 采用计日工计价的任何一项变更工作，在该项变更的实施过程中，承包人应按合同约定提交下列报表和有关凭证送发包人复核：

1 工作名称、内容和数量；

2 投入该工作所有人员的姓名、工种、级别和耗用工时；

3 投入该工作的材料名称、类别和数量；

4 投入该工作的施工设备型号、台数和耗用台时；

5 发包人要求提交的其他资料和凭证。

9.7.3 任一计日工项目持续进行时，承包人应在该项工作实施结束后的 24 小时内向发包人提交有计日工记录汇总的现场签证报告一式三份。发包人在收到承包人提交现场签证报告后的 2 天内予以确认并将其中一份返还给承包人，作为计日工计价和支付的依据。发包人逾期未确认也未提出修改意见的，应视为承包人提交的现场签证报告已被发包人认可。

9.7.4 任一计日工项目实施结束后，承包人应按照确认的计日工现场签证报告核实该类项目的工程数量，并应根据核实的工程数量和承包人已标价工程量清单中的计日工单价计算，提出应付价款；已标价工程量清单中没有该类计日工单价的，由发承包双方按本规范第 9.3 节的规定商定计日工单价计算。

9.7.5 每个支付期末，承包人应按照本规范第 10.3 节的规定向发包人提交本期间所有计日工记录的签证汇总表，并应说明本期间自己认为有权得到的计日工金额，调整合同价款，列入进度款支付。"

主旨诠释

计日工是承包人实施的零星工作计价方式，单价由承包人在投标时自主报价。计日工计价和支付的规定如下：

（1）采用计日工计价的任何一项变更工作，在该项变更的实施过程中，承包人应按合同约定提交规定的报表和有关凭证送发包人复核。

（2）任一计日工项目持续进行时，承包人应在该项工作实施结束后的 24 小时内向发包人提交由计日工记录汇总的现场签证报告一式三份。发包人在收到承包人提交现场签证报告后的 2 天内予以确认并将其中一份返还给承包人，作为计日工计价和支付的依据。发包人逾期未确认也未提出修改意见的，应视为承包人提交的现场签证报告已被发包人认可。

（3）任一计日工项目实施结束后，承包人应按照确认的计日工现场签证报告核实该类项目的工程数量，并应根据核实的工程数量和承包人已标价工程量清单中的计日工单价计算，提出应付价款；已标价工程量清单中没有该类计日工单价的，由发承包双方按《建设工程工程量清单计价规范》GB 50500—2013 工程变更的规定商定计日工单价计算。

（4）每个支付期末，承包人应按照进度款的规定向发包人提交本期间所有计日工记录的签证汇总表，并应说明本期间自己认为有权得到的计日工金额，调整合同价款，列入进度款支付。

二、鉴定方法解读

（一）合同期内物价发生变化的工程价款鉴定

合同期内物价发生变化，且变化幅度超过合同约定的幅度（或5%）时，按照合同约定的调整方法计算工程价款。

如采用价格指数方式调整价格差额的，应按照合同约定的价格指数和权重指数调整合同价款，合同未约定的，按照工程造价管理机构提供的价格指数及权重指数调整合同价款。

如采用造价信息方式调整价格差额的，造价信息以系数形式调整的，按照投标单价乘以调整系数调整合同价款。造价信息以价格形式调整的，笔者认为应该按照投标的单价加上基准单价与造价信息发布的施工期单价的差额调整合同价款。

（二）合同期外物价发生变化的工程价款鉴定

合同期外物价发生变化的，如何调整需要区分责任人。

如非承包人原因导致工期延误的，计划进度日期后续工程的价格，按照计划进度日期与实际进度日期两者较高者确定合同履行期的价格，并按照合同约定的调整方式调整合同价款。

如因承包人原因导致工期延误的，计划进度日期后续工程的价格，按照计划进度日期与实际进度日期两者较低者确定合同履行期的价格，并按照合同约定的调整方式调整合同价款。

（三）计日工的工程价款鉴定

计日工根据发包人认可的签证报告签认的工程数量，根据承包人已标价工程量清单中的计日工单价计算计日工金额，调整合同价款。如已标价工程量清单中没有该类计日工单价的，由承发包双方协商确定。如果协商不成的，鉴定单位可以参照政府主管部门发布的计价标准计算该类计日工单价。

如计日工确实发生，发包人未予签证。鉴定单位也可以根据承包人提供的证据计算工程数量，并根据承包人已标价工程量清单中的计日工单价计算计日工金额，调整合同价款。如已标价工程量清单中没有该类计日工单价的，鉴定单位可以参照政府主管部门发布的计价标准计算该类计日工单价。

三、典型案例

（一）基本案情

A 公司与 B 公司签订《建设工程施工合同》，约定 A 公司承建 B 公司的新建厂房项目。约定的承包范围为：依据招标文件、招标图纸与工程规范所示，本工程承包范围包括（但不限于）以下内容：在招标文件内所说明、招标期间所增减（承包人所确认的工程内容）、所有在合同文件中及工程施工图中所提到和反映的工作。承包方式为：本工程的承包方式按承包范围包工包料、包工期、包质量、包安全、包施工和包协调管理的施工总承包方式。工期为：开工日期：2005 年 12 月 9 日，竣工日期：2006 年 10 月 1 日。合同工期总日历天数 297 天。

合同价款采用施工项目清单单价闭口包干，其中总承包管理配合费为固定费用，不另向分包商收取配合费；措施费用（含投标文件中模板支架费用及脚手架费用）包干，不受业主提供的招标资料的制约；分部分项工程量清单数量暂定、单价闭口包干性质 [包工、包料、包工期、包质量、包安全、包测试、包工资及材料价之任何市场差价、管理费（包括规费）、利润、税金、大型机械进退场费、临时用电、临时用水、保险、必须的加班费、存仓、运输、因材料或设备迟到工地的窝工费等]；其他项目清单由发包人确定的合同方式确定。

合同履行工程中，实际进度落后与合同约定的计划进度，A 公司投报的议标价工程量清单的组价明细中，人工费为 35 元 / 工日，人工费基准日人工费单价为 55 元 / 工日，实际施工期间人工费单价为 56 元 / 工日。结算未能达成一致，A 公司起诉 B 公司，要求支付工程余款，承担违约责任。

（二）争议焦点

（1）人工费是否可以调整？

（2）人工费如何调整？

（三）简要评析

（1）根据工期延误的责任确定是否可以调整人工费。

A公司认为工期延误的责任在B公司，B公司提供图纸迟延，设计变化大。B公司认为A公司未履行工期顺延的相应手续，且实际延误的工期大部分责任在于A公司，A公司不仅管理不善，人力物力组织也不充分，导致工期延误。最终法院酌情认定A公司承担25%的责任，B公司承担75%的责任。

（2）鉴定单位出具报告，将人工费直接按照政府主管部门发布的人工费信息价计入工程价款，笔者认为鉴定单位的报告值得商榷。

《建设工程工程量清单计价规范》GB 50500—2013和《建设工程施工合同（示范文本）》GF—2017—0201对于人工费调整的规定为，按照实际施工期材料单价超出基准日期的材料单价的差额调整。笔者认为，应该按照承包人投报的人工费单价35元/工日加上实际施工期人工单价与基准日期的人工单价的差额1元/工日，计入工程价款。承包人投报的人工单价与基准日期的人工单价的差额应视为承包人的风险，该风险是承包人签订合同时应该预测到的，不能因为涨价幅度超出合同约定的比例而补足。也有观点认为，如因为发包人的原因造成工期延误，发包人应承担违约责任，违约责任包括承担涨价的差额和补足投标报价与基准日价格的差额。

四、律师建议

（1）有关通用条款关于默示认可的约定，司法实践中法院并不采纳。本案中不仅通用条款中有默示认可的约定，专用条款又再次约定了索赔的程序以及默示认可的条款，法院依然依职权酌情认定延误工期的责任分担。对发包人的履约管理提出了更高的要求，发包人出现违约情形时应主动与承包人协商工期顺延的时间以及合同价款调整的金额。

（2）若信息价中没有可参考材料，而结算时如何调价承发包双方也不能达成一致时，市场价格如何确定，对于鉴定单位来讲，是有最终决定权的。如何使材料价格更公平公正、更接近真实的市场价格，值得研究。司法鉴定时，工程已经竣工多年，历史材料价格有没有信息价可以参考，询价是唯一的方式，但时过境迁，询价不具备可操作性。这就需要鉴定单位从同时期同类项目中抽取相同或类似材料的价格作为参考，最终确定合同价款的调整金额。这需要鉴定单位或者整个造价咨询行业整合共享的资源，也是政府主管部门对造价改革的设想。

第三节 暂估价调整时的变更价款鉴定

一、主要条款归纳

（一）暂估价的定义

《建设工程工程量清单计价规范》GB 50500—2013 第 2.0.19 条规定：

"招标人在工程量清单中提供的用于支付必然发生但暂时不能确定价格的材料、工程设备的单价以及专业工程的金额。"

《中华人民共和国招标投标法实施条例》第二十九条规定：

"招标人可以依法对工程以及与工程建设有关的货物、服务全部或者部分实行总承包招标。以暂估价形式包括在总承包范围内的工程、货物、服务属于依法必须进行招标的项目范围且达到国家规定规模标准的，应当依法进行招标。

前款所称暂估价，是指总承包招标时不能确定价格而由招标人在招标文件中暂时估定的工程、货物、服务的金额。"

> **主旨诠释**
>
> 暂估价是指总承包招标时不能确定价格而由招标人在招标文件中暂时估定的工程、货物、服务的金额。以暂估价形式包括在总承包范围内的工程、货物、服务属于依法必须进行招标的项目范围且达到国家规定规模标准的，应当依法进行招标。

（二）暂估价的确定

《建设工程工程量清单计价规范》GB 50500—2013 第 9.9 条规定：

"9.9 暂估价

9.9.1 发包人在招标工程量清单中给定暂估价的材料、工程设备属于依法必须招标的，应由发承包双方以招标的方式选择供应商，确定价格，并应以此为依据取代暂估价，调整合同价款。

9.9.2 发包人在招标工程量清单中给定暂估价的材料、工程设备不属于依法必须招标的,应由承包人按照合同约定采购,经发包人确认单价后取代暂估价,调整合同价款。

9.9.3 发包人在工程量清单中给定暂估价的专业工程不属于依法必须招标的,应按照本规范第9.3节相应条款的规定确定专业工程价款,并应以此为依据取代专业工程暂估价,调整合同价款。

9.9.4 发包人在招标工程量清单中给定暂估价的专业工程,依法必须招标的,应当由发承包双方依法组织招标选择专业分包人,并接受有管辖权的建设工程招标投标管理机构的监督,还应符合下列要求:

1 除合同另有约定外,承包人不参加投标的专业工程发包招标,应由承包人作为招标人,但拟定的招标文件、评标工作、评标结果应报送发包人批准。与组织招标工作有关的费用应当被认为已经包括在承包人的签约合同价(投标总报价)中。

2 承包人参加投标的专业工程发包招标,应由发包人作为招标人,与组织招标工作有关的费用由发包人承担。同等条件下,应优先选择承包人中标。

3 应以专业工程发包中标价为依据取代专业工程暂估价,调整合同价款。"

主旨诠释

暂估价的确定方法分为依法必须招标和不属于必须招标两类。不属于必须招标的承发包双方也可以约定采用招标形式确定价格。

必须招标的暂估价,可以由承包人单独招标或者承发包双方共同招标确定价格,并应以此为依据取代暂估价,调整合同价款。承发包双方可以在合同中约定招标的方式。

非必须招标的暂估价,应由承包人按照合同约定采购,经发包人确认单价后取代暂估价,调整合同价款。

二、鉴定方法解读

(一)必须招标的价款鉴定

发包人在招标工程量清单中给定暂估价的材料、工程设备属于依法必须招标的,应由发承包双方以招标的方式选择供应商,确定价格,并应以此为依据取代暂估价,调整合同价款。也可以约定由承包人单独招标,发包人有权确定招标控制价并按照法律规定参加评标。中标人由承发包双方共同确定。中标价格作为调整合同价款的依据。

在司法鉴定时，如依法必须招标的材料、工程设备未履行招标程序，但双方对暂估价的金额无异议，鉴定时可以按照双方无异议的暂估价调整合同价款。

在司法鉴定时，如依法必须招标的材料、工程设备未履行招标程序，双方对暂估价的金额有异议，鉴定时司法鉴定单位可以通过市场询价或者同时期同类工程中的相同暂估价材料、工程设备的价格作为参考，调整合同价款。

（二）非必须招标的价款鉴定

发包人在招标工程量清单中给定暂估价的材料、工程设备不属于依法必须招标的，应由承包人按照合同约定采购，经发包人确认单价后取代暂估价，调整合同价款。也可以约定由承包人采用招标方式选择供应商，确定价格，并应以此为依据取代暂估价，调整合同价款。还可以约定承包人直接实施暂估价项目，价格双方协商确定，并以此为依据取代暂估价，调整合同价款。

承包人直接实施暂估价项目，承发包双方就价格未能达成一致，承包人已实际采购的，司法鉴定时可以依据承包人提供的采购合同，结合同期的市场价格，确定暂估价的价格。也可以通过市场询价或者同时期同类工程中的相同暂估价材料、工程设备的价格作为参考，调整合同价款。

（三）暂估价的专业工程价款鉴定

暂估价的专业工程属于必须招标的，根据合同约定由发承包双方或者承包人组织招标选择专业分包人，发包人批准后作为调整合同价款的依据。由发包人组织的招标，承包人也可以参加投标，同等条件下，应优先选择承包人中标。

暂估价的专业工程不属于必须招标的，承包人和发包人共同确定暂估价的专业工程价款后，作为调整合同价款的依据。承发包双方不能达成一致，但承包人已实际履行专业工程施工的，司法鉴定时，可以依据承包人提供的分包合同，结合同期的市场价格，确定暂估价的价格。也可以通过市场询价或者同时期同类工程中的相同暂估价作为参考，调整合同价款。

三、典型案例

（一）基本案情

A公司与B公司签订《建设工程施工合同》，约定A公司承建B公司的新建厂房项目。约定的承包范围为：依据招标文件、招标图纸与工程规范所示，本工程承包范围包括（但不限于）以下内容：在招标文件内所说明、招标期间所增减（承包人所确认的工程内容）、所有在合同文件中及工程施工图中所提到和反映的工作。承包方式为：本工程的承包方式按承包范围包工包料、包工期、包质量、包安全、包施工和包协调管理的施工总承包方式。工期为：开工日期：2005 年 12 月 9 日，竣工日期：2006 年 10 月 1 日。合同工期总日历天数 297 天。

合同价款采用施工项目清单单价闭口包干，其中总承包管理配合费为固定费用，不另向分包商收取配合费；措施费用（含投标文件中模板支架费用及脚手架费用）包干，不受业主提供的招标资料的制约；分部分项工程量清单数量暂定、单价闭口包干性质 [包工、包料、包工期、包质量、包安全、包测试、包工资及材料价之任何市场差价、管理费（包括规费）、利润、税金、大型机械进退场费、临时用电、临时用水、保险、必需的加班费、存仓、运输、因材料或设备迟到工地的窝工费等]；其他项目清单由发包人确定的合同方式确定。

合同另约定：发包人暂定的材料、设备的价格，工程结算时承包人凭发包人、监理、造价咨询书面签字认可的材质、品牌、单价按实调整。专业分包项目工程造价，根据发包人确认的单价、工程量和总价按实调整增减。

因结算未能达成一致，A 公司起诉 B 公司，要求支付工程余款，承担违约责任。

（二）争议焦点

暂定价如何调整？

（三）简要评析

本案最终委托司法鉴定确定工程价款，司法鉴定时，承发包双方均未提供合同约定的由承包人、发包人、监理、造价咨询书面签字认可的材质、品牌、单价。

A 公司认为工程已经完工，暂定材料价格由司法鉴定单位确定。B 公司认为合同约定承包人应凭发包人、监理、造价咨询书面签字认可的材质、品牌、单价调整合同价款。A 公司不能提供的，则不能调整合同价款。司法鉴定单位根据自己的经验确定了暂定价的材料价格，并据此出具了鉴定报告。鉴定报告中并未载明其确定价格的依据。B 公司认为鉴定报告中部分材料价格严重偏离市场价格，并提供了同时期的材料采购合同。鉴定单位认为不具有可参考性，未调整鉴定报告中的材料价格。

根据《建设工程工程量清单计价规范》GB 50500—2013 第 9.3.1 条规定，对已标价工程量清单中没有适用也没有类似于变更工程项目的，且工程造价管理机构发布的信息价格缺项的，应由承包人根据变更工程资料、计量规则、计价办法和通过市场调查等取得有合法依据的市场价格提出变更工程项目的单价，并应报发包人确认后调整。鉴定单位作为咨询机构，应对出具的鉴定报告提供依据，虽然市场调查对多年前的工程不太适用，但也应载明鉴定报告中材料价格取定的方法和依据，避免承担鉴定错误的赔偿责任。

四、律师建议

（1）暂定价对于发包人来讲是双刃剑。暂定价的最终确定需要承发包双方达成一致，对于必须招标的项目，暂定价的确定需要提前相当长的时间进行筹备，需要漫长的过程，如果期间承发包双方对招标文件有不同意见，则会造成招标工作停滞，严重的可能影响工程进度。且暂定价中多数不属于必须招标的项目，此时如果承包人对发包人认定的价格不满意，会提出种种异议，甚至暂停工程的施工。

（2）根据《建设工程施工合同（示范文本）》GF—2017—0201 第 10.7.3 条规定，因发包人原因导致暂估价合同订立和履行迟延的，由此增加的费用和（或）延误的工期由发包人承担，并支付承包人合理的利润。承包人对发包人审批的暂估价价格不满意的原因很多，首先是发包人审批的价格采购不到符合国家规范的材料，其次发包人审批的价格是小厂家的劣质商品价格，质量问题承包人不负责。总之，承包人认可的审批价格一定是有一定利润的可以接受的价格，起不到控制成本的作用，还可能影响工程进度及工程质量。

（3）建议发包人采用暂定价形式确定合同价款时，尽可能约定的种类少，尽可能约定暂定价的确定依据。司法鉴定单位在进行司法鉴定时，不能凭自己的想象确认暂估价的价格。应该依据同时期、同地域、同类型的市场价格或工程咨询报告中的数据，也可以要求承发包双方提供采购合同或其他可供参考的证据材料作为参考，必要时可以提请工程造价管理机构确定。

第五章　工程变更的工程价款鉴定

第一节　设计变更的价款鉴定

一、主要条款归纳

（一）建筑施工企业必须按图施工的规定

《中华人民共和国建筑法》第五十八条规定：

"建筑施工企业对工程的施工质量负责。

建筑施工企业必须按照工程设计图纸和施工技术标准施工，不得偷工减料。工程设计的修改由原设计单位负责，建筑施工企业不得擅自修改工程设计。"

《建设工程质量管理条例》第二十八条规定：

"施工单位必须按照工程设计图纸和施工技术标准施工，不得擅自修改工程设计，不得偷工减料。

施工单位在施工过程中发现设计文件和图纸有差错的，应当及时提出意见和建议。"

主旨诠释

本条款是关于按图施工的规定。主要包含以下内容：

（1）建筑施工企业必须按照工程设计图纸和施工技术标准施工，不得擅自修改工程设计，不得偷工减料。

（2）工程设计的修改由原设计单位负责，建筑施工企业不得擅自修改工程设计。建筑施工企业在施工过程中发现设计文件和图纸有差错的，应当及时提出意见和建议。

（二）设计文件修改的规定

《建设工程勘察设计管理条例》第二条规定：

"从事建设工程勘察、设计活动，必须遵守本条例。

本条例所称建设工程勘察，是指根据建设工程的要求，查明、分析、评价建设场地的地质地理环境特征和岩土工程条件，编制建设工程勘察文件的活动。

本条例所称建设工程设计，是指根据建设工程的要求，对建设工程所需的技术、经济、资源、环境等条件进行综合分析、论证，编制建设工程设计文件的活动。"

《建设工程勘察设计管理条例》第二十八条规定：

"建设单位、施工单位、监理单位不得修改建设工程勘察、设计文件；确需修改建设工程勘察、设计文件的，应当由原建设工程勘察、设计单位修改。经原建设工程勘察、设计单位书面同意，建设单位也可以委托其他具有相应资质的建设工程勘察、设计单位修改。修改单位对修改的勘察、设计文件承担相应责任。

施工单位、监理单位发现建设工程勘察、设计文件不符合工程建设强制性标准、合同约定的质量要求的，应当报告建设单位，建设单位有权要求建设工程勘察、设计单位对建设工程勘察、设计文件进行补充、修改。

建设工程勘察、设计文件内容需要作重大修改的，建设单位应当报经原审批机关批准后，方可修改。"

《建设工程勘察设计管理条例》第三十条规定：

"建设工程勘察、设计单位应当在建设工程施工前，向施工单位和监理单位说明建设工程勘察、设计意图，解释建设工程勘察、设计文件。

建设工程勘察、设计单位应当及时解决施工中出现的勘察、设计问题。"

主旨诠释

上述条文是对工程设计的定义，以及对修改设计文件的规定。主要包含以下内容：

（1）建设工程设计，是指根据建设工程的要求，对建设工程所需的技术、经济、资源、环境等条件进行综合分析、论证，编制建设工程设计文件的活动。

（2）建设工程勘察、设计单位应当在建设工程施工前，向施工单位和监理单位说明建设工程勘察、设计意图，解释建设工程勘察、设计文件。

（3）施工单位、监理单位发现建设工程勘察、设计文件不符合工程建设强制性标准、合同约定的质量要求的，应当报告建设单位，建设单位有权要求建设工程勘察、设计单位对建设工程勘察、设计文件进行补充、修改。

（4）建设工程勘察、设计单位应当及时解决施工中出现的勘察、设计问题。

（三）设计变更计价方式的规定

《最高人民法院关于审理建设工程施工合同纠纷案件适用法律问题的解释》第

十六条规定：

"当事人对建设工程的计价标准或者计价方法有约定的，按照约定结算工程价款。

因设计变更导致建设工程的工程量或者质量标准发生变化，当事人对该部分工程价款不能协商一致的，可以参照签订建设工程施工合同时当地建设行政主管部门发布的计价方法或者计价标准结算工程价款。

建设工程施工合同有效，但建设工程经竣工验收不合格的，工程价款结算参照本解释第三条规定处理。"

《建设工程价款结算暂行办法》第十条规定：

"工程设计变更价款调整

（一）施工中发生工程变更，承包人按照经发包人认可的变更设计文件，进行变更施工，其中，政府投资项目重大变更，需按基本建设程序报批后方可施工。

（二）在工程设计变更确定后14天内，设计变更涉及工程价款调整的，由承包人向发包人提出，经发包人审核同意后调整合同价款。变更合同价款按下列方法进行：

1. 合同中已有适用于变更工程的价格，按合同已有的价格变更合同价款；

2. 合同中只有类似于变更工程的价格，可以参照类似价格变更合同价款；

3. 合同中没有适用或类似于变更工程的价格，由承包人或发包人提出适当的变更价格，经对方确认后执行。如双方不能达成一致的，双方可提请工程所在地工程造价管理机构进行咨询或按合同约定的争议或纠纷解决程序办理。

（三）工程设计变更确定后14天内，如承包人未提出变更工程价款报告，则发包人可根据所掌握的资料决定是否调整合同价款和调整的具体金额。重大工程变更涉及工程价款变更报告和确认的时限由发承包双方协商确定。

收到变更工程价款报告一方，应在收到之日起14天内予以确认或提出协商意见，自变更工程价款报告送达之日起14天内，对方未确认也未提出协商意见时，视为变更工程价款报告已被确认。

确认增（减）的工程变更价款作为追加（减）合同价款与工程进度款同期支付。"

─ 主旨诠释 ─

本条文是对设计变更的计价方式的规定。主要包含以下内容：

（1）承发包双方对建设工程的计价标准或者计价方法有约定的，按照约定结算工程价款。

（2）因设计变更导致建设工程的工程量或者质量标准发生变化，合同无约定，承发包对该部分工程价款也不能协商一致的，可以参照签订建设工程施工合同时当地建设行政主管部门发布的计价方法或者计价标准结算工程价款。

（3）确认增（减）的工程变更价款作为追加（减）合同价款与工程进度款同期支付。

（四）工程量变化超出幅度时调整工程价款的规定

《建设工程工程量清单计价规范》GB 50500—2013 第 9.3.1 条规定：

"因工程变更引起已标价工程量清单项目或其工程数量发生变化时，应按照下列规定调整：

1　已标价工程量清单中有适用于变更工程项目的，应采用该项目的单价；但当工程变更导致该清单项目的工程数量发生变化，且工程量偏差超过 15% 时，该项目单价应按照本规范第 9.6.2 条的规定调整……"

主旨诠释

本条文是对工程量变化超出幅度的情况下，允许调整已标价工程量清单中的单价的规定。主要包含以下内容：

（1）当工程变更导致该清单项目的工程数量发生变化，且工程量偏差超过 15% 时，该项目单价应该调整。

（2）承发包双方也可以约定工程量偏差的幅度。

（五）合理化建议的规定

《建设工程施工合同（示范文本）》GF—2017—0201 第 10.5 条约定：

"10.5 承包人的合理化建议

承包人提出合理化建议的，应向监理人提交合理化建议说明，说明建议的内容和理由，以及实施该建议对合同价格和工期的影响。

除专用合同条款另有约定外，监理人应在收到承包人提交的合理化建议后 7 天内审查完毕并报送发包人，发现其中存在技术上的缺陷，应通知承包人修改。发包人应在收到监理人报送的合理化建议后 7 天内审批完毕。合理化建议经发包人批准的，监理人应及时发出变更指示，由此引起的合同价格调整按照第 10.4 款〔变更估价〕约定执行。发包人不同意变更的，监理人应书面通知承包人。

合理化建议降低了合同价格或者提高了工程经济效益的，发包人可对承包人给予奖励，奖励的方法和金额在专用合同条款中约定。"

主旨诠释

本条文是对承包人的合理化建议的规定。主要包含以下内容：

（1）承包人在施工过程中，如果发现设计存在问题时，可以提出合理化建议。

（2）承包人提出合理化建议的，应向监理人提交合理化建议说明，说明建议的内容和理由，以及实施该建议对合同价格和工期的影响。

（3）合理化建议经发包人批准的，监理人应及时发出变更指示，由此引起的合同价格调整按合同约定执行。

（4）合理化建议降低了合同价格或者提高了工程经济效益的，发包人可对承包人给予奖励，奖励的方法和金额在合同条款中约定。

二、鉴定方法解读

（一）设计缺陷的工程价款鉴定

设计缺陷导致的设计变更通常有两类：

（1）在发包人组织的有设计单位和承包人及监理单位参加的设计交底会上，经承包人和／或监理单位提出，各方研究同意而改变施工图。

（2）承包人在施工过程中，遇到一些原设计未预料到的具体情况，需要进行处理，因而发生的设计变更。如工程的管道安装过程中遇到原设计未考虑到的设备和管墩、在原设计标高处无安装位置等，需改变原设计管道的走向或标高，经设计单位和发包人同意，办理设计变更或设计变更联络单。这类设计变更应注明工程项目、位置、变更的原因、做法、规格和数量，以及变更后的施工图，经双方签字确认后即为设计变更。

此类变更通常不会导致工程量的重大变化，原则上可以采用合同约定的综合单价，工程量按照实际发生的工程量调整合同价款，并要扣除变更前已含在合同价款中的费用。

若原设计图已实施后，发包人发出设计变更，承包人应该办理签证或者提供其他证明文件。涉及原图制作加工、安装、材料费以及拆除费，笔者认为应该按照定额标准结算工程价款，作为发包人迟延发出设计变更的一种赔偿责任的体现。但若发生拆除，已拆除的材料、设备、已加工好但未安装的成品、半成品，均应由监理单位负责组织发包人回收。

若此类设计变更是由于施工不当，或施工错误造成的，此变更费用由承包人承担，若对工期、质量、投资效益造成影响的，发包人可以进行反索赔。

（二）重大设计变更的工程价款鉴定

此处重大设计变更指的是导致已标价工程量清单中的工程量变化幅度超出15%的变更。根据《建设工程工程量清单计价规范》GB 50500—2013 第 9.3.1 条规定，工程量增加 15% 以上时，增加部分的工程量的综合单价应予调低；工程量减少 15% 以上时，减少后剩余部分的工程量综合单价应予调高。

合同中没有适用和类似变更工程项目的，司法鉴定时可以根据变更工程资料、计量规则和计价办法、工程造价管理机构发布的信息价格和承包人报价浮动率提出变更工程项目的单价。承包人报价浮动率可按下列公式计算：

招标工程：

承包人报价浮动率 L=（1－中标价／招标控制价）×100%

非招标工程：

承包人报价浮动率 L=（1－报价／施工图预算）×100%

（三）承包人合理化建议的工程价款鉴定

承包人的职责是按图施工，如果建设工程施工合同中约定了承包人合理化建议的奖励条款，且施工过程中承包人的合理化建议被发包人采纳并形成设计变更。司法鉴定时，鉴定单位除了计算设计变更导致的合同价款调整外，还应该按照合同约定计算合理化建议的奖励金额，并计入工程价款中。

如果承包人不能提供合理化建议被采纳的证据，而现场查看可以看出实际已经按照承包人的建议施工的。如该合理化建议减少了工程价款的，应该调整合同价款；该合理化建议增加了合同价款的，如果工程还未验收合格，则不应该调整合同价款；如果该工程已经验收合格，应视为发包人以实际行动认可该变更，应该调整合同价款。

三、典型案例

（一）基本案情

2005 年 10 月 21 日，24 日，承包人与发包人（房地产开发商）分别签订两份建设工程施工合同。签订日期为 2005 年 10 月 21 日的《建设工程施工合同》，合同工程（商品住宅）总建筑面积 8.4335 万 m^2，承包范围为"2005 年 10 月 20 日中标施工图纸范围内的全部内容，经双方盖章确认的本工程施工图范围以内的所有土建工程、装饰工程、水电安装工程及采暖工程等全部内容"及甲方分包工程的预留预埋和堵洞等，合同总价 13128 万元，合同价款为固定总价方式；合同开工日期为 2005 年 10 月 21 日，竣工日期为 2007 年 2 月 4 日，总工期 480 日历天；付款条件为"10% 预付款"和"按月实际工程进度支付工程款"。该合同版本采用某市建委和工商局标准合同文本，且在补充条款（47）中明确"本合同签订后，合同双方不存在且不会再签订背离合同实质性内容的其他协议书或合同所谓的承诺书，如果存在或签订了背离本合同实质性内容的其他协议或合同，也不是双方真实意思的表示，对合同双方不构成任何制约或法律的约束力"。该合同签订后于 2005 年 11 月 24 日在某市建设工程合同管理办公室进行了备案。

签订日期为 2005 年 10 月 24 日包括《施工总承包合同》及其附件（含合同罚则、确认函、付款协议、承诺函等），合同总建筑面积 9.4 万 m^2，承包范围为经甲方盖章确认的施工图范围以内除甲方分包项目（消防、通风、智能化、燃气、电梯、门窗、不锈钢制品、有线电视、宽带网络、市政管网等）以外的所有土建、装饰、水电安装及采暖工程等全部内容，合同总价 11528 万元，总价一次性闭口包干；合同总工期 472 日历天，开工日期为合同签订生效第 15 日，即 2005 年 11 月 8 日，竣工日期为 2007 年 2 月 2 日。付款按形象部位支付，无预付款。

施工过程中，按照《施工总承包合同》付款，发包人与分包单位直接签订施工合同，分包等综合原因导致工期延误。后因结算问题引起纠纷，涉案工程至发包人起诉之日仍未履行竣工验收程序，发包人已实际使用涉案工程。

（二）争议焦点

（1）按照哪一份合同结算？

（2）1 万平方米建筑面积差别是否影响工程价款？

（三）简要评析

（1）对于按照哪一份合同结算，一审和二审持完全相反的观点，一审认为《施工总承包合同》系对备案合同的补充、延伸和细化，与备案合同并无实质性违反，故其虽未经有关部门登记备案，效力亦应予以肯定，双方均应依约履行。二审法院则认定《施工总承包合同》对中标的备案合同就承包范围、面积、合同价款、合同工期等实质性内容进行了较大的改变，不属于对备案合同的补充和细化，而是为了规避法律规定和政府监管而签订的黑合同，其与中标备案的合同关系属于典型的黑白合同关系，应该按照中标的备案合同结算工程价款。因为一审审价单位仅根据《施工总承包合同》出具了鉴定报告，且拒不配合二审法院对原鉴定报告进行补充鉴定，因此二审另行委托鉴定单位依据中标的备案合同出具鉴定结论。

根据《最高人民法院关于审理建设工程施工合同纠纷案件适用法律问题的解释》，当事人就同一建设工程另行订立的建设工程施工合同与经过备案的中标合同实质性内容不一致的，应当以备案的中标合同作为结算工程价款的根据。另根据天津市建设工程管理委员会《关于进一步加强建设工程施工合同管理的通知》第五条规定："禁止合同双方自行订立背离已备案合同实质性内容的其他协议。确需调整合同内容的，包括涉及合同主体变动、工程款支付条款调整以及承包范围和内容等作调整的，应当向合同管理部门重新进行合同备案。"上述规定可以明确，黑合同《施工总承包合同》与备案合同不一致的内容为实质性内容不一致，如承包范围、工程款支付方式由发包人按工程进度向承包人付款，工程竣工验收时发包人向承包人累计付款至合同总价的98%变更为由承包人垫资建设，工程款竣工验收后2个月后支付工程款的75%。该等变更政府管理机构已经确认属于实质性变更，需要重新备案。但发包人并未将《施工总承包合同》重新备案，因此该等条款应当以备案的施工合同作为结算的依据。一审法院认为上述不一致系对备案合同的补充、延伸和细化，与备案合同并无实质性违反，故其虽未经有关部门登记备案，效力亦应予以肯定，双方均应依约履行。显然一审法院的此认定与事实不符。

对实质性内容的范围，合同法第三十条也有规定"有关合同标的、数量、质量、价款或者报酬履行期限、履行地点和方式、违约责任和解决争议的方法等的变更，是对要约内容的实质性变更"。

（2）对1万m²的建筑面积差额是否影响工程价款，一审和二审也持完全相反的观点。一审法院依据鉴定单位的鉴定意见，认定1万m²的建筑面积差额是不影响工程价款的。二审法院依据二审委托的鉴定单位鉴定意见，认定1万m²的建筑面积差额影响工程价款。

首先，一审的鉴定报告中，鉴定单位以 2005 年 5 月 10 日的项目介绍会和招标答疑会议纪要、黑合同，以及发包人提供的《转图证明》，而且引述了"与发包人核实关于《施工图审查备案书》出件后延是因为政府行政审批手续"，从而给出结论"其中对双方争议的 1 万 m² 的工程量进行造价鉴定，经过鉴定我司（指鉴定单位）认为该部分对工程造价不构成影响"。该认定依据明显不足。分析如下：

1) 对于鉴定单位以项目介绍会和投标答疑会议纪要作为证据证明 1 万 m² 对造价不造成影响是否正确。需要注意，发包人发出招标文件的时间是 2005 年 9 月 28 日，而项目介绍会和招标答疑会议纪要在 2005 年 5 月，怎么可以溯前适用、怎么能够以这些会议纪要作为对招标文件的解释和澄清呢？

2) 对于鉴定单位以"招标图转为施工图的证明"来证明投标图为施工图，存在明显的臆测推断。这张所谓的"招标图转为施工图的证明"是发包人起草的，承包人为了拿回图纸押金而签字。这只能证明发包人可以少提供一份施工图给承包人，不能证明施工图就是招标图。

施工图审查合格备案书是天津市建设行政主管部门要求建设单位办理施工许可证的要件之一，也就是说，最早的施工图审查合格备案书日期是在施工许可证之前就办理的，而且必然是与中标通知书、规划许可证、施工合同、施工许可证、监督备案手续是一致的，此时申报审批的图纸必定是 84335.88m²。只不过，这些文件、图纸事后是可以变更的，在相关部门批准容积率等各项变更时，为了和现场实际一致，确保最后的验收，还必须重新办理变更备案手续。根据承包人在法庭上提交的招标文件、中标通知书、《天津市建设工程施工合同》、规划许可证、质量监督备案登记表、施工许可证、施工图纸审查合格通知书（指在施工许可证之前的通知书），以及在发包人提交的证据 18 中承包人商务标均明确本标段工程建筑总面积为 8.4 万 m²。

3) 依据《最高人民法院关于审理建设工程施工合同纠纷案件适用法律问题的解释》（下称司法解释）第二十一条规定"当事人就同一建设工程另行订立的建设工程施工合同与经过备案的中标合同实质性内容不一致的，应当以备案的中标合同作为结算工程价款的根据"。根据此约定，本工程结算应依据备案的中标合同。依据《最高人民法院关于审理建设工程施工合同纠纷案件适用法律问题的解释》第十六条规定"当事人对建设工程的计价标准或者计价方法有约定的，按照约定结算工程价款。因设计变更导致建设工程的工程量或者质量标准发生变化，当事人对该部分工程价款不能协商一致的，可以参照签订建设工程施工合同时当地建设行政主管部门发布的计价方法或者计价标准结算工程价款"。

　　本工程中标通知书中约定了中标价款及建筑面积，而在施工过程中，发包人调整容积率，增加建筑面积近 1 万 m²，这不是可以忽略不计的数额，它占中标通知书建筑面积 84335.88m² 的 10% 以上，也就是说造价也相应增加 10% 以上。当然，建筑总面积增加并不意味着增加一栋或若干栋单体建筑才是增加建筑面积，而是可以通过某个户型的建筑面积调整或者通过原设计为不算建筑面积的部位改为计算建筑面积等途径予以增加（比如开放的阳台改为封闭阳台，或者原来的不计算建筑面积的设备层改为计算面积的设备层，或者某些户型轴线局部调整等方式），这些通过一种很隐晦的方式增加建筑面积是目前开发商惯用的手段之一。

　　4）本工程是工程量清单招标，并在发包人提供的工程量清单基础上投报单价。承包人经评标被确定为中标单位。双方在工程量清单为发包人提供的清单基础上签订了固定总价的施工合同。由于实际的建筑面积与招标时的建筑面积不同，反映在工程量清单上必然是工程量存在差异，即发包人在招标时提供的工程量清单与实际的工程量存在不同，根据招标文件的规定，招标时提供的工程量清单与实际工程量是有误差的，招标人承担责任。

　　鉴定机构完全可以从招标时提供的工程量清单与实际工程量对比来确定建筑面积误差造成的工程价款增加，不能无根据的认为双方争议的 1 万 m² 的工程量对工程造价不构成影响。一审法院在第一次造价鉴定单位见面会上，法官问及鉴定单位（中兴财）负责人如何判断存在 1 万 m² 的差异时，鉴定单位也表示按照实际施工图纸核算的工程量与招标工程量清单相对比即可反映出来。但是，在实际鉴定过程中鉴定单位并不是这么做的。

　　我们建议承包人按照实际图纸计算的实际工程量与招标的工程量清单制作对照表，为法院和鉴定机构提供一个参考。根据对照表明细可以看出，发包人在招标时提供的工程量清单与实际施工图存在很大的差异，除了个别项没有量差，其余 70% 以上的清单子目存在差异，最大差异达到 633%。对照表的量差比较使我们有了初步感性的认识，即招标的工程量清单与实际施工图纸存在差异。

　　由于本工程采用工程量清单报价形式，为了使法院对投标工程量清单与实际施工图的差异有一个更直观的认识，我们建议承包人按照投标的清单单价套在实际施工图的工程量上，看看到底差了多少。结论是实际施工图工程量总价为 110299032 元，措施费暂时按原投标报价的 19859141 元计，暂估价（8 项分包的预留预埋）暂按 1600 万元计，预算总价为 14615173 元。原投标的工程总价为 131280000 元，扣除暂估价（8 项分包的预留预埋）1600 万元和措施费 19859141 元后，工程量清单实体性总价为 95420859 元。总价的差比为 11.33%；而实体工程量差价比为

15.6%。

通过以上证据和事实,充分证明投标图纸与实际施工图纸不是同一图纸。目前,已有招标时的工程量清单,也有实际施工图纸和相关的变更签证,足以计算出1万平方米对造价的实质性影响,也可以计算出涉案工程的最终造价,有没有投标图对工程结算没有任何影响,因为招标时的工程量清单是发包人根据招标时的图纸(投标图)计算的,承包人并无异议。根据实际施工图纸和相关的变更签证以及承包人提出的索赔,鉴定机构完全可以鉴定出涉案工程的结算造价。该建议最终被二审法院采纳,在二审法院明确要求一审鉴定单位补充鉴定的情况下,一审鉴定单位拒不配合,二审法院另行委托鉴定单位进行补充鉴定。

四、律师建议

(1) 尽量不要签订黑白合同,即使无法避免,也要确保结算方式一致。

我国目前建筑施工市场不是很规范,按照法律规定实行强制招标投标的项目,存在承包人与发包人之间签有两份建设工程施工合同的情况。我们称为"黑白合同"或"阴阳合同"。中标备案的合同为"白合同",实际履行的则是"黑合同"。"黑合同"与"白合同"相比,主要的区别是因甲方直接分包部分工程内容导致工程价款减少,也有的会降低工程质量,缩短工期,常见的是付款方式为垫资施工,延后进度款付款节点。我国《招标投标法》第46条规定:"招标人和中标人应当自中标通知书发出之日起三十日内,按照招标文件和中标人的投标文件订立书面合同。招标人和中标人不得再行订立背离合同实质性内容的其他协议。"按照学界通说,所谓合同实质性内容,是指影响或者决定当事人基本权利义务的条款,涉及当事人的利益的重大调整,一般指合同约定的工程价款、工程质量和工程期限。也有的地方建设主管部门将垫资施工和延后进度款付款节点也认定为必须重新备案的实质性内容。

"黑白合同"的形成主要是为了规避政府的监管,政府主管部门对垫资施工和肢解发包等约定内容是不予备案的,承发包双方此时会一致同意修改合同的内容,以便通过政府专管部门的审查,从而产生"黑白合同"。也存在招标方利用自身的优势地位迫使中标者接受不合理要求,订立与招投标文件、中标结果实质性内容相背离的协议的情形。

无论何种原因,笔者建议尽量避免签订两份不一致的施工合同,即使无法避免,也尽可能在结算条款上约定一致,该条款通常不会影响备案。至于垫资条款和进度款支付节点等内容的不同,并不会影响结算的金额。施工过程中,承发包双方也是按照实际履行的合同进行进度款支付的，所以不会影响工程的进度。

至于发包人通常采用的肢解发包，也应尽可能地不用，对于造价不易控制的部分可以设置暂定金额，并约定暂定金额的确认方式，从而减少工程成本。肢解发包会造成工期延误的责任不清，还有质量责任不明等，最终不能全部追究承包人的责任。

（2）遵循建设规律，尽量减少对图纸的较大修改。

鉴于开发进度的要求，发包人往往会在图纸初步确定后即进行招标，在签订合同后还在对图纸进行大量的修改，有的因为调整容积率等原因，甚至重新出图。在此种情况下，应该在招标文件中和合同中均约定，出现此种情况如何调整工期和价款。为公平计，最好约定工程量变化超过 $\pm 10\%$ 的部分，单价可以调整以及调整方法和确认流程。

当然只要可以调整单价，单价的确认势必会难以协商一致，且发包人此时处于被动地位，承包人会以单价确认不合理等原因停止施工。这也是发包人应该承担的风险，因为图纸的调整是发包人原因造成的。建议发包人尽量遵循开发流程，在图纸确定后招标，签订合同后不要对图纸作较大的修改，在合同中约定有操作性的单价调整方式。

（3）对于没有工程项目管理经验的发包人来讲，设计是否经济无从判断，而承包人对于设计是否经济，不仅可以从施工经验中得出，有的综合实力较强的承包人有具备设计资格的人员，因此建设工程施工合同中约定承包人合理化建议的奖励是很有必要的。

第二节　发包人指令的价款鉴定

一、主要条款归纳

（一）工程变更的定义

《建设工程工程量清单计价规范》GB 50500—2013 第 2.0.16 条规定了工程变更的定义：

"合同工程实施过程中由发包人提出或由承包人提出经发包人批准的合同工程任何一项工作的增、减、取消或施工工艺、顺序、时间的改变；设计图纸的修改；施工条件的改变；招标工程量清单的错、漏从而引起合同条件的改变或工程量的增减变化。"

主旨诠释

本条文是工程变更的定义，工程变更大于设计变更，工程变更主要包含以下内容：

（1）合同工程实施过程中由发包人（含监理人）提出或由承包人提出经发包人批准的合同工程任何一项工作的增、减、取消。

（2）合同工程实施过程中由发包人提出或由承包人提出经发包人批准的施工工艺、顺序、时间的改变。

（3）设计图纸的修改。如改变工程的基线、标高、位置和尺寸。

（4）招标工程量清单的错、漏从而引起合同条件的改变或工程量的增减变化。

（5）改变合同中任何工作的质量标准或其他特性。

（二）工程变更的调整

《建设工程工程量清单计价规范》GB 50500—2013 第9.3.2条规定：

"工程变更引起施工方案改变并使措施项目发生变化时，承包人提出调整措施项目费的，应事先将拟实施的方案提交发包人确认，并应详细说明与原方案措施项目相比的变化情况。拟实施的方案经发承包双方确认后执行，并应按照下列规定调整措施项目费：

1 安全文明施工费应按照实际发生变化的措施项目依据本规范第3.1.5条的规定计算。

2 采用单价计算的措施项目费，应按照实际发生变化的措施项目，按本规范第9.3.1条的规定确定单价。

3 按总价（或系数）计算的措施项目费，按照实际发生变化的措施项目调整，但应考虑承包人报价浮动因素，即调整金额按照实际调整金额乘以本规范第9.3.1条规定的承包人报价浮动率计算。

如果承包人未事先将拟实施的方案提交给发包人确认，则应视为工程变更不引起措施项目费的调整或承包人放弃调整措施项目费的权利。"

《建设工程工程量清单计价规范》GB 50500—2013 第9.3.3条规定：

"当发包人提出的工程变更因非承包人原因删减了合同中的某项原定工作或工程，致使承包人发生的费用或（和）得到的收益不能被包括在其他已支付或应支付的项目中，也未被包含在任何替代的工作或工程中时，承包人有权提出并应得到合理的费用及利润补偿。"

《建设工程价款结算暂行办法》第九条规定：

"承包人应当在合同规定的调整情况发生后14天内，将调整原因、金额以书面形式通知发包人，发包人确认调整金额后将其作为追加合同价款，与工程进度款同期支付。发包人收到承包人通知后14天内不予确认也不提出修改意见，视为已经同意该项调整。

当合同规定的调整合同价款的调整情况发生后，承包人未在规定时间内通知发包人，或者未在规定时间内提出调整报告，发包人可以根据有关资料，决定是否调整和调整的金额，并书面通知承包人。"

主旨诠释

本条文是关于工程变更调整方法的规定。主要包含以下内容：

1. 变更的程序

（1）承包人、监理人提出变更建议的，需要向发包人以书面形式提出变更计划，说明计划变更工程范围和变更的内容、理由，以及实施该变更对合同价格和工期的影响。发包人同意变更的，由监理人向承包人发出变更指示。发包人不同意变更的，监理人无权擅自发出变更指示。

（2）承包人收到监理人下达的变更指示后，认为不能执行，应立即提出不能执行该变更指示的理由。承包人认为可以执行变更的，应当书面说明实施该变更指示对合同价格和工期的影响，且按合同约定确定变更估价。

2. 变更的价款调整

（1）措施项目费的调整

1）安全文明施工费应按照实际发生变化的措施项目依据当地行政主管部门的规定计算。

2）采用单价计算的措施项目费，应按照实际发生变化的措施项目，按合同约定确定单价，合同未约定的按照规范规定确定单价。

3）按总价（或系数）计算的措施项目费，按照实际发生变化的措施项目调整，但应考虑承包人报价浮动因素，即调整金额按照实际调整金额乘以承包人报价浮动率计算。

如果承包人未事先将拟实施的方案提交给发包人确认，则应视为工程变更不引起措施项目费的调整或承包人放弃调整措施项目费的权利。

（2）变更估价原则

除合同另有约定外，变更估价按照规范规定的如下原则处理：

1）已标价工程量清单或预算书有相同项目的，按照相同项目单价认定。

2）已标价工程量清单或预算书中无相同项目，但有类似项目的，参照类似项目的单价认定。

3）变更导致实际完成的变更工程量与已标价工程量清单或预算书中列明的该项目工程量的变化幅度超过15%的，或已标价工程量清单或预算书中无相同项目及类似项目单价的，应由承包人根据变更工程资料、计量规则和计价办法、工程造价管理机构发布的信息价格和承包人报价浮动率提出变更工程项目的单价，报发包人确认后调整。

二、鉴定方法解读

（一）施工范围改变的价款鉴定

施工范围增减且工程量变化幅度低于15%的，套用合同约定的综合单价，工程量按实计算。施工范围增减且工程量变化幅度超过15%的，增加部分的工程量的综合单价可以适当降低，减少后剩余部分的工程量的综合单价可以适当提高。司法鉴定时可以按照合理的成本与利润构成的原则确定降低的标准，主要考虑材料批量采购与零星采购的区别。

非承包人原因，发包人删减了合同中的某项原定工作或工程，致使承包人发生的费用或（和）得到的收益不能被包括在其他已支付或应支付的项目中，也未被包含在任何替代的工作或工程中时，承包人有权提出并应得到合理的费用及利润补偿。司法鉴定时，可以按照定额计算删减工程的利润，按照删减部分造价占总造价的比例计算临时设施费用及管理费用。

（二）施工时间和顺序改变的价款鉴定

对于由多个单位工程构成的工程项目，施工过程中，发包人为了某种需要，指令承包人提前施工某个单位工程，或延后施工某个单位工程，可能会导致原计划秋天施工的混凝土工程在冬期施工，增加施工费用（如添加防冻剂或采取其他防冻措施）。或者导致非雨期施工的工序处于雨期施工，增加施工费用（如雨期施工基础，增加降水、排水费用）等。

司法鉴定时，如果承包人能够提供发包人签证的相关费用，可以直接按照签证的内容计算并调整合同价款，如果承包人仅能提供施工进度处于雨季或者冬季等增加费用的期间的，笔者认为也应按照监理单位审批的施工组织设计计算相应部位增加的费用。

（三）施工方案改变的价款鉴定

在施工过程中，监理单位或者发包人处于某种考虑，如为了上级单位的检查等，对于承包人的施工方案提出更高要求，如提高临时设施的建造标准或者深基坑开挖方案的更高安全标准等。司法鉴定时，应当根据承包人提供的发包人签批的签证计算增加的费用并调整合同价款。如果承包人仅提供了发包人或者监理单位指令，未提供签证的，鉴定单位可以按照定额计算增加的费用并调整合同价款。

其中:（1）安全文明施工费应按照实际发生变化的措施项目，结合国家或省级、行业建设主管部门的规定计算，超出部分应该增加。

（2）采用单价计算的措施项目费，应按照实际发生变化的措施项目，按《建设工程工程量清单计价规范》GB 50500—2013 第 9.3.1 条的规定确定单价。

（3）按总价（或系数）计算的措施项目费，按照实际发生变化的措施项目调整，但应考虑承包人报价浮动因素，即调整金额按照实际调整金额乘以《建设工程工程量清单计价规范》GB 50500—2013 第 9.3.1 条规定的承包人报价浮动率计算。

三、典型案例

（一）基本案情

2005 年 7 月 5 日 A 公司与 B 公司签订《建设工程施工合同》，约定 A 公司承建 B 公司的新建厂房项目的桩基工程，合同金额 4350 万元。合同履行过程中，因桩基变化较大，承发包双方就桩的综合单价和措施费用协商一致，签订了《桩基工程合同计价说明》，明确约定："合同金额 4350 万元中，分部分项工程量造价 4145.7360 万元，措施项目费用 204.264 万元。若分部分项工程量结算增减部分费用超过合同分部分项工程量的 10%，则增减部分工程量的措施费按分部分项工程量的 4.93% 比例进行增减。若经发包人确认的措施项目结算小于上述金额，则按发包人确认的措施项目计取；若大于，则按上述金额计取。原投标措施加新增分部分项工程量造价 4.93% 之和为最高限包干。施工单位实际发生的措施费无论节余还是超支，均不作调整。"并附分部分项工程量清单报价表和项目措施费用汇总表及预算清单。

施工结束后，承发包双方就结算金额不能达成一致，形成诉讼。

（二）争议焦点

措施费如何调整？

（三）简要评析

司法鉴定时，鉴定报告中认定实际结算金额超过了 4145.7360 万元的 10%，超过部分工程量的措施费可以按 4.93% 计算，计算金额为 288.2362 万元，加上原投标措施费 204.2640 万元，措施费合计约 492 万元。

但在计算了 492 万元措施费的基础上，鉴定报告又将施工单位实际发生的措施费在桩基工程中重复计算。如水泥搅拌桩、开工典礼前临时道路、应力释放孔、水电应急费等。

措施费的定义是：指为完成工程项目施工，发生于该工程施工前和施工过程中非工程实体项目的费用，由施工技术措施费和施工组织措施费组成。合同计价说明所附项目措施费用汇总表及预算清单中也可以看出，临时道路和应力释放孔均属于措施费用。

最终法院按照鉴定单位出具的报告，认定了措施费用。

四、律师建议

（1）司法鉴定单位以鉴代判是法律界一直诟病的行为，司法鉴定人员对合同约定理解不准确的事情也时有发生，有的甚至是故意行为。目前，普遍缺乏对司法鉴定错误纠正的救济渠道，也使得一些司法鉴定单位和鉴定人员有了利用手中的权力换取经济利益的机会。建议司法鉴定人员在承发包双方对合同约定理解不一致的情况下，将异议提交法院，由法院对合同的理解作出认定，而不是擅自按照自己的理解出具鉴定报告。

（2）虽然《建设工程工程量清单计价规范》GB 50500—2013 等文件中规定了默示认可的条件，但是审判实务中很少有法院依据规范性文件作出判决的案例。发包人在发出变更指令时应考虑其必要性，尽可能少发变更。不得不发时，也应就变更造成的费用调整与承包人协商确定金额。

（3）关于签证的效力问题应该由法院认定，鉴定单位仅计算签证涉及的工程价款金额即可。法官应当从证据的真实性、关联性、合法性来认定证据的效力，其次，从签证的内容来判断当事人是否通过签证改变了合同中的约定，如果签证中涉及工程量或对某些项目计价方式的确定与合同约定不符，可以认为是对合同的变更，法官应根据变更的签证对当事人之间的争议进行认定[1]。《最高人民法院关于审理建设工程施工合同纠纷案件适用法律问题的解释》第十九条规定，当事人对工程量有争议的，按照施工过程中形成的签证等书面文件确认。承包人能够证明发包人同意其施工，但未能提供签证文件证明工程量发生的，可以按照当事人提供的其他证据确认实际发生的工程量。因此只要发包人指令或者同意承包人施工的实际发生的工程量，法院都会认定可以调整工程价款。

四川省高级人民法院观点[2]："第四条 有证据证明设计、施工、监理或业主方在设计变更、工程量（价）增加等合同内容变更中有相互串通、弄虚作假情况的，人民法院对虚假部分的内容不予认可，并不得以此作为结算工程价款的依据。"福建省高级人民法院观点[3]："双方当事人对有权进行工程量和价款等予以签证、确认的具体人员有约定的，除该具体人员及法定代表人外，他人对工程量和价款等所作的签证、确认不能作为工程价款的结算依据；没有约定的，发包人应对其工作人员的职务行为承担民事责任，但发包人有证据证明承包人明知该工作人员无相应权限的，该工作人员签证的内容对发包人不发生法律效力。"

上述观点对签证的效力提出了更为严格的要求，四川省高级人民法院认为虚假签证不能作为结算依据，在司法鉴定过程中，鉴定人员根据自己的技能判断签证的合理性要承担相应的责任，建议由原被告提出并提供证据，由法院最终认定。鉴定人员只需计算签证的工程造价，对于签证是否有效应提交法院认定，在鉴定报告中应该将有异议的签证工程造价单列。

北京市高级人民法院观点[4]："8. 承包人项目经理在合同履行过程中所施行为的效力如何认定？施工合同履行过程中，承包人的项目经理以承包人名义在结算报告、签证文件上签字确认、加盖项目部章或者收取工程款、接受发包人供材等行为，原则上应当认定为职务行为或表见代理行为，对承包人具有约束力，但施工合同另有约定或承包人有证据证明相对方知道或应当知道项目经理没有代理权的除外。

9. 当事人工作人员签证确认的效力如何认定？当事人在施工合同中就有权对

[1] 《江苏省高级人民法院建设工程施工合同案件审理指南（2010）》。
[2] 《四川省高级人民法院关于审理涉及招标建设工程合同纠纷案件的有问题意见》。
[3] 《福建省高院关于审理建设工程施工合同纠纷案件疑难问题的解答》。
[4] 《北京市高级人民法院关于审理建设工程施工合同纠纷案件若干疑难问题的解答》。

工程量和价款洽商变更等材料进行签证确认的具体人员有明确约定的，依照其约定，除法定代表人外，其他人员所作的签证确认对当事人不具有约束力，但相对方有理由相信该签证人员有代理权的除外；没有约定或约定不明，当事人工作人员所作的签证确认是其职务行为的，对该当事人具有约束力，但该当事人有证据证明相对方知道或应当知道该签证人员没有代理权的除外。

10. 工程监理人员在签证文件上签字确认的效力如何认定？工程监理人员在监理过程中签字确认的签证文件，涉及工程量、工期及工程质量等事实的，原则上对发包人具有约束力，涉及工程价款洽商变更等经济决策的，原则上对发包人不具有约束力，但施工合同对监理人员的授权另有约定的除外。"

北京高级人民法院对监理人员签字确认的签证文件的效力的理解，基于实事求是的原则。笔者认为监理人员签字确认的签证效力要根据合同中监理人员的权限来判定，如果合同未明确约定监理人员的权限，监理人员作为发包人的委托人，其签字确认的签证文件应该对发包人有约束力。

第三节　承包人自行变更的价款鉴定

一、主要条款归纳

（一）现场签证的定义

《建设工程工程量清单计价规范》GB 50500—2013 第 2.0.24 条规定了现场签证的定义：

"发包人现场代表（或其授权的监理人、工程造价咨询人）与承包人现场代表就施工过程中涉及的责任事件所作的签认证明。"

┌─ 主旨诠释 ─────────────────────────────
│
│　　现场签证是有权利签证的人员就施工过程中涉及的责任事件所作的签
│　认证明。
│
└──────────────────────────────────────

（二）承包人计价风险

《建设工程工程量清单计价规范》GB 50500—2013 第 3.4.4 条规定：

"由于承包人使用机械设备、施工技术以及组织管理水平等自身原因造成施工费用增加的，应由承包人全部承担。"

┌─ 主旨诠释 ─────────────────────────────────┐

　　承包人自身原因造成的费用增加，由承包人自行承担。主要包括以下内容：

　　（1）机械设备不足或者不够先进。

　　（2）施工技术水平机械化程度不够或者工人的技术水平不高。

　　（3）组织管理水平不高，造成人力或者材料的浪费以及工期的延误。

└──┘

（三）承包人投标报价风险

《建设工程工程量清单计价规范》GB 50500—2013 第 6.2.7 条规定：

"招标工程量清单与计价表中列明的所有需要填写单价和合价的项目，投标人均应填写且只允许有一个报价。未填写单价和合价的项目，可视为此项费用已包含在已标价工程量清单中其他项目的单价和合价之中。当竣工结算时，此项目不得重新组价予以调整。"

┌─ 主旨诠释 ─────────────────────────────────┐

　　承包人在投标报价时应注意以下风险：

　　（1）招标工程量清单与计价表中列明的所有需要填写单价和合价的项目，投标人均应填写且只允许有一个报价。

　　（2）未填写单价和总价项目，结算时不调整。

└──┘

（四）承包人工程计量风险

《建设工程工程量清单计价规范》GB 50500—2013 第 8.1.3 条规定：

"因承包人原因造成的超出合同工程范围施工或返工的工程量，发包人不予计量。"

┌─ 主旨诠释 ─────────────────────────────────┐

　　承包人在施工时应注意以下风险：

　　（1）因承包人原因造成的超出合同工程范围施工的工程量，发包人不予计量。

　　（2）因承包人原因造成的返工的工程量，发包人不予计量。

└──┘

（五）办理现场签证的程序

《建设工程工程量清单计价规范》GB 50500—2013 第 9.14 条规定：

"9.14.1 承包人应发包人要求完成合同以外的零星项目、非承包人责任事件等工作的，发包人应及时以书面形式向承包人发出指令，并应提供所需的相关资料；承包人在收到指令后，应及时向发包人提出现场签证要求。

9.14.2 承包人应在收到发包人指令后的 7 天内向发包人提交现场签证报告，发包人应在收到现场签证报告后的 48 小时内对报告内容进行核实，予以确认或提出修改意见。发包人在收到承包人现场签证报告后的 48 小时内未确认也未提出修改意见的，应视为承包人提交的现场签证报告已被发包人认可。

9.14.3 现场签证的工作如已有相应的计日工单价，现场签证中应列明完成该类项目所需的人工、材料、工程设备和施工机械台班的数量。

如现场签证的工作没有相应的计日工单价，应在现场签证报告中列明完成该签证工作所需的人工、材料设备和施工机械台班的数量及单价。

9.14.4 合同工程发生现场签证事项，未经发包人签证确认，承包人便擅自施工的，除非征得发包人书面同意，否则发生的费用应由承包人承担。

9.14.5 现场签证工作完成后的 7 天内，承包人应按照现场签证内容计算价款，报送发包人确认后，作为增加合同价款，与进度款同期支付。

9.14.6 在施工过程中，当发现合同工程内容因场地条件、地质水文、发包人要求等不一致时，承包人应提供所需的相关资料，并提交发包人签证认可，作为合同价款调整的依据。"

主旨诠释

承包人办理现场签证的流程。主要包含以下内容：

（1）及时办理。

（2）资料要详尽。

（3）合同工程发生现场签证事项，未经发包人签证确认，承包人便擅自施工的，除非征得发包人书面同意，否则发生的费用应由承包人承担。

（六）承包人签证风险

《最高人民法院关于审理建设工程施工合同纠纷案件适用法律问题的解释》第十九条规定：

"当事人对工程量有争议的，按照施工过程中形成的签证等书面文件确认。承包人能够证明发包人同意其施工，但未能提供签证文件证明工程量发生的，可以按照当事人提供的其他证据确认实际发生的工程量。"

┌主旨诠释┐

承包人无法取得签证时，应注意以下风险：

（1）承包人至少应保留能够证明发包人同意其施工的证据。

（2）承包人应保留签证的申请送达发包人的证据。

（3）承包人应保留其他证据确认实际发生的工程量。

（七）送达的证据要求

《建设工程施工合同（示范文本）》GF—2017—0201 第 1.7 条约定：

"1.7.1 与合同有关的通知、批准、证明、证书、指示、指令、要求、请求、同意、意见、确定和决定等，均应采用书面形式，并应在合同约定的期限内送达接收人和送达地点。

1.7.2 发包人和承包人应在专用合同条款中约定各自的送达接收人和送达地点。任何一方合同当事人指定的接收人或送达地点发生变动的，应提前 3 天以书面形式通知对方。

1.7.3 发包人和承包人应当及时签收另一方送达至送达地点和指定接收人的来往信函。拒不签收的，由此增加的费用和（或）延误的工期由拒绝接收一方承担。"

┌主旨诠释┐

《建设工程施工合同（示范文本）》GF—2017—0201 对于联络的约定。主要包含以下内容：

（1）与合同有关的通知、批准、证明、证书、指示、指令、要求、请求、同意、意见、确定和决定等，均应采用书面形式。

（2）应在合同约定的期限内送达接收人和送达地点。

（3）发包人和承包人应在专用合同条款中约定各自的送达接收人和送达地点。任何一方合同当事人指定的接收人或送达地点发生变动的，应提前 3 天以书面形式通知对方。

（4）发包人和承包人应当及时签收另一方送达至送达地点和指定接收人的来往信函。拒不签收的，由此增加的费用和（或）延误的工期由拒绝接收一方承担。

（八）承包人工程照管与成品、半成品保护的责任

《建设工程施工合同（示范文本）》GF—2017—0201 第 3.6 条约定：

"（1）除专用合同条款另有约定外，自发包人向承包人移交施工现场之日起，承包人应负责照管工程及工程相关的材料、工程设备，直到颁发工程接收证书之日止。

（2）在承包人负责照管期间，因承包人原因造成工程、材料、工程设备损坏的，由承包人负责修复或更换，并承担由此增加的费用和（或）延误的工期。

（3）对合同内分期完成的成品和半成品，在工程接收证书颁发前，由承包人承担保护责任。因承包人原因造成成品或半成品损坏的，由承包人负责修复或更换，并承担由此增加的费用和（或）延误的工期。"

---主旨诠释---

《建设工程施工合同（示范文本）》GF—2017—0201 对于工程照管与成品、半成品保护的约定。主要包含以下内容：

（1）承包人应负责照管工程及工程相关的材料、工程设备的期间，除专用合同条款另有约定外，自发包人向承包人移交施工现场之日起，直到颁发工程接收证书之日止。

（2）在承包人负责照管期间，因承包人原因造成工程、材料、工程设备损坏的，由承包人负责修复或更换，并承担由此增加的费用和（或）延误的工期。

（3）合同内分期完成的成品和半成品保护责任在工程接收证书颁发前，由承包人负责，因承包人原因造成成品或半成品损坏的，由承包人负责修复或更换，并承担由此增加的费用和（或）延误的工期。

（九）材料与工程设备替代的约定

《建设工程施工合同（示范文本）》GF—2017—0201 第 8.7 条约定：

"8.7 材料与工程设备的替代

8.7.1 出现下列情况需要使用替代材料和工程设备的，承包人应按照第 8.7.2 项约定的程序执行：

（1）基准日期后生效的法律规定禁止使用的；

（2）发包人要求使用替代品的；

（3）因其他原因必须使用替代品的。

8.7.2 承包人应在使用替代材料和工程设备 28 天前书面通知监理人，并附下列文件：

（1）被替代的材料和工程设备的名称、数量、规格、型号、品牌、性能、价格及其他相关资料；

（2）替代品的名称、数量、规格、型号、品牌、性能、价格及其他相关资料；

（3）替代品与被替代产品之间的差异以及使用替代品可能对工程产生的影响；

（4）替代品与被替代产品的价格差异；

（5）使用替代品的理由和原因说明；

（6）监理人要求的其他文件。

监理人应在收到通知后 14 天内向承包人发出经包人签认的书面指示；监理人逾期发出书面指示的，视为发包人和监理人同意使用替代品。

8.7.3 发包人认可使用替代材料和工程设备的，替代材料和工程设备的价格，按照已标价工程量清单或预算书相同项目的价格认定；无相同项目的，参与相似项目价格认定；既无相同项目也无相似项目的，按照合理的成本与利润构成的原则，由合同当事人按照第 4.4 款（商定或确定）确定价格。

主旨诠释

《建设工程施工合同（示范文本）》GF—2017—0201 对于材料与工程设备替代的约定。主要包含以下内容：

（1）出现需要使用替代材料和工程设备的下列情况时，承包人应在使用替代材料和工程设备 28 天前书面通知监理人，并附详细的文件。

1）基准日期后生效的法律规定禁止使用的；

2）发包人要求使用替代品的；

3）因其他原因必须使用替代品的。

（2）监理人应在收到通知后 14 天内，向承包人发出经发包人签认的书面指示；监理人逾期发出书面指示的，视为发包人和监理人同意使用替代品。

（3）发包人认可使用替代材料和工程设备的，替代材料和工程设备的价格，按照已标价工程量清单或预算书相同项目的价格认定；无相同项目的，参考相似项目价格认定；既无相同项目也无相似项目的，按照合理的成本与利润构成的原则，由合同当事人商定或确定价格。

二、鉴定方法解读

（一）替代材料的价款鉴定

如发生基准日后生效法律规定禁止使用的材料需要其他材料替代的，且发包人签认具体替代材料的，或者发包人要求使用替代材料的。司法鉴定时替代材料和工程设备的价格，按照已标价工程量清单或预算书相同项目的价格认定；无相同项目的，参考相似项目价格认定；既无相同项目也无相似项目的，按照合理的成本与利润构成的原则，确认替代材料的价格。

承包人因现场材料品种不全或者为了使用多余已采购材料等原因使用替代材料的，如现场没有直径为 6.5mm 的钢筋，而多余有直径为 8mm 的钢筋，经验算后用 8mm 的钢筋替代 6.5mm 的钢筋。该材料替代必须获得监理单位和设计单位的认可，是否调整合同价款应根据承发包双方的约定，如发包人仅同意替换不同意调整合同价款的，审批时应该注明。承包人擅自使用替代材料的（或者承包人不能提供发包人签认意见的），合同价款不予调整。

（二）成品半成品损坏的价款鉴定

通常情况下，对合同内分期完成的成品和半成品，在工程接收证书颁发前，由承包人承担保护责任。因承包人原因造成成品或半成品损坏的，由承包人负责修复或更换，并承担由此增加的费用和（或）延误的工期。

实务中还存在第三方损坏成品、半成品的情况，此种情况下应该由第三方向承包人承担责任，如第三人为发包人指定分包或者直接发包的施工单位，承包人可以要求发包人协助，从发包人应付指定分包或者直接发包的施工单位工程款中扣除的，也应单独处理。

自发包人向承包人移交施工现场之日起，承包人应负责照管工程及工程相关的材料、工程设备，直到颁发工程接收证书之日止。在承包人负责照管期间，因承包人原因造成工程、材料、工程设备损坏的，由承包人负责修复或更换，并承担由此增加的费用和（或）延误的工期。

（三）施工顺序或时间安排改变的价款鉴定

承包人因自身原因，调整施工顺序和时间安排的，并不属于违约行为，但因此造成的费用增加由承包人自行承担。

实务中存在发包人要求承包人定期上报施工进度（含施工顺序）安排的情况，

此种情况下，笔者认为，即使监理单位对承包人上报的施工进度（含施工顺序）进行了审批，只要是承包人自身原因造成的施工顺序或时间安排改变，也不能作为调整合同价款的依据。

三、典型案例

（一）基本案情

A 公司与 B 公司签订《建设工程施工合同》，约定 A 公司承建 B 公司的新建厂房项目。约定的承包范围为：依据招标文件、招标图纸与工程规范所示，本工程承包范围包括（但不限于）以下内容：在招标文件内所说明、招标期间所增减（承包人所确认的工程内容）、所有在合同文件中及工程施工图中所提到和反映的工作。承包方式为：本工程的承包方式按承包范围包工包料、包工期、包质量、包安全、包施工和包协调管理的施工总承包方式。工期为：开工日期：2005 年 12 月 9 日，竣工日期：2006 年 10 月 1 日。合同工期总日历天数 297 天。

合同价款采用施工项目清单单价闭口包干，其中总承包管理配合费为固定费用，不另向分包商收配合费；措施费用（含投标文件中模板支架费用及脚手架费用）包干，不受业主提供的招标资料的制约；分部分项工程量清单数量暂定、单价闭口包干性质 [包工、包料、包工期、包质量、包安全、包测试、包工资及材料价之任何市场差价、管理费（包括规费）、利润、税金、大型机械进退场费、临时用电、临时用水、保险、必需的加班费、存仓、运输、因材料或设备迟到工地的窝工费等]；其他项目清单由发包人确定的合同方式确定。

合同专用条款第 28.5 条约定："若承包人需要使用代用材料时，应经设计部门和监理工程师及业主代表的认可后才能使用，若导致费用增加的，由承包人承担。"

竣工图中注明注浆管的直径是 40mm，壁厚 2.5mm。A 公司主张施工中注浆管替代为直径 40mm，壁厚 3.5mm，发包人认为承包人没有上报过该替换，监理单位也没有收到过此类申请。竣工结算阶段承包人补办技术核定单，监理单位审批"情况属实"，业主签收该审批后认为是否替换无从考证，未予以回复。因结算不能达成一致，A 公司起诉 B 公司，要求支付工程余款，承担违约责任。

（二）争议焦点

材料替换是否可以调整合同价款？

（三）简要评析

法院最终委托司法审价，鉴定单位认为监理人已经签认情况属实，应该按照实际使用的材料调整合同价款。最终法院支持了鉴定单位的意见。笔者认为，合同专用条款既然规定替换需要监理单位设计单位和发包人签批，导致费用增加的由承包人承担，无论技术核定单是否经监理单位和设计单位签批，即使有发包人签批，因此造成的费用增加仍不能调整合同价款。

四、律师建议

（1）材料替换如果是承包人自身原因造成的，必须经监理单位和设计单位的批准，因此造成费用的变化，无论是增减，均不应该调整合同价款。鉴定单位不能仅凭自己的想象处理问题，应该严格依据承发包双方的约定，本案中鉴定单位出具的鉴定报告显然是错误的。司法鉴定机构和司法鉴定的从业人员的法律意识和自律意识不强、鉴定操作行为不规范造成的当事人经济损失如何追究责任尚无法律规定。对于日益社会化的司法鉴定机构，特别是那些以盈利为目的的民营机构，仅仅依靠自律是远远不够的，也是不现实的，相关部门必须依法加大管理力度，对司法鉴定机构进行监督和引导。

（2）建设工程施工合同履约过程中，会形成很多的往来文件，如何保留送达的证据至关重要，尤其是存在没有条款约定的情况下。签收人是否为签收单位授权的人员，以及签收的文件名称等均是常见的签收无效的情形。建议承发包双方均设专职签收文员，并对签收文员的岗位职责进行明确，保证往来函件能够正确送达并对收函及时处理回复。

第六章 工期延长的工程价款鉴定

第一节 工期顺延的工程价款鉴定

一、主要条款归纳

（一）施工许可证

《中华人民共和国建筑法》第七条规定：

"建筑工程开工前，建设单位应当按照国家有关规定向工程所在地县级以上人民政府建设行政主管部门申请领取施工许可证；但是，国务院建设行政主管部门确定的限额以下的小型工程除外。

按照国务院规定的权限和程序批准开工报告的建筑工程，不再领取施工许可证。"

《中华人民共和国建筑法》第六十四条规定：

"违反本法规定，未取得施工许可证或者开工报告未经批准擅自施工的，责令改正，对不符合开工条件的责令停止施工，可以处以罚款。"

《建设工程质量管理条例》第六十四条规定：

"违反本法规定，未取得施工许可证或者开工报告未经批准擅自施工的，责令改正，对不符合开工条件的责令停止施工，可以处以罚款。"

《建设工程质量管理条例》第五十七条规定：

"违反本条例规定，建设单位未取得施工许可证或者开工报告未经批准，擅自施工的，责令停止施工，限期改正，处工程合同价款百分之一以上百分之二以下的罚款。"

> **主旨诠释**
>
> 上述条文是对施工许可证的规定，主要包括以下内容：
>
> （1）法律规定建筑工程开工前必须取得施工许可证。
>
> （2）未取得施工许可证或者开工报告未经批准擅自施工的，责令改正，对不符合开工条件的责令停止施工，可以处以罚款。
>
> （3）按照国务院规定的权限和程序批准开工报告的建筑工程，不再领取施工许可证。

（二）工期顺延的规定

《中华人民共和国合同法》第二百七十八条规定：

"隐蔽工程在隐蔽以前，承包人应当通知发包人检查。发包人没有及时检查的，承包人可以顺延工程日期，并有权要求赔偿停工、窝工等损失。"

《中华人民共和国合同法》第二百八十三条规定：

"发包人未按照约定的时间和要求提供原材料、设备、场地、资金、技术资料的，承包人可以顺延工程日期，并有权要求赔偿停工、窝工等损失。"

《中华人民共和国合同法》第二百八十四条规定：

"因发包人的原因致使工程中途停建、缓建的，发包人应当采取措施弥补或者减少损失，赔偿承包人因此造成的停工、窝工、倒运、机械设备调迁、材料和构件积压等损失和实际费用。"

《最高人民法院关于审理建设工程施工合同纠纷案件适用法律问题的解释》第十五条规定：

"建设工程竣工前，当事人对工程质量发生争议，工程质量经鉴定合格的，鉴定期间为顺延工期期间。"

主旨诠释

　　法律规定了可以顺延工期的几种情形，及发包人违约责任。主要包含以下内容：

　　（1）发包人没有及时检查的隐蔽工程，承包人可以顺延工程日期，并有权要求赔偿停工、窝工等损失。

　　（2）发包人未按照约定的时间和要求提供原材料、设备、场地、资金、技术资料的，承包人可以顺延工程日期，并有权要求赔偿停工、窝工等损失。

　　（3）因发包人的原因致使工程中途停建、缓建的，发包人应当采取措施弥补或者减少损失，赔偿承包人因此造成的停工、窝工、倒运、机械设备调迁、材料和构件积压等损失和实际费用。

　　（4）建设工程竣工前，当事人对工程质量发生争议，工程质量经鉴定合格的，鉴定期间为顺延工期期间。

（三）发包人违约承包人可以获得的赔偿

《中华人民共和国合同法》第一百一十三条规定：

"当事人一方不履行合同义务或者履行合同义务不符合约定，给对方造成损失的，损失赔偿额应当相当于因违约所造成的损失，包括合同履行后可以获得的利益，但不得超过违反合同一方订立合同时预见到或者应当预见到的因违反合同可能造成的损失。"

《建设工程工程量清单计价规范》GB 50500—2013 第 9.13.4 条规定：

"承包人要求赔偿时，可以选择下列一项或几项方式获得赔偿：

1　延长工期；

2　要求发包人支付实际发生的额外费用；

3　要求发包人支付合理的预期利润；

4　要求发包人按合同的约定支付违约金。"

《建设工程工程量清单计价规范》GB 50500—2013 第 9.13.5 条规定：

"当承包人的费用索赔与工期索赔要求相关联时，发包人在作出费用索赔的批准决定时，应结合工程延期，综合作出费用赔偿和工程延期的决定。"

主旨诠释

　　发包人违约时，承包人不仅可以索赔增加的费用和（或）延误的工期，还可以索赔合理的利润。承包人可以要求以下项目的赔偿：

　　（1）延长工期；

　　（2）要求发包人支付实际发生的额外费用；

　　（3）要求发包人支付合理的预期利润；

　　（4）要求发包人按合同的约定支付违约金。

　　上述总计不得超过违反合同一方订立合同时预见到或者应当预见到的因违反合同可能造成的损失。

二、鉴定方法解读

（一）发包人违约的工期鉴定

　　发包人违约对工期是否必然造成影响，需要结合施工进度计划，分析是否影响关键工序来确定。在施工进度计划中，一些分部分项工程处于关键线路上，构成关键工作，而另一些分部分项工程则处于非关键线路上，属于非关键工作。承包人完成进度计划中全部关键工作所需的时间即建设工程总工期。关键工作一旦受到某事件影响导致延误，必将造成总工期延误，而非关键工作只有在受到延误超过其总时差时才会导致总工期延误。承包人能够提供发包人签认的工期顺延签证的，按照签证中审批同意的顺延天数顺延工期。

承包人不能提供发包人签认的签证，仅能提供发包人违约事实成立的证据的，司法鉴定单位在进行工期鉴定时，可以根据当事人提供的施工进度计划（含修订后的施工进度计划）[①]，以及发包人违约事项的时间，利用网络图计算工期顺延的具体天数，称网络分析法，是一种科学、合理的计算方法。计算工期顺延的具体天数的方法还有比例类推法和直接法，比例类推法又分为按工程量进行比例类推和按造价进行比例类推。直接法是指直接发生在关键线路上或一次性的发生在一个项目上，造成总工期延误。司法鉴定时可以通过查看施工日志、变更指令等资料，直接将这些资料中记载的延误时间作为工期顺延天数。

（二）发包人违约的费用鉴定

依据《建设工程施工合同（示范文本）》GF—2017—0201 第 7.5.1 条的约定，发包人责任造成工期顺延的常见情形主要有：

（1）发包人未能按合同约定提供图纸或所提供图纸不符合合同约定的；

（2）发包人未能按合同约定提供施工现场、施工条件、基础资料、许可、批准等开工条件的；

（3）发包人提供的测量基准点、基准线和水准点及其书面资料存在错误或疏漏的；

（4）发包人未能在计划开工日期之日起 7 天内同意下达开工通知的；

（5）发包人未能按合同约定日期支付工程预付款、进度款或竣工结算款的；

（6）监理人未按合同约定发出指示、批准等文件的。

在合同履行过程中，因上述情况导致工期延误和（或）费用增加的，由发包人承担由此延误的工期和（或）增加的费用，且发包人应支付承包人合理的利润。在司法鉴定时，鉴定单位可以根据承包人提供的发包人签认的签证确认的补偿金额计算承包人的损失，承包人能证明发包人违约但未能提供签证的，可以根据监理审批同意的施工组织设计中载明的人工、机械设备等计划以及已标价工程量清单中的管理费、临时设施费及利润等，计算承包人的损失。

---

① 《建筑施工组织设计规范》GB/T 50502—2009 规定：

"5.3.1 单位工程施工进度计划应按照施工部署的安排进行编制。

5.3.2 施工进度计划可采用网络图或横道图表示，并附必要说明；对于工程规模较大或较复杂的工程，宜采用网络图表示。"

（三）暂停施工的工程价款鉴定

依据《建设工程施工合同（示范文本）》GF—2017—0201，因发包人原因造成的暂停施工主要有：

（1）发包人违法造成的暂停施工，如未领取施工许可证造成政府主管部门责令停工；

（2）发包人违约造成暂停施工，如发包人未按照合同约定支付进度款，承包人行使暂停施工权力的；

（3）发包人指令暂停施工，如发包人根据市场情况调整项目进度指令暂停施工。上述原因造成的暂停施工，发包人应承担由此增加的费用和（或）延误的工期，并支付承包人合理的利润。

司法鉴定时，停工期间的费用主要涉及项目现场人员和施工机械设备的闲置费、现场临时设施和管理费，以及利润等。停工期间现场临时设施和管理费以及利润费用的计算应以已标价工程量清单作为计算标准，现场人员和施工机械设备的闲置费可以按照市场行情计算（如人工基础费、设备租赁费等市场价格），也可以参考定额约定的机械台班停滞费计算。

三、典型案例

（一）基本案情

A公司（下又称乙方）经招投标程序，中标B公司（下又称甲方）开发的酒店项目智能化工程，双方于2004年9月15日签订《智能化工程承包合同书》（以下简称"合同"），合同第三条约定："一、本工程工期共75个工作日，从实际开工日期起至2004年11月25日止，实际开工日期以甲方所发出的书面开工通知书为准；二、施工前各项准备工作，双方应根据本合同第七条规定。三、在施工过程中，如遇下列情况，可顺延工期，顺延期限应由双方及时协商并签订协议：2.如因甲方变更部分工程内容，导致乙方不能继续施工者，乙方在收到甲方部分变更内容通知之前停止施工，且工期顺延到乙方收到甲方修改通知之时间段。第七条乙方责任第1项约定：乙方在开工前十天提交施工组织方案、施工进度计划及工程预算清单送交给甲方审核，审核后的上述文件将作为甲方检查监督施工内容和进度及工程量的依据，分别负责按时完成。第十二条约定：一、如果是甲方原因造成的乙方不能按期竣工，责任由甲方承担，并工期顺延；二、甲方不得借故拖欠各种应付款项，如在2005年12月31日未付完全部工程款项，则每日按所欠款项的2‰偿付给对方逾期付款违约金。"同年 12 月 3 日，双方又签订了一份《会议室智能化工程承包合同书》（以下简称"会议室合同"），会议室合同关于工期约定如下："本工程工期共 40 个工作日，以实际开工日期至 2005 年 1 月 15 日止"，其他约定与合同内容相同。

上述合同签订后，乙方依约进场施工。期间，甲方因工程设计变更、增加工程量等原因从 2004 年 11 月 25 日开始至 2005 年 5 月 9 日期间共计发出现场变更通知单 16 份。变更程序为：甲方发出变更通知单，乙方接到通知单后按报价清单作出变更、增加部分工程的预算，然后再报甲方审批，待甲方审批过后乙方才继续施工，施工完毕后统一进行竣工验收。

2005 年 8 月 19 日，甲方在试运行合格后全面接收工程，至 2005 年 8 月 23 日止乙方依约将验收资料全部交付甲方，因结算不能达成一致诉至法院。

（二）争议焦点

B 公司责任应顺延的工期天数。

（三）简要评析

B 公司认为：合同约定，智能化工程依约应该在 2004 年 11 月 25 日完工，而实际竣工日期是 2005 年 8 月 23 日，逾期完工 270 天，延期完工违约金 54 万元；会议室合同约定，会议室智能化工程依约应该在 2005 年 1 月 15 日完工，而实际竣工日期是 2005 年 8 月 20 日，逾期完工 215 天，延期完工违约金 43 万元，合计逾期 485 天，延期完工违约金 97 万元。

即使 B 公司存在变更、增加工程行为，但根据合同第三条第 2 款约定："在施工过程中，如遇下列情况，可顺延工期，顺延期限由双方及时协商并签订协议。如因甲方变更部分工程内容，导致乙方不能继续施工者，乙方在收到甲方部分变更内容通知之前停止施工，且工期顺延到乙方收到甲方修改通知之时间段。"第一，只有变更部分工程的情况下可以顺延，增加工程不能顺延，七份变更工程签证从发出到签收累计 43 天，最多只能顺延这 43 天；第二，必须是双方协商并签订书面协议方可顺延，然而本案双方并未签订延期书面协议，因此，不能顺延工期。

A 公司认为：本工程施工开始后，B 公司多次发出变更设计和增加工程的通知，甚至在合同约定的竣工日期之后，还发出了多份增加和变更工程的现场通知。且 B 公司拖延对变更及新增工程的施工组织方案、工程预算清单等的审核，导致乙方就新增、变更工程迟迟无法开工。另工程施工的前提是 B 公司酒店及会议室的基本建设和装修完工并完成通电布线施工，否则作为下一道工序，A 公司无法施工。施工期间，多次因为 B 公司的其他装修队伍没有完成装修工作，导致 A 公司无法开工。工程系因 B 公司原因而延期竣工，根据合同约定，责任由 B 公司承担，A 公司不应承担逾期完工违约责任。

对于 B 公司顺延的天数 A 公司认为：

（1）实际竣工日期并不是 2005 年 8 月 20 日和 8 月 23 日，根据乙方签字确认的竣工验收报告显示，2005 年 8 月 19 日两工程均已竣工验收，即延期天数仅为 480 天。

（2）合法顺延工期天数应当包括两个部分：一是因工程量及工程难度的增加需要顺延的工期天数。依照司法实践惯例，按比例原则，参照合同工期以及合同造价来计算完成变更及增加部分工程所需要的时间。在本案中，根据合同约定，涉案两个工程总造价为 2198000 元，总工期为 115 天，该总造价除以总工期得出日工程量为 19113 元，另外，双方共同确认增加工程部分的工程款为 205218.48 元，由此，可以折算出上诉人因工程量及工程难度的增加需要合理顺延的工期天数为 11 天；二是甲方向乙方发出变更设计或增加工程之通知至甲方审核乙方提交的预算单期间的累计时间段。

1）2004 年 10 月 15 日发出变更设计通知书至 2005 年 1 月 15 日审批，合法顺延 102 天。

2）2004 年 11 月 25 日发出传真件至 2005 年 1 月 15 日审批，合法顺延 51 天。

3）2004 年 12 月 9 日发出现场通知至 2005 年 1 月 15 日审批，合法顺延 37 天。

4）2004 年 12 月 17 日发出变更设计通知书至 2005 年 1 月 15 日审批，合法顺延 29 天。

5）2004 年 12 月 21 日发出现场通知至 2005 年 1 月 15 日审批，合法顺延 25 天。

6）2004 年 12 月 28 日发出现场通知至 2005 年 1 月 15 日审批，合法顺延 18 天。

7）2004 年 12 月 29 日发出现场通知至 2005 年 1 月 15 日审批，合法顺延 17 天。

8）2005 年 1 月 6 日发出现场通知至同年 1 月 14 日审批，合法顺延 8 天。

9）2005 年 1 月 13 日发出现场通知至同年 1 月 14 日审批，合法顺延 1 天。

10）2005 年 1 月 29 日发出现场通知至同年 2 月 1 日审批，合法顺延 3 天。

11）2005 年 2 月 20 日发出现场通知至同年 2 月 28 日审批，合法顺延 8 天。

12）2005 年 2 月 26 日发出现场通知至同年 3 月 23 日审批，合法顺延 26 天。

13）2005 年 3 月 25 日发出现场通知至同年 4 月 25 日审批，合法顺延 31 天。

14）2005 年 4 月 5 日发出现场通知，至同年 4 月 25 日审批，合法顺延 21 天。

15）2005 年 4 月 13 日发出现场通知至同年 4 月 25 日审批，合法顺延 12 天。

16）2005年5月9日发出现场通知至同年7月8日审批，合法顺延63天。以上16项累加可合法顺延工期为452天。因此，合计可合法顺延天数为11 + 452 = 463天。从480天中扣除该463天，实际逾期完工只有17天。

且甲方发出的17份变更增加工程函件中，有16份是在合同约定的竣工日期之后发出，最后一份迟至2005年7月8日才发出，却要求乙方按约定的竣工日期在2005年1月5日前完工，这显然是不可能的。甲方在约定的竣工日期之后发出增加、变更通知单的行为可以视为是要求变更合同的邀约，而乙方作出预算并实际施工的行为可以视为是承诺，即可以认定甲乙双方协议一致对约定的竣工日期予以变更的行为，应以甲方最后一次审核确认增加变更工程预算之次日加上增加工程量及工程难度所需增加时间作为合同变更后约定的竣工日期。具体到本案中，应当以2005年7月9日起加上11天增加工程量所需增加的时间即2005年7月20日作为变更约定的竣工日期，相对2005年8月19日的实际完工日期而言，也只是延期30天。

一审法院认定：

第一，根据合同"如因甲方变更部分工程内容，导致乙方不能继续施工者，乙方在收到甲方部分变更内容通知之前停止施工，且工期顺延到乙方收到甲方修改通知之时间段"和"乙方在开工前十天提交施工组织方案、施工进度计划及工程预算清单送交给甲方审核，审核后的上述文件将作为甲方检查监督施工内容和进度及工程量的依据"的约定，可见，乙方在开工前（包括变更设计及增加工程）是必须提交工程预算单交给甲方审核方能施工，据此可认定，甲方在向乙方发出变更设计或增加工程之通知至甲方审核乙方提交的预算单期间的时间段应当作为乙方合法顺延工期的期限。

第二，因增加或变更工程导致工程量及工程难度增加需要延长工期的天数，由于乙方当时没有向甲方提出顺延工期的延长工期申请，双方又没有就乙方需要顺延工期的期限达成协议，而且乙方没有向一审法院提出工期鉴定的申请，一审法院对此部分可以顺延工期天数无法确认，不予认可。因此，一审法院认定仅以甲方向乙方发出变更设计或增加工程之通知至甲方审核乙方提交的预算单期间的时间段来计算乙方可合法顺延工期的天数。根据16份增加、变更工程的通知单，一审法院的具体计算方式如下：

（1）甲方于2004年10月15日发出变更设计通知书、2004年11月25日发出传真件，同年12月9日、12月17日、12月21日、12月28日、12月29日、2005年1月6日、1月13日各发出现场通知一份，某县交通局均在2005年1月

14 日或同年 1 月 15 日予以审核，由于上述变更设计及增加工程均属于施工合同项下的分项目，一审法院确认以甲方 2004 年 10 月 15 日最早发出变更设计至甲方 2005 年 1 月 15 日审批之时间段 102 天作为上述变更设计及增加工程所需合法顺延的天数。

（2）甲方于 2005 年 1 月 29 日发出现场通知，于 2005 年 2 月 1 日予以审批，合法顺延的工期天数为 2 天。

（3）甲方于 2005 年 2 月 26 日发出现场通知，于 2005 年 3 月 23 日予以审批，合法顺延天数为 26 天。

（4）甲方分别于 2005 年 3 月 25 日、同年 4 月 5 日、同年 4 月 13 日发出现场通知，同年 4 月 15 日发出工程业务联系单，于同年 4 月 25 日予以审批，合法顺延天数为 13 天。

（5）甲方于 2005 年 5 月 9 日发出现场通知，于同年 7 月 8 日审核，可合法顺延工期天数为 63 天。以上合计乙方可合法顺延工期天数为 206 天。

二审法院判决：第一，关于实际竣工时间问题，乙方就涉案两个工程，均于 2005 年 8 月 19 日提请验收合格，甲方于次日确认初验合格，因此，两个工程均应当以 2005 年 8 月 20 日作为涉案工程的实际竣工日期。

第二，合同第三条后段关于"顺延期限应由双方及时协商并签订协议"之约定为当事人提供了相应的行为指引，当事人采取约定方式的，可得固定证据、避免日后发生争执等效果，但相关合同条款并无明确当事人未采取前述方式即产生不予顺延工期之法律后果，故甲方以此为由要求不能顺延工期的主张不予采纳。

第三，甲方在合同约定的工期内及工期届满后，继续性地提出增加、更改工程等要求，却要求乙方依合同约定完成工程竣工验收，对于乙方的合同义务过于苛求且非现实，故应以乙方收到甲方最后一份修改通知之次日即 2005 年 7 月 9 日，作为核定乙方逾期竣工的起算时间点，计至涉案工程实际竣工日 2005 年 8 月 20 日，两合同项下各逾期 43 天，合计逾期竣工天数为 86 天。

《合同法》第 278 条："发包人未按照约定的时间和要求提供原材料、设备、场地、资金、技术资料的，承包人可以顺延工程日期，并有权要求赔偿停工、窝工等损失。"这是对工期顺延的原则性规定，基于公平原则，在发包人自身原因导致施工无法正常进行或增加工程量的情况下，发包人不能要求承包人仍然在原约定的竣工日期期限内完工，工期应当顺延。并且，应当注意的是，该第 278 条并没有说"合同另有约定的除外"，说明不能以约定的方式排除承包人要求工期顺延的权利。因此，合同如有"工期顺延需要承包人向发包人申请并经发包人审核同意"

之类的关于工期顺延确定方式的约定，也应当解读为当事人之间固定证据、避免日后争议的一种建议方式，而"未采取前述方式即产生不予顺延工期之法律后果"的约定则应当认定为无效，即只要乙方能举证合同履行过程中，出现了甲方自身原因导致工期顺延的情形的，无论乙方是否采取了合同约定的方式固定证据，均不影响日后乙方要求工期顺延的权利。

参考以往的案例以及最高院公报的案例，在工程实际是延期完工而同时又有工期可以顺延的情形出现时，并不会因为工程实际延期完工就认定承包人逾期完工，也不会因为发包人有增加、变更工程、不及时提供原材料、设备等情形，就认定无论工程延期多久，责任都由发包人承担，大都还是以比较工期延期完工天数和工期顺延天数的方式来认定工期是否逾期完工，此种方式符合公平原则。

四、律师建议

（1）工期鉴定的理论方法已经非常成熟，但真正能够进行工期鉴定的鉴定单位并不多，不是因为没有方法，而是因为当事人提供的资料不具备鉴定的条件。如开工前的施工组织设计通常能够提供，但是在发生影响关键线路的发包人违约事项后对施工组织设计是否进行了调整，以及调整后的施工组织设计是否经过审批等证据普遍缺乏。即使有鉴定单位接受了委托进行工期鉴定，最终也仍然是给出一个模糊的结论，没有翔实的依据。建议承包人对工期签证充分重视，对施工进度网络计划图的编制和修正充分重视，避免承担非自身原因造成的工期延误责任。

（2）发包人违约造成的工期顺延，承包人可以索赔的损失包括合理的利润，这是承包人在索赔损失时经常会忽略的地方。有的承包人仅仅计算了现场工人的生活费及机械设备的停滞费，管理费和临时设施的损耗及利润均未计入损失，不利于签证的达成。司法鉴定时，司法鉴定人员应该严格依据合同约定计算承包人的损失。

（3）工期顺延如何认定？北京市高级人民法院观点[①]："因发包人拖欠工程预付款、进度款、迟延提供施工图纸、场地及原材料、变更设计等行为导致工程延误，合同明确约定顺延工期应当经发包人签证确认，经审查承包人虽未取得工期顺延的签证确认，但其举证证明在合同约定的办理期限内向发包人主张过工期顺延，或者发包人的上述行为确实严重影响施工进度的，对承包人顺延相应工期的主张，可予支持。"北京市高级人民法院的观点仍然是以实事求是为出发点，没有认可合同有

---

① 《北京市高级人民法院关于审理建设工程施工合同纠纷案件若干疑难问题的解答》。

关"逾期办理顺延工期签证，视为放弃工期索赔"的约定。笔者认为，工期索赔的顺延天数计算需要很详细的证据，而这些证据在发生索赔事件时容易获取。如果承包人不及时提出索赔，发包人不会搜集和留存证据，司法鉴定时也无法准确计量，法院酌情认定顺延天数势必导致双方对判决不服，更不利于建筑市场的良性发展。

第二节　工期延误的费用鉴定

一、主要条款归纳

（一）合理工期

《建设工程质量管理条例》第十条规定：

"建设工程发包单位不得迫使承包方以低于成本的价格竞标，不得任意压缩合理工期。"

《建设工程质量管理条例》第五十六条规定：

"违反本条例规定，建设单位有下列行为之一的，责令改正，处20万元以上50万元以下的罚款：

（一）迫使承包方以低于成本的价格竞标的；

（二）任意压缩合理工期的；

（三）明示或者暗示设计单位或者施工单位违反工程建设强制性标准，降低工程质量的；

（四）施工图设计文件未经审查或者审查不合格，擅自施工的；

（五）建设项目必须实行工程监理而未实行工程监理的；

（六）未按照国家规定办理工程质量监督手续的；

（七）明示或者暗示施工单位使用不合格的建筑材料、建筑构配件和设备的；

（八）未按照国家规定将竣工验收报告、有关认可文件或者准许使用文件报送备案的。"

┌─ 主旨诠释 ─

　　上述条文是关于合理工期的规定。合理工期是工程质量的保障，住房和城乡建设部《关于印发建筑安装工程工期定额的通知》（建标[2016]161号）发布最新《建筑安装工程工期定额》，对合理的工期进行了规定。

> 在保证质量的前提下适当合理的压缩工期，会出现赶工费用，赶工费用由发包人承担。
>
> 发包人不能任意压缩合理工期，不合理的任意压缩工期会导致工程质量缺陷，承包人可以拒绝发包人的无理要求。

（二）竣工验收及备案

《建设工程质量管理条例》第十六条规定：

"建设单位收到建设工程竣工报告后，应当组织设计、施工、工程监理等有关单位进行竣工验收。

建设工程竣工验收应当具备下列条件：

（一）完成建设工程设计和合同约定的各项内容；

（二）有完整的技术档案和施工管理资料；

（三）有工程使用的主要建筑材料、建筑构配件和设备的进场试验报告；

（四）有勘察、设计、施工、工程监理等单位分别签署的质量合格文件；

（五）有施工单位签署的工程保修书。

建设工程经验收合格的，方可交付使用。"

《建设工程质量管理条例》第十七条规定：

"建设单位应当严格按照国家有关档案管理的规定，及时收集、整理建设项目各环节的文件资料，建立、健全建设项目档案，并在建设工程竣工验收后，及时向建设行政主管部门或者其他有关部门移交建设项目档案。"

《建设工程质量管理条例》第五十八条规定：

"违反本条例规定，建设单位有下列行为之一的，责令改正，处工程合同价款百分之二以上百分之四以下的罚款；造成损失的，依法承担赔偿责任：

（一）未组织竣工验收，擅自交付使用的；

（二）验收不合格，擅自交付使用的；

（三）对不合格的建设工程按照合格工程验收的。"

主旨诠释

> 上述条文规定，只有经竣工验收合格的建设工程，方可交付使用。验收合格的应当具备以下条件：

（1）完成建设工程设计和合同约定的各项内容。

（2）有完整的技术档案和施工管理资料。

（3）有工程使用的主要建筑材料、建筑构配件和设备的进场试验报告。

（4）有勘察、设计、施工、工程监理等单位分别签署的质量合格文件。

（5）有施工单位签署的工程保修书。

（三）开竣工日期的规定

《建设工程施工合同（示范文本）》GF—2017—0201 第 1.1.4 条约定：

"1.1.4.1 开工日期：包括计划开工日期和实际开工日期。计划开工日期是指合同协议书约定的开工日期；实际开工日期是指监理人按照第 7.3.2 项〔开工通知〕约定发出的符合法律规定的开工通知中载明的开工日期。

1.1.4.2 竣工日期：包括计划竣工日期和实际竣工日期。计划竣工日期是指合同协议书约定的竣工日期；实际竣工日期按照第 13.2.3 项〔竣工日期〕的约定确定。

1.1.4.3 工期：是指在合同协议书约定的承包人完成工程所需的期限，包括按照合同约定所作的期限变更。"

《建设工程施工合同（示范文本）》GF—2017—0201 第 13.2.3 条约定：

"竣工日期：工程经竣工验收合格的，以承包人提交竣工验收申请报告之日为实际竣工日期，并在工程接收证书中载明；因发包人原因，未在监理人收到承包人提交的竣工验收申请报告 42 天内完成竣工验收，或完成竣工验收不予签发工程接收证书的，以提交竣工验收申请报告的日期为实际竣工日期；工程未经竣工验收，发包人擅自使用的，以转移占有工程之日为实际竣工日期。"

《最高人民法院关于审理建设工程施工合同纠纷案件适用法律问题的解释》第十四条规定：

"当事人对建设工程实际竣工日期有争议的，按照以下情形分别处理：

（一）建设工程经竣工验收合格的，以竣工验收合格之日为竣工日期；

（二）承包人已经提交竣工验收报告，发包人拖延验收的，以承包人提交验收报告之日为竣工日期；

（三）建设工程未经竣工验收，发包人擅自使用的，以转移占有建设工程之日为竣工日期。"

《最高人民法院经济审判庭关于建筑工程承包合同纠纷中工期问题的电话答复》规定：

"贵州省息烽县酒厂与重庆市铜梁县第二建筑公司签订息烽县酒厂粮库、半成品库建筑工程承包合同约定的工期，是在《建筑安装工程工期定额》规定的工期之内。合同是经招标投标之后签订的，故不应以违反《建筑安装工程工期定额》规定为理由，确认合同约定的工期无效，如招标投标有违反主管部门主观规定之情形，则另当别论。息烽县酒厂窖酒车间建筑工程工期，《建筑安装工程工期定额》无明确规定。对双方当事人在承包合同中约定的工期，应认定为有效。"

主旨诠释

上述条文是对开工日期、竣工日期的规定。主要包含以下内容：

（1）开工日期：包括计划开工日期和实际开工日期。计划开工日期是指合同协议书约定的开工日期；实际开工日期是指监理人发出的符合法律规定的开工通知中载明的开工日期。如果监理人发出的开工通知在施工许可证之前，则不符合法律规定，其载明的开工日期也不能作为实际开工日期。

（2）竣工日期：包括计划竣工日期和实际竣工日期。计划竣工日期是指合同协议书约定的竣工日期；工程经竣工验收合格的，以承包人提交竣工验收申请报告之日为实际竣工日期；因发包人原因，未在监理人收到承包人提交的竣工验收申请报告42天内完成竣工验收，或完成竣工验收不予签发工程接收证书的，以提交竣工验收申请报告的日期为实际竣工日期；工程未经竣工验收，发包人擅自使用的，以转移占有工程之日为实际竣工日期。

（3）工期：是指在合同协议书约定的承包人完成工程所需的期限，包括按照合同约定所作的期限变更。

（四）误期赔偿的规定

《建设工程工程量清单计价规范》GB 50500—2013 第 2.0.26 条规定：

"误期赔偿费：承包人未按照合同工程的计划进度施工，导致实际工期超过合同工期（包括经发包人批准的延长工期），承包人应向发包人赔偿损失的费用。

《建设工程工程量清单计价规范》GB 50500—2013 第 9.12 条规定：

"9.12 误期赔偿

9.12.1 承包人未按照合同约定施工，导致实际进度迟于计划进度的，承包人应加快进度，实现合同工期。

合同工程发生误期，承包人应赔偿发包人由此造成的损失，并应按照合同约定向发包人支付误期赔偿费。即使承包人支付误期赔偿费，也不能免除承包人按照合同约定应承担的任何责任和应履行的任何义务。

9.12.2 发承包双方应在合同中约定误期赔偿费，并应明确每日历天应赔额度。误期赔偿费应列入竣工结算文件中，并应在结算款中扣除。

9.12.3 在工程竣工之前，合同工程内的某单项（位）工程已通过了竣工验收，且该单项（位）工程接收证书中表明的竣工日期并未延误，而是合同工程的其他部分产生了工期延误时，误期赔偿费应按照已颁发工程接收证书的单项（位）工程造价占合同价款的比例幅度予以扣减。"

《建设工程工程量清单计价规范》GB 50500—2013 第 9.13.8 条规定：

"发包人要求赔偿时，可以选择下列一项或几项方式获得赔偿：

1 延长质量缺陷修复期限；

2 要求承包人支付实际发生的额外费用；

3 要求承包人按合同的约定支付违约金。"

《建设工程工程量清单计价规范》GB 50500—2013 第 9.13.9 条规定：

"承包人应付给发包人的索赔金额可从拟支付给承包人的合同价款中扣除，或由承包人以其他方式支付给发包人。"

《中华人民共和国合同法》第二百八十一条规定：

"因施工人的原因致使建设工程质量不符合约定的，发包人有权要求施工人在合理期限内无偿修理或者返工、改建。经过修理或者返工、改建后，造成逾期交付的，施工人应当承担违约责任。"

主旨诠释

承包人违约时，应承担因其违约行为而增加的费用和（或）延误的工期。主要包含以下内容：

（1）合同工程发生误期，承包人应赔偿发包人由此造成的损失，并应按照合同约定向发包人支付误期赔偿费。即使承包人支付误期赔偿费，也不能免除承包人按照合同约定应承担的任何责任和应履行的任何义务。

（2）发承包双方应在合同中约定误期赔偿费，并应明确每日历天应赔额度。误期赔偿费应列入竣工结算文件中，并应在结算款中扣除。

（3）发包人要求赔偿时，可以选择下列一项或几项方式获得赔偿：延长质量缺陷修复期限；要求承包人支付实际发生的额外费用；要求承包人按合同的约定支付违约金。

（4）承包人应付给发包人的索赔金额可从拟支付给承包人的合同价款中扣除，或由承包人以其他方式支付给发包人。

（五）违约金过高的处理原则

《中华人民共和国合同法》第一百一十四条规定：

"当事人可以约定一方违约时应当根据违约情况向对方支付一定数额的违约金，也可以约定因违约产生的损失赔偿额的计算方法。

约定的违约金低于造成的损失的，当事人可以请求人民法院或者仲裁机构予以增加；约定的违约金过分高于造成的损失的，当事人可以请求人民法院或者仲裁机构予以适当减少。

当事人就迟延履行约定违约金的，违约方支付违约金后，还应当履行债务。"

《最高人民法院关于适用〈中华人民共和国合同法〉若干问题的解释（二）》第二十九条规定：

"当事人主张约定的违约金过高请求予以适当减少的，人民法院应当以实际损失为基础，兼顾合同的履行情况、当事人的过错程度以及预期利益等综合因素，根据公平原则和诚实信用原则予以衡量，并作出裁决。当事人约定的违约金超过造成损失的百分之三十的，一般可以认定为合同法第一百一十四条第二款规定的'过分高于造成的损失'。"

主旨诠释

上述条文规定了逾期竣工违约金过高的调整办法。主要包含以下内容：

（1）当事人可以约定一方违约时应当根据违约情况向对方支付一定数额的违约金，也可以约定因违约产生的损失赔偿额的计算方法。

（2）约定的违约金低于造成的损失的，当事人可以请求人民法院或者仲裁机构予以增加；约定的违约金过分高于造成的损失的，当事人可以请求人民法院或者仲裁机构予以适当减少。

（3）当事人主张约定的违约金过高请求予以适当减少的，人民法院应当以实际损失为基础，兼顾合同的履行情况、当事人的过错程度以及预期利益等综合因素，根据公平原则和诚实信用原则予以衡量，并作出裁决。当事人约定的违约金超过造成损失的百分之三十的，一般可以认定为合同法

第一百一十四条第二款规定的'过分高于造成的损失'。

（4）当事人就迟延履行约定违约金的，违约方支付违约金后，还应当履行债务。

二、鉴定方法解读

（一）合理工期的司法鉴定

合理工期是建设项目在正常的建设条件、合理的施工工艺和管理下，建设过程中对人力、财务、物质资源合理有效地利用，使项目的投资方和各参建单位均获得满意的经济效益的工期。合理工期主要是根据《全国统一建筑安装工程工期定额》进行计算，一般是以计算工期作为施工工期。如果将施工工期进行缩短，那么就会增加赶工补偿费用。

《全国统一建筑安装工程工期定额》是在原城乡建设环境保护部制定的《建筑安装工程工期定额》基础上，依据国家建筑安装工程质量检验评定标准、施工及验收规范等有关规定，按正常施工条件、合理的劳动组织，以施工企业技术装备和管理的平均水平为基础，结合各地区工期定额执行情况，在广泛调查研究的基础上修编而成。是编制招标文件的依据，是签订建筑安装工程施工合同、确定合理工期及施工索赔的基础，也是施工企业编制施工组织设计、确定投标工期、安排施工进度的参考。因此，定额工期可以作为确定合理工期的参考，但定额工期不等同合理工期。有定额规定工期要求比定额工期提前15%[1]以内的可要求增加赶工措施费。所以，从目前的实务出发合理工期以不提前定额工期15%为限较为适宜。

（二）发包单位反索赔的工期鉴定

在司法实务中，实际开工日期和实际竣工日期的确定往往是争议的焦点。司

---

[1] 《全国统一建筑安装工程工期定额》：

"四、本定额是按各类地区情况综合考虑的，由于各地施工条件不同，允许各地有15%以内的定额水平调整幅度，各省、自治区、直辖市建设行政主管部门可按上述规定，制定实施细则，报建设部备案。

五、单项工程工期是指单项工程从基础破土开工（或原桩位打基础桩）起至完成建筑安装工程施工全部内容，并达到国家验收标准之日止的全过程所需的日历天数。

六、本定额工期以日历天数为单位。对不可抗力的因素造成工程停工，经承发包双方确认，可顺延工期。

七、因重大设计变更或发包方原因造成停工，经承发包双方确认后，可顺延工期。因承包方原因造成停工，不得增加工期。

八、施工技术规范或设计要求冬季不能施工而造成工程主导工序连续停工，经承发包双方确认后，可顺延工期。"

法鉴定时如何确定实际开工日期，笔者认为应该根据监理下发的开工令中载明的开工日期为实际开工日，前提是监理下发的开工令合法。

根据法律规定，工程开工前必须取得施工许可证，如果监理单位签发的开工令中载明的日期前，发包人尚未取得施工许可证，无论是否实际开工，笔者认为均应该以施工许可证中载明的取得时间作为开工时间。这样可以促使发包人依法办理施工许可证，作为发包人的法定义务，发包人不能在计划开工日前取得施工许可证是违约行为，根据施工许可证取得时间确定实际开工时间也是对发包人违约行为的处罚。

（三）逾期竣工违约金过高的司法鉴定

实务中，因为建筑市场是甲方市场，《建设工程施工合同》中往往约定很高的逾期竣工违约金，且没有上限的规定。司法实践中，也有完全按照合同约定的违约金计算的案例。《合同法》及司法解释（二）规定，违约金超过造成损失的百分之三十的，一般可以认定为合同法第一百一十四条第二款规定的"过分高于造成的损失"。

实际损失的举证责任分配争议很多，有学者认为应该由发包人举证实际损失证明违约金不过高，也有学者认为应有承包人举证违约金过高。笔者认为从公平公正的角度出发，如合同约定的逾期竣工违约金高于逾期付款违约金的话，应该由发包人举证实际损失。如果合同约定的逾期竣工违约金和逾期付款违约金一致，则由承包人举证违约金过高。

三、典型案例

（一）基本案情

2009 年 7 月 24 日，A 公司（以下也称甲方）与 B 集团（以下也称乙方）签订《建设工程施工合同》，约定由 B 集团承建 A 公司开发的某小区 1～6 号、8 号、12 号住宅楼工程。合同约定的开工时间为 2009 年 7 月 26 日，竣工日期为 2010 年 7 月 28 日。合同约定的付款方式为每月 30 日前发包人按已审定的已完工程量向承包人支付 80% 工程进度款，月进度必须按整层计算报进度；通过竣工初验，发包人支付承包人工程款达到工程总价的 80%；通过竣工验收后 60 个工作日内双方完成竣工结算，双方最终确认结算后 40 个工作日内付到结算总价的 95%，预留 5% 作为保修金，保修金的支付根据保修内容按规定的保修期限逐次、逐项支付。合同附件 3 的《工程质量保修书》中对工程质保期约定为：

（1）土建工程为装修两年，屋面防水工程为五年。

（2）电气管线、上下水管线安装工程为两年。

（3）供热及供冷为两个供热期及供冷期；基础、主体执行国家规定。本工程双方约定承包人向发包人支付工程质保金金额为最终结算价款的5%，质保金银行利率为无。

2009年8月5日，双方签订《补充协议书》，在原有《建设工程施工合同》的基础上对相关内容进行补充。该补充协议书约定B集团以包工包料的方式承建A公司开发的某小区1～6号、8～12号、16～17号住宅楼，7号幼儿园，15号综合楼工程。建筑面积39074.50m²（以施工蓝图的实际面积为准），工程单价暂定为750元／m²（其中不包括地暖、门窗、室外管网及土方工程和附属工程造价），最终以审定为准。工程承包内容是已审定的施工蓝图的全部内容（包括土建工程、安装工程、室外管网和附属工程）。付款方式（均按每栋楼为计算单位）约定为按月进度支付工程款，每月20日乙方向甲方报当月进度和下月计划，经甲方等相关单位、部门审核完于每月30日前支付（通过审核进度的80%），月进度必须按整层计算报进度（支付额度不能超过本次约定的暂控价，超出部分在工程竣工结算中予以支付）；通过竣工初验，甲方支付乙方工程款达到工程总价的80%；通过竣工验收后60个工作日内双方完成竣工结算，双方最终确认结算后40个工作日内付到结算总价的95%，预留5%为保修金，保修金的支付根据保修内容按规定的保修期限逐次逐项支付。如乙方不能按本协议约定的工期进行交工(因不可抗力因素、甲方不按约定支付工程款及非乙方原因造成的工期延误除外)，甲方按每延误一天按工程造价的千分之二对乙方进行处罚。

上述合同签订后，B集团将该工程交由其下属公司进行施工。2010年10月，某工程造价咨询有限公司对B集团施工建设的某小区1～12号、15～17号工程造价进行了审核，确定该工程造价为26958479.51元。

2012年1月11日，A公司起诉，请求判令B集团继续履行合同，交付完整的施工竣工图、竣工资料及竣工验收报告；由B集团将上述资料和报告向城建档案馆提交和备案。B集团反诉请求判令A公司支付拖欠的工程款2310555.51元，支付延期付款利息45055.83元。

（二）争议焦点

（1）逾期竣工违约金应该按抗辩处理还是另行起诉处理？

（2）逾期违约金的金额是多少？

（三）简要评析

在本案审理过程中，一审法院调取了某小区 1 ~ 12 号、15 ~ 17 号工程的《建设工程质量监督报告》。该报告显示，截止到 2011 年 8 月 19 日，涉案工程经建设、监理、施工、设计四方综合验收，满足有关规范标准和设计要求，四方同意单位工程竣工验收。2014 年 6 月 16 日，某工程造价咨询有限公司出具《建筑安装工程结算书》，确定某小区 1 ~ 12 号、15 ~ 17 号工程屋面防水工程造价为 548526 元。

一审法院认为，A 公司与 B 集团签订《建设工程施工合同》及《补充协议书》系双方当事人真实意思表示，与法不悖，应为有效，双方均应严格按照合同约定履行相应的义务。在合同履行过程中，截止到 2011 年 8 月 19 日，某小区 1 ~ 12 号、15 ~ 17 号工程经建设、监理、施工、设计四方综合验收，满足有关规范标准和设计要求，四方同意单位工程竣工验收，故 2011 年 8 月 19 日应确定为涉案工程的整体竣工验收时间。根据《工程质量保修书》中对工程质保期的约定，现除屋面防水的工程质保期尚未届满外，其余工程质保期均已届满。根据某工程造价咨询有限公司出具的《建筑安装工程结算书》，确定涉案住宅小区屋面防水工程造价为 548526 元，则该部分工程造价的 5% 即 27426.30 元为屋面防水的工程质保金。屋面防水工程的工程质保期尚未届满，故工程质保金 1347923.98 元（26958479.51 元 ×5%）扣减屋面防水的质保金 27426.30 元后，余款 1320497.68 元 A 公司应予支付，故对 B 集团主张合理部分予以支持。A 公司关于工程质保金中另应扣减主体基础部分的工程质保金及全部防水工程的工程质保金的辩称意见于法无据，不予采信。因双方签订的《工程质量保修书》中约定工程质保金不计算银行利率，故对 B 集团要求 A 公司支付工程质保金利息 47177.34 元的诉讼请求予以支持。

A 公司与 B 集团签订的《建设工程施工合同》中约定涉案工程的竣工日期为 2010 年 7 月 28 日，现涉案工程的最后竣工验收时间为 2011 年 8 月 19 日。从时间显示，B 集团的确存在迟延交工的情形，其对存在合同约定的非因其原因造成工期延误而免除其违约责任的情形负有举证责任。B 集团现提供的证据尚不能免除其迟延交工的违约责任，其应承担相应的违约责任。双方签订的《补充协议书》中约定："如乙方不能按本协议约定的工期进行交工（因不可抗力因素、甲方不按约定支付工程款及非乙方原因造成的工期延误除外），甲方按每延误一天按工程造价的千分之二对乙方进行处罚。"涉案工程造价为 26958479.51 元，按合同约定每延误一天的违约金数额为 53916.96 元，B 集团提出该合同约定的违约金过高，请求予以酌减。以实际损失为基础，兼顾合同的履行情况、当事人的过错程度以及预期利益等综合因素，根据公平原则和诚实信用原则予以衡量，酌定由 B 集团赔偿 A 公司工期延误违约金 70 万元。对 A 公司主张工期延误违约金超出部分不予支持。因 A 公司未提供证据证实因工期延误造成其向小区买受人支付赔偿金的相应证据，故对 A 公司要求 B 集团赔偿经济损失 585568 元的诉讼请求不予支持。

B 集团不服一审判决，起诉称：请求依法撤销一审判决第二、三项，驳回 A 公司要求 B 集团支付逾期交工违约金的诉讼请求；判令 A 公司向 B 集团支付工程质保金利息 47177.34 元；由 A 公司承担诉讼费用。事实及理由如下：原审判决对案件事实认定方面存在错误。

(1) B 集团不存在延误完工的违约行为。本案所涉合同的竣工日期是 2010 年 7 月 28 日，B 集团向法庭提交的《竣工验收报告》充分证明，工程竣工日期均在 2010 年 7 月 28 日当天或之前。此报告上有 A 公司的盖章确认，同时也有工程建设设计、勘探、监理等五方验收单位的盖章确认。原审法院调取的《建设工程质量监督报告》上注明的工程竣工日期是 2011 年 8 月 19 日，该证据不能证明 B 集团存在延误竣工的违约事实。通过双方签订的《补充协议书》可以证明，涉案工程并非由 B 集团整体承包，存在第三方分包工程完工时间延误，影响工程整个竣工验收；A 公司 7 号楼和 15 号楼有公共建筑，按照相关规定必须通过消防验收合格后，工程质量监督部门才予以验收，B 集团在 2011 年 8 月 19 日之前已通过验收，工程质量监督部门出具的报告是作为政府行政主管部门对工程具备整体竣工验收后作出的事后监督检查，该时间不能认定为 B 集团的竣工时间。

(2) A 公司并未按合同约定向 B 集团支付工程款，严重违约，假使 B 集团存在延误工期行为，也不应当承担违约责任。

(3) 双方当事人在合同中约定质保金不计息，只是在质保期内不予计息。质保期满后，违约方应当支付相应利息赔偿损失，一审判决 A 公司不予支付质保金利息不能成立。

(4) A 公司主张工期延误违约金及损失均超过法定诉讼时效。本案所涉工程竣工时间为 2010 年 7 月 28 日之前，诉讼时效应从 2010 年 7 月 28 日起计算至 2012 年 7 月 28 日，A 公司没有证据证明其存在法定的诉讼时效中止、中断事由，其诉求超过了法定诉讼时效，应当予以驳回。

A 公司答辩称，B 集团延误工程事实清楚，其认为分包工程和消防验收影响完工，因未提供证据予以证实，应当承担违约责任。A 公司按进度支付工程款，每笔工程款均按对方的申请来拨付工程款，达到工程验收时付到工程款的 80%，完全符合合同约定。一审未予支持质保金利息处理正确，B 集团没有向我方交付工程资料，也未移交相关档案，我方可行使先履行抗辩权，不予支付质保金，当然利息也可以不支付。A 公司反诉并没有超过诉讼时效，工程竣工之日是 2011 年 8 月 19 日，A 公司提起反诉是 2013 年 5 月 22 日，没有超过诉讼时效。

A 公司不服一审判决，提出上诉称，请求撤销一审判决第一、二项，驳回 B 集团要求 A 公司支付工程质保金的诉求；判令 A 公司向 B 集团支付工期延误违约金 280 万元。事实及理由如下：

（1）一审判决对工程质保金认定事实及适用法律错误。应从工程质保金中扣减未到期防水工程的质保金为 44972.25 元，而非 27426.3。根据《建设工程质量管理条例》第 40 条："建设工程的最低保修期限为 5 年。"双方在工程质量保修书中也约定："六、双方约定的其他工程质量保修事项：按国家有关规定执行。"因此，只计算屋面防水工程质保金 27426.3 元，不计算其他防水工程的质保金是与行政法规规定和双方约定相悖的。应从工程质保金中扣减 A 公司委托第三方的维修费用 906443.84 元。B 集团未维修工程在先，A 公司有权不予支付剩余质保金。B 集团至今未向 A 公司交付竣工验收报告、竣工资料及竣工图纸，也未协助 A 公司向质检站办理工程资料的备案和向城建档案馆移交档案，A 公司根据合同法关于先履行抗辩权的规定，有权不予支付剩余工程质保金。

（2）一审判决认定工期延误违约金 70 万元过低，应为 280 万元。

B 集团答辩称，一审法院认定质保金扣除金额正确，工程质量按国家规定执行，双方签订的合同对质保金的扣除有明确的约定，在约定中并不包含 A 公司说有防水要求的卫生间、房间和外墙面等。A 公司委托第三方维修因其只提交了合同，没有正式的发票来证明实际发生费用的事实，该维修事实是不存在的。交付竣工图纸属于附属义务，给付工程款是主要义务，原审法院认为交付竣工图纸属于先履行义务认定不当。B 集团提交的证据证明，其承包范围内的工程竣工时间是在合同约定的范围内，不应当支付违约金。7 号楼有幼儿园，必须要消防验收，到 2011 年 7 月 26 日才通过验收，15 号楼因产权问题，没有竣工验收事项，B 集团不认可违约金，而且该违约金数额过高。

二审法院查明的事实与一审认定的事实一致。

二审法院认为，本案的争议焦点之一是 A 公司是否应当向 B 集团返还质保金及该质保金是否应当计取利息的问题。二审法院认为，工程质保金即质量保修金，是建设工程施工合同中双方约定按工程结算价款总额乘以合同约定的比例，由建设单位从施工企业工程计量拨款中扣留的资金，其性质是特定化的工程款，是建设单位待付的工程款的组成部分。B 集团与 A 公司关于工程质保金的扣留比例及返还期限的约定系双方当事人真实意思表示，未违反法律、法规的规定，合法有效。A公司应当履行在工程竣工后工程质保期满到期时返还质保金的义务，B集团主张A公司返还工程质保金的诉求有合同依据，应予支持。A公司关于工程质保金中另应扣除全部防水工程数额的上诉理由违反了双方当事人的合同约定，且没有法律依据，本院不予采信；其主张应从工程质保金中扣减其委托第三方维修费用906443.84元的上诉意见，因其在一审中提供的证据不足以证实涉案工程的确存有质量问题，及A公司向第三方实际给付906443.84元维修费的事实，其在二审亦未提供相应证据予以证实，故该上诉请求依据不足，本院不予支持。本案双方虽然在合同中约定质保金银行利率为无，但该约定未明确是在质保期间内还是在质保期间以外，现质保期满，A公司未按约定及时归还质保金，属于违约在先，根据《最高人民法院关于审理建设工程施工合同纠纷案件适用法律问题的解释》第十八条规定："利息从应付工程价款之日计付"，故质保金也应当从应付之日计取利息，B集团主张A公司支付欠付的质保金利息47177.34元的上诉请求有事实依据和法律依据，本院予以支持。

本案的争议焦点之二是B集团是否应当向A公司支付逾期交工违约金的问题。二审法院认为，《中华人民共和国合同法》第二百八十三条规定："发包人未按照约定的时间和要求提供原材料、设备、场地、资金、技术资料的，承包人可以顺延工程日期，并有权要求赔偿停工、窝工等损失。"A公司欠付工程款的违约事实得到了已生效民事判决的确认，故B集团延期交工的原因不能排除A公司付款不到位。因此，B集团该上诉请求有事实依据和法律依据，本院予以支持。

四、律师建议

（1）竣工日期通常是指四方主体（发包人、承包人、设计单位、监理单位）竣工验收合格之日。至于备案日期与竣工日期并无关联，备案是发包人的法定义务，备案需要的文件不只是竣工验收报告，因此如果合同未约定承包人代办备案手续，以备案日期为竣工验收日期的，不能以备案日期作为竣工验收日期。

（2）发包人应避免压缩合理工期，并在领取施工许可证后由监理下发开工令，收到承包人报送的竣工报告后及时组织竣工验收，验收不合格的应出具书面的整改要求并送达至承包人。

（3）进行工期司法鉴定时，应先审查合同工期是否合理，然后根据当事人举证的施工组织设计等资料进行工期顺延的天数鉴定，如无法准确通过科学的方法计算具体顺延时间的，可以根据法院的要求按照常规的施工方法鉴定大概的顺延时间，供法院判决时参考。

(4) 开竣工日期及工期顺延问题。

北京市高级人民法院观点①: "建设工程施工合同实际开工日期的确定, 一般以开工通知载明的开工时间为依据; 因发包人原因导致开工通知发出时开工条件尚不具备的, 以开工条件具备的时间确定开工日期; 因承包方原因导致实际开工时间推迟的, 以开工通知载明的时间为开工日期; 承包人在开工通知发出前已经实际进场施工的, 以实际开工时间为开工日期; 既无开工通知也无其他相关证据能证明实际开工日期的, 以施工合同约定的开工时间为开工日期。发包人、承包人、设计和监理单位四方在工程竣工验收单上签字确认的时间, 可以视为《解释》第十四条第 (一) 项规定的竣工日期, 但当事人有相反证据足以推翻的除外。"北京市高级人民法院认为, 承包人在开工通知发出前已经实际进场施工的, 以实际开工时间为开工日期, 笔者认为不妥。施工许可证取得之前, 法律规定不得施工, 即使承包人实际进场, 也不能正常施工, 在此种情况下, 各方均有责任。承包人在发包人取得施工许可证之前, 有权拒绝进场, 其进场后不能正常施工造成的窝工误工损失自行承担, 发包人在未取得施工许可证之前不能要求承包人进场施工, 其应承担工期顺延的责任, 即开工日期按照施工许可证取得日期计算。

江苏省高级人民法院观点②: (一) 关于工程日期。工程日期也就是建设工程合同的履行期限, 是建设工程合同的主要条款和必备条款, 准确认定工程日期的法律意义在于: 确定承包人是否构成迟延履行、风险转移、支付工程价款本金及利息的起算时间、保修期的确定等诸多问题。实务中常见的工程日期约定方式主要有两种: 一是仅约定工程日期总天数, 例如, 自建设工程合同成立之日起 100 个晴天, 或者指定某日开始起 100 个晴天; 二是分别约定开工日和竣工日, 自开工日至竣工日的期间就为工程日期。采取上述第一种约定方式, 工程日期实质为不确定的, 雨天不计入有效工程日期, 实质就会导致工程日期的延长, 即使采取上述第二种约定方式, 基于各种原因, 工程日期也并非固定不变。

1) 开工日期的认定。建设工程合同中, 开工日期一般都是确定的, 但实务中也时常发生承包人实际开工日期的争议, 通常集中为承包人实际延迟开工的原因方面。归纳起来, 承包人实际推迟开工的原因主要有以下三个方面:

①发包人未能依法依约提供符合承包人开工的条件。根据《建筑法》第 7 ~ 11 条的规定, 除国务院建设行政主管部门确定的限额以下的小型工程以及按照国务

---

① 《北京市高级人民法院关于审理建设工程施工合同纠纷案件若干疑难问题的解答》。
② 《江苏省高级人民法院建设工程施工合同案件审理指南 (2010)》。

院规定的权限和程序批准开工报告的建筑工程以外，建筑工程开工前，发包人应当按照国家有关规定向工程所在地县级以上人民政府建设行政主管部门申请领取施工许可证；延期、中止开工的，应当办理延期申请、核验或者重新申办施工许可证。由于发包人未申领或者延期、中止施工后未办理核验或者重新申办施工许可证，或者发包人因不具备《建筑法》第8条规定的条件而不能领取施工许可证，承包人因此拒绝进场施工。发包人未按照约定的时间和要求提供原材料、设备、场地、资金、技术资料的，致使承包人无法进场施工等。

②承包人无力按时开工，包括施工人员、机械设备、承诺垫资的资金、材料不能按时到位等。

③外部原因，比如自然灾害、恶劣气候、流行性疾病、周边群众阻挠等。上述发包人原因、外部原因（周边群众阻挠系因与发包人的纠纷引发）致使承包人确实无法按时开工，不可归责于承包人，承包人可以顺延开工日期而不构成违约。因承包人原因（周边群众阻挠系因与承包人的纠纷引起）致使承包人不能按时开工的，承包人不可以顺延开工日期，因此不能在约定的工程日期内竣工或者不能履行合同的，承包人应承担迟延履行和不能履行的违约责任。

2）工程日期的顺延。上述提及的因发包人和外部原因致使承包人无法按时开工，承包人可以顺延开工日期，导致工程日期顺延之外，在履行合同过程中，如果出现以下情形，承包人可以顺延工程日期：

①根据《合同法》第278条的规定，隐蔽工程在隐蔽以前，承包人应当通知发包人检查，发包人没有及时检查的，承包人可以顺延工程日期。

②根据《合同法》第283条的规定，发包人未按照约定的时间和要求提供原材料、设备、场地、资金、技术资料的，承包人可以顺延工程日期。

③根据最高人民法院《关于审理建设工程施工合同纠纷案件适用法律问题的解释》第15条的规定，建设工程竣工前，当事人对工程质量发生争议，工程质量经鉴定合格的，鉴定期间为顺延工期期间。

④发包人在履行合同过程中变更设计，造成承包人停工、缓建、返工、改建，或者因发包人的要求而增加工程量。

⑤建设工程勘察、设计合同中，发包人未按照约定的时间和要求提供有关基础资料、文件；建设工程施工合同中，因自然灾害、恶劣气候、流行性疾病以及非承包人引起的纠纷等原因，致使承包人无法在短期内恢复履行合同。

3）竣工日期的认定。建设工程经过竣工验收且合格的，方能视为建设工程最终完成即竣工。如双方签字确认竣工日期的，应以双方确认的日期为竣工日期。

最高人民法院《关于审理建设工程施工合同纠纷案件适用法律问题的解释》第14条对竣工日期的确定作了具体规定，当事人对建设工程实际竣工日期有争议的，视三种不同情形分别予以认定：

①建设工程竣工验收合格的，以竣工验收合格之日为竣工日期。

②承包人已经提交竣工验收报告，发包人拖延验收的，以承包人提交验收报告之日为竣工日期，其基本理论基础为"建设单位为了自己的利益恶意阻止条件成就的，应当视为条件成就"，否则也不利于保护承包人的利益。认定"发包人恶意拖延验收"可以参照相关规定，例如，《建筑装饰施工合同（甲种本）》第32条明确规定："甲方代表在收到乙方送交的竣工验收报告7天内无正当理由不组织验收，或验收后7天内不予批准且不能提出修改意见，视为竣工验收报告的日期，需修改后才能达到竣工要求的，应为乙方修改后提请甲方验收的日期"；2001年11月5日建设部《建筑工程施工发包与承包计价管理办法》中规定："发包方应当在收到竣工结算文件后的约定期限内予以答复。逾期未答复的，竣工结算文件视为已被认可。发承包双方在合同中对上述事项的期限没有明确约定的，可认为其约定期限均为28日。"实务中还需注意的是，适用此项规定的前提是发包人无正当理由拖延验收，如果因建设工程存在质量问题、承包人提交的验收报告不符合要求，尚不符合竣工验收条件，发包人拒绝通过竣工验收的，则应另当别论。

③建设工程未经竣工验收，发包人擅自使用的，以转移占有建设工程之日为竣工日期。建设工程质量关系到人身、财产安全甚至公共安全，根据《建筑法》、《建设工程质量管理条例》等规定，建设工程经验收合格的，方可交付使用；使用未经竣工验收合格的建设工程属应受处罚的违法行为，发包人对此亦应当明知，但是发包人仍然使用未经竣工验收的建设工程，应认定其已经以其行为认可了建设工程质量合格或者自愿承担质量瑕疵和风险，也表明发包人已经实现了合同目的，发包人再以未经竣工验收合格为由，拒付承包人工程款，不太合适。

所以，最高人民法院《关于审理建设工程施工合同纠纷案件适用法律问题的解释》第13条也规定："建设工程未经竣工验收，发包人擅自使用后，又以使用部分质量不符合约定为由主张权利的，不予支持；但是承包人应当在建设工程的合理使用寿命内对地基基础工程和主体结构质量承担民事责任。"

两条规定具有相同的立法基础。还应讨论的是，分包人承包的部分建设工程在整体工程之前完工，其是否在工程整体竣工验收之前主张工程价款？我们认为，如果发包人同意承包人分包，应推定其愿意接受分包可能带来的提前支付工程价款的后果，分包工程完工并通过单项工程验收的，如无特别约定，分包人自通过单项工程验收之日起享有工程价款求偿权，而工程质量保修期仍应根据相关规定，从整体工程竣工之日起算；如果分包未经发包人同意，在整体工程未全部竣工时，发包人支付全部工程价款的条件尚不成就，分包人与承包人之间的约定对发包人也不具有约束力，发包人只负有按照合同约定支付工程价款的义务。

上述江苏省高级人民法院的观点是只要非承包人原因造成的迟延开工，承包人就可以顺延开工日期而不构成违约。包括发包人未能取得施工许可证。

浙江省高级人民法院观点[①]：

"五、如何认定开工时间？建设工程施工合同的开工时间以开工通知或开工报告为依据。开工通知或开工报告发出后，仍不具备开工条件的，应以开工条件成就时间确定。没有开工通知或开工报告的，应以实际开工时间确定。

六、如何认定工期顺延？发包人仅以承包人未在规定时间内提出工期顺延申请而主张工期不能顺延的，该主张不能成立。但合同明确约定不在规定时间内提出工期顺延申请视为工期不顺延的，应遵从合同的约定。

十八、工程因发包人的原因未及时竣工验收，发包人能否以工程未竣工验收为由拒绝支付工程款？发包人收到承包人竣工验收报告后，在合理期限内无正当理由不组织竣工验收的，不能以工程未验收合格为由，拒绝支付工程价款。

十九、如何认定建设工程施工合同关于工期和质量等奖惩办法约定的性质？建设工程施工合同关于工期和质量等奖惩办法的约定，应当视为违约金条款。当事人请求按照《中华人民共和国合同法》第一百一十四条第二款，以及最高人民法院《关于适用〈中华人民共和国合同法〉若干问题的解释（二）》第二十七条、第二十八条、第二十九条的规定调整的，可予支持。"浙江省高级人民法院的观点不是很清晰，实际开工时间如何认定没有说明。工期和质量奖惩办法的约定，应当视为违约金条款的观点笔者认同。

安徽省高级人民法院观点[②]："15.承包人以发包人未按合同约定支付工程进度款为由主张工期顺延权，发包人以承包人未按合同约定办理工期顺延签证抗辩的，如承包人举证证明其在合同约定的办理工期顺延签证期限内向发包人提出过顺延工期的要求，或者举证证明因发包人迟延支付工程进度款严重影响工程施工进度，对其主张，可予支持。因发包人迟延支付工程进度款而认定承包人享有工期顺延权的，顺延期间自发包人拖欠工程进度款之日起至进度款付清之日止。"安徽省高

---

① 《浙江省高级人民法院民事审判第一庭关于审理建设工程施工合同纠纷案件若干疑难问题的解答》。
② 《安徽省高级人民法院关于审理建设工程施工合同纠纷意见案件适用法律问题的指导意见》。

级人民法院认为承包人可以以发包人未按合同约定支付工程进度款为由主张工期顺延权，承包人举证证明其在合同约定的办理工期顺延签证期限内向发包人提出过顺延工期的要求，或者举证证明因发包人迟延支付工程进度款严重影响工程施工进度，对其主张，可予支持。该观点笔者非常赞同，按合同约定支付工程款是发包人的义务，工程款支付不到位一定影响工程进度。

福建省高级人民法院观点[①]："13.问：承包人已经提交竣工验收报告，发包人拖延验收，而验收后工程质量不合格需要返工的，能否以承包人提交验收报告之日为竣工日期？答：最高人民法院《关于审理建设工程施工合同纠纷案件适用法律问题的解释》第十四条第（二）项规定的：'承包人已经提交竣工验收报告，发包人拖延验收的，以承包人提交验收报告之日为竣工日期'是指工程经竣工验收合格的情形。发包人拖延验收，而验收的工程质量不合格，经修改后才通过竣工验收，当事人对建设工程实际竣工日期有争议的，以承包人修改后提请发包人验收之日作为竣工日期。但在计算承包人的实际施工工期时，应当扣除发包人拖延验收的期间。"福建省高级人民法院就发包人拖延验收的期间应从承包人的实际施工工期中扣除的观点非常正确，发包人未按合同约定履行验收义务，属于合同约定的工期顺延理由。

第三节　不可抗力的费用鉴定

一、主要条款归纳

（一）不可抗力的定义

《中华人民共和国民法通则》第一百五十三条规定：

"本法所称的'不可抗力'，是指不能预见、不能避免并不能克服的客观情况。"

《中华人民共和国民法通则》第一百零七条规定：

"因不可抗力不能履行合同或者造成他人损害的，不承担民事责任，法律另有规定的除外。"

---

① 《福建省高院关于审理建设工程施工合同纠纷案件疑难问题的解答》。

┌─ 主旨诠释 ─────────────────────────────────┐

上述条文规定了不可抗力的定义。主要包含以下内容：

（1）不可抗力是指不能预见、不能避免并不能克服的客观情况。

（2）因不可抗力不能履行合同或者造成他人损害的，不承担民事责任，法律另有规定的除外。

└──┘

（二）不可抗力的后果

《中华人民共和国合同法》第一百一十七条规定：

"因不可抗力不能履行合同的，根据不可抗力的影响，部分或者全部免除责任，但法律另有规定的除外。当事人迟延履行后发生不可抗力的，不能免除责任。

本法所称不可抗力，是指不能预见、不能避免并不能克服的客观情况。"

《中华人民共和国合同法》第一百一十八条规定：

"当事人一方因不可抗力不能履行合同的，应当及时通知对方，以减轻可能给对方造成的损失，并应当在合理期限内提供证明。"

┌─ 主旨诠释 ─────────────────────────────────┐

上述条文规定了不可抗力的后果，及不可抗力的通知和证明。主要包含以下内容：

（1）当事人迟延履行后发生不可抗力的，不能免除责任。

（2）当事人一方因不可抗力不能履行合同的，应当及时通知对方，以减轻可能给对方造成的损失，并应当在合理期限内提供证明。

└──┘

（三）不可抗力导致的损失分担

《建设工程工程量清单计价规范》GB 50500—2013 第 9.10 条规定：

"9.10 不可抗力

9.10.1 因不可抗力事件导致的人员伤亡、财产损失及其费用增加，发承包双方应按下列原则分别承担并调整合同价款和工期：

1 合同工程本身的损害、因工程损害导致第三方人员伤亡和财产损失以及运至施工场地用于施工的材料和待安装的设备的损害，应由发包人承担；

2 发包人、承包人人员伤亡应由其所在单位负责，并应承担相应费用；

3 承包人的施工机械设备损坏及停工损失，应由承包人承担；

4 停工期间，承包人应发包人要求留在施工场地的必要的管理人员及保卫人员的费用应由发包人承担；

5 工程所需清理、修复费用，应由发包人承担。

9.10.2 不可抗力解除后复工的，若不能按期竣工，应合理延长工期。发包人要求赶工的，赶工费用应由发包人承担。

9.10.3 因不可抗力解除合同的，应按本规范第12.0.2条的规定办理。"

《建设工程工程量清单计价规范》GB 50500—2013第9.11条规定：

"9.11 提前竣工（赶工补偿）

9.11.1 招标人应依据相关工程的工期定额合理计算工期，压缩的工期天数不得超过定额工期的20%，超过者，应在招标文件中明示增加赶工费用。

9.11.2 发包人要求合同工程提前竣工的，应征得承包人同意后与承包人商定采取加快工程进度的措施，并应修订合同工程进度计划。发包人应承担承包人由此增加的提前竣工（赶工补偿）费用。

9.11.3 发承包双方应在合同中约定提前竣工每日历天应补偿额度，此项费用应作为增加合同价款列入竣工结算文件中，应与结算款一并支付。"

主旨诠释

上述条文规定了不可抗力事件导致的人员伤亡、财产损失及其费用增加如何分担。主要包含以下内容：

（1）合同工程本身的损害、因工程损害导致第三方人员伤亡和财产损失以及运至施工场地用于施工的材料和待安装的设备的损害，应由发包人承担。

（2）发包人、承包人人员伤亡应由其所在单位负责，并应承担相应费用。

（3）承包人的施工机械设备损坏及停工损失，应由承包人承担。

（4）停工期间，承包人应发包人要求留在施工场地的必要的管理人员及保卫人员的费用应由发包人承担。

（5）工程所需清理、修复费用，应由发包人承担。

（6）不可抗力解除后复工的，若不能按期竣工，应合理延长工期。发包人要求赶工的，赶工费用应由发包人承担。

（7）发承包双方应在合同中约定提前竣工每日历天应补偿额度，此项费用应作为增加合同价款列入竣工结算文件中，应与结算款一并支付。

（四）不可抗力发生后的处理程序

《建设工程施工合同（示范文本）》GF—2017—0201第17条规定：

"17.1 不可抗力的确认

不可抗力是指合同当事人在签订合同时不可预见，在合同履行过程中不可避免且不能克服的自然灾害和社会性突发事件，如地震、海啸、瘟疫、骚乱、戒严、暴动、战争和专用合同条款中约定的其他情形。

不可抗力发生后，发包人和承包人应收集证明不可抗力发生及不可抗力造成损失的证据，并及时认真统计所造成的损失。合同当事人对是否属于不可抗力或其损失的意见不一致的，由监理人按第4.4款〔商定或确定〕的约定处理。发生争议时，按第20条〔争议解决〕的约定处理。

17.2 不可抗力的通知

合同一方当事人遇到不可抗力事件，使其履行合同义务受到阻碍时，应立即通知合同另一方当事人和监理人，书面说明不可抗力和受阻碍的详细情况，并提供必要的证明。

不可抗力持续发生的，合同一方当事人应及时向合同另一方当事人和监理人提交中间报告，说明不可抗力和履行合同受阻的情况，并于不可抗力事件结束后28天内提交最终报告及有关资料。

17.3 不可抗力后果的承担

17.3.1 不可抗力引起的后果及造成的损失由合同当事人按照法律规定及合同约定各自承担。不可抗力发生前已完成的工程应当按照合同约定进行计量支付。

17.3.2 不可抗力导致的人员伤亡、财产损失、费用增加和（或）工期延误等后果，由合同当事人按以下原则承担：

（1）永久工程、已运至施工现场的材料和工程设备的损坏，以及因工程损坏造成的第三人人员伤亡和财产损失由发包人承担；

（2）承包人施工设备的损坏由承包人承担；

（3）发包人和承包人承担各自人员伤亡和财产的损失；

（4）因不可抗力影响承包人履行合同约定的义务，已经引起或将引起工期延误的，应当顺延工期，由此导致承包人停工的费用损失由发包人和承包人合理分担，停工期间必须支付的工人工资由发包人承担；

（5）因不可抗力引起或将引起工期延误，发包人要求赶工的，由此增加的赶工费用由发包人承担；

（6）承包人在停工期间按照发包人要求照管、清理和修复工程的费用由发包人承担。

不可抗力发生后，合同当事人均应采取措施尽量避免和减少损失的扩大，任何一方当事人没有采取有效措施导致损失扩大的，应对扩大的损失承担责任。

因合同一方迟延履行合同义务，在迟延履行期间遭遇不可抗力的，不免除其违约责任。"

主旨诠释

上述条文规定了不可抗力发生后的处理程序。主要包含以下内容：

（1）不可抗力发生后，发包人和承包人应收集证明不可抗力发生及不可抗力造成损失的证据，并及时认真统计所造成的损失。

（2）合同一方当事人遇到不可抗力事件，使其履行合同义务受到阻碍时，应立即通知合同另一方当事人和监理人，书面说明不可抗力和受阻碍的详细情况，并提供必要的证明。

（3）不可抗力引起的后果及造成的损失由合同当事人按照法律规定及合同约定各自承担。不可抗力发生前已完成的工程应当按照合同约定进行计量支付。

二、鉴定方法解读

（一）不可抗力影响工期的鉴定

不可抗力导致工程停工，不可抗力解除后复工的，若不能按期竣工，应合理延长工期。这里的合理延长工期包括再次进场的准备时间。在司法鉴定时应根据当事人停工的不可抗力发生和通知的证据，以及复工令或其他能够证明复工的证据，计算应顺延的工期。

需要注意的是，因承包人迟延履行合同义务，在迟延履行期间遭遇不可抗力的，不延长工期。

（二）不可抗力导致的损失鉴定

因不可抗力不能履行合同或者造成他人损害的，不承担民事责任，就建设工程施工合同而言，因不可抗力事件导致的人员伤亡、财产损失及其费用增加，承发包双方通常应按下列原则分别承担并调整合同价款和工期：

（1）合同工程本身的损害、因工程损害导致第三方人员伤亡和财产损失以及运至施工场地用于施工的材料和待安装的设备的损害，应由发包人承担；

（2）发包人、承包人人员伤亡应由其所在单位负责，并应承担相应费用；

（3）承包人的施工机械设备损坏及停工损失，应由承包人承担；

（4）停工期间，承包人应发包人要求留在施工场地的必要的管理人员及保卫人员的费用应由发包人承担；

（5）工程所需清理、修复费用，应由发包人承担。

司法鉴定时，应根据当事人停工的证据计算运至施工场地用于施工的材料和待安装的设备的损害；以及承包人应发包人要求留在施工场地的必要的管理人员及保卫人员的费用；应由发包人承担工程所需清理、修复费用。

需要注意的是，不可抗力发生后，承发包双方均应采取措施尽量避免和减少损失的扩大，任何一方没有采取有效措施导致损失扩大的，应对扩大的损失承担责任。

（三）赶工导致费用增加的鉴定

发生不可抗力后，如果发包人要求合同工程提前竣工的，应征得承包人同意后与承包人协商采取加快工程施工进度的措施，并应修订合同工程进度计划。发包人应承担承包人由此增加的提前竣工（赶工补偿）费用。

司法鉴定时，应根据发承包双方一致认可的提前竣工每日历天应补偿额度，调整合同价款。如双方就补偿额度不能达成一致，笔者认为鉴定单位可以参照已标价工程量清单的计价方法，根据赶工的具体措施，计算应补偿的额度。

如因赶工增加人员和机械设备导致的费用增加，以及因赶工增加的夜间施工措施费用等。

三、典型案例

（一）基本案情

某工程建设项目，发包人与承包人按《建设工程施工合同（示范文本）》GF—2017—0201签订了工程施工合同，工程未进行投保。在工程施工过程中，遭受暴风雨不可抗力的袭击，造成了相应的损失，承包人提出索赔要求，并附索赔有关的资料和证据。索赔要求如下：

（1）遭暴风雨袭击是因非承包人原因造成的损失，故应由发包人承担赔偿责任。

（2）给已建部分工程造成破坏，损失计18万元，应由发包人承担修复的经济责任，承包人不承担修复的经济责任。

（3）承包人人员因此灾害数人受伤，处理伤病医疗费用和补偿金总计3万元，发包人应给予赔偿。

（4）承包人进场的在用机械、设备受到损坏，造成损失 8 万元，由于现场停工造成台班费损失 4.2 万元，发包人应负担赔偿和修复的经济责任。工人窝工费 3.8 万元，发包人应予支付。

（5）因暴风雨造成现场停工 8 天，要求合同工期顺延 8 天。

（6）由于工程破坏，清理现场需费用 2.4 万元，发包人应予支付。

（二）争议焦点

对承包人提出的要求如何处理？

（三）简要评析

（1）鉴定单位在司法鉴定时应进行以下主要工作：

1）进行调查、取证。

2）审查索赔成立条件，确定索赔是否成立。

3）分清责任，认可合理索赔。

4）与当事人协商，统一意见。

（2）《建设工程施工合同（示范文本）》GF-2017-0201 约定不可抗力导致的人员伤亡、财产损失、费用增加和（或）工期延误等后果，由合同当事人按以下原则承担：

1）永久工程、已运至施工现场的材料和工程设备的损坏，以及因工程损坏造成的第三人人员伤亡和财产损失由发包人承担。

2）承包人施工设备的损坏由承包人承担。

3）发包人和承包人承担各自人员伤亡和财产的损失。

4）因不可抗力影响承包人履行合同约定的义务，已经引起或将引起工期延误的，应当顺延工期，由此导致承包人停工的费用损失由发包人和承包人合理分担，停工期间必须支付的工人工资由发包人承担。

5）因不可抗力引起或将引起工期延误，发包人要求赶工的，由此增加的赶工费用由发包人承担。

6）承包人在停工期间按照发包人要求照管、清理和修复工程的费用由发包人承担。不可抗力发生后，合同当事人均应采取措施尽量避免和减少损失的扩大，任何一方当事人没有采取有效措施导致损失扩大的，应对扩大的损失承担责任。因合同一方迟延履行合同义务，在迟延履行期间遭遇不可抗力的，不免除其违约责任。

（3）对承包人提出要求的处理方法如下：

1）经济损失由双方分别承担，工期延误应予签证顺延。

2）工程修复、重建18万元工程款应由业主支付。

3）3万元的索赔不予认可，由承包人承担。

4）16万元的索赔不予认可，由承包人承担。

5）认可顺延合同工期8天。

6）2.4万元的清理现场费用由发包人承担。

四、律师建议

（1）法律上很难确切的规定不可抗力的范围，因此自行约定具体的不可抗力的范围很有必要。《建设工程施工合同（示范文本）》GF—2017—0201通用条款约定了常见的不可抗力的情形，还可以由承发包双方在专用条款中约定不可抗力的其他情形。笔者建议，对于天气特殊的地区，可以约定持续多少天高（低）于多少温度作为不可抗力，几年一遇的大雨（大雪）等作为不可抗力。对于有预知的政府重大活动可能给工程造成影响的，也可以约定政府行为导致的停工作为不可抗力（如奥运会、世博会等重大活动准备过程中，政府要求不得施工土方开挖等情形）。

（2）承发包一方如遇到不可抗力事件，使其履行合同义务受到阻碍时，应立即通知另一方和监理人，书面说明不可抗力和受阻碍的详细情况，并提供必要的证明。不可抗力持续发生的，还应及时向另一方和监理人提交中间报告，说明不可抗力和履行合同受阻的情况，并于不可抗力事件结束后28天内提交最终报告及有关资料。资料应该尽可能的详细，并要有翔实的证明材料。如已运至现场的材料和设备应分类列表注明损害程度并经监理人和发包人签认，工程损坏程度以及修复需要的费用等。

发包人要求承包人照管、清理和修复工程的费用应在承发包双方对费用协商一致后执行，避免后续因费用不能达成一致形成争议。

（3）不可抗力发生后，承发包双方均应采取措施尽量避免和减少损失的扩大，任何一方没有采取有效措施导致损失扩大的，应对扩大的损失承担责任。因一方迟延履行合同义务，在迟延履行期间遭遇不可抗力的，不免除其违约责任。因此，发生不可抗力事件后，承发包人不仅要及时通知另一方，还要及时采取措施，不能坐视不管，造成损失扩大，这是合同的附随义务，也是诚实守信的表现。造成损失扩大的，应该对扩大的损失承担责任，符合公平合理的法律原则，也保护了社会财产避免遭受不必要的损失。如果一方迟延履行合同义务期间发生不可抗力的，因为其违约在先，仍需承担违约责任。

第七章 工程质量影响工程价款的鉴定

第一节 非承包人责任的价款鉴定

一、主要条款归纳

（一）不得降低工程质量的规定

《中华人民共和国建筑法》第五十四条规定：

"建设单位不得以任何理由，要求建筑设计单位或者建筑施工企业在工程设计或者施工作业中，违反法律、行政法规和建筑工程质量、安全标准，降低工程质量。

建筑设计单位和建筑施工企业对建设单位违反前款规定提出的降低工程质量的要求，应当予以拒绝。"

《中华人民共和国建筑法》第五十六条规定：

"建筑工程的勘察、设计单位必须对其勘察、设计的质量负责。勘察、设计文件应当符合有关法律、行政法规的规定和建筑工程质量、安全标准、建筑工程勘察、设计技术规范以及合同的约定。设计文件选用的建筑材料、建筑构配件和设备，应当注明其规格、型号、性能等技术指标，其质量要求必须符合国家规定的标准。"

《中华人民共和国建筑法》第五十七条规定：

"建筑设计单位对设计文件选用的建筑材料、建筑构配件和设备，不得指定生产厂、供应商。"

《中华人民共和国建筑法》第七十二条规定：

"建设单位违反本法规定，要求建筑设计单位或者建筑施工企业违反建筑工程质量、安全标准，降低工程质量的，责令改正，可以处以罚款；构成犯罪的，依法追究刑事责任。"

《中华人民共和国建筑法》第七十三条规定：

"建筑设计单位不按照建筑工程质量、安全标准进行设计的，责令改正，处以罚款；造成工程质量事故的，责令停业整顿，降低资质等级或者吊销资质证书，没收违法所得，并处罚款；造成损失的，承担赔偿责任；构成犯罪的，依法追究刑事责任。"

主旨诠释

上述条文规定了工程质量的要求。主要包含以下内容：

（1）建设单位不得以任何理由，要求建筑设计单位或者建筑施工企业在工程设计或者施工作业中，违反法律、行政法规和建筑工程质量、安全标准，降低工程质量

（2）建筑设计单位和建筑施工企业对建设单位违反前款规定提出的降低工程质量的要求，应当予以拒绝。

（3）勘察、设计文件应当符合有关法律、行政法规的规定和建筑工程质量、安全标准、建筑工程勘察、设计技术规范以及合同的约定。

（4）设计文件选用的建筑材料、建筑构配件和设备，应当注明其规格、型号、性能等技术指标，其质量要求必须符合国家规定的标准。

（5）建筑设计单位对设计文件选用的建筑材料、建筑构配件和设备，不得指定生产厂、供应商。

（6）违反上述规定可能承担的责任。

（二）验收合格的规定

《建设工程质量管理条例》第十四条规定：

"按照合同约定，由建设单位采购建筑材料、建筑构配件和设备的，建设单位应当保证建筑材料、建筑构配件和设备符合设计文件和合同要求。建设单位不得明示或者暗示施工单位使用不合格的建筑材料、建筑构配件和设备。"

《建设工程质量管理条例》第十六条规定：

"建设单位收到建设工程竣工报告后，应当组织设计、施工、工程监理等有关单位进行竣工验收。建设工程竣工验收应当具备下列条件：

（一）完成建设工程设计和合同约定的各项内容；

（二）有完整的技术档案和施工管理资料；

（三）有工程使用的主要建筑材料、建筑构配件和设备的进场试验报告；

（四）有勘察、设计、施工、工程监理等单位分别签署的质量合格文件；

（五）有施工单位签署的工程保修书。

建设工程经验收合格的，方可交付使用。"

《建设工程质量管理条例》第五十八条规定：

"违反本条例规定，建设单位有下列行为之一的，责令改正，处工程合同价款

163

百分之二以上百分之四以下的罚款；造成损失的，依法承担赔偿责任：

（一）未组织竣工验收，擅自交付使用的；

（二）验收不合格，擅自交付使用的；

（三）对不合格的建设工程按照合格工程验收的。"

┌─ 主旨诠释 ─

　　上述条文规定了验收合格的要求。主要包含以下内容：

　　（1）由建设单位采购建筑材料、建筑构配件和设备的，建设单位应当保证建筑材料、建筑构配件和设备符合设计文件和合同要求。建设单位不得明示或者暗示施工单位使用不合格的建筑材料、建筑构配件和设备。

　　（2）建设单位收到建设工程竣工报告后，应当组织设计、施工、工程监理等有关单位进行竣工验收。

　　（3）建设工程经验收合格的，方可交付使用。

└────────────

（三）发包人承担质量责任的情形

《最高人民法院关于审理建设工程施工合同纠纷案件适用法律问题的解释》第十二条规定：

"发包人具有下列情形之一，造成建设工程质量缺陷，应当承担过错责任：

（一）提供的设计有缺陷；

（二）提供或者指定购买的建筑材料、建筑构配件、设备不符合强制性标准；

（三）直接指定分包人分包专业工程。承包人有过错的，也应当承担相应的过错责任。"

┌─ 主旨诠释 ─

　　上述条文规定了发包人承担质量责任的情形。主要包含以下内容：

　　（1）发包人提供的设计有缺陷。

　　（2）发包人提供或者指定购买的建筑材料、建筑构配件、设备不符合强制性标准。

　　（3）发包人直接指定分包人分包专业工程。承包人有过错的，也应当承担相应的过错责任。

└────────────

> 发包人要引起充分的重视，质量责任应该由承包人承担，但法律规定了例外的情形，主要是因为发包人指定分包和指定或供应材料，理由是发包人干预了承包人的自主权，因此发包人应尽量避免指定分包和指定或供应材料。虽然设计缺陷由发包人承担，但是施工图都要经过审图环节，设计有缺陷的情况极少发生。

二、鉴定方法解读

（一）发包人指定分包质量问题的工程价款鉴定

发包人独立发包的分包工程由发包人承担质量责任，给总包造成损失的由分包人赔偿。发包人指定分包的分包工程有两种表现形式：一种是发包人与分包人直接签订分包合同，发包人、分包人与总包人另行签订三方协议，总包人履行总包管理责任；另一种是总承包人与分包人签订分包合同。

如果总承包人与分包人直接签订分包合同，原则上总承包人与分包人就分包工程质量承担连带责任，分包单位不服从管理的除外（如发包人直接付款导致分包人不服从总承包人管理导致的质量和进度问题）。发包人指定分包工程通常由发包人与分包人直接结算，也有的将分包结算价款最终纳入总承包结算款，此时分包单位如果对分包价款未确认的情况下，总承包人不应擅自确认纳入总承包结算款中的分包价款。

分包合同约定有总承包配合管理费，司法鉴定时应该按照约定计取。分包单位（如进户门的供货安装）施工的分包工程存在质量问题，导致总承包已完工程受损的，分包单位应该承担赔偿责任。在发包人直接与分包人结算并付款的情况下，总承包人可以向发包人提出扣款请求，发包人有责任配合总承包人扣款。

（二）发包人供应材料不合格的工程价款鉴定

发包人采购建筑材料、建筑构配件和设备的，发包人应当保证建筑材料、建筑构配件和设备符合设计文件和合同要求。如果发包人采购的建筑材料不合格导致工程出现质量问题，发包人应当承担责任。如果承包人未按照法规或者合同约定对发包人采购材料进行检查、检验、检测的，也应承担相应的责任。

如发包人采购钢材，承包人按照规范要求对钢材进行了抽样检测未发现问题，如果经质量检测机构认定工程质量问题是因为钢材质量不合格造成的，则承包人不承担任何责任，质量修复方案涉及的所有费用均由发包人承担。

此种情况下，所有的修复费用由发包人承担，发包人可以向供货商追偿，因此造成延误的工期相应顺延。如果不需要修复，承包人可以按照合格工程计算工程价款。

（三）发包人提供的设计文件存在缺陷的工程价款鉴定

承包人按图施工，如果施工图纸有错误，且不属于有经验的承包商能够发现的范围，由此造成的工程质量问题，责任由发包人承担。相应的施工费用和整改费用均由发包人承担，工期相应顺延。发包人可以依据与设计单位签订的合同追究设计单位的责任。

司法鉴定时，司法鉴定单位可以根据承包人提供的证据计算因施工图纸错误造成的施工费用和整改费用，以及工期顺延的天数。

三、典型案例

（一）基本案情

2010年10月14日，A公司（甲方）与B公司（乙方）签订了一份《桩基础工程合同书》，约定"工程内容：1.φ700钻孔灌注桩，桩数为230根，桩长46m；2.经甲乙双方商定，本工程采用固定价……"；"工程价款：1.工程固定单价为835元／m³，总计工程价款3417380元……2.……如发生工程量变更参照此计算方法结算，同时综合单价不变……4.付款方式：施工单位进场钻孔灌注桩完成30%后，支付实际已完成工程量造价的50%，计512607元，当灌注桩完成80%后，累计支付到实际已完成工程造价的50%，计854345元，当灌注桩全部完成以后，累计支付到已完成工作量造价的75%，计1196083元，桩基础验收合格并移交全部工程竣工资料及竣工结算资料，由发包方审核确认后支付到95%，计683476元，尾款5%计170869元待基础开挖后，上部施工单位确认无质量问题后付清"；"施工工期：1.自打工程桩之日起计40个日历天……"

合同签订后，B公司按约完成了施工。A公司确认该项工程无质量问题。该项工程造价经双方一致确认为3764959元（已扣除超高桩头破除费用6万元），A公司已支付工程款3060428元，尚欠工程款704531元。

2010年12月1日，A公司（甲方）与B公司（乙方）签订了一份《文化中心、裙房桩基础工程合同书》，约定"工程内容：1.φ600钻孔灌注抗压桩，桩数为214

根，桩长 32m，φ600 钻孔灌注抗拔桩桩数为 50 根，桩长 15m；2. 经甲乙双方商定，本工程采用固定价……"；"工程价款：1. 工程 φ600 钻孔灌注抗压桩固定单价为 894 元／m³，计工程款 170 万元，工程 φ600 钻孔灌注抗拔桩固定单价为 1260 元／m³，计工程价款 267120 元，合计总价款 1997120 元……2.……如发生工程量变更参照此计算方法结算，同时综合单价不变……4. 付款方式：施工单位进场钻孔灌注桩完成 30% 后，支付实际已完成工程量造价的 50%，计 299568 元，当灌注桩完成 80% 后，累计支付到实际已完成工程造价的 50%，计 599280 元，当灌注桩全部完成以后，累计支付到已完成工作量造价的 75%，计 598992 元，桩基础验收合格并移交全部工程竣工资料及竣工结算资料，由发包方审核确认后支付到 95%，计 399424 元，尾款 5% 计 99856 元待基础开挖后，上部施工单位确认无质量问题后付清"；"施工工期：1. 自打工程桩之日起计 25 个日历天……"

合同签订后，B 公司按约完成了施工。该项工程造价经双方一致确认为 2102938.24 元（包含多施工六根桩基费用，并已扣除超高桩头破除费用 6 万元）。A 公司已支付工程款 1497840 元，尚欠工程款 605098.24 元。

2010 年 12 月 24 日，A 公司组织专家对某设计有限公司出具的基坑围护设计方案进行评审。专家组于同日作出评审意见，提出了一系列的基坑围护建议，并指出基坑围护设计方案调整后经组长审核认可后方可实施（专家组组长于 2011 年 3 月 21 日在该评审意见书中备注了"基本按专家审查意见修改"字样）。同月底，B 公司即按照经过评审的设计方案组织施工。

2011 年 1 月 6 日，A 公司（甲方）与 B 公司（乙方）签订了一份《建设工程施工合同》，约定"工程施工范围：设计图纸范围内的支护结构施工（工作内容：B 公司 2010 年 12 月 31 日报价单的全部工作内容）；承包方式：包工包料"；"开工日期暂定 2011 年 1 月 6 日，竣工日期 2011 年 2 月 22 日（以上工程内容的全部工作内容）"；"工程质量标准：合格，支护结构安全稳定，无安全隐患"；"合同价款：暂定 4208471 元"；"本工程采用固定价格合同，工程结算总价 = 合同总价 + 其他签证费用"；"双方约定的工程款（进度款）支付的方式和时间：春节前付钻孔灌注桩及深层搅拌桩施工完成部分工程量的 40%（如春节前支护及止水桩完成则付至 50%），余款在降水结束后 7 日内付清"；"发包人不按时支付工程价款，向承包人支付万分之五／天的违约金"。该项工程造价经双方一致确认为 4025928 元（包含签证费用），A 公司已支付工程款 3554235 元，尚欠工程款 471693 元。

鉴于"原设计方案基坑北侧采用边坡挂网喷浆支护方案，由于地面向下 4～5 米位置存在多层横向黏土层，放坡时边坡失稳无法施工"，2011 年 3 月下旬，双方又签订了一份《补充协议》（未注明签订时间），约定"北侧增设双排深层搅拌桩加单排拉锚支护结构，设计参数：$L=7m$，$\phi 700$，搭接200mm，设拉锚$L=11m$，采用M15水泥砂浆为锚固体，孔径150mm，沿轴线方向@2500设计"；"基坑北侧增加支护总价70万元（暂定按236m长计算工程量），最终以实际支护范围长度为准"；"基坑北侧支护方案由承包人参照原评审方案适当修改，并承担设计及基础施工过程中基坑支护的安全责任，确保施工安全"；"付款时间：深层搅拌桩及锚杆施工结束后待基础开挖无渗漏现象付工程造价的50%，余款在降水结束后，一月内付清"。随后，B公司即按照《补充协议》第一条约定的方案进行基坑北侧支护施工，但基坑北侧支护失效。

2011年5月10日，市建设工程质量监督站向A公司下发了一份《工程质量整改通知书》，指出其建设的工程"未按通过论证的基坑支护方案进行基坑支护施工，南侧、北侧基坑边坡出现裂缝，已开挖基坑部分位移较大"，责令其立即暂停基坑开挖施工，并组织对已开挖基坑进行支护加固。

2011年5月15日，针对地下基坑支护局部失效问题，A公司组织了专家论证，论证意见包括"根据现场实际情况及周边环境重新设计加固方案"、"止水失效处应加固，降水方案应明确，并有相应应急措施"、"新提供的加固方案应经专家组重新评审通过后方可用于施工"等。2011年5月16日，市建设工程质量监督站向A公司下发了一份《工程局部停工（暂停）通知书》，指出"基坑南侧、北侧边坡出现裂缝，局部坍塌，已开挖基坑位移较大，基坑北侧淮阴工学院学生宿舍楼出现较大沉降"，责令立即暂停施工，重新编制切实可行的基坑支护方案，组织对基坑进行排险加固。2011年5月24日，A公司再次就有关问题组织专家论证。

2011年6月2日，A公司与案外人C公司签订了一份《基坑支护工程施工合同》，由案外人进行基坑支护修复，A公司支付修复费用4425154.85元。2011年6月18日，A公司与案外人D公司签订了一份《工程降水合同》，由该公司进行基坑降水，A公司支付降水费用328224.60元。另外，A公司向总包单位支付停工损失930800元、签证费用1315781.45元。A公司还支付了电费100500元。上述各项费用合计7100460.90元。

2011年5月27日，B公司停止基坑内外的一切降水工作。2011年11月30日，B公司施工的桩基子分部工程经验收，质量合格。

总包单位所施工的垫层①~⑥轴交Ⓐ~Ⓖ于2011年9月15日成型，垫层⑥~⑬交Ⓐ~Ⓖ轴于2011年5月7日成型，垫层⑬~⑳/Ⓐ~Ⓖ轴于2011年11月23日制作，垫层⑳~㉗交Ⓐ~Ⓖ轴于 2011 年 10 月 23 日成型，垫层㉗~㉜轴交Ⓐ~Ⓖ轴于 2011 年 9 月 28 日成型，垫层㉜~㊳轴交Ⓐ~Ⓖ轴于 2011 年 8 月 23 日成型。

A 公司开发建设本案工程手续齐备，其持有建设用地许可证、建设工程规划许可证、建筑工程施工许可证。B 公司施工资质为地基与基础工程专业承包一级，其亦持有相应的安全生产许可证。

后因质量问题如何承担产生纠纷，A 公司诉至法院，要求 B 公司支付工程款。B 公司反诉要求 A 公司承担质量问题造成的损失。

（二）争议焦点

（1）关于补充协议的效力如何认定的问题。
（2）关于基坑北侧支护失效的责任以及损失数额如何确定的问题。
（3）关于 B 公司应否支付基坑北侧支护的工程款的问题。

（三）简要评析

（1）关于补充协议的效力如何认定的问题。

《中华人民共和国建筑法》第五十八条第二款规定："建筑施工企业必须按照工程设计图纸和施工技术标准施工，不得偷工减料。工程设计的修改由原设计单位负责，建筑施工企业不得擅自修改。"国务院《建设工程勘察设计管理条例》第二十八条第一款规定："建设单位、施工单位、监理单位不得修改建设工程勘察、设计文件；确需修改建设工程勘察、设计文件的，应当由原建设工程勘察、设计单位修改。经原建设工程勘察、设计单位书面同意，建设单位也可以委托其他具有相应资质的建设工程勘察、设计单位修改。修改单位对修改的勘察、设计文件承担相应责任。"第三款规定："建设工程勘察、设计文件内容需要作重大修改的，建设单位应当报经原审批机关批准后，方可修改。"根据上述法律、行政法规的规定，无论是建设单位还是施工单位均不能擅自修改工程设计文件，如确需修改，应当由原设计单位修改，若是重大修改，还需由建设单位报经原审批机关批准后方可修改。本案中，补充协议的主要内容是 A 公司与 B 公司双方约定对基坑北侧支护方案进行修改，将原设计方案的放坡挂网喷浆支护方案修改为增加双排深层搅拌桩止水帷幕的方案，并且约定了由 B 公司参照原评审方案适当修改，并承担设计及基础施工过程中基坑支护的安全责任。但 B 公司仅为桩基及支护工程的施工单位，其并不具备相应专业设计的资质，因此，补充协议的约定明显违反上述法律、行政法规的强制性规定，应认定无效。

（2）关于 B 公司主张的费用应如何分担问题。

A 公司作为建设方，对于整个工程的情况具有更全面的了解，其在工程建设过程中处于主导地位。本案工程基坑围护设计方案系由 A 公司委托某设计有限公司设计，东南西三面基坑围护均是采用钻孔灌注桩支护加水泥搅拌桩止水的设计方案，仅有北面采用自然放坡的围护方式，而自然放坡方案成本较小，A 公司节约建设成本是为了自身利益，其理应承担因此可能造成的施工风险。且从实际施工情况看，由于北面地下存在多层横向黏土层，放坡时边坡失稳无法施工，果然出现了如前所述的施工风险。在此情况下，当原设计方案已无法满足施工安全，需要修改设计方案时，A 公司本应当提请原设计单位进行修改或经原设计单位同意，委托其他有资质的设计单位修改。然而，A 公司违反法律、行政法规的强制性规定，擅自与 B 公司签订补充协议修改设计方案，并且约定由 B 公司进一步优化设计以满足施工安全等各方面要求，承担安全责任。由此可见，A 公司的上述行为，从设计方案到补充协议的签订、实施，其过错明显。另外，根据市建设工程质量监督站向 A 公司发出的《工程质量整改通知书》，要求 A 公司暂停施工，重新编制切实可行的基坑支护方案。故进一步认定系基坑支护方案的原因导致工程无法施工。因此，A 公司应承担主要责任。另一方面，B 公司作为专业的桩基及支护工程施工单位，其参与了补充协议的签订亦存在过错，也应承担相应责任。但鉴于 B 公司仅为施工单位，其职责即是按图施工，且在施工过程中并无证据证明因其施工行为不规范或存在质量问题而造成支护失效，故 B 公司仅承担次要责任。

（3）关于损失数额如何确定的问题。A 公司与 C 公司签订基坑支护工程施工合同，支付该公司的费用为 4425154.85 元；与 D 公司签订基坑降水合同，合同价款为 328224.6 元；支付给总包单位停工损失 930800 元、签证费用 1315781.45 元；支付电费 100500 元，共计 7100460.9 元。鉴于 A 公司自身存在重大过错，应承担主要责任，考虑到上述费用有些系 A 公司本应发生的费用，有些系其自身原因导致损失扩大，有些损失确需双方承担，故法院最终认定 A 公司应承担上述费用的90%，而 B 公司承担 10%，即酌情认定 B 公司承担 70 万元赔偿责任。

（4）关于 A 公司应否支付工程款及工程款的起算时间如何确定问题。《桩基础工程合同书》所涉工程造价经双方一致确认为 3764959 元，A 公司已支付工程款 3060428 元，尚欠工程款 704531 元。《文化中心、裙房桩基础工程合同书》所涉工程造价经双方一致确认为 2102938.24 元，A 公司已支付工程款 1497840 元，尚欠工程款 605098.24 元。《建设工程施工合同》所涉工程造价经双方一致确认为4025928 元，A 公司已支付工程款 3554235 元，尚欠工程款 471693 元。审理中，

A 公司辩称其于 2011 年 8 月 8 日、2012 年 1 月 18 日向 B 公司支付的 583431 元、450000 元系分别指向《桩基础工程合同书》、《文化中心、裙房桩基础工程合同书》所涉工程,而并非《建设工程施工合同》所涉工程,但其并未提供充分证据予以证明,故法院对其该项辩称不予采信。

在《桩基础工程合同书》签订后,B 公司按照合同约定完成了对相应桩基工程的施工,A 公司对该项工程质量亦无异议,依法应支付相应的工程款。在《文化中心、裙房桩基础工程合同书》签订后,B 公司亦按照合同约定完成了相应桩基工程的施工,虽然 A 公司认为该工程存在质量问题,但其并未提供充分证据予以证明,且总承包单位随后便进行了下一道工序施工,应视为工程质量合格,A 公司依法应支付相应的工程款。在《建设工程施工合同》签订后,除基坑北侧支护因放坡时边坡失稳无法施工外,B 公司按照合同约定完成了对基坑东、西、南三侧的支护施工,A 公司依法应支付相应的工程款。A 公司辩称南侧基坑边坡裂缝属于质量问题,但造成边坡裂缝的原因有多种,其并未提供充分证据证明系 B 公司所致。《补充协议》中明确约定"基坑北侧增加支护总价 70 万元"的工程款,但补充协议被认定无效,且虽然 B 公司按约施工完毕,但支护方案失效,故该约定的 70 万元工程款应当认定为 B 公司的损失,该损失亦应当按照双方的过错、责任大小,按比例分担。因此,A 公司应承担 90% 即 63 万元,而 B 公司应承担 10% 即 7 万元。

四、律师建议

(1) 建设工程可以说是百年大计,质量是第一位的。发包人为了节省成本提供甲供材料,并不违反法律规定,但如果提供的材料不合格,造成工程量问题则要承担相应的责任。发包人通常将建设工程的主要材料设备采取甲供,一是为了节约成本,二是为了保证工程质量。发包人采购供应的材料最好是知名厂商生产的知名品牌,并在施工合同中约定承包人应当采取的验收和检验检测措施,承担相应的费用。并在采购合同中约定供应材料不合格导致的所有损失均由供货单位赔偿。

(2) 发包人负责提供设计图纸,承包人负责按图施工,设计图纸需经审图公司审核通过,对图纸作修改的需要经原设计单位同意或委托有资质的设计院修改。发包人即使有自己的设计部门也仅能对图纸提出修改建议,最终的修改意见仍然要由设计单位出具。发包人擅自修改图纸造成的损失由发包人自行承担。

（3）发包人指定分包或者直接分包虽然能降低工程成本，但也增加了风险，如工程延期和质量问题。此时很难界定延期和质量问题的责任应该由承包人还是分包人承担，也增加了发包人的协调工作量，现场管理会陷入扯皮和斡旋的旋涡，工程进度受影响，质量管控难度增加。

第二节 承包人责任的价款鉴定

一、主要条款归纳

（一）承包人对工程质量负责的规定

《中华人民共和国建筑法》第五十五条规定：

"建筑工程实行总承包的，工程质量由工程总承包单位负责，总承包单位将建筑工程分包给其他单位的，应当对分包工程的质量与分包单位承担连带责任。分包单位应当接受总承包单位的质量管理。"

《建设工程质量管理条例》第二十六条规定：

"施工单位对建设工程的施工质量负责。施工单位应当建立质量责任制，确定工程项目的项目经理、技术负责人和施工管理负责人。建设工程实行总承包的，总承包单位应当对全部建设工程质量负责；建设工程勘察、设计、施工、设备采购的一项或者多项实行总承包的，总承包单位应当对其承包的建设工程或者采购的设备的质量负责。"

主旨诠释

上述条文规定承包人对工程质量负责。主要包含以下内容：

（1）施工单位对建设工程的施工质量负责。

（2）施工单位应当建立质量责任制，确定工程项目的项目经理、技术负责人和施工管理负责人。

（3）建设工程实行总承包的，总承包单位应当对全部建设工程质量负责。

（二）承包人不得偷工减料的规定

《中华人民共和国建筑法》第五十八条规定：

"建筑施工企业对工程的施工质量负责。建筑施工企业必须按照工程设计图纸和施工技术标准施工，不得偷工减料。工程设计的修改由原设计单位负责，建筑施工企业不得擅自修改工程设计。"

《建设工程质量管理条例》第二十八条规定：

"施工单位必须按照工程设计图纸和施工技术标准施工，不得擅自修改工程设计，不得偷工减料。施工单位在施工过程中发现设计文件和图纸有差错的，应当及时提出意见和建议。"

主旨诠释

上述条文规定承包人不得偷工减料。主要包含以下内容：

（1）建筑施工企业必须按照工程设计图纸和施工技术标准施工，不得偷工减料。

（2）施工单位在施工过程中发现设计文件和图纸有差错的，应当及时提出意见和建议。

（3）工程设计的修改由原设计单位负责，建筑施工企业不得擅自修改工程设计。

（三）使用前检验的规定

《中华人民共和国建筑法》第五十九条规定：

"建筑施工企业必须按照工程设计要求、施工技术标准和合同的约定，对建筑材料、建筑构配件和设备进行检验，不合格的不得使用。"

《建设工程质量管理条例》第二十九条规定：

"施工单位必须按照工程设计要求、施工技术标准和合同约定，对建筑材料、建筑构配件、设备和商品混凝土进行检验，检验应当有书面记录和专人签字；未经检验或者检验不合格的，不得使用。"

《建设工程质量管理条例》第三十条规定：

"施工单位必须建立、健全施工质量的检验制度，严格工序管理，作好隐蔽工程的质量检查和记录。隐蔽工程在隐蔽前，施工单位应当通知建设单位和建设工程质量监督机构。"

《建设工程质量管理条例》第三十一条规定：

"施工人员对涉及结构安全的试块、试件以及有关材料，应当在建设单位或者工程监理单位监督下现场取样，并送具有相应资质等级的质量检测单位进行检测。"

主旨诠释

上述条文规定承包人检验义务。主要包含以下内容：

（1）施工单位必须按照工程设计要求、施工技术标准和合同约定，对建筑材料、建筑构配件、设备和商品混凝土进行检验，检验应当有书面记录和专人签字；未经检验或者检验不合格的，不得使用。

（2）施工人员对涉及结构安全的试块、试件以及有关材料，应当在建设单位或者工程监理单位监督下现场取样，并送具有相应资质等级的质量检测单位进行检测。

无论是承包人自行采购还是发包人供应的材料，承包人均应该在监理的见证下取样检测，尤其是发包人指定或者供应的材料，避免承担不必要的质量责任。

（四）验收合格后交付使用的规定

《中华人民共和国建筑法》第六十一条规定：

"交付竣工验收的建筑工程，必须符合规定的建筑工程质量标准，有完整的工程技术经济资料和经签署的工程保修书，并具备国家规定的其他竣工条件。建筑工程竣工经验收合格后，方可交付使用；未经验收或者验收不合格的，不得交付使用。"

主旨诠释

上述条文规定建筑工程竣工经验收合格后，方可交付使用；未经验收或者验收不合格的，不得交付使用。

竣工验收是对工程是否符合交付条件的最后一道工序，发包人为了能够使用工程，往往会放松这一环节的管控，甚至帮助施工单位尽快通过竣工验收，对此发包人应引起重视，避免工程将来出现质量安全事故而承担不必要的法律责任。

（五）承包人修复责任的规定

《中华人民共和国建筑法》第七十四条规定：

"建筑施工企业在施工中偷工减料的，使用不合格的建筑材料、建筑构配件和设备的，或者有其他不按照工程设计图纸或者施工技术标准施工的行为的，责令改正，处以罚款；情节严重的，责令停业整顿，降低资质等级或者吊销资质证书；造成建筑工程质量不符合规定的质量标准的，负责返工、修理，并赔偿因此造成的损失；构成犯罪的，依法追究刑事责任。"

《中华人民共和国建筑法》第六十条规定：

"建筑物在合理使用寿命内，必须确保地基基础工程和主体结构的质量。建筑工程竣工时，屋顶、墙面不得留有渗漏、开裂等质量缺陷；对已发现的质量缺陷，建筑施工企业应当修复。"

《最高人民法院关于审理建设工程施工合同纠纷案件适用法律问题的解释》第三条规定：

"建设工程施工合同无效，且建设工程经竣工验收不合格的，按照以下情形分别处理：

（一）修复后的建设工程经竣工验收合格，发包人请求承包人承担修复费用的，应予支持；

（二）修复后的建设工程经竣工验收不合格，承包人请求支付工程价款的，不予支持。

因建设工程不合格造成的损失，发包人有过错的，也应承担相应的民事责任。"

《最高人民法院关于审理建设工程施工合同纠纷案件适用法律问题的解释》第十一条规定：

"因承包人的过错造成建设工程质量不符合约定，承包人拒绝修理、返工或者改建，发包人请求减少支付工程价款的，应予支持。"

主旨诠释

上述条文规定了承包人修复责任。主要包含以下内容：

（1）因承包人的过错造成建设工程质量不符合约定，承包人拒绝修理、返工或者改建，发包人有权请求减少支付工程价款。

（2）修复后的建设工程经竣工验收合格，发包人有权请求承包人承担修复费用。

（3）修复后的建设工程经竣工验收不合格，承包人无权请求支付工程价款。

（4）建筑物在合理使用寿命内，必须确保地基基础工程和主体结构的质量。

（六）未经验收发包人擅自使用的规定

《最高人民法院关于审理建设工程施工合同纠纷案件适用法律问题的解释》第十三条规定：

"建设工程未经竣工验收，发包人擅自使用后，又以使用部分质量不符合约定为由主张权利的，不予支持；但是承包人应当在建设工程的合理使用寿命内对地基基础工程和主体结构质量承担民事责任。"

主旨诠释

上述条文规定未经验收发包人擅自使用的责任。主要包含以下内容：

（1）建设工程未经竣工验收，发包人擅自使用后，不能以使用部分质量不符合约定为由主张权利的。

（2）承包人应当在建设工程的合理使用寿命内对地基基础工程和主体结构质量承担民事责任。

建设工程由于机械化程度不高，人工施工存在质量偏差，质量普遍存在小的问题，如漏水等。如发包人未经验收擅自使用，不能以使用部分质量不符合约定为由主张权利，甚至是保修都可能出现问题，对此发包人应该引起重视。

二、鉴定方法解读

（一）承包单位偷工减料的工程价款鉴定

承包人必须按照工程设计图纸和施工技术标准施工，不得偷工减料。承包人不得擅自修改工程设计，工程设计的修改由原设计单位负责。

因承包人的过错造成建设工程质量不符合约定，承包人拒绝修理、返工或者改建，发包人可以请求减少支付工程价款。

如实务中经常出现承包人未按照图纸要求设置接地线，不仅属于偷工减料的违约行为，也为将来使用埋下安全隐患，在竣工验收前发现的，可以责令承包人返工、整改。如果在竣工验收后发现，发包人也可以要求减少支付工程价款。司法鉴定时，应按照承包人实际施工的情况计算工程价款。

（二）质量不合格工程的价款鉴定

质量合格是支付工程款的前提条件。建设工程经竣工验收不合格的，承包人无权请求支付工程款。如果可以修复，修复后的建设工程经竣工验收合格，发包人可以请求承包人承担修复费用。

司法鉴定时，司法鉴定单位应该根据修复方案参考当地的建设行政主管部门发布的定额及配套文件计算修复费用。发包人已经修复，并能够提供修复费用支出证据的，由法院裁决。

（三）发包人擅自使用的工程价款鉴定

法律规定，建设工程必须验收合格，才能交付使用。但实务中，发包人为了提前使用或者在承发包双方产生争议后，承包人未履行竣工验收手续时，向小业主交房。因此司法解释规定，如果建设工程未经竣工验收，发包人擅自使用后，又以使用部分质量不符合约定为由主张权利的，不予支持；但是承包人应当在建设工程的合理使用寿命内对地基基础工程和主体结构质量承担民事责任。

发包人擅自使用后，对质量问题提出的保修要求，如在合同约定的保修期限内，承包人应当履行保修义务，承包人拒不履行保修义务，发包人委托第三方保修的，保修费用可以从保修金中扣除。

三、典型案例

（一）基本案情

2011年6月23日，A公司与B公司签订《建设工程施工合同》。双方约定，合同价款为按施工图纸据实结算，工程计量和计价依据为：工程造价套用2008湖北省建筑工程系列定额和统一基价表、规范及其他补充定额等，取费标准套用湖北省建筑安装工程费用定额，并按武汉市造价管理主管部门颁发的《武汉市建设工程造价信息》的价格、市场价格和相关文件规定计算工程量及费用，工程款由承包方B公司全额垫资等。2011年11月21日，双方签订《补充合同》约定，B公司全部接受产业园区新建、改造、维修、装饰及所有配套工程全部的工作内容，工程量确认无施工图部分以施工现场双方签证为准，有施工图的按图计量实做实结，工程造价套用湖北省建筑工程系列定额和统一基价表、规范、其他补充定额及相关文件规定计算工程量及费用，并按规定直接费计取《中小型机械费》、《施工困难增加费》、《装修及设备保护费》，人工费按湖北省住房和城乡建设厅鄂建文（2011）80号文件执行。

后因结算不能达成一致，B公司起诉要求A公司支付工程款，A公司认为工程未经验收合格，不具备支付条件。

本案一审审理期间，一审法院经双方当事人同意，通过摇号方式委托工程造价咨询有限公司对涉案工程造价进行司法鉴定。2013年1月6日，鉴定人员与A公司、B公司及法院工作人员一起到现场进行了现场勘查，并对勘查结果进行了确认。2013年4月15日，鉴定人员再次到现场对争议工程量进行了勘查。

一审过程中，双方达成《调解协议》，约定"按双方委托的司法鉴定单位据实结算的结果确定两案的工程总造价"，《调解协议》与《施工合同》及《补充合同》有关据实结算的约定相一致，对取费标准没有作出其他不同的约定，A公司亦同意按双方委托司法鉴定单位作出的鉴定结论确定工程总造价。案涉工程已经完工，本案一审审理过程中，2013年1月3日A公司擅自将诉争工程全部接管并实际占有。

此外，一审还查明"2013年7月19日，一审法院组织B公司、A公司及鉴定部门对涉案工程中除隐蔽工程以外的工程项目进行现场复核，该工作因A公司以复核内容需与隐蔽工程破坏性勘测同时进行为由，拒绝一审法院及相关人员进入施工现场而未果"。

（二）争议焦点

（1）工程价款的问题。
（2）工程价款是否具备支付条件的问题。

（三）简要评析

（1）双方在《施工合同》中约定合同价款据实结算，取费标准套用湖北省建筑安装工程费用定额等文件，并由承包方垫资施工，上述约定并无不公，亦未侵犯A公司的利益。鉴定机构按照现场勘查情况、施工图纸、签证单、工程联系函等工程文件计算涉案工程的工程量并无不当，二审法院以鉴定结论作为认定价款的依据，符合法律规定。

（2）根据《最高人民法院关于审理建设工程施工合同纠纷案件适用法律问题的解释》（以下简称《工程施工合同解释》）第十三条"建设工程未经竣工验收，发包人擅自使用后，又以使用部分质量不符合约定为由主张权利的，不予支持；但是承包人应当在建设工程的合理使用寿命内对地基基础工程和主体结构质量承担民事责任"，及第十四条第三款"建设工程未经竣工验收，发包人擅自使用的，以转移占有建设工程之日为竣工日期"的规定，A公司并未证明涉案工程基础工程和主体结构存在质量问题，故涉案工程应视为已于2013年1月3日全部竣工验收合格，A 公司称本案尚不具备结算工程价款的前提条件，没有事实和法律依据，A 公司占有涉案工程后，如何使用是其对自己权利的处分，不影响其应承担支付工程价款的责任。

四、律师建议

（1）承包人应该将工程质量放在首位，只有工程质量合格才能请求支付工程价款。承包人必须按照工程设计图纸和施工技术标准施工，不得擅自修改工程设计，不得偷工减料，避免因工程质量问题造成重大责任事故承担刑事责任。承包人还要注意，在施工过程中发现设计文件和图纸有差错的，应当及时提出意见和建议。

（2）承包人应建立、健全施工质量的检验制度，严格工序管理，做好隐蔽工程的质量检查和记录。隐蔽工程在隐蔽前，在进行自检之后，通知发包人和建设工程质量监督机构验收。对自行采购和发包人供应的建筑材料、建筑构配件、设备和商品混凝土均应该进行检验，检验应当有书面记录和专人签字；未经检验或者检验不合格的，不要使用。

（3）《最高人民法院关于审理建设工程施工合同纠纷案件适用法律问题的解释》第十三条的规定就是为了避免发包人擅自使用造成的工程安全和质量隐患。发包人应当避免擅自使用的情形，否则将会承担行政处罚，还要承担视为验收合格不能追究承包人修复责任的风险。

（4）司法鉴定单位在进行司法鉴定时，应该到现场核查，发现承包人有偷工减料行为的应该向法院提出，并在报告中给出处理意见。

（5）挂靠情形下，挂靠人和被挂靠人的责任问题。江苏省高级人民法院认为 [1]："第二十五条 挂靠人以被挂靠人名义订立建设工程施工合同，因履行该合同产生的民事责任，挂靠人与被挂靠人应当承担连带责任。"

笔者认同江苏省高级人民法院的规定，被挂靠人作为合同一方，应该承担责任，挂靠人作为实际施工人实际履行了合同，应承担连带责任。

---

[1]　《江苏省高院关于审理建设工程施工合同纠纷案件若干问题的意见》。

第三节　质量修复方案价款的鉴定

一、主要条款归纳

（一）质量保修的规定

《中华人民共和国建筑法》第六十二条规定：

"建筑工程实行质量保修制度。建筑工程的保修范围应当包括地基基础工程、主体结构工程、屋面防水工程和其他土建工程，以及电气管线、上下水管线的安装工程，供热、供冷系统工程等项目；保修的期限应当按照保证建筑物合理寿命年限内正常使用，维护使用者合法权益的原则确定。具体的保修范围和最低保修期限由国务院规定。"

《中华人民共和国建筑法》第四十条规定：

"在正常使用条件下，建设工程的最低保修期限为：

（一）基础设施工程、房屋建筑的地基基础工程和主体结构工程，为设计文件规定的该工程的合理使用年限；

（二）屋面防水工程、有防水要求的卫生间、房间和外墙面的防渗漏，为5年；

（三）供热与供冷系统，为2个采暖期、供冷期；

（四）电气管线、给排水管道、设备安装和装修工程，为2年。其他项目的保修期限由发包方与承包方约定。建设工程的保修期，自竣工验收合格之日起计算。"

主旨诠释

上述条文规定建筑工程实行质量保修制度，以及最低保修期限。主要包含以下内容：

（1）建筑工程实行质量保修制度。

（2）建筑工程的保修范围应当包括地基基础工程、主体结构工程、屋面防水工程和其他土建工程，以及电气管线、上下水管线的安装工程，供热、供冷系统工程等项目。

（3）在正常使用条件下，建设工程的最低保修期限为：

1）基础设施工程、房屋建筑的地基基础工程和主体结构工程，为设计文件规定的该工程的合理使用年限。

2）屋面防水工程、有防水要求的卫生间、房间和外墙面的防渗漏，为5年；

3）供热与供冷系统，为2个采暖期、供冷期。

4）电气管线、给水排水管道、设备安装和装修工程，为2年。其他项目的保修期限由发包方与承包方约定。建设工程的保修期，自竣工验收合格之日起计算。

（二）承包人返修保修义务的规定

《中华人民共和国建筑法》第六十三条规定：

"任何单位和个人对建筑工程的质量事故、质量缺陷都有权向建设行政主管部门或者其他有关部门进行检举、控告、投诉。"

《中华人民共和国建筑法》第三十二条规定：

"施工单位对施工中出现质量问题的建设工程或者竣工验收不合格的建设工程，应当负责返修。"

《建设工程质量管理条例》第四十一条规定：

"建设工程在保修范围和保修期限内发生质量问题的，施工单位应当履行保修义务，并对造成的损失承担赔偿责任。"

《中华人民共和国建筑法》第七十五条规定：

"建筑施工企业违反本法规定，不履行保修义务或者拖延履行保修义务的，责令改正，可以处以罚款，并对在保修期内因屋顶、墙面渗漏、开裂等质量缺陷造成的损失，承担赔偿责任。"

《最高人民法院关于审理建设工程施工合同纠纷案件适用法律问题的解释》第二十七条规定：

"因保修人未及时履行保修义务，导致建筑物毁损或者造成人身、财产损害的，保修人应当承担赔偿责任。保修人与建筑物所有人或者发包人对建筑物毁损均有过错的，各自承担相应的责任。"

主旨诠释

上述条文规定了承包人的返修、保修责任，以及不履行的后果。主要包含以下内容：

（1）任何单位和个人对建筑工程的质量事故、质量缺陷都有权向建设

```
┌─ 主旨诠释 ──────────────────────────────────────────┐
│                                                          │
│   行政主管部门或者其他有关部门进行检举、控告、投诉。        │
│     （2）施工单位对施工中出现质量问题的建设工程或者竣工验收不合格 │
│   的建设工程，应当负责返修。                               │
│     （3）建设工程在保修范围和保修期限内发生质量问题的，施工单位应 │
│   当履行保修义务，并对造成的损失承担赔偿责任。              │
│     （4）建筑施工企业违反本法规定，不履行保修义务或者拖延履行保修 │
│   义务的，责令改正，可以处以罚款，并对在保修期内因屋顶、墙面渗漏、 │
│   开裂等质量缺陷造成的损失，承担赔偿责任。                  │
│     （5）因保修人未及时履行保修义务，导致建筑物毁损或者造成人身、 │
│   财产损害的，保修人应当承担赔偿责任。保修人与建筑物所有人或者发包 │
│   人对建筑物毁损均有过错的，各自承担相应的责任。            │
│                                                          │
└──────────────────────────────────────────────────┘
```

二、鉴定方法解读

（一）非承包人原因造成保修的工程价款鉴定

工程保修期从工程竣工验收合格之日起算，具体分部分项工程的保修期由承发包双方约定，但不得低于法定最低保修年限。在工程保修期内，承包人应当根据有关法律规定以及合同约定承担保修责任。发包人未经竣工验收擅自使用工程的，保修期自转移占有之日起算。

保修期内，因发包人使用不当或因其他原因造成工程的缺陷、损坏，可以委托承包人修复，但发包人应承担修复的费用，并支付承包人合理利润。司法鉴定时，鉴定单位可以依据当地建设行政部门发布的定额及配套文件计算修复的费用，包括合理的利润。

（二）承包人拒绝保修发包人委托第三人修复的工程价款鉴定

保修期内，因承包人原因造成工程的缺陷、损坏，承包人应负责修复，并承担修复的费用以及因工程的缺陷、损坏造成的人身伤害和财产损失。

因承包人原因造成工程的缺陷或损坏，承包人拒绝维修或未能在合理期限内修复缺陷或损坏，且经发包人书面催告后仍未修复的，发包人有权自行修复或委托第三方修复，所需费用由承包人承担。但修复范围超出缺陷或损坏范围的，超出范围部分的修复费用由发包人承担。

司法鉴定时，应区分修复范围是否超出缺陷范围，参照定额并适当考虑修复的难易程度按照修复方案进行价款鉴定，或者应法院要求核定第三方修复费用是否合理。

（三）工程缺陷、损坏造成的损害赔偿责任鉴定

因工程的缺陷、损坏造成的人身伤害和财产损失由责任方承担。因保修人未及时履行保修义务，导致建筑物毁损或者造成人身、财产损害的，保修人应当承担赔偿责任。保修人与建筑物所有人或者发包人对建筑物毁损均有过错的，各自承担相应的责任。

司法鉴定时，可以根据承发包双方举证的证据，由法院认定损失是否成立，以及损失的合理金额及责任承担比例。司法鉴定单位在技术范围内对需要鉴定的工程量和市场价格出具报告。

三、典型案例

（一）基本案情

2010 年 8 月 27 日，发包人与承包人签订承包合同，约定工程名称：新建厂房 5 号；工程内容：土建、钢结构、彩板安装工程；承包范围：土建、钢结构、彩板安装工程；开工日期 2010 年 9 月 10 日，主体完工日期 2010 年 11 月 30 日；质量标准：木工程的质量标准合格；工程价款的支付及结算：(1) 承包单价按建筑面积每平方米 680 元人民币（土建、轻钢彩板安装）。(2) 付款方式：本合同签订后，基础完工付已完工程量的 60%，钢骨架安装完付已完工程量的 60%，彩板安装完毕付已完工程量的 60%。(3) 结算方式：工程全部完工（竣工验收合格并备案）经双方确认后，支付工程总价 10%（含分项支付的总计 70%），余款一年内付清（扣除保证金 5%）；安全施工：乙方必须按国家有关规定对建筑工人缴纳有关保险费用，如不缴纳应从工程款中扣除；工程量的确认：增加的工程量按实际施工的进行结算，减少的项目按有关预算扣除；违约责任：(1) 工期违约责任：甲方不支付工程款延误工期，工期相应顺延。乙方未按时竣工的每超一天承担 1 万元的补偿金。(2) 工程质量违约责任：工程质量达不到约定质量标准，结算时按工程量结算总价的 10% 作为补偿金。(3) 乙方违约的其他约定：工程未竣工验收，承包人中途退出施工，甲方有权终止此协议，对承包人已完成工程量发包人有权不予结算，同时乙方对甲方作相应补偿等。

2010 年 8 月 31 日，承包人在发包人邀请招标中，中标取得发包人的 5 号厂房工程的承包资格。2010 年 9 月 8 日，发包人发出建设工程施工招标中标通知书。该中标通知书载明：工程名称为 5 号厂房工程，总投资为 500 万元，资金来源为自筹资金，建筑面积为 5844.4m²，中标内容为建筑、给水排水、采暖、电气工程，中标工期为 2010 年 9 月 10 日～2011 年 5 月 15 日，质量承诺为合格，企业资质等级为房屋建筑工程施工总承包贰级，中标金额为 4019000 元整。

2010 年 9 月 8 日，发包人与承包人签订建设工程施工合同，其中第一部分协议书约定如下：一、工程概况：工程名称：5 号厂房工程，工程内容：5 号厂房，建筑面积 5844.4m²；资金来源：自筹；二、工程承包范围：建筑、给水排水、采暖、电气等工程；三、合同工期：开工日期 2010 年 9 月 10 日，竣工日期 2011 年 5 月 15 日；四、工程质量标准：合格；五、合同价款：合同总价肆佰零壹万玖仟元整；……八、承包人承诺：承包人向发包人承诺按照本合同约定进行施工、竣工并在工程质量缺陷责任期内承担保修责任；九、发包人承诺：发包人向承包人承诺按照本合同约定的期限和方式支付合同价款及其他应当支付的款项；十、合同生效：合同订立时间：2010 年 9 月 8 日；本合同双方约定签字盖章备案后生效。第二部分通用条款：16 条 2 款：因承包人原因不能按照协议书约定的竣工日期或工程师同意顺延工期竣工的，承包人承担违约责任；20 条 1 款：工程质量应当达到协议书约定的质量标准。工程质量标准的评定应以国家颁布的建筑工程施工质量验收标准为依据。因承包人原因工程质量达不到约定的质量标准，承包人承担违约责任。38 条 2 款：承包人不履行合同义务或不按合同约定履行义务，应当承担违约责任，赔偿因其违约给发包人造成的损失。当发生下列情况时，承包人应当承担违约责任。(1) 通用条款 16.2 款所指承包人未按时竣工；(2) 通用条款 20.1 款所指工程质量达不到合同约定的质量标准……第三部分专用条款：7.1 款：监理单位委派的工程师姓名：袁世富；9.3.5 款：由发包人办理所需证件、批件的名称和完成时间：开工前应办理施工所需的全部证件和批文手续；10.2.5 款：需承包人办理的有关施工场地交通、环境保护、施工噪声、安全文明施工等手续，经发包人同意后办理有关手续，发包人承担全部费用。因承包人责任造成的罚款除外；30.2 款：确定合同价款的方式：固定价格合同；32.2 款：工程款支付：发包人向承包人支付工程预付款的时间和金额或占合同价款的比例：进入施工现场 7 日内向承包人支付工程总造价的 10%；双方约定支付工程款（进度款）的时间和数额：每月按工程进度支付承包人工程款的 70%，工程完工后一个月内支付工程总造价的 15%，余 5% 为质量保证金；38.1 款：通用条款第 32.1 款约定发包人不按时支付工程预付款应承担的违约责任执行《通用条款》本条之规定；38.2 款：通用条款 16.2 款承包人未按时竣工应承担违约责任执行《通用条款》本条之规定；43 款：承包人投保内容：负责施工人员人身意外伤害保险等。

承包合同和建设工程施工合同均未备案。

承包合同和建设工程施工合同签订后，承包人进入施工现场进行施工，至 2011 年 11 月左右承包人撤离施工现场时，尚有厂房的地面未进行施工。发包人自 2010 年 8 月 27 日 ～ 2010 年 12 月 29 日共向承包人给付工程款 2487912 元。

2010 年 9 月 15 日，发包人分别向承包人开设的安措费专用账户汇入安措费 80380 元，向建设工程劳动保险费用管理办公室缴纳 5 号厂房工程农民工工资保证金 5 万元及建设工程劳动保险费 124325 元；2010 年 9 月 25 日，发包人向保险公司缴纳保全保费 6029 元。

另：2010 年 9 月 14 日，发包人办理建筑安全工程监督受理书；发包人于 2011 年 2 月 10 日取得案涉土地的使用权，国有土地使用权证号为大国用（2011）第 06023 号；2012 年 1 月 13 日，发包人取得案涉工程的建设工程规划许可证。

2011 年 11 月 1 日，监理单位的监理工程师向承包人发出监理工程师通知书，认为存在质量问题的有：（1）主体结构焊接及高强螺栓须向监理公司提供检测报告。（2）钢梁及檩条局部有锈，墙上连梁不直，檐头不规范等。（3）彩板施工局部不规范，屋面局部渗水及包件不符合要求。（4）塑钢窗的周边封闭胶没有打到位，特别是封闭胶没有打。（5）钢推拉大门已安装，但是没有校正到位，需要重新校正。以上问题需要整改并且保证符合要求。

2011 年 11 月 4 日，发包人和监理方对承包人已完工程和未施工工程进行列项，并对已完工程中需整改内容提出整改意见，其中对大门的整改意见为：大门未校正，需调整后周边加密封胶条，扣手缺一个、生锈一个，需更换补齐。

2011 年 11 月 4 日，发包人向承包人发出律师函，通知承包人未施工部分由发包人自行施工，决定终止合同；2012 年 5 月 24 日，发包人向承包人发出关于要求扣除工程款的函，通知承包人扣除未施工部分的价款 933305.74 元、存在质量部分的整改费用 1580660.95 元，合计 2513966.69 元。承包人于 2012 年 5 月 28 日作出答复函，对发包人提出的质量问题及扣除相关费用不予认可，并要求发包人立即开始对已完工程予以结算。

后发包人向法院起诉要求：（1）请求解除承包合同及建设工程施工合同。（2）判令承包人立即将新机加工厂房 5 号施工工程档案资料移交给发包人并协助发包人办理工程竣工验收手续。（3）请求降低合同价款 402706 元，承担修复费用 242660

元, 承担质量违约金 361629.40 元, 承担工期违约金 723258 元, 合计 1730254.20 元。(4) 本案诉讼费用、鉴定费用等由承包人承担。发包人请求承包人承担工期违约金 723258.8 元的计算依据是按照承包人施工完毕的金额 3616294 元 ×20%, 未按照承包合同约定的每日 1 万元计算; 承担质量违约金 361629.40 元的计算依据是施工完毕的金额 3616294 元 ×10%, 是按照承包合同的约定计算的。

一审中, 法院选取工程质量鉴定机构进行涉案工程的质量鉴定。该鉴定机构于 2013 年 6 月 17 日作出编号为 2013-SF-021 号建筑工程鉴定报告。2013-SF-021 号建筑工程鉴定报告的鉴定意见: (1) 该工程主要承重结构为门式钢架, 该钢架的主要施工质量缺陷为钢构件表面有轻微锈蚀现象, 属一般性质量缺陷。(2) 外墙板安装, 包括屋面板安装的施工质量缺陷: 屋面板在天窗处的封头处理不符合施工技术要求, 属于一般性质量缺陷; 外墙挂板用水平钢构件有明显的挠度变形, 严重影响外墙挂板的安装质量及美观, 属于严重施工质量缺陷; 外墙挂板用自攻紧固螺栓, 间距过大, 数量严重不足, 属于严重施工质量缺陷, 也是东山墙外墙挂板脱落的主要原因。(3) 窗安装施工质量缺陷: 窗安装时, 窗四周的密封质量很差, 出现严重的雨水渗漏现象, 属于严重质量缺陷; 塑料窗角部均有开裂现象, 该缺陷为一般性产品质量缺陷。(4) 大门安装施工质量缺陷: 大门雨篷结构, 由于无相关图纸, 无法了解其实际设置情况, 但从现场看, 该部分结构有较大的变形以至于大门的上滑道也随之产生较大变形, 致使大门无法正常开启。根据现场了解, 该大门原设计为下滑道式推拉门, 但由于此地冬季风较大, 故将门改为上滑道悬挂式推拉门, 但现在无法得知门的安装方式变更后, 门雨篷结构是否得到加强, 如果雨篷结构未得到加强, 雨篷出现的这种过大下挠变形是必然的。该大门现在的状态属于严重工程质量缺陷。

一审中, 法院选取了维修方案的鉴定机构。该鉴定机构于 2013 年 11 月 22 日作出维修方案。发包人对维修方案没有异议, 承包人主要对维修方案中门的维修部分不予认可, 认为大门维修部分与设计图纸不符, 设计变更是由发包人提出, 是依据发包人和监理现场研究出的方案作出的。鉴定人在庭审中说明原施工图纸是平开门, 鉴定时是上挂推拉门, 是对原先图纸进行了变更。发包人在庭审中陈述大门的变更经过发包人同意。

一审中, 法院选取了工程造价鉴定机构。该鉴定机构于 2014 年 5 月 29 日作出光华所发鉴字 (2014) 011 号鉴定报告, 鉴定意见: 经鉴定, 承包人未施工工程造价为肆拾万贰仟柒佰零陆元整 (402706 元), 修复工程造价为贰拾肆万贰仟陆佰陆拾元 (242660 元)。该鉴定报告后附的《工程造价鉴定明细表》中维修工程造价汇总表列明窗密封维修工程造价 71884 元，墙体维修工程造价 90350 元，大门维修工程造价 80426 元。发包人对鉴定意见无异议，承包人对鉴定意见中的未施工工程造价 402706 元、窗密封维修工程造价 71884 元，墙体维修工程造价 90350 元无异议，对大门维修工程造价 80426 元有异议。

（二）争议焦点

（1）依据哪一份合同结算工程价款，合同是否解除？

（2）承包人承担质量违约责任金额是多少？

（三）简要评析

承包人观点：

（1）针对承发包人之间签订的承包合同及 5 号楼的建设工程施工合同，双方已经实际解除了合同，所以同意发包人的第 1 项诉讼请求。

（2）档案竣工资料要求发包人先付款的情况下，承包人可以将 5 号楼施工档案移交给发包人。

（3）针对第 3 项诉讼请求，请求降低价款，就是未完工地面上费用 402706 元承包人同意从合同总价中扣除该部分价款。

（4）针对修复费用，承包人同意窗密封维修工程造价 71884 元以及墙体维修 90350 元在总工程款中扣除，作为给发包人的修复费用。针对大门维修 80426 元承包人不同意支付，大门维修与承包人无关，承包人是按照原设计图纸施工的，原设计图纸是平开门，应发包人的要求设计变更成推拉门，如果要是维修的话，也必须按原设计图纸，设计单位无权单方制作方案，所以大门维修费用承包人是不同意给付的。

（5）违约金的问题，承包人不同意支付发包人质量及延误工期的违约金，首先 A 公司计算违约金的依据是根据承发包人双方在 2010 年 8 月 27 日签订的承包合同，这是承发包人之间的第一份合同，后承发包人于 2010 年 9 月 8 日又签订了一份建设工程施工合同，2 份合同对违约金有不同约定，后合同对违约责任进行了变更，应以后合同为准，而且后合同已经进行了备案，发包人请求违约金违反了后合同的规定；针对工期违约金，承包人没有违约，没有按约定开工是因为发包人在开工时应具备的开工条件不具备、多次进行设计变更，同时建设工程规划许可证、施工图纸均是在开工后一年以后办理下来的，2012 年 1 月 13 日才办好了规划许可证，2011 年 2 月 10 日才下达土地使用证，2011 年 9 月 30 日下达施工图纸，这些均是导致工期延误的原因，所以不同意承担违约金；质量违约金，也是针对后合同进行了变更，后合同在20.1条约定如果质量不合格的情况下，承包人应承担违约责任，双方又在38.2条约定违约金计算方法，即发包人实际损失，而且39.3条针对违约索赔进行了约定。

发包人观点：

（1）关于合同效力。《建设工程施工合同》因尚未备案，根据约定并未生效。

（2）关于工期。1）《承包合同》、中标通知书、建筑工程安全监督受理书以及未生效的《建设工程施工合同》均约定了工期为2010年9月10日～2011年5月15日。2）发包人不具备开工条件、多次进行设计变更、建设工程规划许可证、施工许可证和施工图纸均是在开工后一年以后办理的，不符合事实。相反，作为一个专业的建筑承包商，其安全生产意识极为淡薄，其发生工伤事故被责令停止施工并导致工期延误是必然的，承包人应承担工期延误的违约责任。3）承包合同中明确约定拖延工期应承担相应的违约责任，但发包人考虑各种因素，只要求按已完工程价款的20%计算。

（3）关于质量违约金。经鉴定工程存在质量问题，按照承包合同的约定，应按工程量结算总价的10%作为补偿金，承担修复费用不能免除质量违约责任。

（4）关于承包人索要的本金和利息。案涉工程存在未完工工程及质量问题，双方存在很大争议，无法结算，承包人也未递交结算报告书。即使发包人应支付工程款，利息也应自判决确定的给付之日计算，而非无法结算的通知之日起算。

一审法院观点：发包人与承包人基于平等原则自愿签订的承包合同，是双方当事人的真实意思表示，不违反法律、行政法规的强制性规定，合同成立，有效。在双方签订承包合同之后，承包人又以邀请招标的方式中标取得案涉工程的承包权，双方又签订建设工程施工合同，该合同亦是双方当事人的真实意思表示，不违反法律、行政法规的强制性规定，合同成立，有效。因承包合同与建设工程施工合同均未备案，本案应以签订时间在后的建设工程施工合同作为结算工程价款和承担违约责任的依据。双方均应按照建设工程施工合同的约定履行各自的义务。承包人未在建设工程施工合同约定的竣工日期内完成全部工程量和已完工程存在质量问题，发包人要求解除双方签订的承包合同和建设工程施工合同，承包人在答辩意见中同意解除合同，故应解除发包人与承包人签订的承包合同和建设工程施工合同。对发包人的此项请求，一审法院予以支持。

承包人在庭审中认可案涉工程的地面未进行施工，经鉴定机构鉴定，承包人未施工工程造价402706元，承包人对该数额无异议并同意扣除，对发包人要求降低合同价款 402706 元的请求，一审法院予以支持。

　　承包人已经施工的工程经鉴定机构鉴定存在部分质量问题需要进行维修，经鉴定机构鉴定，修复费用包含三部分：窗密封维修工程造价 71884 元、墙体维修工程造价 90350 元、大门维修工程造价 80426 元，共计 242660 元。承包人对窗密封维修工程造价 71884 元、墙体维修工程造价 90350 元无异议，该两笔款项应从工程款中扣除；承包人对大门维修工程造价 80426 元有异议，考虑原设计图纸为平开门，后应发包人要求改为下滑道式推拉门，又改为上滑道悬挂式推拉门，作出维修方案的鉴定机构是在无法得知门的安装方式变更后，门雨篷结构是否得到加强的情况下，推断出如果雨篷结构未得到加强，大门现在的状态属于严重工程质量缺陷。而在之前发包人委托的监理单位发出的监理工程师通知书中，认为大门存在质量的问题为：钢推拉大门已安装，但是没有校正到位，需要重新校正；在发包人和监理方对承包人已完工程中需整改内容提出整改意见中，对大门的整改意见为：大门未校正，需调整后周边加密封胶条，扣手缺一个、生锈一个，需更换补齐。从上述证据可以看出，承包人是在发包人的要求下数次更改大门的安装，大门出现严重质量缺陷，既与发包人多次变更设计要求有关，也与承包人施工有关，故大门的维修费用为 80426 元，应由发包人、承包人各承担 50%，即各承担 40213 元，承包人应承担的部分应从工程款中扣除。承包人应承担的维修费用合计为 202447 元，该部分费用是承包人施工质量不合格给发包人造成的实际损失。

　　建设工程施工合同第二部分通用条款 38.2 款约定承包人未按时竣工及工程质量达不到合同约定的标准，应当承担违约责任，赔偿因其违约给发包人造成的损失。承包人因在施工中存在质量问题已经承担维修费用 202447 元，该费用即是因承包人违约给发包人造成的损失，且发包人取得案涉土地使用权的时间是 2011 年 2 月 10 日，取得建设工程规划许可证的时间为 2012 年 1 月 13 日，即发包人在未取得案涉工程施工相关证件的情况下即行开工，对发包人在请求承包人承担修复费用之外另行承担质量违约金 361629.40 元和工期违约金 723258.8 元的诉讼请求，一审法院不予支持。

　　发包人缴纳的安措费 80380 元，依据《大连市建筑工程安全防护文明施工措施费用管理办法》第八条第一款："中国工商银行股份有限公司大连市分行青泥洼桥支行为安措费监管业务承办行，凡在大连市行政区域内承揽建设工程的建筑施工企业应在该行开设安措费专用账户，并开通网上银行业务，专户资金不可提取现金。施工单位应在施工组织设计文件中制定安全防护、文明施工措施方案，并列出安措费使用计划，确保专款专用。安措费使用情况应在企业财务管理中按单位工程专户核算，单列备查"的规定，安措费系由发包人缴纳，由承包人按照规定使用的款项，应作为支付承包人的工程款而计算在已付工程款总额中。

发包人缴纳的农民工工资保证金 5 万元，依据《大连市建筑业企业农民工工资保证金管理规定》第三条第三款：本规定所称"保证金"指由建设单位缴纳，在工程款中列支，保证建筑业企业在因故未能及时支付农民工工资的情况下，用于支付工资的保障资金。因此，农民工工资保证金应由发包人缴纳，不应作为支付承包人的工程款而计算在已付工程款总额中。

发包人缴纳的建设工程劳动保险费 124325 元，依据《大连市建设工程劳动保险费管理办法》第五条：劳保费根据"以支定收、留有积累、以丰补歉"的原则测算计提，标准为建设工程总造价（不含营业税）的 3.2%，由建设单位直接向市建设行政主管部门缴纳；第九条第二款：建设单位应按规定缴纳劳保费，不得挤占、挪用、扣减，不得将应缴纳的劳保费转嫁给施工企业的规定，劳保费应由发包人缴纳，不应作为支付承包人的工程款而计算在已付工程款总额中。

建设工程施工合同约定承包人投保内容：负责施工人员人身意外伤害保险。因此，施工人员意外伤害保险应由某县交通局缴纳。《辽宁省建筑施工人员意外伤害保险实施办法》第四条："意外伤害保险以工程项目或单项工程为单位进行投保。投保人为工程项目或单项工程的建筑施工总承包企业。由业主直接另行发包的专业分包工程，业主应在合同中明确相应的投保单位责任单位"及第八条："意外伤害保险费按建筑面积计算，每平方米 1.50 元。如无法计算面积，可按工程总造价计算，每千元 1.50 元"的规定，发包人向平安养老保险股份有限公司大连分公司缴纳保费 6029 元，是依据案涉工程总造价 4019000 元 ÷1000 元 ×1.50 元计算出来的，就是案涉工程的意外伤害险。此款应由承包人缴纳，发包人替某县交通局缴纳后，应从工程款中扣除。

建设工程施工合同约定工程总造价 4019000 元，扣除已付工程款 2487912 元、未施工部分工程造价 402706 元、维修部分工程造价 202447 元、安措费 80380 元、意外伤害保险费 6029 元，发包人应支付承包人的工程款数额为 839526 元。承包人于 2012 年 5 月 28 日作出回复函要求对已完工程予以结算，故发包人应自 2012 年 5 月 28 日始，按照中国人民银行同类贷款利率标准承担欠款期间的利息。

二审法院观点：《建设工程施工合同》约定该合同需经备案后生效，双方未进行备案后即开始施工，根据双方的诉辩主张，均是按照《建设工程施工合同》的约定确定工程总价款及工期的，可以认定《建设工程施工合同》已经得到实际的履行，故应该依据《建设工程施工合同》确定双方的权利义务。《建设工程施工合同》

第二部分通用条款 38.2 款约定，承包人未按时竣工及工程质量达不到合同约定的标准，应当承担违约责任，赔偿因其违约给发包人造成的损失。现发包人主张承包人应承担逾期交工及工程质量违约责任，应承担相应的举证责任。关于逾期交工，发包人并未提供相关的证据证明其实际损失的范围及数额，故其关于逾期交工违约责任的主张，缺乏事实依据，本院不予支持。关于质量违约责任，案涉工程存在质量问题已经通过鉴定确定了修复费用，一审法院认定修复费用为发包人因质量问题遭受的损失，判令由承包人承担，符合双方合同约定，本院予以维持。关于利息的起算点，本院认为，根据《最高人民法院关于审理建设工程施工合同纠纷案件适用法律问题的解释》的规定，利息从应付工程价款之日计付。当事人对付款时间没有约定或者约定不明的，建设工程已实际交付的，为交付之日。承包人并未全部完成案涉工程的施工，对于如何支付未完工工程的工程款，双方并无约定。2011 年 11 月 4 日，发包人向承包人发出律师函，通知世纪长兴公司未施工部分由发包人自行施工，决定终止合同。承包人也于 2011 年 11 月撤离施工现场，可以认定双方自此时对案涉工程已完工部分进行了交接。利息应自 2011 年 11 月起算。一审法院判令利息自承包人作出答复函的时间即 2012 年 5 月 28 日起算，承包人对此并未上诉，是对其权利的自由处分，本院予以尊重，对于利息的起算点不予调整。

四、律师建议

（1）发包人只有在通知承包人维修，承包人拒绝维修或者修复不能的情况下，才可以委托第三方修复。因此在保修期内，发包人在使用过程中，发现已接收的工程存在缺陷或损坏的，应书面通知承包人予以修复，但情况紧急必须立即修复缺陷或损坏的，发包人可以口头通知承包人并在口头通知后 48 小时内书面确认，承包人应在合同约定的合理期限内到达工程现场并修复缺陷或损坏。承包人拒绝维修或未能在合理期限内修复缺陷或损坏，发包人应书面催告，催告函中最好注明委托第三方修复需要产生的费用金额，及自身或第三人因维修造成的损失费用金额。催告后承包人仍未修复的，发包人才能自行修复或委托第三方修复。且修复范围是不能超出缺陷或损坏范围的。

（2）承包人接到发包人维修通知后，应及时进行维修。如果检查发现工程缺陷或损坏非自身原因造成的，可以和发包人协商修复费用，费用不能达成一致时可以拒绝维修。

(3) 重大缺陷需要请有资质的设计单位出具修复方案，并按修复方案修复和计算修复费用。且发包人应保存相关费用的支付凭证，包括相关的合同、修复资料、结算资料等证据材料原件。

(4) 合同无效的工程质量保修问题。

江苏省高级人民法院观点①："(八) 建设工程施工合同无效的工程质量保修。建设工程施工合同无效，但建设工程经竣工验收合格，发包人仍应参照合同约定向承包人支付工程价款。在支付了工程价款后，如何解决工程质量的保修问题？在正常情况下，建设工程经竣工验收后，在保修期限内出现的质量问题，由承包人依照法律规定或合同约定予以修复。我国实行建设工程质量保修制度，这也是《中华人民共和国建筑法》确立的一项基本法律制度。对此，《中华人民共和国建筑法》第六十二条第一款规定：建筑工程实行质量保修制度。《建设工程质量管理条例》则在建设工程的保修范围、保修期限和保修责任等方面，对该项制度作出了更具体的规定。该条例第四十条规定：在正常使用条件下，建设工程的最低保修期限为：(一) 基础设施工程、房屋建筑的地基基础工程和主体结构工程，为设计文件规定的该工程的合理使用年限；(二) 屋面防水工程、有防水要求的卫生间、房间和外墙面的防渗漏，为5年；(三) 供热与供冷系统，为2个采暖期、供冷期；(四) 电气管线、给排水管道、设备安装和装修工程，为2年。其他项目的保修期限由发包方与承包方约定。建设工程的保修期，自竣工验收合格之日起计算。由此可见，保修期限的规定是强制性的规定。在建设工程施工合同被确认无效后，合同关系不再存在，该合同对当事人不再具有任何拘束力。发包人不得要求承包人承担约定的保修责任，是不是承包人不承担保修责任呢？显然不是。承包人仍应在《建设工程质量管理条例》第四十条规定的最低保修期限内承担法定的保修责任。解决这个问题后，在履行保修责任的方式上，如果施工合同不是因为承包人没有相应的资质而被确认无效的，则仍由承包人承担质量瑕疵的维修义务。若施工合同是由于承包人没有相应的资质而被确认无效的，则不能由承包人自己来承担质量瑕疵的维修义务。可由承包人自行委托具有相应资质的施工队伍，来替代承包人承担质量瑕疵的维修义务，也可由发包人自行维修，修复的费用由承包人承担。"江苏省高级人民法院对合同无效承包人仍需履行保修责任的观点笔者非常赞同，尤其是在承包人无资质导致合同无效的情况下，可由承包人自行委托具有相应资质的施工队伍，来替代承包人承担质量瑕疵的维修义务，也可由发包人自行维修，

---

① 《江苏省高级人民法院建设工程施工合同案件审理指南 (2010)》。

修复的费用由承包人承担，该观点不仅支持了承包人有保修责任的观点，而且有资质的第三方来维修又保证了维修工程的质量。

（5）保修期限问题。

江苏省高级人民法院观点①："5. 保修期的问题。第六条 建设工程施工合同中约定的正常使用条件下工程的保修期限低于法律、行政法规规定的最低期限，当事人要求确认该约定无效的，人民法院应予支持。"承发包双方在合同中约定的保修期限只能高于法律规定的最低期限，不能低于法律规定的最低期限，低于法律规定法人最低期限的，约定无效。

（6）质量不合格的修复问题。

福建省高级人民法院观点②："10. 问：因承包人的过错造成建设工程质量不符合约定，承包人拒绝修理、返工或者改建，发包人以工程质量不符合约定为由请求减少支付工程价款的，是否必须反诉？工程未经竣工验收交付使用的，发包人以工程质量不符合约定为由请求减少支付工程款，应否支持？答：发包人可以以此抗辩，请求在工程价款中扣减修理、返工或者改建的合理费用；也可以提起反诉，请求承包人支付修理、返工或者改建的合理费用。但发包人要求承包人赔偿因工程质量不符合约定而造成的其他财产或者人身损害的，应当提起反诉。工程未经竣工验收，发包人擅自使用后，又以质量不符合约定为由请求减少支付工程价款的，不予支持。11. 问：建设工程质量不合格，发包人拒绝由承包人修复而另行委托他人修复的，承包人应否承担修复费用？答：因承包人的原因造成建设工程质量不合格的，承包人应当承担合理的修复费用。发包人无正当理由拒绝由承包人修复而另请他人修复的，因另请他人而增加的费用不应由承包人承担。"

笔者赞同福建省高级人民法院的观点，因承包人的过错造成建设工程质量不符合约定，承包人拒绝修理、返工或者改建，发包人以工程质量不符合约定为由请求减少支付工程价款的，发包人可以以此抗辩，请求在工程价款中扣减修理、返工或者改建的合理费用；也可以提起反诉，请求承包人支付修理、返工或者改建的合理费用。但发包人要求承包人赔偿因工程质量不符合约定而造成的其他财产或者人身损害的，应当提起反诉。

工程未经竣工验收，发包人擅自使用后，根据最高人民法院《关于审理建设工程施工合同纠纷案件适用法律问题的解释》的规定，已经视为验收合格，发包

---

① 《江苏省高院关于审理建设工程施工合同纠纷案件若干问题的意见》。
② 《福建省高院关于审理建设工程施工合同纠纷案件疑难问题的解答》。

人无权以质量不符合约定为由请求减少支付工程价款。

(7) 最高人民法院《关于审理建设工程施工合同纠纷案件适用法律问题的解释》第十二条第二款规定，造成建设工程质量缺陷，"承包人有过错的，也应当承担相应的过错责任"，应如何理解？

福建省高级人民法院观点[①]："承包人具有下列情形的，应当认定其有过错：(1) 承包人明知发包人提供的工程设计有问题或者在施工中发现设计文件和图纸有差错，而没有及时提出意见和建议，并继续进行施工的；(2) 对发包人提供的建筑材料、建筑构配件、设备等未按规定进行检验或者检验不合格仍予以使用的；(3) 对发包人提出的违反法律、行政法规和建筑工程质量、安全标准，降低工程质量要求，未拒绝而进行施工的。"承包人应该对工程质量负责，如果发包人有过错，也应承担过错责任。考虑到承包人是有经验的承包商，对工程质量的安全隐患更为了解，因此承包人应该承担提醒和注意义务。如福建省高级人民法院罗列的三种情形。

(8) 发包人已经签字确认验收合格，能否再以质量问题提出抗辩，主张延期或不予支付工程价款？

浙江省高级人民法院观点[②]："发包人已组织验收并在相关文件上签字确认验收合格，后又以工程质量存在瑕疵为由，拒绝支付或要求延期支付工程价款的，该主张不能成立。但确因承包人施工导致地基基础工程、工程主体结构质量不合格的，发包人仍可以拒绝支付或要求延期支付工程价款"。笔者同意江苏省高级人民法院的观点，地基基础、工程主体结构质量不合格不是显而易见的质量问题，有一定的隐蔽性，发包人组织验收时没有地基基础、工程主体结构质量问题，验收后发现地基基础、工程主体结构质量确实存在问题的，承包人仍负有修复责任。这与最高人民法院《关于审理建设工程施工合同纠纷案件适用法律问题的解释》中关于发包人未经验收提前使用工程需要承担的视为验收通过责任一致，视为验收合格的情况下，承包人仍要对地基基础、工程主体结构质量负责。

---

① 《福建省高院关于审理建设工程施工合同纠纷案件疑难问题的解答》。
② 《浙江省高级人民法院民事审判第一庭关于审理建设工程施工合同纠纷案件若干疑难问题的解答》。

第八章　合同解除的工程价款鉴定

第一节　发包人责任的工程价款鉴定

一、主要条款归纳

（一）合同解除的情形

《中华人民共和国合同法》第九十三条规定：

"当事人协商一致，可以解除合同。当事人可以约定一方解除合同的条件。解除合同的条件成就时，解除权人可以解除合同。"

《中华人民共和国合同法》第九十四条规定：

"有下列情形之一的，当事人可以解除合同：

（一）因不可抗力致使不能实现合同目的；

（二）在履行期限届满之前，当事人一方明确表示或者以自己的行为表明不履行主要债务；

（三）当事人一方迟延履行主要债务，经催告后在合理期限内仍未履行；

（四）当事人一方迟延履行债务或者有其他违约行为致使不能实现合同目的；

（五）法律规定的其他情形。"

《最高人民法院关于审理建设工程施工合同纠纷案件适用法律问题的解释》第九条规定：

"发包人具有下列情形之一，致使承包人无法施工，且在催告的合理期限内仍未履行相应义务，承包人请求解除建设工程施工合同的，应予支持：

（一）未按约定支付工程价款的；

（二）提供的主要建筑材料、建筑构配件和设备不符合强制性标准的；

（三）不履行合同约定的协助义务的。"

> **主旨诠释**
>
> 上述条文规定了合同解除有约定解除和法定解除两种方式。主要包含以下内容：
>
> （1）当事人协商一致，可以解除合同。

（2）当事人可以约定一方解除合同的条件。解除合同的条件成就时，解除权人可以解除合同。

（3）法定解除的情形：

1）因不可抗力致使不能实现合同目的。

2）在履行期限届满之前，当事人一方明确表示或者以自己的行为表明不履行主要债务。

3）当事人一方迟延履行主要债务，经催告后在合理期限内仍未履行。

4）当事人一方迟延履行债务或者有其他违约行为致使不能实现合同目的。

5）法律规定的其他情形。

（二）合同解除的程序

《中华人民共和国合同法》第九十五条规定：

"法律规定或者当事人约定解除权行使期限，期限届满当事人不行使的，该权利消灭。

法律没有规定或者当事人没有约定解除权行使期限，经对方催告后在合理期限内不行使的，该权利消灭。"

《中华人民共和国合同法》第九十六条规定：

"当事人一方依照本法第九十三条第二款、第九十四条的规定主张解除合同的，应当通知对方。合同自通知到达对方时解除。对方有异议的，可以请求人民法院或者仲裁机构确认解除合同的效力。

法律、行政法规规定解除合同应当办理批准、登记等手续的，依照其规定。"

主旨诠释

上述条文规定了合同解除的程序。主要包含以下内容：

（1）主张解除合同的，应当通知对方。合同自通知到达对方时解除。法律、行政法规规定解除合同应当办理批准、登记等手续的，依照其规定。

（2）对方有异议的，可以请求人民法院或者仲裁机构确认解除合同的效力。

（3）法律规定或者当事人约定解除权行使期限，期限届满当事人不行使的，该权利消灭。

（4）法律没有规定或者当事人没有约定解除权行使期限，经对方催告后在合理期限内不行使的，该权利消灭。

（三）合同解除的后果

《中华人民共和国合同法》第九十七条规定：

"合同解除后，尚未履行的，终止履行；已经履行的，根据履行情况和合同性质，当事人可以要求恢复原状、采取其他补救措施、并有权要求赔偿损失。"

《最高人民法院关于审理建设工程施工合同纠纷案件适用法律问题的解释》第十条规定：

"第十条　建设工程施工合同解除后，已经完成的建设工程质量合格的，发包人应当按照约定支付相应的工程价款；已经完成的建设工程质量不合格的，参照本解释第三条规定处理。因一方违约导致合同解除的，违约方应当赔偿因此而给对方造成的损失。"

《最高人民法院关于审理建设工程施工合同纠纷案件适用法律问题的解释》第三条规定：

"建设工程施工合同无效，且建设工程经竣工验收不合格的，按照以下情形分别处理：

（一）修复后的建设工程经竣工验收合格，发包人请求承包人承担修复费用的，应予支持；

（二）修复后的建设工程经竣工验收不合格，承包人请求支付工程价款的，不予支持。

因建设工程不合格造成的损失，发包人有过错的，也应承担相应的民事责任。"

主旨诠释

上述条文规定了合同解除的后果。主要包含以下内容：

（1）建设工程施工合同解除后，已经完成的建设工程质量合格的，发包人应当按照约定支付相应的工程价款。

（2）已经完成的建设工程质量不合格的，修复后合格的承包人承担修复费用。修复后不合格的，承包人无权请求工程价款。发包人有过错的，也应承担相应的责任。

（3）因一方违约导致合同解除的，违约方应当赔偿因此而给对方造成的损失。

（四）合同解除后工程价款的计算方式

《建设工程工程量清单计价规范》GB 50500—2013 第 12.0.4 条规定：

"因发包人违约解除合同的，发包人除应按照本规范第 12.0.2 条的规定向承包人支付各项价款外，应按合同约定核算发包人应支付的违约金以及给承包人造成损失或损害的索赔金额费用。该笔费用应由承包人提出，发包人核实后应与承包人协商确定后的 7 天内向承包人签发支付证书。协商不能达成一致的，应按照合同约定的争议解决方式处理。"

《建设工程工程量清单计价规范》GB 50500—2013 第 12.0.2 条规定：

"由于不可抗力致使合同无法履行解除合同的，发包人应向承包人支付合同解除之日前已完成工程但尚未支付的合同价款，此外，还应支付下列金额：

1 本规范第 9.11.1 条规定的由发包人承担的费用；

2 已实施或部分实施的措施项目应付价款；

3 承包人为合同工程合理订购且已交付的材料和工程设备货款；

4 承包人撤离现场所需的合理费用，包括员工遣送费和临时工程拆除、施工设备运离现场的费用；

5 承包人为完成合同工程而预期开支的任何合理费用，且该项费用未包括在本款其他各项支付之内。

发承包双方办理结算合同价款时，应扣除合同解除之日前发包人应向承包人收回的价款。当发包人应扣除的金额超过了应支付的金额，承包人应在合同解除后的 56 天内将其差额退还给发包人。"

《建设工程工程量清单计价规范》GB 50500—2013 第 9.13.4 条规定：

"承包人要求赔偿时，可以选择下列一项或几项方式获得赔偿：

1 延长工期；

2 要求发包人支付实际发生的额外费用；

3 要求发包人支付合理的预期利润；

4 要求发包人按合同的约定支付违约金。"

┌─ 主旨诠释 ─────────────────────────────────────┐

　　上述条文规定了因发包人违约解除合同的工程价款及赔偿的计算方法。主要包含以下内容：

　　（1）因发包人违约解除合同的，发包人应向承包人支付合同解除之日前已完成工程但尚未支付的合同价款。

　　（2）因发包人违约解除合同的，应按合同约定核算发包人应支付的违约金以及给承包人造成的损失或损害的索赔金额费用。

　　（3）因发包人违约解除合同的，承包人要求赔偿时，可以选择下列一项或几项方式获得赔偿：延长工期；要求发包人支付实际发生的额外费用；要求发包人支付合理的预期利润；要求发包人按合同的约定支付违约金。

└──┘

二、鉴定方法解读

（一）固定价情况下的工程价款鉴定

建设工程施工合同约定工程价款实行固定总价结算，因发包人责任解除合同，承包人未完成工程施工的，司法鉴定时应计取的工程价款应包括：

（1）已完成工程的价款，除合同另有约定外，笔者认为该价款可以按照当地建设行政主管部门发布的定额及配套文件计算；

（2）如有赶工费用，应该按照双方达成一致的金额或者双方约定的计价标准计算，未约定的按照当地建设行政主管部门发布的定额及配套文件计算；

（3）已实施或部分实施的措施项目应付价款，该价款按照实际投入的措施项目按照当地建设行政主管部门发布的定额及配套文件计算；

（4）承包人为合同工程合理订购且已交付的材料和工程设备货款；

（5）承包人撤离现场所需的合理费用，包括员工遣送费和临时工程拆除、施工设备运离现场的费用，该费用可以根据承包人提供的付款凭证计算，也可以依据施工组织设计按照市场价格计算；

（6）承包人为完成合同工程而预期开支的任何合理费用，且该项费用未包括在上述其他各项支付之内。

（二）可调价情况下的工程价款鉴定

建设工程施工合同约定工程价款据实结算，执行优惠率的可调价结算，因发包人责任解除合同，承包人未完成工程施工的，司法鉴定时应计取的工程价款应包括：

（1）已完成工程的价款，笔者认为该价款可以按照当地建设行政主管部门发布的定额及配套文件计算，合同约定有下浮率的不再执行；

（2）如有赶工费用，应该按照双方达成一致的金额或者双方约定的计价标准计算，未约定的按照当地建设行政主管部门发布的定额及配套文件计算；

（3）已实施或部分实施的措施项目应付价款，该价款按照实际投入的措施项目按照当地建设行政主管部门发布的定额及配套文件计算；

（4）承包人为合同工程合理订购且已交付的材料和工程设备货款；

（5）承包人撤离现场所需的合理费用，包括员工遣送费和临时工程拆除、施工设备运离现场的费用，该费用可以根据承包人提供的付款凭证计算，也可以依据施工组织设计按照市场价格计算；

（6）承包人为完成合同工程而预期开支的任何合理费用，且该项费用未包括在上述其他各项支付之内。

（三）索赔的工程价款鉴定

合同约定了发包人违约解除合同应承担的违约责任的，按照合同约定计算索赔费用，合同无约定的，可以按照当地建设行政主管部门发布的定额及配套文件计算已完工程价款和已实施措施项目的，视为承包人的索赔费用。承包人有证据证明实际发生的损失的，按照承包人举证的资料核定索赔的工程价款。

三、典型案例

（一）基本案情

承包人是从事承接三级工业与民用建筑工程的有限责任公司。2012 年 3 月 8 日、同年 5 月 19 日，承包人、发包人分别签订《建设工程标准施工合同》、《某商住大厦项目补充协议书（一）》，约定：由承包人承包发包人的某商住大厦土建工程，工程规模为框架结构建筑一幢，地下停车库一层，地上九层，总建筑面积共 8977.53m²；计划于 2012 年 5 月底（具体开工日期以甲方的书面通知为准）进场开工，270 个日历天内全部完成；工程承包价按总价包干式总承包，总造价暂定 1198 万元；工程款支付：不支付预付款，按每月实际工程进度支付至 70%，承包人每月的工程进度款申请经发包人和监理单位审核确认后，于次月 10 日前按 70% 的工程进度款予以支付……如承包人违反操作及施工规范或拒不听从发包人及监理单位的指挥和管理，或质量达不到合格以上标准，或出现安全事故的，发包人有权停发该月的进度款，直至承包人改正及修复为止；承包人必须按照招投标文件的规定，按照其制定的地下室基坑支护工程设计说明及设计施工图进行施工，地下室的基坑支护、开挖及其相关项目的工程造价包含在总承包价中；如承包人无正当理由未能按合同工期完成工程的，每延误一天，按合同总承包价3‰的标准计算违约金给发包人，但违约金的总额不超过合同总承包价的15%；发包人如不按合同约定支付工程款，则每延期一天向承包人支付3‰的违约金，违约金总额不超过合同总价的15%；违约方需承担对方因主张权利而产生的一切费用（包含律师费等）；合同还约定了其他事项。

合同签订后，涉案工程于2012年3月20日获颁建设工程施工许可证。承包人于2012年6月3日进场，对工地进行围蔽，搭设铁皮板房、厨房、厕所，安装水电等，于同月13日经勘察、设计、监理、发包人同意后打桩施工，于同年7月7日完成桩基础工程，桩基础施工过程中没有出现安全事故。承包人于2012年7月7日向发包人的工程监理公司递交工程款支付申请表（含桩基础工程结算书），称其已于2012年7月7日完成某商住大厦桩基础工程，要求在同年7月10日前支付工程进度款629456.67元（按工程款70%）。监理公司在该表上确认情况属实，请业主确认工程量。但发包人因故没有支付工程款。之后，双方对工程量确认、结算及工程款支付问题进行了多轮协商未果。其中，在发包人于2012年7月23日及8月4日发给承包人的工作联系函及复函中，发包人对承包人已完成桩基工程没有异议，并敦促承包人在桩验收合格后立即进行基坑支护及深基坑开挖施工。2012年8月21日，承包人委托建设工程质量检测单位对涉案工程桩基管桩中的7根管桩以基桩高应变法试验的检测方法进行检测。经检测，7根管桩的桩身完整性及承载力均满足设计要求。2012年9月5日，承包人通过快递方式向发包人送达解除上述施工合同及补充协议的函，以发包人未按约支付工程款为由通知自该函发出之日起15天期限届满上述合同及补充协议解除，并敦促发包人于同年9月10日前付清拖欠工程款1468422.89元。同日，承包人主要工作人员退场，保留看护人员看守工地。之后，发包人仍然没有支付工程款。

2012年12月19日，施工、勘察、设计、监理公司对涉案桩基验收合格。同年12月下旬，发包人与承包人协商支付工程款过程中，发包人向税务局出具证明要求开具桩基础工程的工程款发票82万元。但该工程款发票开出后，发包人仍拒不向承包人支付工程款82万元。经协商无果，承包人遂于2013年2月1日诉至一审法院，请求：（1）发包人立即支付承包人工程款1383746.24元及逾期付款违约金（以欠款金额为本金，按照每日3‰计算，从2012年9月11日起至发包人清偿之日止,暂计至 2013 年 1 月 31 日,违约金为 589475.9 元);(2)发包人承担承包人因主张权利而产生的律师费 61757 元;(3)本案诉讼费用由发包人负担。诉讼中,发包人提出反诉,请求:(1)解除发包人与承包人签订的《建设工程标准施工合同》、《某商住大厦工程施工总承包协议书》(含项目补充协议);(2)承包人向发包人支付违约金 1797000 元;(3)承包人拆除在工地采用残破材料搭设的工棚及围板,并负责清理现场;(4)承包人归还涉案工程项目《建设工程施工许可证》正本原件;(5)承包人交还桩工程竣工资料一式三份,并协助发包人办理如下资料的手续:施工许可证变更申请表、与旧施工单位的终止协议、施工许可报建申请表、原混凝土单位与旧施工单位的终止协议、新混凝土单位的混凝土合同、桩工程质量保修书;(6)承包人承担本案全部诉讼费用及发包人因主张权利而产生的一切费用(含律师费 61757 元)。

诉讼中,根据承包人的申请,原审法院依法委托鉴定机构对承包人已完成的涉案桩基础及附属设施工程造价进行造价评估。后鉴定机构出具工程造价鉴定编制报告书(编号(2013)-119),工程造价鉴定结果为:桩基础工程造价 884646.23 元,临时设施及配套工程造价 89398.22 元,分摊后规费 6655.3 元,总结算价 980699.75 元。经质证,发包人、承包人均对该报告提出异议。后一审法院要求鉴定机构针对发包人、承包人的异议进行复核。鉴定机构经复核,做出编号为(2013)-119-1 的工程造价鉴定编制报告书修正如下:工程造价鉴定结果为:桩基础工程造价 866120.4 元,临时设施及配套工程造价 68112.36 元,分摊后规费 6666.08 元,总结算价 940898.84 元。经质证,承包人对报告虽仍有异议,但认可工程造价鉴定结果。发包人对报告仍不予认可。承包人为此预付评估费 12000 元。

(二)争议焦点

本案系建设工程施工合同纠纷。承包人、发包人签订的《建设工程标准施工合同》、《某商住大厦项目补充协议书(一)》,是双方当事人真实意思表示,没有违反法律、行政法规的强制性规定,合同合法有效,双方应履行各自义务。结合双方当事人诉辩意见,本案争议的焦点:

(1)合同违约方是谁以及涉案合同、补充协议是否已解除问题。

(2)涉案工程造价如何确定,承包人及发包人的诉求应否支持问题。

(三)简要评析

一审观点:

（1）关于焦点一。

承包人在与发包人签订合同后已按约进场施工，并在经过勘察、设计、监理、发包人同意后先进行打桩施工，于2012年7月7日完成桩基础工程，且桩基础施工过程中没有出现安全事故。桩基础完工之后亦经勘察、设计、监理公司对涉案桩基验收合格。施工期间，对施工顺序的变更即对工程的基坑支护施工在主桩基础工程完成后才进行亦是经过基坑支护的实施方案及设计方案提供者的同意，在确保施工安全的情况下进行，且在施工期间，亦没有充分有效的证据证明发包人对承包人先进行打桩施工提出异议。因此，一审法院认定承包人是在监理、勘察、发包人等同意下，在确保现场施工安全的情况下进行打桩施工的，并无违反合同约定。相反，在承包人已按约进行桩基础工程施工，承包人依合同约定向发包人申请工程进度款，且监理公司亦确认施工进度属实时，发包人拒不履行付款的主要义务，致承包人至今未能收取分文工程款，发包人的行为已构成根本违约，应承担支付工程款及逾期付款违约金等违约责任。

在履行期限届满之前，当事人一方明确表示或者以自己的行为表明不履行主要债务的，当事人可以解除合同。此在《中华人民共和国合同法》第九十四条第（二）项有明文规定。在承包人与发包人就工程款结算、支付进行多次协商无果后，发包人于2012年9月5日以发包人未按约支付工程款为由向发包人送达解除合同的通知，施工人员并于同日撤场，发包人对此解除合同的行为并无提起诉讼或仲裁确认其效力，故承包人该解除合同的行为符合《中华人民共和国合同法》第九十六条第一款"当事人一方依照本法第九十三条第二款、第九十四条的规定主张解除合同的，应当通知对方。合同自通知到达对方时解除。对方有异议的，可以请求人民法院或者仲裁机构确认解除合同的效力"的规定，据此，一审法院确认承包人与发包人签订的《建设工程标准施工合同》、《某商住大厦项目补充协议书（一）》已于2012年9月5日解除。

（2）关于焦点二。

对承包人已完成的涉案桩基础及附属设施工程造价，承包人与发包人虽进行了协商，亦有以82万元结算的初步意见，但最终没有达成一致协议，从发包人在开具82万元工程款发票后没有支付该工程款可以印证，现发包人主张工程款双方同意以82万元结算，没有提供充分有效的证据证实，诉讼中双方亦没有达成一致意见，故对发包人的主张，不予采信。对鉴定机构经复核做出的（2013）-119-1号工程造价鉴定编制报告，不存在鉴定机构或者鉴定人员不具备相关的鉴定资格、鉴定程序严重违法、鉴定结论明显依据不足或者经过质证不能作为证据使用的其他情形，承包人、发包人亦没有提供充分有效证据证明其结果不足以采信，故一审法院对上述报告的工程造价鉴定结果予以确认，认定涉案工程桩基础及附属设施工程造价为940898.84元。该工程款发包人应向承包人清偿并支付相应逾期付款违约金。因双方未对工程款进行结算，工程亦未交付，故逾期付款违约金从起诉之日起计为宜，并按合同约定的日3‰计算，但逾期付款违约金总额以不超过合同总价的15%即1797000元（11980000元×15%）为限。承包人主张由发包人承担其支出的律师费61757元，符合合同约定且费用没有超出相关收费标准，予以支持。

如前所述，法院已确认涉案合同于2012年9月5日解除，故对发包人于本案中反诉请求解除合同的诉求，不予支持。又如前述，法院已认定发包人为合同违约方，承包人并无违约行为，故发包人请求承包人支付违约金及律师费的诉求，理据不足，予以驳回。发包人请求承包人拆除在工地采用残破材料搭设的工棚及围板并负责清理现场的诉求，因承包人于诉讼期间已完成了清理及拆除工作，发包人的诉求已得到满足，故该诉求不做判决处理。发包人请求承包人归还建设工程施工许可证正本的诉求，结合承包人出具收据的时间及内容（份数）、建设工程施工许可证正本颁发及签收时间、承包已将建设工程施工许可证副本等其他施工资料全部移交发包人等综合分析，原审法院认定承包人没有收取涉案工程建设工程施工许可证正本，发包人该诉求，一审法院亦不予支持。发包人请求承包人协助发包人办理解除合同而需履行的手续，不是承包人必须履行的义务，且承包人已于诉讼中明确如有需要可协助发包人办理相关手续，故对该诉求，一审法院亦不予支持。

发包人观点：

（1）一审判决只看表面而没有查清案件实质，导致认定事实错误。承包人投标时提交的技术方案列明施工顺序为先进行基坑支护，再进行压桩、验桩。该技术方案为合同的组成部分，双方从未对施工顺序作出变更。承包人先压桩再进行基坑支护是违约的，发包人也多次提出异议。承包人在《工作联系函（四）》明确提出"关于基坑支护及地下室基坑开挖的设计图纸及设计方案和施工进度计划在投标时已经提交，且已作为本项目施工合同补充协议的附件"，该证据可证明发包人上述主张。发包人是在承包人违约的情况下违心在打桩文件上签名，以免影响竣工时间，这根本不能作为发包人同意先打桩的依据。施工顺序是经建设主管部门批准的，任何一方无权变更。2012年7月23日及8月4日的工作联系函，是发包人催促承包人采取补救措施的依据，不能作为发包人同意承包人违约的借口。

（2）承包人严重违约，是导致本案纠纷的直接原因。承包人刚进场施工，就借口《工程施工总承包协议书》对工程造价约定不明确，企图单方改变结算方法，并以停工相威胁，承包人已构成违约。自 2012 年 3 月 8 日双方签订施工合同，至当年 6 月 3 日进场施工，承包人未到建设主管部门办理基坑支护方案的报备审批，也未进行专家论证，但承包人欺骗发包人称其已进行了上述工作。承包人关于基坑支护的设计方案及图纸也不符合规范要求，根本不具备基坑支护方案报备及开工的条件。

（3）承包人有上述违约行为，根据合同法的相关规定，发包人有权行使先履行抗辩权，暂缓支付打桩工程款。双方签订的《工程施工部承包协议书》也约定"如乙方违反操作及施工规范或拒不听从甲方及监理单位指挥管理……甲方有权停发该月工程进度款，直至乙方改正及修复为止"。承包人拒不理会发包人的指挥和监督，至今未进行基坑支护。根据合同约定，发包人有权在承包人进行基坑支护后支付工程款。发包人暂缓支付打桩工程款不属违约。一审判决的违约金额太高，应调整至按银行利率四倍计算。

（4）一审认定承包人发函到达发包人时，即 2012 年 9 月 5 日合同解除错误。承包人作为违约方无权单方通知解除合同。且双方签订的《工程施工总承包协议书》第十四条约定，一方严重违约，另一方欲解除合同，应提前十五天通知，并经双方代表书面同意后，才能提前终止或解除合同。发包人未书面同意解除合同。双方的合同至发包人反诉前仍未解除，发包人反诉之日起双方的合同才解除。

（5）双方已确定打桩工程款为 82 万元，一审按评估价作出判决违反双方的约定。承包人曾向发包人提交结算书，其最高结算价仅为 847914.72 元，双方最后确定工程含税结算价为 82 万元，承包人已到税务局开出 82 万元的发票。一审评估报告不仅没有事实根据，而且包含按约定应由承包人自行承担的费用。承包人在双方尚存重大争议时，自行于 2013 年 9～10 月期间全部拆除工地临时设施，应视为放弃有关费用的诉讼请求。

（6）2013 年 3 月 20 日，发包人通知承包人领取了《建设工程施工许可证》副本的正本和《中山市建设工程许可证申请表》正本。承包人出具的收据显示"兹收到建设局工程施工许可证正本（某商住大厦），许可证申请原件壹份"，证明承包人已收取施工许可证正本。一审认定发包人于 2012 年 3 月 24 日（星期六）到市建设局签收许可证正本显然是错误的。承包人已签收了许可证的正本，理应归还发包人。

（7）承包人已根本违约，发包人作为守约方，有权反诉提出解除合同，合同应从反诉之日起解除。发包人反诉主张的违约金、律师费及诉讼费有事实和合同依据，应受法律支持。

承包人观点：

(1) 关于合同违约方是谁的问题，一审法院认定事实清楚，适用法律正确。发包人一再以承包人"未按照先基坑支护再压桩的施工顺序"违约为由拒不支付工程进度款，实质是为其根本违约寻找借口。2012 年 2 月 18 日编制的《技术方案》，编制依据是发包人提供的设计图纸，当时未最终确定商住大厦的具体位置。施工现场的情况是，如先进行基坑支护，则无法满足桩基与建筑物之间的距离要求，也无法保障小区居民通行安全，这是包括勘察、设计、监理及发包人在内的各单位一致确认的。根据相关规定，在实际施工过程中，如遇到存在安全隐患或现场条件不允许等客观情况，在不影响工程质量的前提下，对施工顺序进行一定的变更是正常的。承包人按双方确认的进场时间进场施工。2012 年 6 月 13 日试桩时，发包人在场参与并在试验记录表上签字。发包人于 2012 年 6 月 21 日发给承包人的函中写明，"某商住大厦项目也已于 2012 年 6 月 11 日进场压桩，但已于 2012 年 6 月 20 日不知何故停止了施工……"。发包人于 2012 年 7 月 23 日、8 月 4 日发给承包人的函中，敦促承包人在桩基验收合格后立即进行基坑支护及深基坑开挖施工。2012 年 12 月 19 日，施工、勘察、设计、监理等公司对桩基验收合格。上述事实表明发包人知道并同意先打桩再进行基坑支护，其应当支付工程进度款。

(2) 关于工程款的确定问题。承包人在《关于提前解除某商住大厦项目的建设工程标准施工合同及补充协议的确认书》中所述的桩基础工程款 82 万元，该确认书是双方协商过程中来往的邮件，尚处于沟通和修改状态，双方无签名盖章，对双方无约束力。且该工程款数额是承包人为达成调解或和解目的而认可的数额，并不是实际工程价款，不应将其作为对承包人不利的证据，而应以事实为依据进行认定。另外，发包人虽开具了 82 万元的发票，但发包人一直拒付该款。该发票也不能证实包含全部工程价款。故该发票不应视为双方就工程价款达成协议的证据。一审法院对工程价款的评估程序合法，具有充分的证据效力。

(3) 关于合同解除的时间问题。承包人基于发包人拒付工程款的违约行为，于 2012 年 9 月 4 日发出解除合同的函给发包人，发包人于同年 9 月 5 日收到该函后，三个月内没有提出异议。根据法律规定，承包人有权行使法定解除权，而法定解除权属形成权，合同解除的时间应为解除合同的函到达发包人的时间，即 2012 年 9 月 5 日。

(4) 承包人没有收到施工许可证正本。综上，一审判决认定事实清楚，适用法律正确，请求驳回上诉，维持原判。

二审观点：

（1）关于承包人先打桩再进行基坑支护是否违约问题。如何施工及施工顺序属施工技术范畴，承包人作为施工方，如投标时制定的施工计划不符合实际情况，有权利也有义务进行调整，按具体情况采取有利于工程质量和安全的方案。承包人调整施工顺序，先打桩再进行基坑支护，是经勘察、设计、监理、发包人同意后进行的，对工程质量没有影响。本案证据中，2012 年 6 月 13 日试桩时，发包人在试验记录表上签名；发包人于 2012 年 6 月 21 日发给承包人的函中写明，"某商住大厦项目也已于 2012 年 6 月 11 日进场压桩，但已于 2012 年 6 月 20 日不知何故停止了施工……"；2012 年 7 月 12 日，发包人施工现场负责人在《静压混凝土预制桩施工工程量签证表》上签名确认工程量；发包人于 2012 年 7 月 23 日、8 月 4 日发给承包人的函中，也敦促承包人在桩基验收合格后进行基坑支护工作；2012 年 8 月 7 日，发包人在《桩基础质量检测方案》上签名盖章。上述证据表明发包人知道并同意承包人先打桩再进行基坑支护。没有任何证据显示发包人在打桩工程完工前，对承包人施工顺序提出过异议。2012 年 12 月 19 日，施工、勘察、设计、监理等公司对桩基验收合格。综上，承包人先打桩再进行基坑支护没有违约，发包人应当支付相应的工程款。发包人关于承包人其他违约情形的主张也缺乏事实与法律依据，本院不予采纳。发包人无权要求对方支付违约金及律师费。

（2）关于工程款的确定问题。承包人向发包人发出的《关于提前解除某商住大厦项目的建设工程施工标准合同及补充协议的确认书》中，述及双方均确认桩基础工程结算总金额为 82 万元，但双方均未在该确认书上签名确认。后发包人向税务局出具证明要求开具桩基础工程的工程款发票 82 万元，但该工程款发票开出后，发包人并未因此向承包人支付相应金额的款项。上述事实表明双方对工程款数额没有达成一致意见。一审期间承包人对工程款又有不同主张。在此情况下，原审法院根据承包人的申请，委托中介机构对桩基础工程及附属设施等工程造价进行评估，并按评估结果作出相应的判决并无不当。

（3）关于违约金是否过高问题。承包人与发包人在合同中对违约金的计算作出了明确的约定，为防止违约金过高，双方也特别约定了违约金的最高限额。双方在本诉、反诉请求中，均依据合同约定要求对方支付违约金。一审法院对违约金的处理，符合法律规定。

（4）关于合同解除的时间问题。如前所述，承包人先进行桩基础工程并无违约，发包人应向承包人支付工程款。发包人拒付工程款，即以自己的行为表明不履行合同主要债务，在此情况下，承包人有权行使法定合同解除权。解除权属形成权，合同解除的时间应为解除合同的通知到达发包人的时间。发包人于2012年9月5日收到承包人解除合同的函。原审确认双方合同于2012年9月5日解除并无不妥。

（5）关于发包人要求承包人返还施工许可证正本问题。发包人对此负有举证责任，否则应承担举证不能的法律后果。承包人于2012年3月20日出具收据，载明"收到建设工程施工许可证正本，（某大厦工程）许可证申请表原件壹份"。该证据不足以证实承包人收到建设工程施工许可证正本，一审法院结合其他证据，驳回发包人的相应诉求是正确的。

四、律师建议

（1）合同法规定了法定解除的情形。法定解除权无需合同的约定，合同约定排除法定解除权的约定无效。法定解除有严格的条件，该条件是否成立往往是争议的焦点，如"在履行届满之前，当事人一方明确表示或者以自己的行为表明不履行主要债务"，以上述案例为例，发包人应该支付工程款的前提已经满足，而发包人在收到承包人开具的发票后仍未支付的行为也表明其不履行，承包人催告后仍不履行，因此解除条件完全具备。因此承包人如要解除合同，不仅要有发包人违约的证据，且该违约致使承包人无法施工；还要有催告的证据，且催告的期限在合理范围内（合同有约从约，合同无约定的参考示范文本的约定）。只有同时满足上述两个条件，承包人解除合同的请求才能获得法院的支持。

（2）发包人严重违约主要是不能按时交付施工场地，不按约定支付工程款，提供的材料等不合格。发包人出现上述违约情形时，应积极解决，暂时不能解决的应与承包人协商处理办法。

（3）发包人收到承包人的解除通知后，如对合同解除有异议，应在3个月内提起诉讼。如对解除没有异议，应对现场已完工程进行质量检测，并与承包人和监理单位共同确认已完工程的具体部位，避免诉讼时现场被破坏导致承担不必要的损失。

（4）承包人除了请求已完工程价款外，还可以请求实际发生的额外费用和预期的利润，承包人在与发包人协商解除合同或者提起诉讼解除合同时，该项请求应该考虑。

第二节　承包人责任的工程价款鉴定

一、主要条款归纳

（一）承包人责任解除合同的情形

《最高人民法院关于审理建设工程施工合同纠纷案件适用法律问题的解释》第八条规定：

"承包人具有下列情形之一，发包人请求解除建设工程施工合同的，应予支持：

（一）明确表示或者以行为表明不履行合同主要义务的；

（二）合同约定的期限内没有完工，且在发包人催告的合理期限内仍未完工的；

（三）已经完成的建设工程质量不合格，并拒绝修复的；

（四）将承包的建设工程非法转包、违法分包的。"

【主旨诠释】

上述条文规定了承包人违约的情形下发包人的单方解除权，主要包含以下情形：

（1）承包人明确表示或者以行为表明不履行合同主要义务的；

（2）承包人在合同约定的期限内没有完工，且在发包人催告的合理期限内仍未完工的；

（3）承包人已经完成的建设工程质量不合格，并拒绝修复的；

（4）承包人将承包的建设工程非法转包、违法分包的。

（二）合同解除的后果

《最高人民法院关于审理建设工程施工合同纠纷案件适用法律问题的解释》第十条规定：

"建设工程施工合同解除后，已经完成的建设工程质量合格的，发包人应当按照约定支付相应的工程价款；已经完成的建设工程质量不合格的，参照本解释第三条规定处理。因一方违约导致合同解除的，违约方应当赔偿因此而给对方造成的损失。"

《最高人民法院关于审理建设工程施工合同纠纷案件适用法律问题的解释》第三条规定：

"建设工程施工合同无效，且建设工程经竣工验收不合格的，按照以下情形分别处理：

（一）修复后的建设工程经竣工验收合格，发包人请求承包人承担修复费用的，应予支持；

（二）修复后的建设工程经竣工验收不合格，承包人请求支付工程价款的，不予支持。

因建设工程不合格造成的损失，发包人有过错的，也应承担相应的民事责任。"

---主旨诠释---

上述条文规定了因承包人责任，发包人单方解除合同后工程价款的处理原则。主要包含以下内容：

（1）建设工程施工合同解除后，已经完成的建设工程质量合格的，发包人应当按照约定支付相应的工程价款。

（2）已经完成的建设工程质量不合格，经修复后验收合格的，发包人有权请求承包人承担修复费用的；修复后的建设工程经竣工验收不合格，承包人无权请求支付工程价款。

（3）因建设工程不合格造成的损失，发包人有过错的，也应承担相应的民事责任。

（4）承包人应当赔偿因此而给发包人造成的损失。

（三）合同解除后的工程价款的计算方式

《建设工程工程量清单计价规范》GB 50500—2013 第 12.0.3 条规定：

"因承包人违约解除合同的，发包人应暂停向承包人支付任何价款。发包人应在合同解除后 28 天内核实合同解除时承包人已完成的全部合同价款以及按施工进度计划已运至现场的材料和工程设备货款，按合同约定核算承包人应支付的违约金以及造成损失的索赔金额，并将结果通知承包人。发承包双方应在 28 天内予以确认或提出意见，并应办理结算合同价款。如果发包人应扣除的金额超过了应支付的金额，承包人应在合同解除后的 56 天内将其差额退还给发包人。发承包双方不能就解除合同后的结算达成一致的，按照合同约定的争议解决方式处理。"

《建设工程工程量清单计价规范》GB 50500—2013 第 9.13.8 条规定：

"发包人要求赔偿时，可以选择下列一项或几项方式获得赔偿：

1 延长质量缺陷修复期限；

2 要求承包人支付实际发生的额外费用；

3 要求承包人按合同的约定支付违约金。"

┌─ 主旨诠释 ───┐

　　上述条文规定了因承包人违约解除合同的工程价款计算方法。主要包含以下内容：

　　（1）因承包人违约解除合同的，发包人应暂停向承包人支付任何价款。

　　（2）发包人在合同解除后28天内核实合同解除时承包人已完成的全部合同价款以及按施工进度计划已运至现场的材料和工程设备货款。

　　（3）按合同约定核算承包人应支付的违约金以及造成损失的索赔金额，并将结果通知承包人。发承包双方应在28天内予以确认或提出意见，并应办理结算合同价款。如果发包人应扣除的金额超过了应支付的金额，承包人应在合同解除后的56天内将其差额退还给发包人。

　　（4）发承包双方不能就解除合同后的结算达成一致的，按照合同约定的争议解决方式处理。

　　（5）发包人可以获得的赔偿包括：延长质量缺陷修复期限；要求承包人支付实际发生的额外费用；要求承包人按合同的约定支付违约金。

└───┘

二、鉴定方法解读

（一）固定总价情况下的工程价款鉴定

经审查承包人已施工的工程质量合格的，可以采用"按比例折算"的方式，即由鉴定机构在相应同一取费标准下分别计算出已完工程部分的价款和整个合同约定工程的总价款，两者对比计算出相应系数，再用合同约定的固定价乘以该系数确定发包人应付的工程款。

当事人就已完工程的工程量存在争议的，应当根据双方在撤场交接时签订的会议纪要、交接记录以及监理材料、后续施工资料等文件予以确定；不能确定的，应根据工程撤场时未能办理交接及工程未能完工的原因等因素由法院合理分配举证责任。

（二）定额结算情况下的工程价款鉴定

根据实际完成的工程量，以建设行政管理部门颁发的定额取费，核定工程价款，并参照合同约定最终确定工程价款。此时，对工程造价鉴定不涉及甩项部分，只需鉴定其完工部分即可。

措施费总价项目按照合同约定的总价及实际完成的工程量占合同约定工程量的比例计算。

（三）索赔的工程价款鉴定

根据发包人提供的证据确定发包人实际受到的损失，违约金过分高于实际损失的由法院适当调整。

损失应该考虑未完工程再招标的费用、再招标中标金额与承包人完成未完工程的价款差额。

三、典型案例

（一）基本案情

2008年4月7日，A公司（以下又称甲方）向B公司（以下又称乙方）发出《中标通知书》。2008年4月17日，A公司作为发包人、B公司作为承包人签订《建设工程施工合同》。合同约定的主要内容有：B公司承建A公司开发的某项目B区工程。开工日期2008年4月20日，竣工日期2008年11月15日，合同工期总日历天数210天。工程质量标准为优良。合同价款1.7亿元。合同价款调整办法：工程计价方式按实际发生执行定额，费率固定的方式。其中土建工程执行2004年建筑或装饰工程消耗量定额，建筑工程固定费率为11%（税前费率，以定额直接费为取费基数），装饰工程固定费率为70%（税前费率，以定额人工费为取费基数）。安装工程执行全国统一安装工程预算定额2001年辽宁省单位估价表，固定费率为70%（税前费率，以定额人工费为取费基数），同时执行省市预决算有关问题的相关文件对定额子目项的规定。材料按到场双方认价为准，人工费不调整。合同价款的其他调整因素：设计变更或者现场洽商等按实际发生工程量增减予以签认，价格按实际发生计入工程造价，不参与取费，只计取税金。工程款（进度款）支付的方式和时间：B公司每月申报截止到当月25日前的工程形象进度、现场签证、设计变更的预算书，A公司在5个工作日内核定工程造价，次月5日拨付审定数额80%（扣除甲供材后的80%）工程进度款。工程竣工前一个月，支付至已完工程总价的90%。竣工验收与结算：执行合同通用条款第32、33、34条。工程采取月结算，每月结算累加作为最终结算额，出竣工结算书。除按国家规定应预留的质量保证金外，余款工程验收合格办理完交档手续后一个月内付清。质量保证金的返还按照《房屋建筑工程质量保修书》。竣工验收：B公司提供一套竣工图，其中档案馆一套，建设单位一套。违约责任：A公司违约应承担的违约责任，执行合同通用条款第26.4条，即发包人不按合同约定支付工程款（进度款），双方又未达成延期付款协议，导致施工无法进行，B公司可停止施工，由A公司承担违约责任；A公司违约应承担的违约责任，还执行合同通用条款第 33.3 条，即 A 公司收到竣工结算报告及结算资料后 28 天内无正当理由不支付工程竣工结算价款，从第 29 天起按 B 公司同期向银行贷款利率支付拖欠工程价款的利息，并承担违约责任。B 公司违约应承担的违约责任，执行合同通用条款第 14.2 条，即因 B 公司原因，不能按约定的竣工日期或工程师同意顺延的工期竣工的，B 公司承担违约责任；合同通用条款第 15.1 条约定 B 公司违约应承担的违约责任，双方约定：因 B 公司原因，对于不能达到国家或行业及约定的质量标准的工程，A 公司责令其返工，直至达到质量标准，其费用由 B 公司自负。非 B 公司质量原因造成的返工，费用由责任人承担。该合同还约定了补充条款：(1)关于定额子目项的规定：1)脚手架只计综合脚手架，如技术要求必须采用单项脚手架，现场签证处理。2)脚手架超高、超高人工机械降效不计取。3)电渣压力焊 2 元／接头，外加剂按实计价，只取税金。4)水电费单价按实际发生单价计取。5)混凝土套用现场搅拌混凝土，材料按实找差，泵送费单独套项。6)冬雨期施工费已包含在取费中，不另计取。7)土方挖运只套定额中反铲挖掘机自卸汽车运土 3km 运距子目项。(2)本合同门窗工程、电梯工程、外墙涂料工程、铁艺工程由 A 公司直接分包。配合费由甲方主持，分包单位与总包单位协商，由分包单位承担。(3)甲供材料：钢筋及混凝土。混凝土按相应定额子目项所含的材料总和，乘以材料市场单价所得，每立方米另加取 20 元（水电费、机械磨损、人工上料费用）。每月 A 公司按上述单价乘以已施工完工程量从月完成工作量中扣除。钢筋 A 公司采用整进整出，B 公司配合卸车，单价以进入施工现场，双方确认为准。甲供材料按定额单价取费，价差只取税金。合同附件包括：《承包人承揽工程项目一览表》、《发包人供应材料设备一览表》、《房屋建筑工程质量保修书》、《施工现场报验制度管理协议》、《关于设计变更、现场签证的协议》、《成品保护管理协议书》、《施工管理及技术要求》。其中，《房屋建筑工程质量保修书》约定：保修金的支付：本工程约定的工程质量保修金为施工合同价款的 3%。质量保修金的返还：A 公司在质量保修期满一个月内，将剩余保修金返还 B 公司，其中竣工验收合格满一年的一月内返还质保金 60%，竣工验收合格满两年的一个月内返还质保金 20%，竣工验收合格满三年的一个月内返还质保金 10%，竣工验收满四年的一个月内返还质保金 5%，竣工验收满五年的一个月内返还质保金 5%。

2008 年 4 月 20 日 ~ 5 月 12 日 A 公司组织施工单位分别召开了某项目 2008 年第 1、2、3、4、5 次工程协调会，主要内容概括如下：施工单位已经进场，但施工前准备工作迟缓，开工延后，施工进展缓慢，施工能力不足及管理不到位，须加快进度，加强管理，确保工期。2008 年 5 月 18 日、5 月 25 日、6 月 1 日分别召开 2008 年第 6、7、8 次工程协调会，主要内容概括如下：对一周的工程进度进行总结，布置下周计划，提出问题包括施工单位管理混乱问题、保证工程质量问题、建设单位混凝土供应问题。

2008 年 5 月 18 日，双方签署《某项目混凝土浇筑计划表》，确定主体工程基本进度。2008 年 6 ~ 7 月间及 9 月 7 日、10 日 B 公司多次向 A 公司发函，提出拨款不足、混凝土供应不及时、影响工期问题。

2008 年 9 月 1 日，双方签订《某项目 B 区工程总包合同补充协议》（以下简称《补充协议》）。该协议确认：双方于 2008 年 4 月 17 日签订"某项目 B 区工程"施工合同，并于 5 月份正式施工。施工前双方签订了主体施工计划表，对工程进度进行了严密部署，但工程开工以来，由于双方各种因素影响，施工进度未能正常实施，工期滞后。B 公司承诺：重新制定施工计划（作为补充合同附件），在保证质量的同时，确保工期要求；2008 年 11 月 30 日按 A 公司下发交屋标准的工作内容全部完成（不包括由 A 公司发包的专业分包）。如不能按调整后的计划如期交工，愿承担每延期一天 10 万元的工期违约金，总额不超过 300 万元；如能按期或提前竣工，A 公司则给予 B 公司奖励 30 万元。同时，A 公司承诺中的一项：按重新调整后的施工计划，每月 5 日及时支付工程款，如因工程款拨付不及时，B 公司工期顺延。补充协议附件具体包括：工程施工进度计划表、交屋标准细则、由建设单位承担的分包工程一览表。

2008 年 8 月 24 日、9 月 7 日分别召开 2008 年第 18、20 次工程协调会，2008 年 9 月 6 日、11 月 19 日工程协调会，主要内容：落实砌筑、外墙抹灰、保温等工程及与甲方分包施工单位的协调配合问题。A 公司于 2008 年 5 月 14 日、6 月 3 日、7 月 17 日、7 月 26 日、8 月 14 日分别向 B 公司发出工作联系函，2008 年 6 月 5 日，A 公司向 B 公司发出《关于加快施工进度的工作联系函》，2008 年 9 月 13 日 A 公司向 B 公司发出《关于加快 B3B4、B9、B10、B7、B2、B5、B6 施工进度的联系函》，上述工作联系函的主要内容为：催促 B 公司落实施工进度计划，有效组织施工，改变不利局面，违约追究责任。

2008 年 10 月 27 日，A 公司向 B 公司发出《关于 B1 楼外墙抹灰 5 ~ 8 层质量问题的联系函》。2008 年 10 月 31 日，A 公司向 B 公司发出《工作联系函》，函中提到：目前地区已进入初冬季节，加之 B 区各单位工程的实际进度状态，在气温允许、保证质量的前提下已经无法完成合同工期目标。经双方共同协商，对本年度要完成的工程内容作如下的调整（略）。2008 年 12 月 21 日，A 公司向 B 公司发出《工作联系函》，因其与客户签订的交房时间是 2008 年 12 月 31 日，为降低双方损失，最大限度地安抚客户，要求 B 公司在 2009 年 1 月 5 日完成 B9 某楼、

B10 某楼的内墙抹灰工程。

2008 年 12 月 24 日，B 公司所有管理人员、施工人员全部撤离工地，未与 A 公司进行现场交接，留有未完工程。2009 年 6 月，A 公司售出的房屋入住。2011 年 11 月 26 日 B 公司将活动板房等临时设备取走。B 公司至今没有提交竣工资料，该工程尚未组织竣工验收。

2009 年 4 月 20 日，B 公司向一审法院提起诉讼称，请求：（1）解除 B 公司、A 公司签订的《建设工程施工合同》。（2）A 公司支付拖欠 B 公司的工程款 51029678 元。（3）确认 B 公司对建设单位房屋折价或者拍卖、变卖价款具有优先受偿权。（4）A 公司返还活动板房两间及临时用电用水等设备。（5）A 公司承担本案的诉讼费用。

2009 年 6 月 16 日，A 公司向一审法院提起反诉请求：（1）B 公司向 A 公司给付逾期交工违约金 300 万元。（2）B 公司赔偿因逾期竣工造成的公司的投资占用损失 531 万元。（3）B 公司赔偿因工程质量不合格部分的经济损失 5793649.82 元、涂料工程损失 200 万元、冬期施工使用商品混凝土差价款 137734.26 元。（4）B 公司赔偿其因财产保全而造成 A 公司财产损失每月 89097.38 元直至解除财产保全时止。（5）B 公司将竣工资料、竣工报告、竣工图给付 A 公司。（6）由 B 公司承担反诉费用。

根据 B 公司的申请，一审法院委托某工程管理咨询有限公司（以下简称咨询公司）对涉案工程某项目 B 区工程（1 ～ 10 某楼）的工程造价进行了鉴定。2010 年 12 月 12 日，咨询公司作出《工程造价咨询报告》，结论为：依据 B 公司提供的施工范围，B 公司施工的某项目 B 区工程结算价款为 116837393 元。该报告送达后，B 公司与 A 公司分别提出异议。咨询公司针对双方当事人提出的异议先后作出 5 次答复。其中，《司法鉴定意见书双方意见答复 4》（以下简称《答复 4》）内容为：B 公司施工的某项目 B 区工程结算价款为 115985045 元。在其他说明事项中说明：（1）上述意见是依据 B 公司提供的施工范围作出的，双方对 B 公司的施工范围有争议，依据现有资料无法判断双方谁提供的范围正确。（2）双方对施工范围没有达成共识，A 公司认为施工范围争议，鉴定意见应减少 5156006 元，已考虑 A 公司原范围符合错误影响（鉴定人无能力发表意见）。《司法鉴定意见书双方意见答复 5》（以下简称《答复 5》）对补充委托问题出具意见：（1）总承包服务费及配合费。依据市场惯例，总承包服务费如何计取应在施工合同中约定，本项目合同无约定，无计取依据。依据市场惯例配合费率应在施工合同中约定，本项目施工合同第 32 页第 2 条约定，"本工程门窗工程、电梯工程、外墙涂料工程、铁艺工程由发包人直接分包，配合费由甲方主持，分包单位与总包单位协商，由分包单位承担"。分包合同中也没有约定配合费计取方法。铁艺工程合同无单价，建设单位来函说铁艺工程施工时，总包单位已经退场。本次测算没有包括该部分。如果计算配合费，参照现行市场费率按 2% 测算。配合费测算值为 396177 元。(2) 混凝土中水泥强度等级按 42.5MPa 计算。依据《委托鉴定函》要求测算混凝土中水泥强度等级按 42.5MPa 计算，调整数值（混凝土实际使用的 32.5MPa 水泥还是 42.5MPa 水泥鉴定人没有收到相关资料）。混凝土中水泥强度等级按 42.5MPa 计算，增加数值为 1118606 元。(3) 两台塔吊进出场及安拆费。两台塔吊场外运输费鉴定意见中已经包含每台 38926.56 元（质证时更正为两台 38926.56 元）。无相关调整的价格依据，无法给出参考意见。塔吊安拆费已经包含在原鉴定意见中，不应调整。(4) 楼梯栏杆计算范围调整。依据《委托鉴定函》要求，调整楼梯栏杆计算范围，扣除 B1、B2、B5、B6、B7、B8 全部栏杆，B34、B9、B10 扣减 50%，扣减额为 169696 元。

在一审审理期间，A 公司同意给付 B 公司清理桩芯费用 4 万元，B 公司同意按鉴定单位提供的参考值扣减电渣压力焊接头费用 130276 元、泵送剂单价调整费用 116496.62 元、钢筋价格找差 3237678 元。

双方对鉴定意见仍持有异议的问题：

(1) B 公司提出的异议问题。1) 关于规费计取，认为规费不包含在合同约定的费率内，规费为必须缴纳的费用，此部分应计取 564759 元。咨询公司答复意见：请双方解释合同费率是否包含规费。如果不包含，应增加规费；如果包含，就不应增加。合同约定是固定费率，而不是固定费率加规费，就是因为包含了所有费用，所以鉴定结论是按综合费率包含规费计算的。2) 关于泵送费的增加问题，因为现场确实发生，此部分应予以调整 1350096 元。咨询公司答复意见：依据施工合同"……混凝土套用现场搅拌混凝土，材料按实找差，泵送费单独套项"，无依据计算泵送差。3) 关于夜间施工增加费 2001165 元、二次搬运费 250146 元、总承包服务费 500292 元的计取，夜间施工增加费、二次搬运费都为现场确实发生的，认为应当计取。咨询公司答复意见：没有相关证据，无法计算。4) 关于人工费调整，认为人工费应当按 70 元／工日计取，差额 1673 万元，否则就显失公平。咨询公司答复意见：本项目依据合同使用 04 定额，应使用综合工日。B 公司主张的 70 元是技工的工日，要求人工费均按技工的工日计算，依据不充分。

(2) A 公司提出的异议问题。关于垂直运输费减少 20% 合计 407246 元的问题。因为定额有明确解释，采用泵送混凝土时，垂直运输费应扣减 20%。咨询公司答复意见：实际施工中使用商品混凝土，合同约定不按商品混凝土套项，在双方未协商一致情况下，不应按定额规定扣减垂直运输。

从 2008 年 5 月 31 日～2009 年 7 月 6 日，双方确认已付款无争议数额 99653865.22 元（95476815.92 元＋4149785.4 元＋27263.9 元）。

（二）争议焦点

（1）合同解除问题。

（2）本案工程造价是多少？

（3）逾期竣工违约金的问题。

（4）工程质量不合格的问题。

（三）简要评析

一审法院认为，A 公司与 B 公司于 2008 年 4 月 17 日签订《建设工程施工合同》以及后续签订的《补充协议》，系双方当事人的真实意思表示，不违反法律、行政法规的强制性规定，合法有效。B 公司提前撤场，其请求解除《建设工程施工合同》，A 公司同意解除合同，予以准许。

关于工程造价和鉴定异议问题。根据咨询公司作出的鉴定意见书及答复 1、2、3、4、5，最终确定 B 公司施工的工程造价鉴定结论为 115985045 元。另有下列项目应在工程造价中增减：（1）A 公司同意给付 B 公司清理桩芯费用 4 万元，B 公司认可扣减电渣压力焊接头费用 130276 元、泵送剂单价调整 116496.62 元、钢筋价格找差 3237678 元、楼梯栏杆费用扣减 169696 元。（2）A 公司提供的 2008 年 6 月 20 日的《甲供混凝土情况说明》，B 公司认可，该情况说明中记载水泥 42.5MPa 为 370 元／t，该证据应予采信，故根据咨询公司作出的《答复 5》的参考数值，调整增加水泥差价款 1118606 元，应计入工程造价之内。（3）B 公司主张的总承包服务费问题。因合同没有约定，咨询公司在《答复 5》中意见明确不应当计取。但 B 公司请求计取总承包服务费的依据是甲方分包项目的分包合同即实际主张配合费，鉴于此，合同对配合费的计取方法没有约定，咨询公司根据现行市场费率测算的配合费数值 396177 元应当计入工程造价。（4）关于塔吊进出场费及安装费调整。根据 2008 年 5 月 24 日 A 公司回复 B 公司的工作联系函中确认，同意协商 MC110 型、MC125 型塔吊的进出场费及安拆费。B 公司提供了《起重机械租赁合同》，该台调整运输费以租赁合同为据计算 75000 元，扣除原鉴定意见中一台塔吊的出场费及安拆费 19463.28 元（38926.56 元÷2），应调整增加 55536.72 元。另一台 MC110 型塔吊，因 B 公司没有提供相关租赁合同等证据，不予调整。（5）关于施工范围。

咨询公司依据 A 公司提供的证据计算未完工程造价参考值为 5156006 元，但 A 公司提供的其与监理单位记载的 B 区未完及维修工程一览表及记录单，并没有通知 B 公司到场确认的证据。诉讼中，B 公司自认未完工程造价为 2924379 元，根据现有证据，予以采信，该价款应从鉴定意见确定的工程造价 115985045 元中扣除。

双方对鉴定意见的其他异议问题。包括：B 公司提出的规费计取问题、泵送费增加问题、夜间施工增加费和二次搬运费问题、人工费调整问题，A 公司提出的垂直运输费减少 20% 问题，双方上述异议问题，咨询公司从专业角度出具了明确意见，异议均不成立，不予支持。

因此，B 公司已完工程造价为 111016839.1 元 (115985045 ＋ 40000 ＋ 1118606 ＋ 396177 ＋ 55536.72 － 130276 － 116496.62 － 3237678 － 169696 － 2924379)。

关于 A 公司请求 B 公司给付逾期交工违约金 300 万元及赔偿逾期竣工的投资损失 531 万元的问题。《建设工程施工合同》约定竣工日期 2008 年 11 月 15 日，《补充协议》B 公司承诺 2008 年 11 月 30 日按 A 公司下发交屋标准的工作内容全部完成。从施工过程中的会议纪要、《补充协议》及双方往来函看，前期开工准备及施工进度缓慢主要责任在于 B 公司施工能力不足，管理不到位，影响工期。从 5 月下旬到 9 月初，除 B 公司存在管理问题外，A 公司出现混凝土供应不及时、拨款不足问题，工期没有正常实施存在双方因素。同时，从 8 月下旬至 9 月上旬，B 公司存在施工计划落实不到位情况。至 2008 年 10 月 31 日年度计划内容进行了调整，A 公司要求 B 公司在 2009 年 1 月 5 日完成 B9、B10 某楼的内墙抹灰工程，以便向购房人交屋。2008 年 12 月 24 日 B 公司撤场时存在未完工程。综合上述事实，在施工过程中，B 公司施工进度慢，管理不到位，影响工期。A 公司存在拨进度款不足，供混凝土不及时情况，影响工程进度。故双方在合同履行过程中互有违约，A 公司要求 B 公司承担逾期交工违约违约金及因此遭受的投资占用损失的诉讼请求，不予支持。

关于 A 公司请求 B 公司赔偿因工程质量不合格受到的损失 5793649.82 元、涂料工程损失 200 万元、冬期施工使用商品混凝土差价款 13734.26 元的问题。A 公司所提供的质量维修及损失证据为单方证据，也没有提供其要求 B 公司进行维修的证据，诉讼中又表示不申请工程质量鉴定。故 A 公司主张 B 公司工程不合格的证据不足，对其请求 B 公司赔偿损失，不予支持。

A 公司不服一审判决，提起上诉。二审法院认为：

(1) 关于 B 公司未完工程的造价问题。一审判决认定鉴定机构依据 A 公司提供的其与监理单位共同出具的未完和维修工程一览表以及其他施工合同材料等，核算出未完工程造价 5156006 元的参考数值。B 公司认为监理单位是由 A 公司单方聘用的现场管理单位，代表的是 A 公司利益，故二者协商后出具的检查记录等材料因未经 B 公司签认，不能作为证据使用，符合实际情况，应予支持。二审期间，A 公司亦表示在未完工程造价中，无法明确区分出未完工程、返修工程的施工范围及各自造价。在 A 公司不能举证充分证明自己主张、B 公司撤场时双方就未完工程采取证据保全措施等客观情形下，一审判决针对未完工程采信 B 公司自认的 2924379 元，符合本案实际，已经体现了对 A 公司权利的保护。

（2）关于质保金应否抵扣工程款问题。第一，A 公司主张案涉部分工程存在质量缺陷，但并未能提供其曾按照合同约定的方式方法向 B 公司主张权利以及对方拒绝返工和维修的施工洽商记录。而且，A 公司主张自行维修，却又无法提供证明其自行维修的施工范围及费用支出的甲乙方签证、监理签认单证、费用支出凭证等。第二，一审法院根据当事人申请委托对案涉工程进行造价鉴定，A 公司明确表示对工程质量问题不申请鉴定。第三，在案涉工程未竣工验收情形下，A 公司擅自实际使用、处分讼争标的物。B 公司关于 A 公司擅自使用涉案工程后又以质量不符合约定为由主张权利的行为，应当适用最高人民法院《关于审理建设工程施工合同纠纷案件适用法律问题的解释》第十三条规定，依法不应支持的观点，有事实和法律依据。第四，双方关于质保金如何返还问题，在合同中有明确约定。一审法院按照双方约定的内容处理质保金的返还时间、数额，并无不妥。

（3）A 公司关于 B 公司承担逾期交工违约金 300 万元的主张应否支持。第一，《补充协议》中不仅对逾期交工问题进行了约定，还对 A 公司付款义务有明确约定。关于交工日期以及逾期交工应当承担的违约责任问题，根据《补充协议》约定，B 公司应当于 2008 年 11 月 30 日前按照 A 公司下发的交屋标准全部完工，否则承担最多不超过 300 万元的工期违约金。同时，关于工期顺延、A 公司付款义务等内容，《补充协议》约定，A 公司"每月 5 日及时支付工程款，如因工程款拨付不及时，B 公司工期顺延"。第二，一审法院认定双方当事人均存在违约行为的结论正确。根据一审、二审法院已经查明的事实，一方面，B 公司直至 2008 年 12 月 24 日撤场时，尚遗留有未完工程，确实存在拖延工期问题；另一方面，A 公司亦并未完全按照《补充协议》约定如期、足额支付工程款，影响了工程进度。A 公司应当按照合同约定支付工程进度款，拒绝支付即构成违约行为，B 公司主张其有权依《建设工程施工合同》及《补充协议》相关约定，对因延付进度款而拖期部分按顺延工期或合理停工处理，理由成立。因此，造成涉案工程未能在约定时间内完工，双方均有责任。综上，本院认为，结合双方实际履约行为及《建设工程施工合同》和《补充协议》中有关约定，在履约中，B公司存在开工准备不足、前期施工能力不够、工程管理存在缺陷、擅自撤场等履约瑕疵；A公司存在混凝土供给不及时、支付工程进度款不足、未经竣工验收擅自使用等履约瑕疵；还存在着承发包双方沟通、协调、配合等方面缺陷。以上综合原因，或先后，或交叉，或共同作用下导致工期延误，现主合同涉及工期的约定内容、已经施工现场洽商记录、补充协议等几经修订，B公司擅自撤场后业主已安排案外人续建，涉案工程完工后未依法办理竣工验收而又转卖他人。在此情形下，已无法确定工期延误时间，难以区分A公司、B公司各自应当承担工期延误违约责任大小和因此遭受损失数额。A公司不能证明自己无违约行为、工程逾期未交工与其无关的情形下，一审法院未支持其关于工期逾期违约金的请求，并无不当。

四、律师建议

（1）合同解除有约定解除和法定解除。发包人可以在合同中约定因承包人违约解除合同的情形，约定解除的解除条件具备后，发包方可以解除合同。建设工程施工合同的解除对承发包双方损失都很大，在一般情况下当事人都不希望解除合同。只有承包人重大违约，导致施工无法进行，且在催告的合理期限内仍未履行相应义务时，发包人才能请求解除合同。因此发包人如要解除合同，不仅要有承包人违约的证据，还要有催告的证据，且催告的期限在合理范围内（合同有约从约，合同无约定的参考示范文本的约定）。只有同时满足上述两个条件，发包人解除合同的请求才能获得法院的支持。

（2）发包人解除合同最难的后续问题是承包人撤场，承包人往往以发包人已完工程结算或者其他不合理的要求为前提，拒绝撤场。因此发包人应在合同中约定不及时撤场的违约责任。

（3）承包人应当关注的是撤场前对已完工程的确认工作，以及撤场所发生的费用统计和发包人的确认，此时发包人急于完成撤场，通常比较容易取得共识。

（4）合同解除时固定总价合同的结算原则。

重庆市高级人民法院观点[①]："15.固定价合同的结算。建设工程合同中当事人约定按固定价结算，或者总价包干，或者单价包干的，承包人按照合同约定范围完工后，应当严格按照合同约定的固定价结算工程款。如果承包人中途退出，工

[①]《重庆市高级人民法院关于当前民事审判若干法律问题的指导意见》。

程未完工，承包人主张按定额计算工程款，而发包人要求按定额计算工程款后比照包干价下浮一定比例的，应予支持。"笔者赞同重庆市高级人民法院的观点。

北京市高级人民法院观点[1]："建设工程施工合同约定工程价款实行固定总价结算，承包人未完成工程施工，其要求发包人支付工程款，经审查承包人已施工的工程质量合格的，可以采用'按比例折算'的方式，即由鉴定机构在相应同一取费标准下分别计算出已完工程部分的价款和整个合同约定工程的总价款，两者对比计算出相应系数，再用合同约定的固定价乘以该系数确定发包人应付的工程款。当事人就已完工程的工程量存在争议的，应当根据双方在撤场交接时签订的会议纪要、交接记录以及监理材料、后续施工资料等文件予以确定；不能确定的，应根据工程撤场时未能办理交接及工程未能完工的原因等因素合理分配举证责任。"北京市高级人民法院的观点更为准确，按比例折算的方式公平合理。

江苏省高级人民法院观点[2]："建设工程施工合同履行过程中，当事人双方约定解除或单方法定解除合同，承包方主张其已完工程的工程款。因工程未完工，如何结算该部分工程款，往往涉及鉴定标准的把握。在工程没有全部完工的情况下，有两种不同的方式来确认工程款：一是根据实际完成的工程量，以建设行政管理部门颁发的定额取费，核定工程价款，并参照合同约定最终确定工程价款。此时，对工程造价鉴定不涉及甩项部分，只需鉴定其完工部分即可；二是确定所完工程的工程量占全部工程量的比例，按所完工程量的比例乘以合同约定的固定价款得出工程价款。此时，对工程造价鉴定涉及甩项部分，即对涉案工程总造价进行鉴定。第一种方法较为经济，也是较为常用的一种方法，一般用于工程没有总体竣工验收；第二种方法鉴定费用较高，一般用于工程竣工验收合格。上述两种方式均具有一定的合理性，应尽量寻求双方当事人意见的一致，如无法取得一致时由人民法院酌情确定。"江苏省高级人民法院的观点给了法官更多的自由裁量权，笔者认为不利于案件的判决一致性，同案不同判会影响法院的公信力。

山东省高级人民法院观点[3]："36. 对合同约定的一次包死的建筑工程，如合同有效，应严格按合同约定处理。但对合同履行中因设计变更而增加的工程价款，双方有补充约定的，按约定处理，没有补充约定的，应按照当地现行的定额标准，据实结算。对未完工的工程，应从合同总价款中相应扣减按现行工程定额标准计算出的未完工程的造价。"

---

[1]　《北京市高级人民法院关于审理建设工程施工合同纠纷案件若干疑难问题的解答》。
[2]　《江苏省高级人民法院建设工程施工合同案件审理指南（2010）》。
[3]　《山东省高级人民法院关于审理建筑工程承包合同纠纷案件若干问题的意见》。

笔者认为，山东省高级人民法院的观点加重了承包人的责任，如果是出于考虑承包人违约的前提，对承包人进行惩罚的话，要考虑合同约定的承包人违约责任与该惩罚的差距，如果差距不大，则违约责任不再计算，否则会造成承包人责任过重，有失公平。

第三节　非承发包责任的工程价款鉴定

一、主要条款归纳

（一）解除合同的规定

《中华人民共和国合同法》第九十三条规定：

"当事人协商一致，可以解除合同。当事人可以约定一方解除合同的条件。解除合同的条件成就时，解除权人可以解除合同。"

《中华人民共和国合同法》第九十四条规定：

"有下列情形之一的，当事人可以解除合同：

（一）因不可抗力致使不能实现合同目的；

（二）在履行期限届满之前，当事人一方明确表示或者以自己的行为表明不履行主要债务；

（三）当事人一方迟延履行主要债务，经催告后在合理期限内仍未履行；

（四）当事人一方迟延履行债务或者有其他违约行为致使不能实现合同目的；

（五）法律规定的其他情形。"

主旨诠释

　　上述条文是对合同解除的相关规定，主要包括以下内容：

（1）承发包双方可以协商一致解除合同。

（2）因不可抗力致使不能实现合同目的也可以解除合同。

（3）一方违约，守约方可以解除合同。

（4）当事人可以约定一方解除合同的条件。解除合同的条件成就时，解除权人可以解除合同。

（二）合同解除的后果

《最高人民法院关于审理建设工程施工合同纠纷案件适用法律问题的解释》第

十条规定：

"建设工程施工合同解除后，已经完成的建设工程质量合格的，发包人应当按照约定支付相应的工程价款；已经完成的建设工程质量不合格的，参照本解释第三条规定处理。因一方违约导致合同解除的，违约方应当赔偿因此而给对方造成的损失。"

《最高人民法院关于审理建设工程施工合同纠纷案件适用法律问题的解释》第三条规定：

"建设工程施工合同无效，且建设工程经竣工验收不合格的，按照以下情形分别处理：

（一）修复后的建设工程经竣工验收合格，发包人请求承包人承担修复费用的，应予支持；

（二）修复后的建设工程经竣工验收不合格，承包人请求支付工程价款的，不予支持。

因建设工程不合格造成的损失，发包人有过错的，也应承担相应的民事责任。"

主旨诠释

上述条文规定了合同解除后工程价款的处理原则。主要包括以下内容：

（1）建设工程施工合同解除后，已经完成的建设工程质量合格的，发包人应当按照约定支付相应的工程价款。

（2）已经完成的建设工程质量不合格，修复后的建设工程经竣工验收合格，发包人有权请求承包人承担修复费用。

（3）已经完成的建设工程质量不合格，修复后的建设工程经竣工验收不合格，承包人无权请求发包人支付工程价款。

（4）因一方违约导致合同解除的，违约方应当赔偿因此而给对方造成的损失。

（三）因不可抗力合同解除后的工程价款计算方式

《建设工程工程量清单计价规范》GB 50500—2013 第 12.0.2 条规定：

"由于不可抗力致使合同无法履行解除合同的，发包人应向承包人支付合同解除之日前已完成工程但尚未支付的合同价款，此外，还应支付下列金额：

1 本规范第 9.11.1 条规定的由发包人承担的费用；

2 已实施或部分实施的措施项目应付价款；

3 承包人为合同工程合理订购且已交付的材料和工程设备货款；

4 承包人撤离现场所需的合理费用，包括员工遣送费和临时工程拆除、施工设备运离现场的费用；

5 承包人为完成合同工程而预期开支的任何合理费用，且该项费用未包括在本款其他各项支付之内。

发承包双方办理结算合同价款时，应扣除合同解除之日前发包人应向承包人收回的价款。当发包人应扣除的金额超过了应支付的金额，承包人应在合同解除后的 56 天内将其差额退还给发包人。"

《建设工程施工合同（示范文本）》GF—2017—0201 第 17.4 条约定：

"因不可抗力导致合同无法履行连续超过 84 天或累计超过 140 天的，发包人和承包人均有权解除合同。合同解除后，由双方当事人按照第 4.4 款〔商定或确定〕商定或确定发包人应支付的款项，该款项包括：

（1）合同解除前承包人已完成工作的价款；

（2）承包人为工程订购的并已交付给承包人，或承包人有责任接受交付的材料、工程设备和其他物品的价款；

（3）发包人要求承包人退货或解除订货合同而产生的费用，或因不能退货或解除合同而产生的损失；

（4）承包人撤离施工现场以及遣散承包人人员的费用；

（5）按照合同约定在合同解除前应支付给承包人的其他款项；

（6）扣减承包人按照合同约定应向发包人支付的款项；

（7）双方商定或确定的其他款项。

除专用合同条款另有约定外，合同解除后，发包人应在商定或确定上述款项后 28 天内完成上述款项的支付。"

主旨诠释

上述条文规定了由于不可抗力致使合同无法履行解除合同的，发包人应向承包人支付下列金额：

（1）合同解除前承包人已完成工作的价款。

（2）承包人为工程订购的并已交付给承包人，或承包人有责任接受交付的材料、工程设备和其他物品的价款。

（3）发包人要求承包人退货或解除订货合同而产生的费用，或因不能退货或解除合同而产生的损失。

（4）承包人撤离施工现场以及遣散承包人人员的费用。

（5）按照合同约定在合同解除前应支付给承包人的其他款项。

（6）扣减承包人按照合同约定应向发包人支付的款项。

（7）双方商定或确定的其他款项。

二、鉴定方法解读

（一）已完工程的工程价款鉴定

已完工程质量不合格的承包人负责修复，修复后仍不合格或者无法修复的，承包人请求支付已完工程价款的不予支持。已完工程质量合格或者修复后合格的，按照合同约定的计价方法计算已完工程的工程价款。

司法鉴定时，已完工程可以通过现场踏勘的，鉴定单位应该组织三方到现场对已完工程进行踏勘确认。已完工程无法通过现场踏勘的，应该依据法院质证过的已完工程的证据进行鉴定，已完工程通过证据仍无法确认的，鉴定单位应就异议部分的工程价款进行分别列项，最终由法院判决。

（二）已实施或部分实施的措施项目的工程价款鉴定

已实施或部分实施的措施项目属于单价项目的，按照实际完成的工程量计算工程价款。已实施或部分实施的措施费项目属于总价项目的，按照已实际完成的情况计算工程价款。

司法鉴定时，鉴定单位应该对措施费进行单独列项。单价项目的价格按照承包人已标价工程量清单中的单价计算，工程量按照已完工程量计算。总价项目根据已施工和未施工区别对待，已施工的按照投标价计算；部分实施的按照已实施部分占总价款的比例计算；未施工的予以扣除。

（三）承包人撤离施工现场以及遣散承包人人员的费用的工程价款鉴定

承包人撤离施工现场所涉及的费用主要有拆除临时设施的费用，拆除塔吊等已安装在现场的设备、运输已运至现场的机械设备等费用。遣散承包人人员的费用根据不同的人员费用有所不同，以实际发生的费用为准。承包人需要提供支付凭证。

司法鉴定时，实际发生的费用证据的效力由法院认定，鉴定机构只需按照证据计算出工程价款。

三、典型案例

（一）基本案情

某县道路改建工程系公开招投标工程，A 公司作为中标单位，于 2009 年 8 月 9 日与某县交通局签订《某县道路改建工程施工合同协议书》一份，约定 A 公司承建某县交通局发包的某县道路改建工程，工程范围包括设计施工图纸范围内的内容（包括道路路基、路面、桥梁、涵洞、交通安全工程、路沿石等），由 A 公司负责工程资金筹措，工期为 2009 年 8 月 20 日开工至 11 月 25 日竣工，合同期内因拆迁、恶劣天气等原因影响施工进度时，工期可顺延至 2010 年 6 月 30 日，合同金额为 68212296 元（按照原投标图纸工程量），合同同时还约定了组成本合同的文件包括：合同协议书、中标通知书、投标书及其附件、标准、规范及有关技术文件、图纸、工程报价单，并且以上文件互相补充，若有不明确或不一致之处，以上列次序在先者为准。对于工期延误问题，双方约定工程量增加和设计变更及不可抗力等非承包方原因造成的工期推迟，经发包人书面确认后工期相应顺延。对于合同价款及调整，双方约定合同价款采用投标文件中的单价与实际发生工程量进行计算，投标单价被认为是为完成该工程所需的人工、材料、机械、利润、税金、保险等以及因运输而引起界区内外道路的加固、维修及其他费用等所有费用，并且双方约定的合同价格在合同履行中不因市场、政策变化因素而变动。另外，该合同还约定 A 公司应当于 2009 年 8 月 15 日前向某县交通局交纳履约保证金 20 万元，约定本合同自承包人提交的 20 万元履约保证金到达发包人指定账户后生效。

合同签订后，A 公司未向某县交通局交纳保证金，A 公司于 2009 年 8 月组织工程人员进驻工地开始施工，8 月初至 10 月 13 日期间开展了挖除原路面、碎石化、翻浆处理、路肩矮墙、级配碎石、桥涵等工程，2009 年 10 月 13 日项目部撤离工地。某县交通局委托公证处和监理处等对工程现状和已建工程量进行了测量、计算，监理处于 2009 年 12 月 15 日出具《已建工程确认书》，确认截止项目部撤离涉案工地时，工地现场已完成的工程量以及监理处予已认可的包括：挖除的原路面 52872m²，翻浆处理 15223.91m³，级配碎石 15068.05m²（当时施工后已及时确认，但因停工后照管不善，部分已被车辆搓起），路肩矮墙 908.55m，培土路肩 7001.25m³，七里沟子石拱桥的拆除按设计计量。监理处不予确认的包括：因碎石化还未满足规范及设计要求，不予确认。盖板涵和圆管涵应按延米计量，中间工序施工的工程量无法单独计量。

A 公司向一审法院提起诉讼称，某县交通局作为发包人、A 公司作为承包人，于 2009 年 8 月 9 日签订了《某县道路改建工程合同协议书》，合同明确约定了工程概况、工程承包合同、合同工期、质量标准、合同金额、双方的权利义务、合同价款及调整、偿还资金的来源和偿还时间、工程变更、违约责任等内容。合同签订后，A 公司进驻工地，修建临时道路、临时工程用地、建立临时供电设施，依约对工程进行施工，但某县交通局严重违约，并于 2009 年 10 月 21 日通知 A 公司单方解除合同，致使 A 公司被迫退出工地，A 公司因此造成巨大经济损失。期间，A 公司多次与某县交通局进行沟通，要求实事求是地解决合同解除后续问题，但至今未果。故诉至法院，请求依法判令：（1）某县交通局支付 A 公司工程价款 4612270.96 元及利息（从起诉之日 2012 年 4 月 26 日起至付清之日止，按照中国人民银行同期贷款利率计算）。（2）某县交通局赔偿 A 公司材料（石子、石粉）损失 1007657 元。（3）某县交通局赔偿 A 公司鉴定费 6 万元。并且诉讼费用由某县交通局承担。

A 公司主张某县交通局截至 2010 年 1 月 11 日未完成拆迁工作，构成严重违约，其提供了公证处于 2010 年 1 月 27 日出具的公证书一份（该公证书公证了 A 公司的委托代理人黄某和职工刘某于 2010 年 1 月 11 日在现场勘查涉案施工段的情况，并进行了录像，根据该录像，涉案施工路段尚未完成拆迁）。某县交通局质证认为，A 公司于 2009 年 10 月 13 日擅自停工并于 10 月 18 日全部撤离工地构成根本违约，提供 A 公司于 2009 年 10 月 13 日向某县交通局负责人发出的停工函一份（该函中 A 公司认为某县交通局故意拖延合同谈判时间、拒绝为 A 公司的运输车辆办理通行证、拒绝 A 公司使用平地机、源河村的拆迁未开始导致其在源河桥以南的路段下挖的老路面水泥混凝土块无处存放，致使 A 公司正常停工等），某县交通局于 2009 年 10 月 17 日向 A 公司发出的复函一份（该函中某县交通局认为 A 公司在上述函中反映的有关问题与实际不符，并要求 A 公司于 10 月 20 日前复工，否则视为单方解除合同等），某县交通局于 2009 年 10 月 21 日向 A 公司出具的关于解除涉案合同的函一份（该函中某县交通局认为 A 公司于 2009 年 10 月 18 日全部撤离完毕致使合同无法履行，构成了严重违约，加之 A 公司未按照某县交通局要求的时限复工，决定与 A 公司解除施工合同）。A 公司质证认为其并未违约，某县交通局单方行使合同解除权违反法律规定，其提供监理处于 2009 年 8 月 26 日签署同意开工的批复单一份予以证明，某县交通局质证认为该证据不能证明 A 公司的主张。

在本案审理过程中，经 A 公司申请，法院委托工程造价咨询公司对涉案工程造价进行审计，鉴定机构于 2013 年 6 月 28 日、10 月 21 日、11 月 24 日、12 月 27 日出具涉案工程造价鉴定报告书及三份补充报告，经双方质证、鉴定人员出庭接受质询,最终确定涉案工程的造价为 4213412.55 元,A 公司为此支付鉴定费 6 万元,某县交通局为此支出鉴定人员出庭费用 1100 元。A 公司对上述鉴定报告和补充报告无异议。某县交通局认为上述鉴定报告中的部分工程造价不应认定为 A 公司的工程款,具体如下:(1) 100 章 103-1 的鉴定数额过高,该临时道路的修建、养护与拆除(包括原有道路的养护费)总额是 20 万元,但是 A 公司施工不到 3 个月就撤离,对道路未进行养护与拆除,主张应该按照总数的 1 / 4 计算。(2) 104-1 驻地建设不应按照总额计算,A 公司撤离后某县交通局未使用该房屋。(3) 202-2-b水泥路面破碎价格按照市政工程套用计算标准错误,应按照 2009 年的《公路工程预算定额》标准进行结算。(4) 202-2-c 部分的水泥混凝土路面碎石化未满足设计要求,监理部门作出了明确的说明,且在以后的施工中加大了某县交通局的施工成本,鉴定机构认定 A 公司对该工程施工完成了 80%,没有任何的标准和依据。(5) 203-3-a 部分不存在弃垃圾支出,A 公司在该工程的投标文件中明确说明弃垃圾仅指清表土,而 A 公司并未对该路段进行施工,不存在弃垃圾的费用,即使存在弃垃圾也不存在运距超过 3km 的运输。(6) A 公司为该工程预制的盖板及盖板使用的钢筋款,A 公司撤离工地后由 A 公司自行进行了处理,双方没有进行交接,监理部门也证实该预制盖板并未使用到涉案工程上,故盖板及盖板使用的钢筋款163563.02 元不应计算在工程款内。(7) 对于拆除七里沟子桥的补充鉴定报告有异议,认为鉴定所引用的基础数据错误,部分方量计算错误,并且 A 公司拆除时未对原桥基础进行拆除或完全拆除。对于上述异议,鉴定人员出庭接受了质询并作出书面答复。同时,某县交通局还辩称因 A 公司的过错造成建设工程质量不符合约定,导致某县交通局额外支出工程款 4241351 元,并主张应在工程款中予以抵顶。(8) 关于 A 公司主张欠付工程款的利息起算点问题。A 公司主张某县交通局欠付其工程款的利息应从 2011 年 9 月 23 日开始起算,提供公证处于 2011 年 9 月 23日出具的公证书一份(该公证书公证了 A 公司的委托代理人于 2011 年 9 月 23 日通过邮局向某县交通局邮寄《关于要求对孟双线招贤至东莞段改建工程进行结算支付的函》一份,该函要求某县交通局向其支付工程款)。某县交通局质证认为该公证书不能证明某县交通局收到了该函且实际上也未收到该函。在诉讼过程中,A公司变更为按照中国人民银行同期贷款利率自起诉之日(2012 年 4 月 26 日)计算利息;某县交通局认为本案因 A 公司原因导致施工协议无效,不应支付其利息。(9)关于 A 公司主张的损失问题。A 公司主张因某县交通局于 2009 年 10 月 21 日单方通知解除合同,致使 A 公司不得不将存放于某县阎庄镇长安坡村拌合站、某县库山乡原某县供销社棉花加工厂拌合站的石子、方石粉进行处理,造成 A 公司材料(石子、石粉）损失 1007657 元，应由某县交通局予以赔偿，提供公证处于 2010 年 1 月 27 日出具的公证书一份（该公证书对公证了 A 公司的委托代理人黄某和职工刘某于 2010 年 1 月 11 日对上述两处拌合站内的设备及备料现状进行现场勘查的情况，并进行了录像），本院于 2011 年 2 月 23 日出具的（2011）日商终字第 48 号民事调解书一份（张某与 A 公司潍坊分公司在承揽涉案路段期间因买卖水稳碎石发生纠纷，后经法院调解，A 公司向张某支付材料费、机械费款项及利息共计 418027 元），来某与 A 公司潍坊分公司于 2009 年 9 月 28 日签订的产品购销合同一份（合同约定 A 公司潍坊分公司因涉案工程需要向来某购买水稳碎石，数量以实际供货为准）及借据三张、材料结算单两张（金额共计 278679.2 元），张某、付某与 A 公司潍坊分公司于 2009 年 7 月 31 日签订的产品购销合同一份（合同约定 A 公司潍坊分公司因涉案工程需要向付某购买石子，数量根据实际数量结算）及 2009 年 11 月 3 日双方签订的补充协议一份（协议约定因 A 公司潍坊分公司终止了与业主单位的施工合同，无法继续使用合同约定的材料，A 公司潍坊分公司支付张某、付某材料处置费共计 310952 元）及借据三张、结算单三张（金额共计 310952 元）。某县交通局对 A 公司主张的损失不予认可，认为不应赔偿。

（二）争议焦点

（1）关于涉案《某县道路改建工程施工合同协议书》的效力问题。
（2）关于合同的履行、解除问题。
（3）关于某县交通局应支付的工程款数额问题。

（三）简要评析

一审法院经审理认为：（1）关于涉案《某县道路改建工程施工合同协议书》的效力问题。根据 A 公司提供的《企业变更情况》、《关于印发〈某县人民政府机构改革方案〉的通知》、《某县政府机构改革部门之间职责划转事项公告》可以证实当时签订《某县道路改建工程施工合同协议书》中的一方主体后变更企业名称为 A 公司，另一方主体某县交通局因政府机构改革，其职责已划入新组建的某县交通运输局，故本案原某县交通局主体适格，某县交通局辩称本案原某县交通局主体不适格的主张不能成立，不予采信。某县交通局辩称 A 公司系借用资质承揽涉案工程，但未提供证据证明，且其陈述的 A 公司在投标时提供的保证金单据出票单位为山东特力路桥机械有限公司、该工程承包方的管理机构的人员并非 A 公司的工作人员及 A 公司的代理人及委托代理律师均为青州市人的三个方面的理由不充分，不能成立；但对于某县交通局辩称的因 A 公司未依约交纳 20 万元保证金，因此合同无效的问题，一审法院认为 A 公司虽未依约交纳 20 万元保证金，但是 A 公司进行了施工，某县交通局对此一直未提出异议，应视为双方对该项约定的变更，故双方签订的《某县道路改建工程施工合同协议书》系双方真实意思表示，内容不违反法律及行政法规的强制性规定，应为有效合同。(2) 关于合同的履行、解除问题。根据 A 公司提供的监理处于 2009 年 8 月 26 日签署同意开工的批复单，可以证实涉案工地于该日期符合开工条件，A 公司却于 2009 年 10 月 13 日撤离工地，其主张因"某县交通局故意拖延合同谈判时间、拒绝为 A 公司的运输车辆办理通行证、拒绝 A 公司使用平地机"等原因导致违约，但未提供有效证据证明，且某县交通局不予认可，故法院不予支持；对于其主张的因某县交通局未完成源河村的拆迁导致其停工的理由，虽提供了公证书予以证明，但是该公证书仅载明至 2010年 1 月 11 日尚未完成拆迁，并不能证明在 A 公司停工前上述拆迁就应当完成而未完成，故该理由亦不能成立，因此 A 公司在合同履行过程中构成违约。某县交通局在督促 A 公司继续履行合同不成后，要求解除涉案协议，符合《最高人民法院关于审理建设工程施工合同纠纷案件适用法律问题的解释》第八条第（二）项之规定，应予支持。(3) 关于某县交通局应支付的工程款数额问题。双方签订的施工协议虽已经解除，但是 A 公司实际施工的工程量已经原某县交通局及监理三方确认，并且在本案审理过程中，经法院委托鉴定确定 A 公司已完成工程的造价为4213412.55 元，经过庭审质证、鉴定人员出庭接受质询、补充签订，某县交通局虽仍对该鉴定意见有异议，但是未提供足以推翻该鉴定意见的证据予以证明，对该鉴定意见，应作为本案的有效定案依据，故本案中 A 公司已完成的工程造价为4213412.55 元，某县交通局虽辩称因 A 公司过错导致某县交通局额外支出工程款4241351 元应予抵顶，并未提供有效证据证明，不予采信。根据《最高人民法院关于审理建设工程施工合同纠纷案件适用法律问题的解释》第十条、第十三条之规定，原审法院认定某县交通局应支付给 A 公司的工程款 4213412.55 元。根据《最高人民法院关于审理建设工程施工合同纠纷案件适用法律问题的解释》第十七条和第十八条第(三)之规定，A 公司主张按照中国人民银行同期贷款利率自起诉之日(2012年 4 月 26 日）计算至付清之日，符合上述司法解释规定，应予支持；某县交通局辩称不应支付利息的理由不成立，不予采信。对于 A 公司主张的材料损失 1007657元，根据上述原某县交通局双方提供的证据，无法证实某县交通局存在违约行为，也无法证实某县交通局对于 A 公司主张的材料损失存在过错，故对其主张的材料损失 1007657 元，不应支持。综上，根据《最高人民法院关于审理建设工程施工合同纠纷案件适用法律问题的解释》第八条第（二）项、第十条、第十三条、第十七条和第十八条第（三）项之规定，一审判决如下：(1) 某县交通局某县交通运输局于本判决生效后三十日内支付 A 公司工程价款 4213412.55 元及利息（自 2012年 4 月 26 日起至付清之日止，按照中国人民银行同期贷款利率计算）。(2) 驳回 A 公司要求某县交通局某县交通运输局赔偿材料损失的诉讼请求。案件受理费 51560元，由 A 公司负担 11053 元；由某县交通局某县交通运输局负担 40507 元；鉴定费 6 万元，由某县交通局某县交通运输局负担；鉴定人员出庭费用 1100 元，由 A 公司负担。

　　某县交通运输局不服一审判决，上诉称：(1) 一审法院以鉴代审，将不属于该工程的工程造价判决某县交通运输局承担是错误的。1) 盖板及盖板适用的钢筋款 163563.02 元不应计算在工程款中。A 公司预制的盖板在 A 公司撤离工地后由 A 公司自行进行了处理，双方没有进行交接，监理部门在一审时也出庭证实盖板未用于涉案工程。2) 不存在弃垃圾支出，应扣除 439043.24 元弃垃圾费用。投标文件中明确说明弃垃圾仅指清表土，而 A 公司并未对该路段进行施工，不存在弃垃圾费用。双方合同第 19 条约定，投标单价被认为是为完成该工程所需的人工、材料、机械、利润、税金、保险等以及因运输而引起界区内外道路的加固、维修及其他费用等所有费用，在 A 公司施工的翻浆工程处理价格中已经包括各项费用，不存在额外弃垃圾的费用。即使存在有垃圾也不存在超过 3 公里的运输，鉴定机构在没有任何证据的情况下，鉴定存在超过 3 公里的垃圾费没有任何根据，一审鉴定人员出庭接受询问时明确说明该项需要监理单位作出说明，也就是说该费用必须经某县交通运输局、A 公司及监理单位予以确认。(2) 一审鉴定报告中部分价格造价缺乏客观事实和依据，一审中某县交通运输局提出重新鉴定及异议均未予采纳，是错误的。1) 鉴定报告中第 100 章 103-1，鉴定数额过高，因临时道路的修建、养护与拆除（包括原有道路的掩护费）总额是 20 万元，但 A 公司施工不到 3 个月就撤离，对道路未进行养护与拆除。鉴定报告按照全额鉴定是错误的。鉴定机构也未对此作出合理的解释，一审全额支持该部分费用是错误的。2) 202-2-C 部分，水泥混凝土路面碎石化未满足设计要求，监理部门作出了明确说明，且在以后的施工中加大了某县交通运输局发包的施工成本，因此不应鉴定在工程造价内，鉴定机构认定 A 公司对该工程施工完成 80%，没有任何的标准和依据，故对该部分费用不应支持。(3) 一审认定了 A 公司违约，对因 A 公司的违约，导致某县交通运输局额外支出工程款 4241351 元，某县交通运输局主张应当在工程款中予以抵扣，应予支持。根据最高院审理建设工程的司法解释第十条的规定，因承包人的过错造成建设工程质量不符合约定，承包人拒绝修理、返工或者改建，发包人请求减少支付工程价款的，应予支持，因一方违约导致合同解除的，违约方应当赔偿因此而给对方造成的损失。根据双方合同第24条第二款的规定，因承包人的原因达不到发包人规定的工程质量要求，发包人有权从承包人应得的工程款中扣除……，某县交通运输局在一审中提供了监理单位及日照市公路局等单位的证明应予证实。因此某县交通运输局要求从工程款中扣除该款应当得到支持。综上，一审以鉴代审，将不属于该工程的工程造价判决某县交通运输局承担，是错误的，一审未予重新鉴定，违反法律规定。请求二审法院依法撤销一审判决，发回重审或查清事实改判，一二审诉讼费由A公司承担。

A公司答辩称：（1）某县交通运输局应支付工程盖板、台帽钢筋款以及预制钢筋混凝土盖板款163563.02元及弃垃圾费用439043.24元。A公司于2009年10月18日被迫撤离工地，2009年12月15日，工程监理处对已完工程量进行了确认，其中确认了预制板的数量，不存在A公司撤离工地后由某县交通运输局自行处理的问题，至于合同解除后，某县交通运输局如何处置预制板，与A公司无关。（2）某县交通运输局应支付弃垃圾费439043.24元。A公司施工中存在弃垃圾这项支出。招标文件中载明弃垃圾（清表土）项目和翻浆回填项目的数量及单价，合同也未约定弃垃圾仅指清表土。施工合同第19条约定，合同价款采用投标文件中的单价与实际发生的工程量进行计算。翻浆回填和翻浆工程是两个截然不同的概念，不能混为一谈，翻浆回填并不包括翻浆的开挖和弃外运，翻浆回填的单价也不包含翻浆的开挖和弃外运的价格，某县交通运输局提供的招标文件清单204-1-e翻浆回填，套用的是《公路工程标准施工招标文件》204-1-e子目中的借土填方项目，而根据《公路工程标准施工招标文件》中204-1-e项的规定，借土填方不包含非适用材料的开挖和弃外运。鉴定人员对是否存在弃垃圾以及是否存在超过3km并不知情，某县交通运输局应当承担举证不能的法律后果。（3）某县交通运输局应支付临时道路修建、养护与拆除费20万元，应支付混凝土路面碎石化工程款395179.2元。在某县交通运输局没有证据推翻鉴定意见的情况下，鉴定报告应当作为本案定案依据。关于临时道路等施工准备工程，A公司在正式开工前已经施工完毕，各项费用已经全部发生。关于混凝土碎石化工程，监理方已经确认了工程量，因某县交通运输局单方解除合同，导致A公司无法继续进行，但该工程已经实际发生。（4）某县交通运输局主张应当在工程款中抵顶额外支出的4241351元请求，既不在二审审理范围内，也不应支持。A公司并没有违约，是因为某县交通运输局的原因导致公司被迫停工，且A公司已经完成了混凝土碎石化工程，某县交通运输局在解除合同接管工地后未尽管理义务，该路段被当地群众使用，导致重新碎石化，根据最高院审理建设工程案件的司法解释第 13 条的规定，该损失应当由某县交通运输局自行承担。(5) 某县交通运输局应赔偿 A 公司材料损失 1007657 元。通过 A 公司提供的公证书、供销合同、调解书等材料，足以证明某县交通运输局单方解除合同的行为，导致公司的材料损失合计 1007657 元，根据《中华人民共和国合同法》第 97 条的规定，某县交通运输局应当予以赔偿。综上，一审判决认定事实清楚，适用法律正确，请求二审驳回上诉，维持原判。

二审查明，鉴定机构一审时对某县交通运输局提出的鉴定异议均作了书面答复意见（包括上诉人二审时提出的四项异议），分别为：(1) 关于预制盖板费用，公司施工的盖板桥、预制板工程数量在监理单位出具的工程量确认书中已经得到确认，预制盖板制作费用已经实际发生。(2) 关于弃垃圾费用，根据招标清单及施工图纸，鉴定人认为存在弃垃圾项的费用，招标文件 203-3-1-a 约定了弃垃圾项，《施工图纸设计说明》第六页第 6 项路基土方计算，第 5 项源河桥改线段及荣安水泥厂以北改线段段路基填料应优先利用挖出原水泥路面均有相应说明，至于运距是否超过 3km，需要监理单位核实，由双方确定。(3) 关于临时道路费用，根据招标文件要求，临时道路、承包人驻地建设是开工前施工必备工程，A 公司在正式开工前已经施工完毕，各项费用已经全部发生，故应全额审计。(4) 关于水泥混凝土路面碎石化费用，A 公司施工的碎石化工程数量已经得到监理单位确认，监理单位同时说明，A 公司采用破碎机施工完成后，因撤离场地，没有及时按规范进行碾压，但鉴定人认为本项工程已经施工完成了 80%，所以应按合同价格的 80% 予以计算。

二审认为，根据某县交通运输局的上诉请求和 A 公司的答辩情况，本案争议焦点为：(1) 某县交通运输局针对鉴定报告提出的异议应否予以支持。(2) 某县交通运输局关于从工程款中扣除 4241351 元损失的主张应否予以支持。关于焦点一，某县交通运输局二审时对鉴定报告共提出了四项异议，分别为：一是关于盖板及盖板用钢筋款 163563.02 元不应纳入工程款之异议；二是关于不存在 439043.24 元弃垃圾费之异议；三是关于临时道路的修建、养护与拆除费用审计过高之异议；四是关于水泥混凝土路面碎石化费用不应计取之异议。本院认为，一审法院委托鉴定机构对工程造价进行鉴定，该鉴定机构资质合格，鉴定程序合法，鉴定报告经过双方当事人质证，针对当事人提出的异议，一审法院组织鉴定机构出庭接受当事人的质询，鉴定机构作出了对异议的解答及处理意见，在此基础上，一审法院依法做出处理，并无不当，某县交通运输局提出一审法院以鉴代审，应当重新鉴定的主张，缺乏依据，本院不予支持。本院二审期间，某县交通运输局对鉴定报告提出四项异议，但均没有足以反驳的相反证据和理由，在此情况下，鉴定机构依据监理单位出具的工程数量确认书、招投标文件及工程图纸等材料作出的鉴定报告，应当作为认定本案工程款的依据，某县交通运输局主张应在工程款中扣除上述费用，理据不足，本院不予支持。关于焦点二，某县交通运输局认为，因 A 公司存在违约，导致某县交通运输局额外支出 4241351 元工程款，其一审提交了监理单位和日照公路局的证明予以证实，根据最高院关于审计建设工程案件司法解释第 10 条及双方合同第 24 条的规定，应予抵顶。本院认为，某县交通运输局一审提交的监理单位及日照市公路局于 2012 年 2 月 24 日共同出具的《部分工程量、单价确认表》，系工程费用统计表，不足以证明额外发生了 4241351 元工程款的事实，且某县交通运输局也未提交证据证明该费用是因 A 公司的违约行为导致的，因此对某县交通运输局的该主张，本院不予支持。

四、律师建议

（1）建设工程施工合同中承发包双方的权利义务关系非常复杂，互为前提，违约责任的认定也非常困难，因此合同解除时，承发包双方均应该重视损失的证据搜集和固定，以及已完工程的质量和工程量的确认。

（2）不可抗力解除合同的案例很少见，《建设工程工程量清单计价规范》GB 50500—2013 和《建设工程施工合同（示范文本）》GF—2017—0201 均对不可抗力解除合同后的处理原则进行了详细的规定，承发包双方应该按照规定确认和搜集相关的证据材料，司法鉴定时，如果解除合同时的现场还在，应该进行现场勘测，准确计算已完成价款和相关的费用。

（3）承发包双方应本着合作共赢的理念解决合同履行工程中出现的问题，尽量不采取解除合同的方式解决问题，解除合同不仅严重影响工程进度，造成的损失也是巨大的。

（4）合同解除后的处理原则。

安徽省高级人民法院观点[1]："12. 建设工程施工合同终止履行，工程未完工但质量合格的，应参照合同约定确定工程价款。"

福建省高级人民法院观点[2]："7. 问：依据《中华人民共和国合同法》第九十六条的规定，当事人一方行使约定或者法定解除权时，应当通知对方，合同自通知

---

[1] 《安徽省高级人民法院关于审理建设工程施工合同纠纷意见案件适用法律问题的指导意见》。
[2] 《福建省高院关于审理建设工程施工合同纠纷案件疑难问题的解答》。

到达对方时解除，对方有异议的，可以请求人民法院或者仲裁机构确认解除合同的效力。建设工程施工合同的当事人未通知对方的，能否径行向人民法院提起解除合同之诉？答：一方当事人向人民法院起诉请求解除建设工程施工合同的，人民法院不得以未通知对方为由不予受理。8.问：一方当事人认为符合合同解除条件，但并未起诉请求解除合同，或者认为合同已经解除，而起诉请求对方承担恢复原状、采取其他补救措施、赔偿损失等合同解除的法律责任，审理后查明其解除合同之主张并未通知对方或者通知并未到达对方的，如何处理？答：审理中查明解除合同之主张并未通知对方或者通知并未到达对方的，应当告知当事人可以增加解除合同之诉讼请求。告知后，当事人仍不请求解除合同的，应当驳回其诉讼请求。当事人增加解除合同之诉讼请求的，人民法院可以另行给予双方当事人一定的举证期限。9.问：根据《中华人民共和国合同法》第二百八十七条，建设工程合同一章没有规定的，适用承揽合同的有关规定，而《中华人民共和国合同法》第二百六十八条规定，定作人可以随时解除承揽合同。建设工程施工合同的发包人能否据此行使任意解除权？答：发包人行使解除权必须符合最高人民法院《关于审理建设工程施工合同纠纷案件适用法律问题的解释》第八条的规定，不宜任意扩大解除权的行使。"

　　上述法院的观点主要涉及合同解除的程序和后果。合同当事人一方应该通知对方要求解除合同，也可以直接起诉到法院要求解除合同。建设工程施工合同的发包人不能行使任意解除权，发包人行使解除权必须符合最高人民法院《关于审理建设工程施工合同纠纷案件适用法律问题的解释》第八条的规定，不宜任意扩大解除权的行使。合同解除后已完工程合格的，应该按照合同约定计算工程价款。

第九章　无效合同的工程价款鉴定

第一节　发包人责任的工程价款鉴定

一、主要条款归纳

（一）合同无效的规定

《中华人民共和国合同法》第五十二条规定：

"有下列情形之一的，合同无效：

（一）一方以欺诈、胁迫的手段订立合同，损害国家利益；

（二）恶意串通，损害国家、集体或者第三人利益；

（三）以合法形式掩盖非法目的；

（四）损害社会公共利益；

（五）违反法律、行政法规的强制性规定。"

《最高人民法院关于审理建设工程施工合同纠纷案件适用法律问题的解释》第一条规定：

"建设工程施工合同具有下列情形之一的，应当根据合同法第五十二条第（五）项的规定，认定无效：

（一）承包人未取得建筑施工企业资质或者超越资质等级的；

（二）没有资质的实际施工人借用有资质的建筑施工企业名义的；

（三）建设工程必须进行招标而未招标或者中标无效的。"

《2015年全国民事审判工作会议纪要》第42条规定：

"就尚未取得建设工程规划许可审批手续的工程，发包人与承包人签订的建设工程施工合同无效。但在一审法庭辩论终结前发包人取得相应审批手续或者经主管部门批准建设的，应当认定合同有效。"

《2015年全国民事审判工作会议纪要》第43条规定：

"要依法维护通过招投标所签订的中标合同的法律效力。当事人违反工程建设强制性标准，任意压缩合理工期、降低工程质量标准的约定，应当认定无效。对于约定无效后的工程价款结算，应依据《关于审理建设工程施工合同纠纷案件适用法律问题的解释》的相关规定处理。"

┌─ **主旨诠释** ─────────────────────────

　　上述条文规定了合同无效的法定情形。主要包含以下内容：

　　（1）建设工程施工合同具有下列情形之一的，应当根据《中华人民共和国合同法》第五十二条第（五）项的规定，认定无效：（一）承包人未取得建筑施工企业资质或者超越资质等级的；（二）没有资质的实际施工人借用有资质的建筑施工企业名义的；（三）建设工程必须进行招标而未招标或者中标无效的。

　　（2）就尚未取得建设工程规划许可审批手续的工程，发包人与承包人签订的建设工程施工合同无效。但在一审法庭辩论终结前发包人取得相应审批手续或者经主管部门批准建设的，应当认定合同有效。

　　（3）要依法维护通过招投标所签订的中标合同的法律效力。当事人违反工程建设强制性标准，任意压缩合理工期、降低工程质量标准的约定，应当认定无效。

└──────────────────────────────────

（二）发包人责任导致中标无效的规定

《中华人民共和国招标投标法》第五十二条规定：

"依法必须进行招标的项目的招标人向他人透露已获取招标文件的潜在投标人的名称、数量或者可能影响公平竞争的有关招标投标的其他情况的，或者泄露标底的，给予警告，可以并处一万元以上十万元以下的罚款；对单位直接负责的主管人员和其他直接责任人员依法给予处分；构成犯罪的，依法追究刑事责任。

前款所列行为影响中标结果的，中标无效。"

《中华人民共和国招标投标法》第五十七条规定：

"招标人在评标委员会依法推荐的中标候选人以外确定中标人的，依法必须进行招标的项目在所有投标被评标委员会否决后自行确定中标人的，中标无效。责令改正，可以处中标项目金额千分之五以上千分之十以下的罚款；对单位直接负责的主管人员和其他直接责任人员依法给予处分。"

┌─ **主旨诠释** ─────────────────────────

　　上述条文规定了中标无效的法定情形。主要包含以下内容：

　　（1）依法必须进行招标的项目的招标人向他人透露已获取招标文件的潜在投标人的名称、数量或者可能影响公平竞争的有关招标投标的其他情况的，或者泄露标底的行为影响中标结果的，中标无效。

└──────────────────────────────────

（2）招标人在评标委员会依法推荐的中标候选人以外确定中标人的，依法必须进行招标的项目在所有投标被评标委员会否决后自行确定中标人的，中标无效。

（三）合同无效的后果

《中华人民共和国合同法》第五十六条规定：

"无效的合同或者被撤销的合同自始没有法律约束力。合同部分无效，不影响其他部分效力的，其他部分仍然有效。"

《中华人民共和国合同法》第五十八条规定：

"合同无效或者被撤销后，因该合同取得的财产，应当予以返还；不能返还或者没有必要返还的，应当折价补偿。有过错的一方应当赔偿对方因此所受到的损失，双方都有过错的，应当各自承担相应的责任。"

《最高人民法院关于审理建设工程施工合同纠纷案件适用法律问题的解释》第二条规定：

"建设工程施工合同无效，但建设工程经竣工验收合格，承包人请求参照合同约定支付工程价款的，应予支持。"

《最高人民法院关于审理建设工程施工合同纠纷案件适用法律问题的解释》第三条规定：

"建设工程施工合同无效，且建设工程经竣工验收不合格的，按照以下情形分别处理：

（一）修复后的建设工程经竣工验收合格，发包人请求承包人承担修复费用的，应予支持；

（二）修复后的建设工程经竣工验收不合格，承包人请求支付工程价款的，不予支持。

因建设工程不合格造成的损失，发包人有过错的，也应承担相应的民事责任。"

主旨诠释

上述条文规定了建设工程施工合同无效的后果。主要包含以下内容：

（1）无效的合同或者被撤销的合同自始没有法律约束力。

（2）合同无效或者被撤销后，因该合同取得的财产，应当予以返还；

不能返还或者没有必要返还的，应当折价补偿。有过错的一方应当赔偿对方因此所受到的损失，双方都有过错的，应当各自承担相应的责任。

（3）建设工程施工合同无效，但建设工程经竣工验收合格，承包人有权请求参照合同约定支付工程价款。

（4）建设工程施工合同无效，且建设工程经竣工验收不合格的，按照以下情形分别处理：1）修复后的建设工程经竣工验收合格，发包人请求承包人承担修复费用的，应予支持；2）修复后的建设工程经竣工验收不合格，承包人请求支付工程价款的，不予支持。因建设工程不合格造成的损失，发包人有过错的，也应承担相应的民事责任。

二、鉴定方法解读

（一）合同无效已实际施工的工程价款鉴定

应该招标的工程未招标或者发包人责任导致中标无效，签订的建设工程施工合同无效。合同无效，合同已经履行但尚未完工的工程，应当对已完合格工程的造价予以鉴定，司法鉴定时，已完合格工程的实际造价可以参照无效合同约定的计价方式计算已完工程价款。

司法鉴定时，无效合同约定的作为参照，如果无效合同约定的结算方式不明确或者部分不明确，不明确的部分可以参考项目所在地施工时发布的计价标准计算。

（二）合同无效的索赔鉴定

因发包人责任导致合同无效时，应承担对承包人造成的经济损失。因无效合同造成的损失范围，一般应当包括：窝工停工费、机械设备调遣费、倒运费、建筑材料和构件积压费、保管费、机械设施闲置费、租赁费、临时设施建造费以及其他直接与该工程有关而独立发生的费用等。

应招未招工程签订建设工程施工合同后，又按照法律规定进行了招标，承包人中标并签订备案合同的，要依法维护通过招投标所签订的中标合同的法律效力，承发包双方应该严格履行备案合同。

（三）合同无效已竣工验收的工程价款鉴定

因发包人责任导致合同无效，但建设工程经竣工验收合格的，承包人仍可以请求参照合同约定结算工程价款的，司法鉴定时可以根据双方的合同约定的结算方式计算工程价款。

如果合同无效是因为合同约定的价款低于成本价而无效，则可以参考项目所在地施工时发布的计价标准的成本计算工程价款。笔者认为，计价标准中的人工、材料、机械均应视为是工程成本。

三、典型案例

（一）基本案情

A公司就其开发的"翠堤东郡"经济适用住房工程与B公司签订了两份《〈翠堤东郡〉经济适用住房施工总承包合同》，双方约定的合同价款是按内蒙古自治区2009建筑安装定额计价取费下浮6%。A公司未能按照约定时间通知B公司对a11号楼、a13号楼及b区5栋楼工程开工，一定程度上导致B公司因材料、人工工资上涨而支出的施工成本加大。在上述工程开工前，B公司与A公司先后签订两份《补充协议》，约定两份《〈翠堤东郡〉经济适用住房施工总承包合同》中的单价分别上调每平方米20元及80元，同时约定调整后的每平方米造价为最终造价(固定价)，不受人工、材料等市场价格波动影响，B公司不能以任何理由提出提高单价的要求。

（二）争议焦点

（1）《〈翠堤东郡〉经济适用住房施工总承包合同》及《补充协议》的效力。
（2）工程价款结算。

（三）简要评析

（1）本案工程为建设经济适用住房，属于关系社会公共利益的公用事业工程建设项目，根据《中华人民共和国招标投标法》第三条规定，应进行招标。但A公司未进行招标就将案涉项目发包给B公司施工。《最高人民法院关于审理建设工程施工合同纠纷案件适用法律问题的解释》第一条第三项规定建设工程必须进行招标而未招标或者中标无效的，应当根据《中华人民共和国合同法》第五十二条第五项的规定认定无效。

（2）根据《最高人民法院关于审理建设工程施工合同纠纷案件适用法律问题的解释》第二条关于建设工程施工合同无效，但建设工程经竣工验收合格，承包人请求参照合同约定支付工程价款的，应予支持的规定，应参照两份《〈翠堤东郡〉

经济适用住房施工总承包合同》及两份《补充协议》约定支付工程价款。

从两份《〈翠堤东郡〉经济适用住房施工总承包合同》及两份《补充协议》内容来看，双方约定合同单价为包干价（固定价），在工程施工期间不作任何调整，因设计变更导致施工工艺发生较大变化且使合同总额变化超过百分之一的可调整。B公司亦未提供证据证明A公司变更设计导致施工工艺发生较大变化且使合同总额变化超过百分之一。依照《最高人民法院关于审理建设工程施工合同纠纷案件适用法律问题的解释》第二十二条关于"当事人约定按照固定价结算工程价款，一方当事人请求对建设工程造价进行鉴定的，不予支持"之规定，对B公司对工程造价进行鉴定的申请法院不予支持。

法院最终认定：本案双方签订两份《〈翠堤东郡〉经济适用住房施工总承包合同》后，A公司未能按照约定时间通知B公司对a11号楼、a13号楼及b区5栋楼工程开工，一定程度上导致B公司因材料、人工工资上涨而支出的施工成本加大。但在上述工程开工前，B公司与A公司先后签订两份《补充协议》，约定两份《〈翠堤东郡〉经济适用住房施工总承包合同》中的单价分别上调每平方米20元及80元，同时约定调整后的每平方米造价为最终造价（固定价），不受人工、材料等市场价格波动影响，B公司不能以任何理由提出提高单价的要求。因此，A公司提供的《建筑材料价格信息表》等证据，不应作为再次上调工程价款的依据。根据两份《〈翠堤东郡〉经济适用住房施工总承包合同》约定的单价、建筑面积及两份《补充协议》约定上调后的单价计算，合同价款为31627451.3元（a区工程11515310元、b区工程20112141元）。加上变更签证增加的1188169元及交工奖金40万元，本案工程价款总计33215620元。

四、律师建议

（1）发包人应避免违反招标投标法的强制性规定，也应关注《建设工程工程量清单计价规范》GB 50500—2013中的强制性规定。《中华人民共和国标准化法》第十四条规定，强制性标准，必须执行。因此有关全部风险、无限风险均由承包人承担的约定最好不要有，如果风险超出了承包人的风险承受能力，承包人也不可能继续履行合同，双方仍然要协商解决。建议在合同中约定物价变动幅度超出一定的比例时，可以调整合同价款，并约定具体的调整方法。

（2）发包人应遵循建设程序，未取得规划许可证建造的房屋会被认定为违法建筑。就尚未取得建设工程规划许可审批手续的工程，发包人与承包人签订的建设工程施工合同会被法院认定为无效。只要承包人完成的工程质量合同，仍要支付承包人工程款。

(3) 发包人应尽量避免因自己的原因导致的合同无效。合同无效后发包人不仅不能依据合同约定追究承包人的违约责任,还要承担已完合格工程的工程价款,赔偿承包人的损失。

(4) 合同无效折价补偿原则。

江苏省高级人民法院观点①:"(二) 法释 [2004]14 号第二条之规定确立的原则是施工合同无效时折价补偿原则,而不是无效合同按有效处理原则。虽然合同无效,但建设工程经竣工验收合格即具备了法定的交付使用条件,发包人应当支付工程款。法释 [2004]14 号第二条确定的"参照合同约定支付工程价款"原则,是按照当前建筑市场供需关系的实际情况所确定,符合我国的基本国情,平衡了合同各方当事人的利益,且避免当事人通过鉴定确定工程价款,扩大诉讼成本。参照合同约定支付工程价款的折价补偿原则,与《民法通则》、《合同法》的规定并不矛盾,而是在处理无效的建设工程施工合同纠纷案件中具体体现了《合同法》规定的无效处理原则。"笔者认为,江苏省高级人民法院的观点符合中国的国情,但是在发包人责任导致合同无效的情形下,应该允许承包人选择是否依据合同约定结算工程价款,承包人也可以要求按照政府指导价结算工程价款,让有效判决指导发包人严格执行招标投标法的规定。

(5) 发包人是否有权请求参照合同约定支付工程价款的观点。

江苏省高级人民法院观点②:"法释 [2004]14 号第二条规定了承包人可以请求参照合同约定支付工程价款。相反,发包人是否也有权请求参照合同约定支付工程价款呢? 回答是肯定的。一是建设工程施工合同的相对方为发包人与承包人,既然承包人可以请求参照合同约定支付工程价款,根据权利对等原则,发包人理所当然也应享有此权利。二是从法释 [2004]14 号第二条规定的目的和文义内容来看,并没有排斥、否定发包人的适用问题。"江苏省高级人民法院观点是目前法院的主流观点。笔者认为在发包人责任导致合同无效的情况下,不应赋予发包人此项权利。

(6) 施工合同约定的建设工程是"三无"工程或被行政主管部门认定为违法建筑工程价款的结算问题。

江苏省高级人民法院观点③:"什么是违法建筑,或者说是违章建筑? 违法建筑是指未取得建设工程规划许可证或者未按照建设工程规划许可证规定内容建设的

---

① 《江苏省高级人民法院建设工程施工合同案件审理指南 (2010)》。

② 《江苏省高级人民法院建设工程施工合同案件审理指南 (2010)》。

③ 《江苏省高级人民法院建设工程施工合同案件审理指南 (2010)》。

房屋及建筑物为违法建筑。所谓'三无'工程，指未取得土地使用权证、未取得建筑工程规划许可证、未办理报建手续的工程。对于这样的工程，如果发包人和承包人签订了施工合同，其效力如何？正式公布的法释[2004]14号未作明确规定。认为合同应当有效的理由是：房屋建设者违反《城乡规划法》等公法的规定，引起的法律后果是接受相关行政部门的处罚，其私法行为效力不受违反公法影响。《城乡规划法》第六十四条规定：未取得建设工程规划许可证或者未按照建设工程规划许可证的规定进行建设的，由县级以上地方人民政府城乡规划主管部门责令停止建设；尚可采取改正措施消除对规划实施的影响的，限期改正，处建设工程造价百分之五以上百分之十以下的罚款；无法采取改正措施消除影响的，限期拆除，不能拆除的，没收实物或者违法收入，可以并处建设工程造价百分之十以下的罚款。我们认为应认定无效。

一是2002年8月《最高人民法院关于审理建设工程合同纠纷的暂行意见》第十条规定：'发包人与承包人签订无取得土地使用权证、无取得建筑工程规划许可证、无办理报建手续的三无工程建设施工合同，应确认无效；但在审理期间已补办手续的，应确认合同有效。'

二是违章建筑具有违法性。具体体现在：1)违法建筑违反了《城乡规划法》规定。2)《城乡规划法》对此作出的规定是强制性的规定，是有关合同效力性的规定。

三是国家对违法建筑持否定性评价，是因为违法建筑损害了国家利益，规避了国家对规划体系、建筑产品质量、房地产交易市场等系列行为的监管，使得违法建筑在现行体制以外生存，直接危及社会的公共安全，直接危及人民群众的生命财产安全。违法建筑直接损害国家和社会公共利益，并不是在当事人私权范畴内就能解决的问题，人民法院作为公权力的行使者，应当旗帜鲜明地认定就违法建筑订立的合同无效。

四是建设工程的特殊性决定了建设工程施工合同效力必然受建设审批手续的影响。建设工程具有不可移转、投资大、对周围环境影响大、涉及人民群众生命财产安全等特点，这些特点也决定了国家对建设工程从建设审批手续上必须作出严格规定和要求，否则有损公共利益。

五是由于未取得土地使用权证、未取得建筑工程规划许可证的工程，无法进行竣工验收和备案，也就无法申领到相关权属证书。故该类合同应依据《合同法》第五十二条的规定认定为无效合同。

因违法建筑或'三无'工程严重违反了《土地管理法》、《城乡规划法》，这样的建设工程无论工程质量是否合格，都不作为支付工程价款的依据，均应立即拆除和返还所支付的工程款。发包人或承包人的损失，是发包人的过错，发包人对自己的损失自负，同时应赔偿承包人在施工中支付人工费、材料费等实际损失；是承包人的过错，承包人对自己的损失自负，同时应赔偿发包人材料费等实际损失。双方都有过错，按过错大小各自承担相应的赔偿责任。"

笔者认同江苏省高级人民法院关于合同无效的观点，但合同无效"建设工程无论工程质量是否合格，都不作为支付工程价款的依据，均应立即拆除和返还所支付的工程款"的观点有待商榷。实务中，并不是所有的三无工程都要立即拆除，三无工程之所以能发包建设，责任的源头在发包人。笔者认为应该按照最高院合同无效已完工程质量合格参照合同约定结算工程价款的规定。

北京市高级人民法院观点①："发包人就尚未取得建设用地规划许可证、建设工程规划许可证等行政审批手续的工程，与承包人签订的建设工程施工合同无效。但在一审法庭辩论终结前发包人取得相应审批手续或者经主管部门批准建设的，应当认定合同有效。发包人未取得建筑工程施工许可证的，不影响施工合同的效力。"笔者认同北京市高级人民法院关于合同无效的观点。

浙江省高级人民法院观点②："二、如何认定未取得'四证'而签订的建设工程施工合同的效力？ 发包人未取得建设用地规划许可证或建设工程规划许可证，与承包人签订建设工程施工合同的，应认定合同无效；但在一审庭审辩论终结前取得建设用地规划许可证和建设工程规划许可证或者经主管部门予以竣工核实的，可认定有效。 发包人未取得建设用地使用权证或建筑工程施工许可证的，不影响建设工程施工合同的效力。"安徽省高级人民法院观点③："7. 发包人未取得建设工程规划许可证，与承包人签订建设工程施工合同的，应认定合同无效，但起诉前取得规划许可证的，应认定合同有效。违反建设工程规划许可证规定超规模建设的，所签订的建设工程施工合同无效，但起诉前补办手续的，应认定合同有效。"

浙江省高级人民法院、浙江省高级人民法院、江苏省高级人民法院观点与北京市高级人民法院关于合同无效的观点一致。

---

① 《北京市高级人民法院关于审理建设工程施工合同纠纷案件若干疑难问题的解答》。
② 《浙江省高级人民法院民事审判第一庭关于审理建设工程施工合同纠纷案件若干疑难问题的解答》。
③ 《安徽省高级人民法院关于审理建设工程施工合同纠纷意见案件适用法律问题的指导意见》。

第二节　承包人责任导致合同无效的工程价款鉴定

一、主要条款归纳

（一）确认合同无效的依据

《最高人民法院关于适用〈中华人民共和国合同法〉若干问题的解释（一）》第四条规定：

"合同法实施以后，人民法院确认合同无效，应当以全国人大及其常委会制定的法律和国务院制定的行政法规为依据，不得以地方性法规、行政规章为依据。"

┌─主旨诠释─

上述条文规定了法院确认合同无效的依据。主要包括以下内容：

（1）人民法院确认合同无效，应当以全国人大及其常委会制定的法律和国务院制定的行政法规为依据。

（2）人民法院确认合同无效，不得以地方性法规、行政规章为依据。

└

（二）承包人责任导致中标无效的规定

《中华人民共和国招标投标法》第五十三条规定：

"投标人相互串通投标或者与招标人串通投标的，投标人以向招标人或者评标委员会成员行贿的手段谋取中标的，中标无效，处中标项目金额千分之五以上千分之十以下的罚款，对单位直接负责的主管人员和其他直接责任人员处单位罚款数额百分之五以上百分之十以下的罚款；有违法所得的，并处没收违法所得；情节严重的，取消其一年至二年内参加依法必须进行招标的项目的投标资格并予以公告，直至由工商行政管理机关吊销营业执照；构成犯罪的，依法追究刑事责任。给他人造成损失的，依法承担赔偿责任。"

《中华人民共和国招标投标法》第五十四条规定：

"投标人以他人名义投标或者以其他方式弄虚作假，骗取中标的，中标无效，给招标人造成损失的，依法承担赔偿责任；构成犯罪的，依法追究刑事责任。

依法必须进行招标的项目的投标人有前款所列行为尚未构成犯罪的，处中标项目金额千分之五以上千分之十以下的罚款，对单位直接负责的主管人员和其他直接责任人员处单位罚款数额百分之五以上百分之十以下的罚款；有违法所得的，并处没收违法所得；情节严重的，取消其一年至三年内参加依法必须进行招标的项目的投标资格并予以公告，直至由工商行政管理机关吊销营业执照。"

《中华人民共和国招标投标法》第五十八条规定：

"中标人将中标项目转让给他人的，将中标项目肢解后分别转让给他人的，违反本法规定将中标项目的部分主体、关键性工作分包给他人的，或者分包人再次分包的，转让、分包无效，处转让、分包项目金额千分之五以上千分之十以下的罚款；有违法所得的，并处没收违法所得；可以责令停业整顿；情节严重的，由工商行政管理机关吊销营业执照。"

主旨诠释

上述条文规定了承包人责任导致中标无效的法定情形。主要包括以下内容：

（1）有串通投标或行贿评标成员导致中标无效；

（2）弄虚作假骗取中标导致中标无效；

（3）转让、肢解、违法分包行为导致合同无效；

（4）并规定了相应的处罚措施。

（三）建筑安装工程费用项目组成

《建筑安装工程费用项目组成》（建标[2013]44号）第一条规定：

"（一）建筑安装工程费用项目按费用构成要素组成划分为人工费、材料费、施工机具使用费、企业管理费、利润、规费和税金。

（二）为指导工程造价专业人员计算建筑安装工程造价，将建筑安装工程费用按工程造价形成顺序划分为分部分项工程费、措施项目费、其他项目费、规费和税金。"

主旨诠释

上述条文规定了建筑安装工程费用项目组成。主要包含两种划分方式：

（1）建筑安装工程费用项目按费用构成要素组成划分；

（2）建筑安装工程费用按工程造价形成顺序划分。

二、鉴定方法解读

（一）无效合同约定按照定额计价的合格工程价款的鉴定

承包人以他人名义投标导致合同无效，无效合同约定按照定额计价的形式结算工程价款的，司法鉴定时，笔者认为可以参照当地建设行政主管部门发布的定额及配套文件计算人材机的费用结算工程价款，企业管理费根据承包人的实际资质计算，承包人为个人的不计企业管理费。

承包人转让、肢解、违法分包行为导致合同无效，应该按照承包人实际支付给转包人、肢解分包人、违法分包人的工程价款作为发包人应支付给承包人的工程价款。

（二）无效合同约定按照清单计价的合格工程价款的鉴定

承包人以他人名义投标导致合同无效，无效合同约定按照清单计价的形式结算工程价款的，司法鉴定时，笔者认为应当按照已标价工程量清单中的综合单价结算工程价款后扣除管理费和利润。

承包人转让、肢解、违法分包行为导致合同无效，应该按照承包人实际支付给转包人、肢解分包人、违法分包人的工程价款作为发包人应支付给承包人的工程价款。

（三）合同无效造成的损失鉴定

合同无效给发包人造成的损失包括：（1）因中标无效，发包人再次招标产生的费用或者第二中标人中标价格与中标无效的中标价格的差额；（2）因合同无效，解除合同后发包人另行确定承包人造成的工期延长以及费用增加。

中标无效导致合同无效，如果建设工程出现质量问题，发包人仍可以依据《中华人民共和国合同法》第一百一十一条规定及《最高人民法院关于审理建设工程施工合同纠纷案件适用法律问题的解释》第二十五条规定，主张由投标的建筑施工企业和实际施工人承担连带质量保修责任。

三、典型案例

（一）基本案情

2008 年扎区政府欲兴建扎区采煤沉陷移民安置新区给水排水工程。同年 9 月

17 日，B 公司（甲方）与聂某（乙方）就该给水排水工程签订《协议书》，主要内容：甲乙双方经过友好协商就扎区给水排水工程施工进行协商，达成共识，甲方同意接受乙方的工程内容，以甲方出具企业资质，乙方挂靠到甲方企业的形式完成该工程项目，保证履行义务，特签订本合同。(1) 工程项目：扎区采煤沉陷移民安置新区给水排水工程。(2) 工程量：给水工程 4389m；排水工程 7202m。(3) 工程工期：开工日期 2008 年 9 月 10 日，竣工日期 2008 年 11 月 15 日。(4) 质量标准：按照国家施工验收标准，优质施工。(5) 协议价格及付款方式：签订合同时需要乙方一次性向甲方上缴管理费 15 万元。(6) 履约时限：以签订本合同之日起乙方按照"该工程"规定的竣工日期和相应债务关系履行业务结束为止。双方还约定了各自的责任和义务及违约责任等。

2008 年 9 月 17 日，聂某按照《协议书》约定向 B 公司缴纳 15 万元管理费。同年 9 月 18 日，该项工程公开开标。同年 9 月 20 日，招标人 A 公司确定 B 公司为该项工程的中标人，并在中标通知书中告知 B 公司于同年 9 月 30 日 9 时 30 分前到 A 公司与招标人签订合同。同年 9 月 25 日，B 公司作为承包人与发包人 A 公司签订《建设工程施工合同》，工程名称、地点、内容等与《协议书》一致，资金来源为政府财政资金，合同就扎区给水排水工程的权利义务等内容进行了详细约定。

2008 年 10 月 22 日，B 公司申请在扎区中国银行专业支行开户，申请的主要内容：为了使扎区给水排水工程顺利进行，决定成立 B 公司市政工程项目部，并聘请聂某为项目部负责人，开办了银行账户业务。2009 年 7 月 6 日，给水工程竣工验收，2009 年 9 月 10 日，排水工程竣工验收，工程质量均为合格。2010 年 4 月 8 日，扎区政府针对项目部作出扎政字〔2010〕19 号《关于对申请扎区采煤深陷移民安置新区给排水工程造价上浮事宜的答复》，"经区政府研究决定，同意在新区给排水工程结算总造价的基础上上浮 1%，以弥补在施工中增加的经营成本"。同日，根据扎区政府扎政字〔2010〕19 号文件精神，B 公司与 A 公司签订《补充协议》，就开、竣工时间为 2008 年 9 月 ~ 2009 年 11 月，及在工程结算总造价基础上上浮 1% 进行补充约定。2010 年 5 月 26 日，B 公司、A 公司及满洲里市审计局对扎区给水排水工程进行结算，并作出《工程造价审定通知书》及工程结算（计算）表，最终审定给水排水工程造价 36837029 元，核减欠缴税金 571881.64 元，代扣代缴养老、失业保险费 1189332 元，最终结算价款为 35075815.36 元。

另查明，A 公司在前期将工程款直接划拨项目部在扎区开办的银行账户，项目部被撤销后，A 公司将工程款拨付到聂某在哈尔滨开办的哈尔滨新美展广告有限责任公司账户。自开工以来，A 公司未按施工合同约定给付工程进度款，自 2008

年 10 月 30 日～2011 年 11 月 22 日，A 公司共支付工程款 1725 万元，尚欠工程款 17825815.36 元。

还查明，聂某作为实际施工人，于 2008 年 10 月 16 日～2010 年 9 月 13 日已经缴纳全部税款，B 公司未完全履行开具工程款建安税票的义务。

聂某起诉称，A 公司自工程开工之日即占用专项资金，不按合同约定足额支付工程款，尚欠聂某工程款 17825815.36 元，给聂某造成巨大的经济损失，仅利息就损失 3822774.05 元。工程完工后，由于 B 公司撤销了项目部，不配合开具税票，致使聂某收取工程款也成为困难。故诉至一审法院，请求判令：(1) A 公司、B 公司给付尚欠工程款 17825815.36 元及利息，利息从 2008 年 12 月 31 日起按中国人民银行同期贷款利率计算至实际给付之日止。(2) B 公司履行开具工程款建安税发票的义务。(3) A 公司、B 公司承担本案所有诉讼费用。

（二）争议焦点

(1)《建设工程施工合同》效力应如何认定？
(2) 聂某是否为本案的实际施工人？
(3) A 公司及 B 公司是否应给付聂某尚欠工程款 17825815.36 元及利息？

（三）简要评析

B 公司答辩称，聂某施工的给水排水工程不是给 B 公司干的，B 公司在此项工程中没有得到任何利益，故没有义务支付报酬。利息的计算应有银行出具的计算利息清单作为依据。在 B 公司和聂某签订的《协议书》中明确约定由聂某出具发票，故开具发票和 B 公司无关。

A 公司答辩称，《建设工程施工合同》的签订主体是 B 公司与 A 公司，合同权利义务关系与聂某无关。聂某无权直接与 A 公司结算工程款，A 公司应当按照合同约定与 B 公司进行结算。聂某诉请的利息，A 公司不应承担，理由是 A 公司、B 公司签订的合同中对价款支付有明确约定，即在原工程造价基础上上浮 15%，这是用于贷款利息。聂某借用 B 公司资质，双方签订的协议应当无效。根据建设工程施工合同司法解释的规定，合同无效后工程款应据实结算，因合同对其他损失没有约定，所以 A 公司不承担利息。聂某于 2009 年 9 月将完工工程交付 A 公司，事实是 B 公司与 A 公司合作，是 B 公司将工程交付 A 公司，另外审计结果也是 B 公司与 A 公司的关系，与聂某无关。

一审法院认为：(1) 关于 A 公司及 B 公司是否应给付聂某尚欠工程款

17825815.36 元及利息的问题。最高人民法院《关于审理建设工程施工合同纠纷案件适用法律问题的解释》第二条规定：建设工程施工合同无效，但建设工程经竣工验收合格，承包人请求参照合同约定支付工程价款的，应予支持。涉案《建设工程施工合同》签订后，施工义务是由聂某履行，工程款也由 A 公司直接拨付聂某承包的项目部及其个人开办的广告公司，故该工程合同权利义务指向的对象是聂某。聂某与 A 公司已经全面履行了发包人与承包人之间的合同，形成了事实上的权利义务关系，故聂某是涉案工程的实际承包人，聂某的合法权益依法应予保护。涉案给水排水工程已经竣工验收，工程质量均为合格，工程的发包人对经竣工验收合格工程的实际承包人应当按照合同约定给付尚欠工程款。因此，A 公司应当给付聂某尚欠工程款 17825815.36 元。聂某主张其挂靠单位 B 公司承担尚欠工程款的给付义务，没有法律依据，不予支持。（2）关于利息的给付问题。《建设工程施工合同》无效，聂某对其挂靠行为应承担相应过错责任，故其主张利息应从 2008 年 12 月 31 日起算，即 A 公司未按进度支付工程款之日起计付，不予支持。鉴于该项市政工程已于 2010 年 5 月 26 日由签订合同的双方及满洲里市审计局进行结算，并作出工程造价审定通知书，故实际施工人聂某的利息损失应当自结算之日起予以保护。（3）关于 B 公司是否应履行开具工程款税票的义务。在此项工程中，B 公司存在收取聂某 15 万元的管理费，但并未实际管理的违法事实。在实际施工人聂某依法缴纳全部税款，并提交工程全部税收通用完税证后，聂某请求 B 公司持完税凭证开具相应建安税票的请求，应予支持。

二审法院认为：（1）本案当事人聂某没有建筑施工资质，为了承揽涉案给水排水建设工程项目，挂靠于具有建筑施工资质的 B 公司，并经双方协商，由 B 公司与发包方 A 公司签订《建设工程施工合同》之后，建设工程由聂某施工建设。根据最高人民法院《关于审理建设工程施工合同纠纷案件适用法律问题的解释》第一条"建设工程施工合同具有下列情形之一的，应当根据合同法第五十二条第（五）项的规定，认定无效……（二）没有资质的实际施工人借用有资质的建筑施工企业名义的"的规定，应认定 B 公司与 A 公司所签订的《建设工程施工合同》无效。（2）关于聂某是否为本案的实际施工人问题。聂某与 B 公司所签订的《协议书》明确约定，聂某挂靠、借用 B 公司的资质，聂某对工程全额投资、自主组织施工、独立核算、自负盈亏。协议签订后，涉案工程全部是由聂某组织施工及投资建设的。对此，B 公司并无异议，而且发包方 A 公司已付的工程款项，是直接拨付至聂某承包的项目部和聂某个人公司账户的。这说明 A 公司明知或者应当知道涉案工程是由聂某投资并组织施工建设的。鉴此，一审判决认定聂某为实际施工人正确，应予维持。（3）鉴于聂某已全面履行了建设施工义务，且建设工程已验收合格。依据最高人民法院《关于审理建设工程施工合同纠纷案件适用法律问题的解释》第二条、第二十六条的规定，聂某请求发包人 A 公司给付欠付工程款，依法应予支持。一审法院经审理认定，A 公司尚欠付工程款为 17825815.3 元及利息正确。对此，A 公司未提出异议。故一审判决 A 公司给付聂某工程款 17825815.36 元及利息，依法应予维持。

四、律师建议

（1）承包人应避免借用资质。司法解释明确规定，挂靠收取的管理费予以收缴。法律规定承包人与实际施工人就工程质量承担连带责任。最大的风险是实际施工人违约带来的隐患。

（2）承包人应避免转包和违法分包建设工程。劳务分包应分包给有资质的劳务分包企业。此类违法行为不仅要受到严重的行政处罚，还要承担合同无效带来的赔偿损失风险。

（3）承包人应加强对挂靠人和分包人的安全和质量管理。《中华人民共和国刑法》第一百三十四条规定了【重大责任事故罪】、【强令违章冒险作业罪】，在生产、作业中违反有关安全管理的规定，因而发生重大伤亡事故或者造成其他严重后果的，处三年以下有期徒刑或者拘役；情节特别恶劣的，处三年以上七年以下有期徒刑。强令他人违章冒险作业，因而发生重大伤亡事故或者造成其他严重后果的，处五年以下有期徒刑或者拘役；情节特别恶劣的，处五年以上有期徒刑。第一百三十五条规定了【重大劳动安全事故罪】，安全生产设施或者安全生产条件不符合国家规定，因而发生重大伤亡事故或者造成其他严重后果的，对直接负责的主管人员和其他直接责任人员，处三年以下有期徒刑或者拘役；情节特别恶劣的，处三年以上七年以下有期徒刑。第一百三十七条规定了【工程重大安全事故罪】，建设单位、设计单位、施工单位、工程监理单位违反国家规定，降低工程质量标准，造成重大安全事故的，对直接责任人员，处五年以下有期徒刑或者拘役，并处罚金；后果特别严重的，处五年以上十年以下有期徒刑，并处罚金。从上述规定可以看出，承包人最大的风险是安全责任和质量责任，有可能因此被判处刑罚。

（4）合同效力的问题。

江苏省高级人民法院认为审理建设工程施工合同纠纷应当坚持的基本原则[1]：

---

[1] 《江苏省高级人民法院建设工程施工合同案件审理指南（2010）》。

"2. 坚持规范建筑市场秩序原则。一是严格建筑市场主体准入制度。在以下几种情形认定建设工程施工合同无效：承包人未取得建筑施工企业资质或者超越资质等级的；没有资质的实际施工人借用有资质的建筑施工企业名义的；建设工程必须进行招标而未招标或者中标无效的；承包单位将工程进行转包或者违法分包的。二是规范"黑白合同"。当事人就同一建设工程另行订立的建设工程施工合同与经过备案的中标合同实质性内容不一致的，应当以备案的中标合同作为结算工程价款的根据。中标合同约定的工程价款低于成本价的，建设工程施工合同无效。三是规范工程鉴定。建设工程竣工并经验收合格后，承包人要求发包人支付工程价款，发包人对工程质量提出异议并要求对工程进行鉴定的，法院不予支持。建设工程竣工但未经验收，承包人要求发包人支付工程价款，发包人对工程质量提出异议并要求进行鉴定的，法院应予支持。当事人诉前已经共同选定具有相应资质的鉴定机构对建设工程作出了鉴定结论，诉讼中一方当事人要求重新鉴定的，法院不予支持。

3. 坚持慎用合同无效原则。建设工程合同受到不同领域的多部法律及其他规范性文件调整。如果违反这些规范都以违反法律强制性规定为由而认定合同无效，不符合《中华人民共和国合同法》的立法本意。在审判实务中应当将法律、行政法规规定的强制性规定区分为效力性规定与倡导性规定，只有违反效力性规定的建设工程合同方为无效。建设工程合同生效后，当事人对有关内容没有约定或者约定不明确的，可以协议补充；不能达成补充协议的，按照合同有关条款或者参照国家建设部和国家工商总局联合推行的《建设工程施工合同（示范文本）》的通用条款确定。"

并规定了建设工程施工合同的无效情形：

"1. 承包人未取得建筑施工企业资质或者超越资质等级的。比较典型的表现形式主要有以下几种情况：

（1）个体施工队伍在没有资质的情况下违法承揽建设工程的；

（2）施工单位冒用、盗用营业执照、资质证书承揽工程的；

（3）建筑施工企业的分支机构以自己的名义对外承揽工程的；

（4）非建筑施工企业超越经营范围对外承揽建设工程的。此外，承包人在工程竣工前未取得相应资质，竣工验收合格后才取得资质的，建设工程施工合同也应认定为无效。

2. 没有资质的实际施工人借用有资质的建筑施工企业名义的。这种行为在实务中常被称为'挂靠行为'。其特征为：第一，挂靠人没有从事建筑活动的主体资格，或者虽有从事建筑活动的主体资格但没有具备其承揽的建设工程项目所要求的相应的资质等级。第二，挂靠人向被挂靠企业交纳一定数额的'管理费'，这是挂靠的最重要的特征。第三,被挂靠人对挂靠人和其所承揽的工程不实施任何管理行为。第四，形式上合法，容易逃避建设行政主管部门和发包人的审查和监督。实践中判断是否是挂靠行为，可以从三个方面考察：（1）有无产权联系，即其资产是否以入股或合并等方式转入现单位；（2）有无统一的财务管理，不能以承包等名义搞变相的独立核算；（3）有无严格、规范的人事任免、调动聘用手续等。

　　具体说来，有下列情形之一，应当认定为没有资质的实际施工人借用有资质的建筑施工企业名义承揽建设工程，其签订的建设工程施工合同应当属于无效合同：（1）不具有从事建筑活动主体资格的个人、合伙组织或企业以具备从事建筑活动资格的建筑企业的名义承揽工程；（2）资质等级低的建筑企业以资质等级高的建筑企业的名义承揽工程；（3）不具有工程总包资格的建筑企业以具有总包资格的建筑企业的名义承揽工程；（4）有资质的建筑企业通过其他违法方式允许他人以本企业的名义承揽工程的情形。

　　3.建设工程必须进行招标而未招标或者中标无效的。对属于招投标法第3条规定的必须进行招标的建设项目，建设方与承包方必须采取招投标方式订立合同，否则因合同订立违反法律强制性规定，合同即为无效。常见情形主要有：应当招标的工程而不招标；招标人隐瞒工程真实情况，如建设规模、建设条件、投资、材料的保证等；招标人或招标代理机构泄漏应当保密的与招标投标活动有关的情况和资料；招标代理机构与招标人、投标人串通损害国家利益、社会公共利益或者他人的合法权益；依法必须进行招标的项目招标人向他人透露已获取招标文件的潜在投标人的名称、数量或者可能影响公平竞争的有关招标投标的其他情况；依法必须进行招标的项目招标人泄露标底；投标人相互串通投标或者与招标人串通投标；投标人向招标人或者评标委员会成员行贿的手段谋取中标；投标人以他人名义投标或以其他方式弄虚作假，骗取中标；依法必须进行招标的项目，招标人违反招标投标法的规定，与投标人就投标价格、投标方案等实质性内容进行谈判；招标人在评标委员会依法推荐的中标候选人以外确定中标人；依法必须进行招标的项目在所有投标被评标委员会否决后，自行确定中标人。针对具体案件，证明项目确实属于'必须进行招投标'的范围，可以让当事人提供证据。由于合同效力属于法院依职权审查的范围，因此法院就必须主动审查项目是否属于'必须进行招投标'的范围。在确定中标后，当事人如果又签订协议对中标合同进行实质性变更，则违反招投标法第46条，应为无效。

　　4.发包人在一审庭审结束前未取得土地使用权证、建设工程规划许可证的。

5.承包人进行转包或违法分包的。转包一直是建设工程实务中比较普遍的现象。《建设工程质量管理条例》第78条第3款规定：'本条例所称转包，是指承包单位承包建设工程后，不履行合同约定的责任和义务，将其承包的全部建设工程转给他人或者将其承包的全部工程肢解以后以分包的名义分别转给他人承包的行为。'转包的特征为：(1) 转包人不履行建设工程合同全部义务，不履行施工、管理、技术指导等技术经济责任；(2) 转包人将合同权利与义务全部转让给承包人。在司法实践中，转包往往表现为，转包人在承接建设工程后并不成立项目部，也不派驻管理人员和技术人员在施工现场进行管理和技术指导。法官在审理案件时，如果核实查清进行实际工程建设的单位不是承包人而是承包人以外的第三人，承包人也没有为工程项目成立项目部，也未在施工现场派驻管理人员和技术人员进行现场管理和技术指导，施工现场的管理人员和技术人员均隶属于承包人以外的第三人，则基本可以认定承包人的行为为非法转包。违法分包指下列行为：(1) 总承包单位将建设工程分包给不具备相应资质条件的单位的；(2) 建设工程总承包合同中未有约定，又未经建设单位认可，承包单位将其承包的部分建设工程交由其他单位完成的；(3) 施工总承包单位将建设工程主体结构的施工分包给其他单位的；(4) 分包单位将其承包的建设工程再分包的。实践中，违法分包行为主要表现在以下几个方面：发包人将应当由一个承包人完成的建设工程肢解成若干部分后分包给几个承包人；承包人未经发包人同意，将自己承包的工程全部或部分地分包给第三人；分包的第三人将其分包的工程再次分包的；承包人将主体结构的施工工作分包给第三人；承包人将其承包的全部建设工程转包给第三人；承包人将其承包的全部建设工程肢解以后以分包名义分别转包给第三人。

6.中标合同约定工程价款低于成本价的。

7.法律、行政法规规定的其他情形。"

笔者认为，江苏省高级人民法院关于"建设工程竣工并经验收合格后，承包人要求发包人支付工程价款，发包人对工程质量提出异议并要求对工程进行鉴定的，法院不予支持"的观点有待商榷。笔者认为，发包人在任何时候都有权对工程质量提出异议，只是承包人在不同阶段对工程质量问题承担的责任不同而已。如竣工验收前承担的是返修义务，竣工验收后承担的是保修义务。不能因为验收合格就剥夺了发包人对工程质量提出异议的权利。

江苏省高级人民法院关于"在确定中标后，当事人如果又签订协议对中标合同进行实质性变更，则违反招投标法第46条，应为无效"的观点笔者也持不同意见。最高院在《最高人民法院关于审理建设工程施工合同纠纷案件适用法律问题的解释》中仅规定后签订的黑合同在实质性条款上与白合同不一致的按照白合同结算工程价款，并未规定黑合同无效。笔者认为黑合同中除实质性条款不一致的部分以外的条款仍然有效，对承发包双方有约束力。

四川省高级人民法院观点[①]："第一条　对建设工程必须进行招标而未招标，或者中标无效的，人民法院应当严格按照《最高人民法院关于审理建设工程施工合同纠纷案件适用法律问题的解释》第一条的规定，认定建设工程施工合同无效。"

安徽省高级人民法院观点[②]："4.同时符合下列情形的，应认定为挂靠经营，所签订的建设工程施工合同无效：（1）实际施工人未取得建筑施工企业资质或者超越资质等级；（2）实际施工人以建筑施工企业的分支机构、施工队或者项目部等形式对外开展经营活动，但与建筑施工企业之间没有产权联系，没有统一的财务管理，没有规范的人事任免、调动或聘用手续；（3）实际施工人自筹资金，自行组织施工，建筑施工企业只收取管理费，不参与工程施工、管理，不承担技术、质量和经济责任。5.符合下列情形之一的，应认定为违法分包，所签订的建设工程施工合同无效：（1）承包人将建设工程主体结构的施工分包给他人完成；（2）分包单位不具备相应的资质条件；（3）分包未经建设单位认可；（4）分包单位将其承包的工程再行分包。"

上述法院对合同无效的约定基本一致，对挂靠的认定不完全一致。笔者认为，判断是否属于挂靠，主要依据不是发包人现场是否派驻管理人员，而是发包人合同中约定的和实际派驻现场的项目经理是否与发包人有劳动合同关系，是否为发包人的正式员工，项目部是否在公司的严格管理下运营。在私营企业发达的江苏省，一些特级企业在改革之初，一直沿用项目经理内部承包责任制，公司除收取内部承包责任人上缴公司的利润外，并不介入项目的具体施工管理，公司会在项目部需要支持的时候给予充分的支持，对项目部或者分公司的管理有严格的制度和标准，并定期进行考核和检查。这种情况下不宜认定为挂靠。

（5）挂靠施工的结算主体。

重庆市高级人民法院观点[③]："根据最高人民法院《关于审理建设工程施工合同纠纷案件适用法律问题的解释》第二十六条的规定，实际施工人可以直接起诉发包人，请求发包人在拖欠工程款的范围内承担清偿工程款的责任，并追加承包人、转包人或者违法分包人为共同被告或者第三人。此种保护实际施工人的规定在实践中不应过于泛化。如实际施工人未向发包人主张权利，被挂靠的施工企业基于

① 《四川省高级人民法院关于审理涉及招投标建设工程合同纠纷案件的有关问题的意见》。
② 《安徽省高级人民法院关于审理建设工程施工合同纠纷意见案件适用法律问题的指导意见》。
③ 《重庆市高级人民法院关于当前民事审判若干法律问题的指导意见》。

合同关系向发包人请求支付工程款，发包人以施工企业不是实际施工人为由提出抗辩并拒绝支付工程款的，人民法院不必然追加实际施工人为第三人，但应将诉讼情况通知实际施工人；发包人要求扣除其向实际施工人的已付款，经审查确已支付且付款正当的，可以支持。"

笔者认同重庆市高级人民法院的观点，从合同的相对性来讲，合同的结算主体应该是承包人，最高院司法解释给了实际施工人作为起诉人的权利，主要基于承包人不主张合同权利时给实际施工人的一种救济方式。因此承包人自然有权起诉发包人，发包人认为有必要追加实际施工人时由发包人提出申请，最终由法院认定是否追加。

第三节　承发包共同责任的工程价款鉴定

一、主要条款归纳

（一）承发包共同责任导致合同无效的规定

《中华人民共和国招标投标法》第五十条规定：

"招标代理机构违反本法规定，泄露应当保密的与招标投标活动有关的情况和资料的，或者与招标人、投标人串通损害国家利益、社会公共利益或者他人合法权益的，处五万元以上二十五万元以下的罚款，对单位直接负责的主管人员和其他直接责任人员处单位罚款数额百分之五以上百分之十以下的罚款；有违法所得的，并处没收违法所得；情节严重的，暂停直至取消招标代理资格；构成犯罪的，依法追究刑事责任。给他人造成损失的，依法承担赔偿责任。

前款所列行为影响中标结果的，中标无效。"

《中华人民共和国招标投标法》第五十三条规定：

"投标人相互串通投标或者与招标人串通投标的，投标人以向招标人或者评标委员会成员行贿的手段谋取中标的，中标无效，处中标项目金额千分之五以上千分之十以下的罚款，对单位直接负责的主管人员和其他直接责任人员处单位罚款数额百分之五以上百分之十以下的罚款；有违法所得的，并处没收违法所得；情节严重的，取消其一年至二年内参加依法必须进行招标的项目的投标资格并予以公告，直至由工商行政管理机关吊销营业执照；构成犯罪的，依法追究刑事责任。给他人造成损失的，依法承担赔偿责任。"

《中华人民共和国招标投标法》第五十五条规定：

"依法必须进行招标的项目，招标人违反本法规定，与投标人就投标价格、投标方案等实质性内容进行谈判的，给予警告，对单位直接负责的主管人员和其他直接责任人员依法给予处分。

前款所列行为影响中标结果的，中标无效。"

---主旨诠释---

上述条文规定了承发包共同责任导致合同无效。主要包含以下内容：

（1）招标代理机构违反本法规定与招标人、投标人串通损害国家利益、社会公共利益或者他人合法权益的，影响中标结果的，中标无效。

（2）投标人与招标人串通投标的，中标无效。

（3）依法必须进行招标的项目，招标人违反本法规定，与投标人就投标价格、投标方案等实质性内容进行谈判影响中标结果的，中标无效。

（二）合同无效的结算方式

《2015年全国民事审判工作会议纪要》第47条规定：

"当事人就建设工程订立的施工合同被认定无效后，人民法院经审查，建设工程无规划变更、增加工程量、提高施工标准等情形的，应严格依据《最高人民法院关于审理建设工程施工合同纠纷案件适用法律问题的解释》第二条的规定精神，参照当事人的合同约定结算工程价款，对于实际施工人申请造价鉴定并据实结算的请求，一般不予支持。"

《2015年全国民事审判工作会议纪要》第48条规定：

"当事人就同一建设工程订立的数份施工合同均被认定无效，在结算工程价款时，应当参照当事人真实合意并实际履行的合同约定结算工程价款。无法确定双方当事人真实合意并实际履行合同的，应当结合缔约过错、已完工程质量、利益平衡等因素分配两份或以上合同间的差价确定工程价款。"

---主旨诠释---

上述条文规定了合同无效后的结算方式。主要包含以下内容：

（1）当事人就建设工程订立的施工合同被认定无效后，人民法院经审查，建设工程无规划变更、增加工程量、提高施工标准等情形的，应严格依据《最高人民法院关于审理建设工程施工合同纠纷案件适用法律问题的解释》第二条的规定精神，参照当事人的合同约定结算工程价款，对于实际施工人申请造价鉴定并据实结算的请求，一般不予支持。

（2）当事人就同一建设工程订立的数份施工合同均被认定无效，在结算工程价款时，应当参照当事人真实合意并实际履行的合同约定结算工程价款。无法确定双方当事人真实合意并实际履行合同的，应当结合缔约过错、已完工程质量、利益平衡等因素分配两份或以上合同间的差价确定工程价款。

二、鉴定方法解读

（一）实质性谈判导致合同无效的工程价款的鉴定

承发包双方在招标前进行实质性谈判，就工程价款协商确定结算方式并签订协议。然后通过公开的招投标，承包人中标，签订的中标合同仅为履行备案手续，实际仍履行双方的标前协议。此种情况下，承发包双方在诉讼中无论是否对合同效力提出异议，是否对计价依据有异议，法院均应该对合同效力进行认定。笔者认为，法院还应向当地建设行政主管部门提出司法建议，对承发包双方进行行政处罚。

经法院审查，招标中未出现中标无效的情形时，中标合同应合法有效，无论承发包双方实际履行的是哪份合同，均应该按照备案的中标合同结算工程价款。

经法院审查，如果备案合同与实质性谈判确定的结算方式完全一致，则说明实质性谈判影响中标，此时中标无效。中标无效则数份合同均无效，应该按照实际履行的合同结算工程价款。无法确定双方当事人真实合意并实际履行合同的，应当结合缔约过错、已完工程质量、利益平衡等因素分配两份或以上合同间的差价确定工程价款。

（二）承发包双方串通投标导致合同无效的工程价款的鉴定

承发包双方串通投标往往伴随行贿受贿等违法行为，串通投标很难被发现，但社会危害大。如果在民事诉讼中，法院审理发现承发包双方有串通投标行为的，中标备案的合同如果损害了国家、集体或者第三人利益，法院应将犯罪线索提供相关司法机关，对相关责任人进行处罚。

当事人就建设工程订立的施工合同被认定无效后，人民法院经审查，建设工程无规划变更、增加工程量、提高施工标准等情形的，应严格依据《最高人民法院关于审理建设工程施工合同纠纷案件适用法律问题的解释》第二条的规定精神，参照当事人的合同约定结算工程价款，对于实际施工人申请造价鉴定并据实结算的请求，一般不予支持。

（三）低于成本价导致合同无效的工程价款鉴定

工程造价定额标准不属于法律、法规的强制性规定，因此，建设工程施工合同约定的价款低于工程定额标准，不导致该约定无效。当事人以合同约定的价款过低从而显失公平为由，主张撤销或变更合同的，依《中华人民共和国合同法》的相关规定处理。目前尚无成本价的鉴定案例，笔者认为，成本价可以按照当地建设行政主管部门发布的定额及配套文件中的人材机费用计算，尤其是劳务分包合同约定的人工费过低势必造成农民工利益受损，影响社会稳定。

因低于成本价导致合同无效的工程价款鉴定，笔者认为可以按照政府指导价计算工程价款，并扣除其中的管理费和利润。

三、典型案例

（一）基本案情

莫某以 C 公司的名义于 2003 年 4 月 30 日通过中国建设银行汇款 50 万元给 D 公司，进账单载明票据的种类为工程投标保证金。2003 年 4 月 30 日，莫某与 B 公司订立《商贸广场工程合作协议书》，协议由莫某以 B 公司的名义与 A 公司签订商贸广场工程施工合同，B 公司的权利义务由莫某实际享有和承担，莫某向 B 公司缴纳工程造价的 1.5% 的费用作为 B 公司工程管理费。2003 年 5 月 13 日，B 公司与 A 公司订立《商贸广场工程初步协议》。2003 年 5 月 19 日，B 公司与 A 公司签订《建设工程施工合同》。

2003 年 5 月 21 日，B 公司与 A 公司订立《商贸广场工程施工合同》，工程范围为：商贸广场的土建工程（不包括二次装修工程，但包含内墙身、顶棚找平层压光、顶棚线管预留到位）、给水排水工程、防雷工程（包括基本防雷设施及阳台护栏、金属部件、铝窗的防雷施工）、地下室装修工程、公共楼梯装修工程等。建筑总面积为 80523m²，工程总量按双方及设计单位、监理单位综合会审后确定的施工图纸为准，按施工图纸施工。B 公司的施工除包括该工程施工所需的所有必要工作、管理、开支外，还包括为工程施工而必须配套的临时设施、环保设施临时工程及政府对承包人的收费等。合同确定工程造价为 5480 万元，现行定额仅作为造价计算的参考，除合同规定可以调整的情况外，任何市场价格行情的变化都不能成为调价的理由。工程土建部分及安装部分按照广东省《2001 预算定额》，安装部分按照广东省《2002 预算定额》进行编制，并参照东莞市 2002 年第六期东莞工程造价管理信息及东莞市现行材料价格，土建工程按照三类工程标准计费，其余工程按照相关规定计费。工程造价除合同另有约定外均下浮 16.5% 计算。所有预算外的其他费用，如：设备、人员进退场费、防护网费、卫生费、取土资源费、弃土费、相邻承包人之间的施工干扰等，已由承包人在议标报价时一起综合考虑于造价下浮率中，结算时不得计算，文明施工费已在合同价预算中。工程造价计算规定：如合同文件与定额站公布的解释有冲突，以合同文件为准。预算包干费的内容：施工雨水的排除、因地形影响造成的场内料具二次运输、工程用水加压措施、完工清场后的垃圾外运、施工材料堆放场地的整理、水电安装后的补洞工料费、工程成品保护费、施工中临时停水停电、基础的塌方、日间照明增加费（不包括地下室和特殊工程）、场地硬化、施工现场临时道路。合同约定，如果 B 公司将工程转包给其他单位和个人，A 公司一经发现，立即解除合同，并没收履约保证金，并且由 B 公司承担 A 公司因此产生的所有损失。

合同确定工程的工期为 420 天，B 公司不按照合同的规定开工或不按照批准的施工方案的施工计划施工，造成施工进度严重滞后，A 公司和监理工程师书面通知勒令其改正，而 14 天内仍未采取改正措施，A 公司有权解除合同并没收履约保证金或重新调整合同施工范围，并且由 B 公司承担 A 公司因此产生的所有损失。由于 B 公司的责任造成工期拖延时，每拖延一天，给予 6000 元的处罚。B 公司在附件一中声明：如果履行合同中出现有关国家政策、法规、定额、价格、行业标准的变化涉及调整工程价款，除合同规定允许调整的情况外，自愿维持合同的规定不变，自愿放弃因上述的变化而追加费用的权利。对于双方签订的《建设工程施工合同》，双方确定只是给 B 公司作办理报建等手续使用，一切合同条款的履行均以《商贸广场工程施工合同》为准。

莫某于 2003 年 5 月 23 日以 E 公司的名义通过广东发展银行东莞分行汇款 220 万元给 A 公司。莫某于 2003 年 6 月 27 日以 F 公司东莞联络处的名义通过广东发展银行东莞分行汇款 30 万元给 A 公司，进账单载明票据种类为预交报建费。上述协议签订后，莫某于 2003 年 6 月 23 日开始施工，A 公司中途设计变更及增加了部分工程。在工程施工过程中，由于材料涨价等原因，莫某、B 公司与 A 公司多次协商未果，在东莞市建设局的协调下，B 公司承诺退场。由于对已完成工程的造价产生争议，莫某、B 公司遂提起诉讼，要求支付工程余款，退还保证金。A 公司提起反诉，请求返还多支付的工程款，赔偿损失。

涉案工程在诉讼前没有进行造价结算，莫某在诉讼过程中提出了对工程造价进行鉴定的申请。一审法院根据当事人的申请委托了工程造价咨询有限公司对莫某所做的工程进行结算。工程造价咨询有限公司根据法院的要求做出了两份工程造价鉴定书，一份是按当事人在合同中约定的计价办法、包干价及调幅比例进行结算：工程含税总造价为 52989157.84 元（包括增加、减少及未完成工程）。另一份是按实际完成的工程量及建筑工程类别，参照定额及材差（未考虑合同中下浮16.5% 的约定）结算：含税总造价为 69066293.11 元，其中利润为 1518306.67 元，税金为 2228340.07 元。

工程造价鉴定书做出后，一审法院开庭质证，对于鉴定机构确定的工程量，各方当事人均无异议。各方的异议主要有：莫某对按合同结算的工程造价鉴定书不予质证。对按实结算的工程造价鉴定书的意见为：对于工程造价鉴定确定的建筑面积及工程量没有异议。对于 A 公司指定的原材料，应当按当时的成本价（采购成本 + 运输成本），对于没有指定的原材料价格，应当统一按市场价或东莞市建设局公布的信息价计算。其中：(1) A 公司指定企石沙场的河沙，应按当时市场价每立方米 56.67 元计价；A 公司指定樟木头铁路石场及大岭山铁路石场的碎石，应按当时的市场价每立方米 71.67 元计价；以上两项合计少计价款为 1220933.10 元。(2) A 公司指定外墙所有文化砖、纸皮砖等装饰材料使用东莞唯美陶瓷厂定做的产品，上述装饰材料的价格应按厂方当时的报价计算。其中文化砖应按每平方米 130 元计算，纸皮砖应按每平方米 60 元计算，此两项合计少计价款为 1955805.44 元。(3) 工程抗渗膨胀混凝土采用 UBA 低碱高效膨胀剂，UBA 膨胀剂的单价按 2003年及 2004 年的市场价格为 1650 元 /t，而非 900 元 /t，因此应补 C30 及 C25 膨胀混凝土的价差 370499.22 元。(4) 2004 年东莞市排气管道（TGWE9 型）及排烟管道（TGCA6 型）的成品市场价为 80 元 /m，而非排气管道 65 元 /m 及排烟管道 33元 /m，应补价差 67605.8 元。(5) C 栋独立费表（一）第 2、3 项及独立费表（二）所列费用 150620 元未经双方确认，应以单独项目列出作为有争议的工程处理，不能作为确定的费用直接结算，该费用应从总额中剔除。(6) 对于双方确认的增加工程结算应作单独项目工程按双方已确认的价格进行计算，无需按定额执行计算，双方已确认的价格为 1385456.31 元，对比应补计工程款 64 万元。(7) 增加计算行政事业收费，该项费用有关部门已收取共 531696 元，所以应补回此部分费用。另外，应补回社保金 66837953.10 元 ×2.9% = 1938300.64 元。(8) 漏计的费用共 35万元，包括："三通一平"施工现场填碎石 4500m³，费用为 49500 元；材料二次运输费 239300 元；9 个月的材料堆放费 6l200 元；(9) 按实结算的工程造价鉴定书中确定的利润 1518306.67 元没有根据。

B 公司认为双方所签合同因涉及挂靠而无效，因此按合同结算的工程造价鉴定书缺乏合法性。对按实结算工程造价鉴定书，B 公司基本同意莫某的意见。

A 公司对涉案工程量的鉴定基本上没有异议，但认为基坑支护部分属于施工措施，不是增加的工程量。

工程造价咨询有限公司作出如下回应：(1) 莫某提到的沙石，由于没有具体品牌，故按照建委公布的信息价计算。(2) 外墙砖是到唯美公司咨询的价格，并非市场价。(3) 由于双方没有指定品牌的膨胀混凝土，故按照当时的市场价以及在网上查询的信息以平均价 1200 元／t 计价。(4) 因排气管道及排烟管道无指定品牌，故以建委公布的信息价计算，如果莫某能够提供购买单据，法院对此单据予以认可，可以该单据计价。(5) C 栋独立费扣除 10 万元的原因是 C 栋没有完工就退场了，而现场清理是需要费用的，该费用是酌定的。(6) 莫某提出的行政事业收费问题，是作为成本来计算的，由于莫某没有提交这些单据，故造价未计算该部分。(7) 莫某提出的漏计的费用，是包括在包干费中的。(8) 增加工程的问题，有部分工程是双方协商确定的，在按合同结算的工程造价鉴定中，是按照双方协定计价的，在按实结算的工程造价鉴定中，是按照实际完成的工程量计价的。(9) 对于 A 公司提到的基坑支护问题，该部分造价已经单列出来，由法院确定是否计入工程总造价。

（二）争议焦点

(1) 本案的合同效力问题。

(2) 本案工程款如何确定？

(3) A 公司的反诉请求应否支持？

(4) 莫某已交纳的履约保证金 270 万元应否由 A 公司返还？

(5) B 公司的诉讼请求应否支持？

（三）简要评析

一审观点：

(1) 关于本案合同的效力问题。

本案莫某与 B 公司在一审庭审及诉讼中自认莫某挂靠 B 公司承建涉案工程的事实，根据《中华人民共和国建筑法》第十二条：从事建筑活动的建筑施工企业、勘察单位、设计单位和工程监理单位，应当具备下列条件：（一）有符合国家规定的注册资本；（二）有与其从事的建筑活动相适应的具有法定执业资格的专业技术人员；（三）有从事相关建筑活动所应有的技术装备；（四）法律、行政法规规定的其他条件及第二十六条"承包建筑工程的单位应当持有依法取得的资质证书，并在其资质等级许可的业务范围内承揽工程。禁止建筑施工企业超越本企业资质等级许可的业务范围或者以任何形式，用其他建筑施工企业的名义承揽工程。禁止建筑施工企业以任何形式允许其他单位或者个人使用本企业的资质证书、营业执照，以本企业的名义承揽工程"之规定，莫某作为自然人，不具有承包建筑工程的资质，莫某挂靠有资质的建筑施工企业B公司承包工程，违反了上述法律的强制性规定。根据《中华人民共和国合同法》第五十二条："有下列情形之一的，合同无效：……（五）违反法律、行政法规的强制性规定"及最高人民法院《关于审理建设工程施工合同纠纷案件适用法律问题的解释》第一条："建设工程施工合同具有下列情形之一的，应当根据合同法五十二条第（五）项的规定，认定无效：（二）没有资质的实际施工人借用有资质的建筑施工企业名义的。"B公司与A公司签订的《商贸广场工程初步协议》、《建设工程施工合同》及《商贸广场工程施工合同》依法应认定为无效。根据莫某与B公司之间订立的《商贸广场工程合作协议书》中约定的："甲乙双方必须保证本协议内容不得对外泄露，严格保密……"，结合在《商贸广场工程初步协议》中载明的乙方为B公司、《商贸广场工程施工合同》上载明的承包人为B公司、《建设工程施工合同》上载明的承包方为B公司、有关施工现场签证单中施工单位、工程联系单中的收件单位均署名B公司、有关工程造价协商往来文书中载明的收件单位是B公司商贸广场工程项目经理部、主体分部（子分部）工程验收记录中施工单位一栏签章者为B公司、隐蔽工程载明的施工单位为B公司、工程移交单中载明的移交单位为B公司、B公司商贸广场工程项目经理部、A公司提交的收款收据表明涉案工程进度款是向B公司支付的、在有关协调会议中莫某是以"B公司"工作人员的名义参加的，即使是莫某所提交的借条及借据也均是以B公司商贸广场工程项目经理部的名义借款的。以上证据及事实表明，在合同的签订和履行过程中与A公司发生法律关系的是B公司，同时莫某与B公司未能提供充分的证据证明A公司对于莫某与B公司之间的挂靠关系知情。因此，本案导致合同无效的根本原因在于莫某与B公司，B公司明知莫某无建筑资质而仍让其挂靠承建工程，故应承担全部过错责任。

（2）本案工程款如何确定问题。

《中华人民共和国合同法》第五十八条规定：合同无效或者被撤销后，因该合同取得的财产，应当予以返还；不能返还或者没有必要返还的，应当折价补偿。有过错的一方应当赔偿对方因此所受到的损失，双方都有过错的，应当各自承担相应的责任。本案莫某与 B 公司的要求是请求 A 公司支付工程款，而 A 公司取得的是莫某与 B 公司将劳动和建筑材料物化的建筑物。鉴于建设工程合同的特殊性，尽管合同被确认无效，但已经履行的内容不能适用返还的方式使合同恢复到签约前的状态，故只能按折价补偿的方式处理。但如何执行，各方当事人未能达成一致意见。如前所述，导致本案合同无效的原因在莫某与 B 公司，莫某、B 公司不应因由其过错而导致合同无效反而获得比如期履行有效合同还要多的利益，同时，鉴于 A 公司对于已完成工程的质量未提出异议，因此，本案虽然合同无效，但仍应按照实际完成的工程量以合同约定的结算办法来计算工程造价，增加、减少或变更的工程造价应参考合同约定及鉴定单位通常做法来计算，一审法院只能参照合同约定和参考专业机构鉴定结论来确定。

本案中共有两份合同，分别是 2003 年 5 月 19 日用于备案的《建设工程施工合同》（以下简称备案合同）和 2003 年 5 月 21 日的《商贸广场工程施工合同》。合同结算时应以哪份合同为准，莫某、B 公司主张以 2003 年 5 月 21 日的《商贸广场工程施工合同》为准。A 公司称如判决应以备案合同为准，如调解应以 2003 年 5 月 21 日的《商贸广场工程施工合同》为准。但 A 公司对于按合同结算的工程造价鉴定书中鉴定公司确定的 2003 年 5 月 21 日的《商贸广场工程施工合同》为结算的依据并无提出异议。可认定 2003 年 5 月 21 日的《商贸广场工程施工合同》反映了各方当事人的真实意思表示，因此，应以 2003 年 5 月 21 日的《商贸广场工程施工合同》作为本案结算的依据（以下所称的合同均指 2003 年 5 月 21 日的《商贸广场工程施工合同》）。

一审法院委托了工程造价咨询有限公司对工程造价进行结算，结论为：按合同结算的工程造价是 52989157.84 元。由于合同规定了所有工程价款的应缴税金，包括：营业税、教育费附加、城市建设维护税、带征所得税，均由承包人向税务部门交纳，所有预算外的其他费用，如：设备、人员进退场费、防护网费、卫生费、取土资源费、弃土费、相邻承包人之间的施工干扰等，已由承包人在议标报价时一起综合考虑于造价下浮率中，结算时不得计算，因此，有关的行政事业收费已经包括在合同价内，莫某提出的增加计算行政事业收费 531696 元的请求不予支持。由于未能举证证明，因此对于莫某提出的增加社保金 1938300.64 元的请求，一审法院不予支持。关于 A 公司提出的基坑支护不属实体工程，而是施工措施的问题。经咨询鉴定机构，基坑支护属于一项实体工程，因此，基坑支护应该作为增加工程，其造价应计入工程造价。关于莫某对鉴定机构对有些材料以市场询价计算提出异议，要求以其购买价及运输价的总和计算材料价的问题。由于合同中已经固定了上述材料的产地及规格，而合同在"2.7 材料价格的确定"中规定："本工程的材料按照本合同 2.6 中所列材料的价格计算，结算时不得调整"，这就意味着订立合同时，合同价格已经规定了上述结算时的取价办法，因此，对于莫某要求增加河沙及碎石价款的请求，一审法院不予支持。因鉴定单位的鉴定人员是具有专业知识的人员，鉴定程序合法，因此，鉴定机构以市场询价计算定额中未能涉及的材料的价格，并无不当，对莫某要求增加文化砖、纸皮砖等装饰材料、排气管道及排烟管道及 C30 和 C25 膨胀混凝土的价差的请求，一审法院不予支持。关于莫某提出的 C 栋独立费表中涉及的减少工程问题，在按合同结算的造价结算中，包括了清场及垃圾外运等的费用 10 万元，由于 5 月 21 日的合同约定了预算包干费用包括了完工清场后的垃圾外运，因此，鉴定机构扣减该部分费用符合合同的约定。至于 C 栋独立费表中扣减及修补洞口 12030 个和扣减混凝土 10m³ 的费用，该工程量有 A 公司提供的由 B 公司、A 公司及监理公司共同盖章确认的《商贸广场未完成工程量（实量）》为据，作为未完成的工程，应当在计算工程造价时扣减该部分的费用，莫某要求补回 C 栋独立费表中涉及该部分费用的主张，缺乏依据，一审法院不予支持。关于莫某提出的增加现场签证费 35 万元，莫某提交了 2003 年 9 月 17 日及 2004 年 10 月 30 日的施工现场签证单来证明。鉴于签证单上监理公司一栏虽有工程师签名但该公司没有盖章，A 公司不予确认，而莫某未能提供证据证明签名的工程师系监理公司现场监理人员，因此，莫某的该项证据不能证明该部分费用属其已支出且经 A 公司同意支付的，对莫某的该项请求，予以驳回。经询问工程造价咨询有限公司，莫某针对按实结算的工程造价鉴定书提出的其他意见对于按合同结算的工程造价没有影响。综上，涉案工程总价款为 52989157.84 元。

（3）莫某、B 公司关于支付工程款的请求应否支持。最高人民法院《关于审理建设工程施工合同纠纷案件适用法律问题的解释》规定支付工程款的前提条件是工程经竣工验收合格。涉案工程作为公共产品，其质量是否合格不能仅仅依据各方当事人的确认，需要经过建设行政主管部门依法验收方能确定。由于莫某拒绝提供施工资料，涉案工程无法进入竣工验收程序，同时，莫某请求支付工程款，就负有证明其所做工程经竣工验收合格的责任，现莫某不配合竣工验收，对其要求支付工程款的诉讼请求，依法予以驳回。

（4）莫某已交纳的履约保证金 270 万元应否由 A 公司返还。莫某提交了 2003 年 4 月 30 日中国建设银行进账单、2003 年 5 月 23 日的广东发展银行东莞分行进账单、C 公司出具的证明、D 公司出具的证明，用以证明其支付了 270 万元的履约保证金。A 公司对两份进账单的真实性无异议，认为其收到了上述履约保证金，但对于 C 公司东莞分公司出具的证明、D 公司出具的证明的真实性不予确认，认为上述证明不能证明履约保证金属莫某所有，而 B 公司确认 270 万元的履约保证金属莫某所有并支付。由于 A 公司确认其已收到合同约定的履约保证金，而当时签订合同时另一方是 B 公司，现 B 公司自认上述履约保证金属莫某所有，因此，应当确认 A 公司收到的 270 万元的履约保证金属莫某所有。由于合同无效，A 公司依据合同取得的履约保证金应当返还莫某，对莫某要求 A 公司返还履约保证金 270 万元的请求，一审法院予以支持。关于履约保证金的利息，由于合同中并无约定，故 A 公司应从莫某请求之日即莫某起诉之日开始支付，利率为中国人民银行规定的同期同类贷款利率。

(5) B 公司的诉讼请求应否支持。对于 B 公司请求 A 公司支付工程款及其利息和退还履约保证金 270 万元及其利息的问题。由于 B 公司出借资质给莫某承建涉案工程的行为同样违反国家禁止性规定，为无效民事行为，同时 B 公司并未承建涉案工程且履约保证金实为莫某所支付，故对 B 公司的诉讼请求，一审法院不予支持。

(6) A 公司反诉请求应否支持。A 公司已付工程款为 57860815.68 元，莫某、B 公司应当返还 A 公司多支付的工程款 4871657.84 元。虽然合同无效，但 A 公司实际上已垫付了上述的工程款，莫某、B 公司实际占用了资金，根据公平原则，莫某、B 公司应向 A 公司支付垫付工程款的利息。A 公司请求莫某、B 公司返还其多支付的工程款的利息，起算时间为合同约定的竣工日期的第二日即 2004 年 8 月 1 日。由于涉案工程在莫某、B 公司起诉时并未竣工且合同无效，故应从莫某、B 公司起诉时即 2005 年 4 月 20 日开始计算上述利息，即莫某、B 公司应从 2005 年 4 月 20 日起至清偿日止按中国人民银行规定的同期同类贷款利率计付 A 公司多支付的工程款的利息。A 公司反诉要求莫某、B 公司支付逾期完工的违约金，因合同无效，不存在违约的问题，故对 A 公司的这一反诉请求，一审法院不予支持。A 公司提供了租赁合同以证明其由于莫某、B 公司未能如期完工所遭受的租金损失，但上述合同未能载明 A 公司减少部分租赁方租金及部分租赁方未能签订租赁合同是由于莫某、B 公司未能如期完工所造成，因此，对 A 公司的该项反诉请求，一审法院不予支持。A 公司要求的其他经济损失，由于未能提供证据证明，对其该项反诉请求一审法院也不予支持。

二审观点：

二审法院认为，莫某以 B 公司的名义与 A 公司签订的《商贸广场工程施工合同》等合同，违反了《中华人民共和国建筑法》第二十六条第二款的规定，应确认为无效合同。鉴于建设工程合同的特殊性，双方无法相互返还，故只能按折价补偿的方式处理。从现有证据来看，并无证据显示 A 公司在签约及履约过程中知道莫某挂靠 B 公司进行施工，因此，造成合同无效的过错责任应由莫某和 B 公司承担。

关于莫某、B 公司提出合同无效，A 公司清楚挂靠事实，也存在过错，已完成的工程应按实结算的问题。无论签约还是履约过程中，莫某都以 B 公司项目经理的名义出现，莫某的行为都代表 B 公司，A 公司与莫某协商有关工程事宜，依照莫某的指令支付工程款都不能证明 A 公司知道莫某与 B 公司之间的挂靠关系，莫某、B 公司认为 A 公司知道他们之间的挂靠关系证据不足，不予采纳。本案一审法院委托中介机构对已完成工程分别按合同及按实进行了结算，按实结算的工程造价远高于按合同价结算的工程造价。由于 A 公司没有过错，讼争工程又已实际使用，那么依照公平和诚实信用原则，本案的处理就不能让无过错方 A 公司承担合同外的损失。而且比照最高人民法院《关于审理建设工程施工合同纠纷案件适用法律问题的解释》第二条的规定，可以得出如下结论：除非合同无效的原因归于价格条款违反法律、行政法规的强制性规定，否则无效的施工合同仍应按照合同的约定确定工程造价。故一审法院比照原合同约定确定已完成工程的造价是正确的，予以维持。莫某和 B 公司关于应按实结算工程款的依据不足，不予支持。由于比照合同约定进行结算，A 公司已多支付了工程款，因此，莫某、B 公司请求 A 公司继续支付工程款依据不足，亦不予支持。

关于 B 公司提出莫某挂靠其进行经营，因此对于 A 公司多付的工程款，应由莫某的资产偿还，B 公司只应承担补充清偿责任，不应承担共同清偿责任的问题。莫某以 B 公司与 A 公司签订合同、进行施工及收取工程款，B 公司亦予以认可，因此，A 公司支付的工程款应视为是莫某和 B 公司共同收取的，两者应共同承担还款责任。

再审观点：

再审查明：双方就材差问题，在广东省东莞市建设局的主持下，进行过调解。A 公司的代表在会议上表示，A 公司除愿意承担两大主材的价差的 50%，约 380 万元，为表示诚意，愿意再多补偿 100 万元给 B 公司，即共计约 480 万元。

关于原判决对于合同无效后责任的认定是否适当的问题。

双方当事人对于合同无效均不存在争议，但莫某认为原判决对于合同无效的责任认定有失公正。莫某认为，A 公司对于其挂靠 B 公司的行为应当知情，但未提供相应证据证明其主张。从莫某与 B 公司签订的保密协议的内容看，保密协议以外的第三人很难知晓他们之间的挂靠关系。涉案合同的签订主体为 A 公司与 B 公司，A 公司提交的收款收据表明涉案工程进度款是向 B 公司支付的且莫某参加有关协调会议中亦是以 B 公司的工作人员身份参加的，莫某所提交的借条及借据也均是以 B 公司大朗长富商贸广场工程项目经理部的名义借款的。以上证据及事实表明，在合同的签订和履行过程中与 A 公司发生法律关系的是 B 公司，而非莫某。因此，莫某与 B 公司对于合同无效应当承担全部责任，原判决对于合同无效后责任的认定并无不当。即便 A 公司对此知情，应承担一定的过错责任，也不影响本案的实体处理。过错责任的划分，仅在计算损失赔偿时有意义，对于涉案工程款数额的认定并无影响。依据《合同法》第五十八条的规定，"合同无效或者被撤销后，因该合同取得的财产，应当予以返还；不能返还或者没有必要返还的，应当折价补偿。有过错的一方应当赔偿对方因此所受到的损失，双方都有过错的，应当各自承担相应的责任"。而本案中双方仅对工程款的计算数额存在争议，双方当事人均未提起损害赔偿之诉，因此，过错责任的认定其并不影响对于涉案工程款数额的计算。

关于涉案工程款应如何计算的问题。

第一，关于涉案工程款的计算依据。关于涉案工程款是应按照合同约定结算还是据实结算。鉴于建筑工程的特殊性，虽然合同无效，但莫某与 B 公司的劳动和建筑材料已经物化在涉案工程中，依据《最高人民法院关于审理建设工程施工合同纠纷案件适用法律的解释》第二条的规定，建设工程无效合同参照有效合同处理，应当参照合同约定来计算涉案工程款。莫某与 B 公司主张应据实结算工程款，其主张缺乏依据。莫某与 B 公司不应获得比合同有效时更多的利益。涉案工程款应当依据合同约定结算。

第二，关于《合同造价鉴定报告》是否经过质证。莫某主张《合同造价鉴定报告》未经其质证。2006 年 9 月 6 日，一审法院开庭审理本案，莫某、A 公司、B 公司以及鉴定单位均参加庭审。一审庭审过程中，一审法院要求各方当事人对本案两份鉴定报告发表意见，莫某对于据实结算的鉴定报告发表意见，对于按合同结算的鉴定报告不认可，因此不予质证。一审法院已将相关证据材料在法庭出示并要求各方当事人互相质证，莫某主张《合同造价鉴定报告》未经质证与事实不符。

第三，关于鉴定报告对涉案工程款数额的计算是否有误的问题。莫某主张，鉴定报告存在对增加工程部分的少计和漏计的情况以及对减少工程存在多计的情况。东莞市华城工程造价咨询有限公司已对其异议给予解答。该鉴定机构主体合格且鉴定程序合法，因此，莫某主张鉴定数额有误，缺乏依据，本院不予支持。

关于 A 公司是否多支付给莫某与 B 公司 480 多万元工程款。从本院再审查明的事实看，莫某与 A 公司曾在东莞市建设局的主持下进行过调解。就 760 万元钢材、水泥价差问题，A公司表示愿意负担50%，在此基础上，A公司另行补偿100万元，两者相加共计约480万元，A公司作出该意思表示，同时亦有已多支付480万元工程款的行为，应当认定其自愿补偿给莫某与B公司的行为，其现又主张莫某与B公司退回其多支付的工程款，有违诚实信用原则，本院不予支持。

四、律师建议

（1）《中华人民共和国刑法》第二百二十九条规定了【提供虚假证明文件罪】、【出具证明文件重大失实罪】，承担资产评估、验资、验证、会计、审计、法律服务等职责的中介组织的人员故意提供虚假证明文件，情节严重的，处五年以下有期徒刑或者拘役，并处罚金。前款规定的人员，索取他人财物或者非法收受他人财物，犯前款罪的，处五年以上十年以下有期徒刑，并处罚金。第一款规定的人员，严重不负责任，出具的证明文件有重大失实，造成严重后果的，处三年以下有期徒刑或者拘役，并处或者单处罚金。司法鉴定单位在进行司法鉴定时，切记不能按照自己的常规做法进行司法鉴定，在当事人重大争议事项中，应在鉴定报告中罗列当事人双方的观点，自己的观点要列明依据的法律、法规、规章、政策文件、国家和行业规范及定额规定等，找不到依据的应提请公司总工或者集体讨论决策，必要时咨询建设行政主管部门。

（2）司法鉴定单位应学习相关的法律知识，关注最新的法律规定，有关证据的效力问题应提交法院认定，鉴定人员可以根据证据计算工程价款，但应列明属于争议事项，由法院最终认定。

（3）合同无效的处理原则。

江苏省高级人民法院观点[①]：四、建设工程施工合同无效的法律后果。最高人民法院《关于审理建设工程合同纠纷案件适用法律问题的解释》第2条规定：'建设工程施工合同无效，但建设工程经竣工验收合格，承包人请求参照合同约定支付工程价款的，应予支持。'我们认为应从以下几个方面具体分析：

（一）建设工程施工合同订立后尚未履行前被确认无效的，按缔约过失处理。

（二）建设工程施工合同所约定的工程已经开工但尚未完工时被确认无效的，按下列原则处理：

第一，立即停止履行。

第二，恢复原状或折价赔偿。对此应当区分三种情况：一是已完成部分工程

---

① 《江苏省高级人民法院建设工程施工合同案件审理指南（2010）》。

质量低劣，无法弥补质量缺陷，存在安全隐患的，按照一般无效合同的处理原则，已经完成部分工程应该拆除，建设方支付的工程款应当返还。二是已完成部分工程质量合格或者能够以较小的代价弥补工程质量缺陷的，应该折价补偿。三是建设工程严重违反规划，或未取得项目审批合法手续，无论工程质量是否合格，均应该拆除所建工程和返还所支付的工程款。

最高人民法院《关于审理建设工程合同纠纷案件适用法律问题的解释》第3条规定，建设工程施工合同无效，且建设工程经竣工验收不合格的，按以下情形分别处理：1. 修复后的建设工程经竣工验收合格，发包人请求承包人承担修复费用的，应予支持；2. 修复后的建设工程经竣工验收不合格，承包人请求支付工程价款的，不予支持。该条文对于未履行完毕的无效合同同样适用。

第三，赔偿损失。损失主要包括为准备签订、履行合同支出的费用和签订以及履行合同过程中支出的费用，包括直接费用和间接费用。在这里仍应区分情况：一是已建工程应该拆除，而建设方存在过错的，建设方对自己的损失自负，同时应赔偿施工方施工工程支付的人工费、材料费等实际支出费用；如果是施工方存在过错的，施工方对自己的损失自负，同时要赔偿建设方材料费等实际支出的费用。双方都有过错的，按过错大小各自承担相应的赔偿责任。二是已建的部分工程质量合格或可以弥补工程缺陷时，赔偿范围仅限于工程材料和人工外的实际支出费用和维修费用，仍然按照过错大小和比例承担责任。

（三）建设工程施工合同已经履行完毕后被确认无效的，如果建设工程验收合格的，建设方应该参照合同约定支付施工方工程价款，但仍应追究双方的其他相应法律责任。建设工程经竣工验收不合格的，分两种情况不同处理：一是维修后建设工程经竣工验收合格的，建设方仍应参照合同约定支付工程款，但承包人应承担相应的维修义务，或自己维修，或负担建设方维修费；二是维修后建设工程经竣工验收不合格的，建设方不支付施工方工程款，对此损失由施工方自行承担。同时按照双方的过错及过错大小对其他损失承担相应的赔偿责任。其他损失包括签订、履行合同和合同被确认无效后的后续费用，如拆除质量不合格的建筑物的费用、工程延期费用、材料费等。

（四）建设工程施工合同被确认无效后，如果该合同属于损害国家、集体或者第三人利益情形的，应收缴财产。

五、建设工程施工合同无效的处理中应注意问题。基于无效合同的基本原理，考虑到建设工程施工的特殊性，在建设工程施工合同无效的处理中，应注意以下一些问题：

（一）在建设工程案件的审理中，应牢牢把握工程质量是否合格这根主线。工程质量是承、发包人共同的生命线，它关系到社会的公共安全和人民群众的生命财产安全。为了确保建设工程质量，《合同法》、《建筑法》等法律、法规或者部颁规章都作出了许多具体规定，这些规定的核心都是为了保证工程质量。在审理建设工程施工合同纠纷案件时，应牢牢把握工程质量这根主线，以工程质量是否合格作为支付工程价款的前提条件。只要建设工程经验收合格，就可以要求参照合同中的价格条款主张权利，而人民法院应当予以支持。

（二）法释 [2004]14 号第二条之规定确立的原则是施工合同无效时折价补偿原则，而不是无效合同按有效处理原则。虽然合同无效，但建设工程经竣工验收合格即具备了法定的交付使用条件，发包人应当支付工程款。法释 [2004]14 号第二条确定的"参照合同约定支付工程价款"原则，是按照当前建筑市场供需关系的实际情况所确定，符合我国的基本国情，平衡了合同各方当事人的利益，且避免当事人通过鉴定确定工程价款，扩大诉讼成本。参照合同约定支付工程价款的折价补偿原则，与《民法通则》、《合同法》的规定并不矛盾，而是在处理无效的建设工程施工合同纠纷案件中具体体现了《合同法》规定的无效处理原则。

（三）按照法释 [2004]14 号第二条规定，发包人是否有权请求参照合同约定支付工程价款。法释 [2004]14 号第二条规定了承包人可以请求参照合同约定支付工程价款。相反，发包人是否也有权请求参照合同约定支付工程价款呢？回答是肯定的。一是建设工程施工合同的相对方为发包人与承包人，既然承包人可以请求参照合同约定支付工程价款，根据权利对等原则，发包人理所当然也应享有此权利。二是从法释 [2004]14 号第二条规定的目的和文义内容来看，并没有排斥、否定发包人的适用问题。

（四）当事人不得请求继续履行无效的施工合同。合同被确认无效后，合同内容对双方当事人失去法律拘束力，合同尚未履行的，不得履行。当事人一方请求继续履行无效的施工合同，应予驳回。

（五）当事人不得请求另一方承担违约责任。合同被确认无效后，将导致合同自始无效。该合同对当事人不再具有任何约束力，自然也包括合同约定的违约责任条款。由于当事人对合同的效力理解有偏差或法律水平较低，此种情形下，人民法院有告知当事人变更诉讼请求的义务。司法实践中，可能也存在当事人坚持诉讼请求而不愿意变更的情况，此时人民法院可直接驳回当事人的诉讼请求。"

江苏省高级人民法院上述观点，前后有些矛盾，前面说"三是建设工程严重违反规划，或未取得项目审批合法手续，无论工程质量是否合格，均应该拆除所建工程和返还所支付的工程款"。后面又说"在审理建设工程施工合同纠纷案件时，应牢牢把握工程质量这根主线，以工程质量是否合格作为支付工程价款的前提条件。只要建设工程经验收合格，就可以要求参照合同中的价格条款主张权利，而人民法院应当予以支持"。笔者同意后一种观点。

江苏省高级人民法院观点 ①："4. 建设工程施工合同无效，但建设工程经竣工验收合格，承包人请求参照合同约定支付工程价款的，或者能够举证证明合同约定的价款低于施工成本并请求按实结算的，应予支持。"

江苏省高级人民法院关于"合同约定的价款低于施工成本并请求按实结算的，应予支持"的观点，应该是基于低于成本的合同无效，因合同约定的价款低于成本也不能按照合同约定结算工程价款，因此只能按实结算。这里并没有定义怎样按实结算，笔者认为可以按照政府指导价结算，并扣除管理费和利润。

安徽省高级人民法院观点 ②："11. 建设工程施工合同无效，但工程经竣工验收合格的，应当参照合同约定确定工程价款。14. 建设工程施工合同无效，但工程经竣工验收合格并交付发包人使用的，承包人应承担相应的工程保修义务和责任，发包人可参照合同约定扣留一定比例的工程款作为工程质量保修金。"

浙江省高级人民法院观点 ③："二十、合同无效是否影响关于工程质量的约定、承诺的效力？ 建设工程施工合同无效，不影响发包人按合同约定、承包人出具的质量保修书或法律法规的规定，请求承包人承担工程质量责任。"

安徽省高级人民法院关于"建设工程施工合同无效，但工程经竣工验收合格并交付发包人使用的，承包人应承担相应的工程保修义务和责任，发包人可参照合同约定扣留一定比例的工程款作为工程质量保修金"与浙江省高级人民法院关于"建设工程施工合同无效，不影响发包人按合同约定、承包人出具的质量保修书或法律法规的规定，请求承包人承担工程质量责任"的观点笔者非常赞同，承包人既然按照合同约定结算了合同价款，自然应该承担工程质量的责任。

北京市高级人民法院观点 ④："17. 无效建设工程施工合同中的工程价款如何确定？ 建设工程施工合同无效，但工程经竣工验收合格，当事人任何一方依据《解释》第二条的规定要求参照合同约定支付工程折价补偿款的，应予支持。承包人要求发包人按中国人民银行同期贷款利率支付欠付工程款利息的，应予支持。发包人

---

① 《江苏省高院审判工作座谈会纪要 2009 年》。
② 《安徽省高级人民法院关于审理建设工程施工合同纠纷意见案件适用法律问题的指导意见》。
③ 《浙江省高级人民法院民事审判第一庭关于审理建设工程施工合同纠纷案件若干疑难问题的解答》。
④ 《北京市高级人民法院关于审理建设工程施工合同纠纷案件若干疑难问题的解答》。

以合同无效为由要求扣除工程折价补偿款中所含利润的，不予支持。"笔者认为如果导致合同无效的责任在承包人，且合同约定按照政府指导价结算工程价款，并没有约定下浮率的情况下，可以扣除工程折价款中所含的利润，作为承包人应当承担的发包人损失。

江苏省高级人民法院观点[1]："第七条 经过招标投标订立的建设工程施工合同，工程虽经验收合格，但因合同约定的工程价款低于成本价而导致合同无效，发包人要求参照合同约定的价款结算的，人民法院应予支持。"笔者不赞同江苏省高级人民法院的上述观点，既然合同因合同约定的工程价款低于成本价而导致无效，再按合同约定结算工程价款没有法律依据，如果低于成本价是发包人责任造成的，发包人更无权要求按照合同约定的价款结算。

福建省高级人民法院观点[2]："5.问：建设工程施工合同无效，但建设工程质量合格，发包人请求按照合同约定计算工程造价，而承包人请求按照工程定额标准计算工程造价的，如何处理？ 答：建设工程施工合同无效，但建设工程质量合格的，发包人或者承包人任何一方请求参照合同约定支付工程价款的，均应予以支持。6.问：建设工程施工合同约定的价款明显低于工程定额标准，已经超出一定合理范围的，当事人能否以合同约定价款明显违反定额为由，主张价款之约定无效，或者以显失公平为由，主张撤销或变更合同？ 答：工程造价定额标准不属于法律、法规的强制性规定，因此，建设工程施工合同约定的价款低于工程定额标准，不导致该约定无效。当事人以合同约定的价款过低从而显失公平为由，主张撤销或变更合同的，依《合同法》的相关规定处理。"

笔者赞同福建省高级人民法院的观点，工程造价定额标准不属于法律、法规的强制性规定，因此，建设工程施工合同约定的价款低于工程定额标准，不导致该约定无效。如果合同约定的价款远低于工程定额标准（如低于按照定额计算的人工费、材料费和机械费之和的），当事人以合同约定的价款过低从而显失公平为由，主张撤销或变更合同的，依《合同法》的相关规定处理。

山东省高级人民法院观点[3]："四、关于无效建筑工程承包合同的处理。41.建筑工程承包合同被确认无效后，应按合同当事人缔约过错程度确定各自应当承担的责任。合同被确认无效后尚未履行的，由此造成的经济损失，根据双方当事人的过错程度，予以合理负担。42.建筑工程已经完成且质量合格，建设单位应当按

---

[1]　《江苏省高院关于审理建设工程施工合同纠纷案件若干问题的意见》。
[2]　《福建省高院关于审理建设工程施工合同纠纷案件疑难问题的解答》。
[3]　《山东省高级人民法院关于审理建筑工程承包合同纠纷案件若干问题的意见》。

照已完工程的实际造价支付给施工企业相应价款，因无效合同造成的经济损失，应根据双方当事人的过错程度和责任大小，确定应当承担的赔偿数额。43. 合同已经履行但尚未完工的工程，应当对已有工程的造价予以鉴定，建设单位应当按照已有工程的实际造价支付给施工企业相应价款。对造成的经济损失，应根据双方当事人的过错程度和责任大小。确定应当承担的赔偿数额。44. 建筑施工企业转包、出借资质证书或以其他方式允许他人以本企业名义承揽工程，因此导致合同无效而造成的损失，应由转包人、接受转包人、出借人和借用人承担连带赔偿责任。45. 建筑施工企业转包工程包括违法分包，造成工程不符合质量标准的损失，由该企业与接受转包或分包的单位承担连带赔偿责任。46. 因无效合同造成的损失范围，一般应当包括：窝工停工费、机械设备调遣费、倒运费、建筑材料和构件积压费、保管费、机械设施闲置费、租赁费、临时设施建造费以及其他直接与该工程有关而独立发生的费用等。47. 对已有工程的质量缺陷，应当按照法律规定、确定质量责任，并由责任人承担相应的返修、赔偿等责任。"

山东省高级人民法院观点是目前各法院普遍适用的观点，合同无效，建筑工程已经完成的部分质量合格，建设单位应当按照已完工程的实际造价支付给施工企业相应价款，因无效合同造成的经济损失，应根据双方当事人的过错程度和责任大小，确定应当承担的赔偿数额。对已有工程的质量缺陷，应当按照法律规定、确定质量责任，并由责任人承担相应的返修、赔偿等责任。

（六）小型建筑工程及农民低层住宅施工合同、家庭住宅室内装饰装修合同的效力如何认定？

北京市高级人民法院观点 [①]："施工人签订合同承建小型建筑工程或两层以下（含两层）农民住宅，或者进行家庭住宅室内装饰装修，当事人仅以施工人缺乏相应资质为由，主张合同无效的，一般不予支持。对于当事人确实违反企业资质管理规定承揽工程的，可以建议有关行政主管部门予以处理。前述合同对质量标准有约定的，依照其约定，没有约定的，依照通常标准或符合合同目的的特定标准予以确定。当事人有其他争议的，原则上可以参照本解答的相关内容处理。小型工程资质不作为无效的理由。"北京市高级人民法院观点有待商榷，笔者认为，如果是农民自建的底层住宅和家庭住宅室内装饰装修可以不以资质论合同的效力。其他小型工程对资质的要求本来就低，小型工程也可能属于关系社会公共利益、公众安全的项目，不宜不强调施工人资质。

---

① 《北京市高级人民法院关于审理建设工程施工合同纠纷案件若干疑难问题的解答》。

附件：涉及工程造价的主要法律法规及司法解释（节选）

一、《中华人民共和国建筑法》

第一章 总 则

第一条【立法宗旨】为了加强对建筑活动的监督管理，维护建筑市场秩序，保证建筑工程的质量和安全，促进建筑业健康发展，制定本法。

第二条【适用范围】在中华人民共和国境内从事建筑活动，实施对建筑活动的监督管理，应当遵守本法。

本法所称建筑活动，是指各类房屋建筑及其附属设施的建造和与其配套的线路、管道、设备的安装活动。

第三条【建筑活动要求】建筑活动应当确保建筑工程质量和安全，符合国家的建筑工程安全标准。

第四条【支持和提倡的方向】国家扶持建筑业的发展，支持建筑科学技术研究，提高房屋建筑设计水平，鼓励节约能源和保护环境，提倡采用先进技术、先进设备、先进工艺、新型建筑材料和现代管理方式。

第五条【从业要求】从事建筑活动应当遵守法律、法规，不得损害社会公共利益和他人的合法权益。

任何单位和个人都不得妨碍和阻挠依法进行的建筑活动。

第六条【管理部门】国务院建设行政主管部门对全国的建筑活动实施统一监督管理。

第二章 建筑许可

第一节 建筑工程施工许可

第七条【施工许可证制度】建筑工程开工前，建设单位应当按照国家有关规定向工程所在地县级以上人民政府建设行政主管部门申请领取施工许可证；但是，国务院建设行政主管部门确定的限额以下的小型工程除外。

按照国务院规定的权限和程序批准开工报告的建筑工程，不再领取施工许可证。

第八条【申领施工许可证条件】申请领取施工许可证，应当具备下列条件：

（一）已经办理该建筑工程用地批准手续；

（二）在城市规划区的建筑工程，已经取得规划许可证；

（三）需要拆迁的，其拆迁进度符合施工要求；

（四）已经确定建筑施工企业；

（五）有满足施工需要的施工图纸及技术资料；

（六）有保证工程质量和安全的具体措施；

（七）建设资金已经落实；

（八）法律、行政法规规定的其他条件。

建设行政主管部门应当自收到申请之日起十五日内，对符合条件的申请颁发施工许可证。

第九条【开工期限】建设单位应当自领取施工许可证之日起三个月内开工。因故不能按期开工的，应当向发证机关申请延期；延期以两次为限，每次不超过三个月。既不开工又不申请延期或者超过延期时限的，施工许可证自行废止。

第十条【施工中止和恢复】在建的建筑工程因故中止施工的，建设单位应当自中止施工之日起一个月内，向发证机关报告，并按照规定做好建筑工程的维护管理工作。

建筑工程恢复施工时，应当向发证机关报告；中止施工满一年的工程恢复施工前，建设单位应当报发证机关核验施工许可证。

第十一条【不能按期施工的处理】按照国务院有关规定批准开工报告的建筑工程，因故不能按期开工或者中止施工的，应当及时向批准机关报告情况。因故不能按期开工超过六个月的，应当重新办理开工报告的批准手续。

第二节　从业资格

第十二条【从业条件】从事建筑活动的建筑施工企业、勘察单位、设计单位和工程监理单位，应当具备下列条件：

（一）有符合国家规定的注册资本；

（二）有与其从事的建筑活动相适应的具有法定执业资格的专业技术人员；

（三）有从事相关建筑活动所应有的技术装备；

（四）法律、行政法规规定的其他条件。

第十三条【资质等级】从事建筑活动的建筑施工企业、勘察单位、设计单位和工程监理单位，按照其拥有的注册资本、专业技术人员、技术装备和已完成的建筑工程业绩等资质条件，划分为不同的资质等级，经资质审查合格，取得相应等级的资质证书后，方可在其资质等级许可的范围内从事建筑活动。

第十四条【执业资格的取得】从事建筑活动的专业技术人员，应当依法取得相应的执业资格证书，并在执业资格证书许可的范围内从事建筑活动。

第三章　建筑工程发包与承包

第一节　一般规定

第十五条【承包合同】建筑工程的发包单位与承包单位应当依法订立书面合同，明确双方的权利和义务。

发包单位和承包单位应当全面履行合同约定的义务。不按照合同约定履行义务的，依法承担违约责任。

第十六条【承发包活动的要求】建筑工程发包与承包的招标投标活动，应当遵循公开、公正、平等竞争的原则，择优选择承包单位。

建筑工程的招标投标，本法没有规定的，适用有关招标投标法律的规定。

第十七条【禁止行贿索贿】发包单位及其工作人员在建筑工程发包中不得收受贿赂、回扣或者索取其他好处。

承包单位及其工作人员不得利用向发包单位及其工作人员行贿、提供回扣或者给予其他好处等不正当手段承揽工程。

第十八条【工程造价约定的规定】建筑工程造价应当按照国家有关规定，由发包单位与承包单位在合同中约定。公开招标发包的，其造价的约定，须遵守招标投标法律的规定。

发包单位应当按照合同的约定，及时拨付工程款项。

第二节　发　包

第十九条【发包方式的规定】建筑工程依法实行招标发包，对不适于招标发包的可以直接发包。

第二十条【经公开招标而发包人规定】建筑工程实行公开招标的，发包单位应当依照法定程序和方式，发布招标公告，提供载有招标工程的主要技术要求、主要的合同条款、评标的标准和方法以及开标、评标、定标的程序等内容的招标文件。

开标应当在招标文件规定的时间、地点公开进行。开标后应当按照招标文件规定的评标标准和程序对标书进行评价、比较，在具备相应资质条件的投标者中，择优选定中标者。

第二十一条【招标组织和监督的规定】建筑工程招标的开标、评标、定标由建设单位依法组织实施，并接受有关行政主管部门的监督。

第二十二条【发包行为约束的规定】建筑工程实行招标发包的，发包单位应当将建筑工程发包给依法中标的承包单位。建筑工程实行直接发包的，发包单位应当将建筑工程发包给具有相应资质条件的承包单位。

第二十三条【禁止限定发包的规定】政府及其所属部门不得滥用行政权力，限定发包单位将招标发包的建筑工程发包给指定的承包单位。

第二十四条【总承包模式的规定】提倡对建筑工程实行总承包，禁止将建筑工程肢解发包。

建筑工程的发包单位可以将建筑工程的勘察、设计、施工、设备采购一并发包给一个工程总承包单位，也可以将建筑工程勘察、设计、施工、设备采购的一项或者多项发包给一个工程总承包单位；但是，不得将应当由一个承包单位完成的建筑工程肢解成若干部分发包给几个承包单位。

第二十五条【建筑材料采购的规定】按照合同约定，建筑材料、建筑构配件和设备由工程承包单位采购的，发包单位不得指定承包单位购入用于工程的建筑材料、建筑构配件和设备或者指定生产厂、供应商。

第三节 承 包

第二十六条【资质等级许可的规定】承包建筑工程的单位应当持有依法取得的资质证书，并在其资质等级许可的业务范围内承揽工程。

禁止建筑施工企业超越本企业资质等级许可的业务范围或者以任何形式用其他建筑施工企业的名义承揽工程。禁止建筑施工企业以任何形式允许其他单位或者个人使用本企业的资质证书、营业执照，以本企业的名义承揽工程。

第二十七条【共同承包的规定】大型建筑工程或者结构复杂的建筑工程，

可以由两个以上的承包单位联合共同承包。共同承包的各方对承包合同的履行承担连带责任。

两个以上不同资质等级的单位实行联合共同承包的，应当按照资质等级低的单位的业务许可范围承揽工程。

第二十八条【禁止非法转包违法分包的规定】禁止承包单位将其承包的全部建筑工程转包给他人，禁止承包单位将其承包的全部建筑工程肢解以后以分包的名义分别转包给他人。

第二十九条【合法分包的规定】建筑工程总承包单位可以将承包工程中的部分工程发包给具有相应资质条件的分包单位；但是，除总承包合同中约定的分包外，必须经建设单位认可。施工总承包的，建筑工程主体结构的施工必须由总承包单位自行完成。

建筑工程总承包单位按照总承包合同的约定对建设单位负责；分包单位按照分包合同的约定对总承包单位负责。总承包单位和分包单位就分包工程对建设单位承担连带责任。

禁止总承包单位将工程分包给不具备相应资质条件的单位。禁止分包单位将其承包的工程再分包。

第四章　建筑工程监理

第三十条【工程监理制度的规定】国家推行建筑工程监理制度。

国务院可以规定实行强制监理的建筑工程的范围。

第三十一条【监理委托的规定】实行监理的建筑工程，由建设单位委托具有相应资质条件的工程监理单位监理。建设单位与其委托的工程监理单位应当订立书面委托监理合同。

第三十二条【监理监督的规定】建筑工程监理应当依照法律、行政法规及有关的技术标准、设计文件和建筑工程承包合同，对承包单位在施工质量、建设工期和建设资金使用等方面，代表建设单位实施监督。

工程监理人员认为工程施工不符合工程设计要求、施工技术标准和合同约定的，有权要求建筑施工企业改正。

工程监理人员发现工程设计不符合建筑工程质量标准或者合同约定的质量要求的，应当报告建设单位要求设计单位改正。

第三十三条【监理事项通知的规定】实施建筑工程监理前，建设单位应当将委托的工程监理单位、监理的内容及监理权限，书面通知被监理的建筑施工企业。

第三十四条【监理范围和职责的规定】工程监理单位应当在其资质等级许可的监理范围内，承担工程监理业务。

工程监理单位应当根据建设单位的委托，客观、公正地执行监理任务。

工程监理单位与被监理工程的承包单位以及建筑材料、建筑构配件和设备供应单位不得有隶属关系或者其他利害关系。

工程监理单位不得转让工程监理业务。

第三十五条【监理单位违约责任的规定】工程监理单位不按照委托监理合同的约定履行监理义务，对应当监督检查的项目不检查或者不按照规定检查，给建设单位造成损失的，应当承担相应的赔偿责任。

工程监理单位与承包单位串通，为承包单位谋取非法利益，给建设单位造成损失的，应当与承包单位承担连带赔偿责任。

第五章　建筑安全生产管理

第三十六条【建筑安全管理方针的规定】建筑工程安全生产管理必须坚持安全第一、预防为主的方针，建立健全安全生产的责任制度和群防群治制度。

第三十七条【工程设计要求的规定】建筑工程设计应当符合按照国家规定制定的建筑安全规程和技术规范，保证工程的安全性能。

第三十八条【安全措施的规定】建筑施工企业在编制施工组织设计时，应当根据建筑工程的特点制定相应的安全技术措施；对专业性较强的工程项目，应当编制专项安全施工组织设计，并采取安全技术措施。

第三十九条【现场安全防范的规定】建筑施工企业应当在施工现场采取维护安全、防范危险、预防火灾等措施；有条件的，应当对施工现场实行封闭管理。

施工现场对毗邻的建筑物、构筑物和特殊作业环境可能造成损害的，建筑施工企业应当采取安全防护措施。

第四十条【地下管线保护的规定】建设单位应当向建筑施工企业提供与施工现场相关的地下管线资料，建筑施工企业应当采取措施加以保护。

第四十一条【污染控制的规定】建筑施工企业应当遵守有关环境保护和安全生产的法律、法规的规定，采取控制和处理施工现场的各种粉尘、废气、废水、固体废物以及噪声、振动对环境的污染和危害的措施。

第四十二条【其他需要审批事项的规定】有下列情形之一的，建设单位应当按照国家有关规定办理申请批准手续：

（一）需要临时占用规划批准范围以外场地的；

（二）可能损坏道路、管线、电力、邮电通讯等公共设施的；

（三）需要临时停水、停电、中断道路交通的；

（四）需要进行爆破作业的；

（五）法律、法规规定需要办理报批手续的其他情形。

第四十三条【主管建筑安全部门的规定】建设行政主管部门负责建筑安全生产的管理，并依法接受劳动行政主管部门对建筑安全生产的指导和监督。

第四十四条【施工单位安全责任的规定】建筑施工企业必须依法加强对建筑安全生产的管理，执行安全生产责任制度，采取有效措施，防止伤亡和其他安全生产事故的发生。

建筑施工企业的法定代表人对本企业的安全生产负责。

第四十五条【施工现场安全责任的规定】施工现场安全由建筑施工企业负责。实行施工总承包的，由总承包单位负责。分包单位向总承包单位负责，服从总承包单位对施工现场的安全生产管理。

第四十六条【安全教育培训的规定】建筑施工企业应当建立健全劳动安全生产教育培训制度，加强对职工安全生产的教育培训；未经安全生产教育培训的人员，不得上岗作业。

第四十七条【保障施工安全的规定】建筑施工企业和作业人员在施工过程中，应当遵守有关安全生产的法律、法规和建筑行业安全规章、规程，不得违章指挥或者违章作业。作业人员有权对影响人身健康的作业程序和作业条件提出改进意见，有权获得安全生产所需的防护用品。作业人员对危及生命安全和人身健康的行为有权提出批评、检举和控告。

第四十八条【意外伤害投保的规定】建筑施工企业必须为从事危险作业的职工办理意外伤害保险，支付保险费。

第四十九条【设计变更的规定】涉及建筑主体和承重结构变动的装修工程，建设单位应当在施工前委托原设计单位或者具有相应资质条件的设计单位提出设计方案；没有设计方案的，不得施工。

第五十条【房屋拆除安全的规定】房屋拆除应当由具备保证安全条件的建筑施工单位承担，由建筑施工单位负责人对安全负责。

第五十一条【事故应急处理的规定】施工中发生事故时，建筑施工企业应当采取紧急措施减少人员伤亡和事故损失，并按照国家有关规定及时向有关部门报告。

第六章　建筑工程质量管理

第五十二条【工程质量保证的规定】建筑工程勘察、设计、施工的质量必须符合国家有关建筑工程安全标准的要求，具体管理办法由国务院规定。

有关建筑工程安全的国家标准不能适应确保建筑安全的要求时，应当及时修订。

第五十三条【工程质量体系认证制度的规定】国家对从事建筑活动的单位推行质量体系认证制度。从事建筑活动的单位根据自愿原则可以向国务院产品质量监督管理部门或者国务院产品质量监督管理部门授权的部门认可的认证机构申请质量体系认证。经认证合格的，由认证机构颁发质量体系认证证书。

第五十四条【建设单位保证工程质量的规定】建设单位不得以任何理由，要求建筑设计单位或者建筑施工企业在工程设计或者施工作业中，违反法律、行政法规和建筑工程质量、安全标准，降低工程质量。

建筑设计单位和建筑施工企业对建设单位违反前款规定提出的降低工程质量的要求，应当予以拒绝。

第五十五条【工程质量责任体系的规定】建筑工程实行总承包的，工程质量由工程总承包单位负责，总承包单位将建筑工程分包给其他单位的，应当对分包工程的质量与分包单位承担连带责任。分包单位应当接受总承包单位的质量管理。

第五十六条【勘察和设计单位保证工程质量的规定】建筑工程的勘察、设计单位必须对其勘察、设计的质量负责。勘察、设计文件应当符合有关法律、行政法规的规定和建筑工程质量、安全标准、建筑工程勘察、设计技术规范以及合同的约定。设计文件选用的建筑材料、建筑构配件和设备，应当注明其规格、型号、性能等技术指标，其质量要求必须符合国家规定的标准。

第五十七条【建材供给的规定】建筑设计单位对设计文件选用的建筑材料、建筑构配件和设备，不得指定生产厂、供应商。

第五十八条【施工质量责任制的规定】建筑施工企业对工程的施工质量负责。

建筑施工企业必须按照工程设计图纸和施工技术标准施工，不得偷工减料。工程设计的修改由原设计单位负责，建筑施工企业不得擅自修改工程设计。

第五十九条【建材设备检验的规定】建筑施工企业必须按照工程设计要求、施工技术标准和合同的约定，对建筑材料、建筑构配件和设备进行检验，不合格的不得使用。

第六十条【不同部位质量保证的规定】建筑物在合理使用寿命内，必须确保地基基础工程和主体结构的质量。

建筑工程竣工时，屋顶、墙面不得留有渗漏、开裂等质量缺陷；对已发现的质量缺陷，建筑施工企业应当修复。

第六十一条【工程竣工验收的规定】交付竣工验收的建筑工程，必须符合规定的建筑工程质量标准，有完整的工程技术经济资料和经签署的工程保修书，并具备国家规定的其他竣工条件。

建筑工程竣工经验收合格后，方可交付使用；未经验收或者验收不合格的，不得交付使用。

第六十二条【工程质量保修制度的规定】建筑工程实行质量保修制度。

建筑工程的保修范围应当包括地基基础工程、主体结构工程、屋面防水工程和其他土建工程，以及电气管线、上下水管线的安装工程，供热、供冷系统工程等项目；保修的期限应当按照保证建筑物合理寿命年限内正常使用，维护使用者合法权益的原则确定。具体的保修范围和最低保修期限由国务院规定。

第六十三条【工程质量投诉的规定】任何单位和个人对建筑工程的质量事故、质量缺陷都有权向建设行政主管部门或者其他有关部门进行检举、控告、投诉。

第七章　法律责任

第六十四条【擅自施工的法律责任】违反本法规定，未取得施工许可证或者开工报告未经批准擅自施工的，责令改正，对不符合开工条件的责令停止施工，可以处以罚款。

第六十五条【非法发包的法律责任】发包单位将工程发包给不具有相应资质条件的承包单位的，或者违反本法规定将建筑工程肢解发包的，责令改正，处以罚款。

超越本单位资质等级承揽工程的，责令停止违法行为，处以罚款，可以责令停业整顿，降低资质等级；情节严重的，吊销资质证书；有违法所得的，予以没收。

未取得资质证书承揽工程的，予以取缔，并处罚款；有违法所得的，予以没收。

以欺骗手段取得资质证书的，吊销资质证书，处以罚款；构成犯罪的，依法追究刑事责任。

第六十六条【借用资质的法律责任】建筑施工企业转让、出借资质证书或者以其他方式允许他人以本企业的名义承揽工程的，责令改正，没收违法所得，并处罚款，可以责令停业整顿，降低资质等级；情节严重的，吊销资质证书。对因该项承揽工程不符合规定的质量标准造成的损失，建筑施工企业与使用本企业名义的单位或者个人承担连带赔偿责任。

第六十七条【非法转包的法律责任】承包单位将承包的工程转包的，或者违反本法规定进行分包的，责令改正，没收违法所得，并处罚款，可以责令停业整顿，降低资质等级；情节严重的，吊销资质证书。

承包单位有前款规定的违法行为的，对因转包工程或者违法分包的工程不符合规定的质量标准造成的损失，与接受转包或者分包的单位承担连带赔偿责任。

第六十八条【行贿和索贿的法律责任】在工程发包与承包中索贿、受贿、行贿，构成犯罪的，依法追究刑事责任；不构成犯罪的，分别处以罚款，没收贿赂的财物，对直接负责的主管人员和其他直接责任人员给予处分。

对在工程承包中行贿的承包单位，除依照前款规定处罚外，可以责令停业整顿，降低资质等级或者吊销资质证书。

第六十九条【非法监理的法律责任】工程监理单位与建设单位或者建筑施工企业串通，弄虚作假、降低工程质量的，责令改正，处以罚款，降低资质等级或者吊销资质证书；有违法所得的，予以没收；造成损失的，承担连带赔偿责任；构成犯罪的，依法追究刑事责任。

工程监理单位转让监理业务的，责令改正，没收违法所得，可以责令停业整顿，降低资质等级；情节严重的，吊销资质证书。

第七十条【改变承重结构的法律责任】违反本法规定，涉及建筑主体或者承重结构变动的装修工程擅自施工的，责令改正，处以罚款；造成损失的，承担赔偿责任；构成犯罪的，依法追究刑事责任。

第七十一条【安全事故的法律责任】建筑施工企业违反本法规定，对建筑安全事故隐患不采取措施予以消除的，责令改正，可以处以罚款；情节严重的，责令停业整顿，降低资质等级或者吊销资质证书；构成犯罪的，依法追究刑事责任。

建筑施工企业的管理人员违章指挥、强令职工冒险作业，因而发生重大伤亡事故或者造成其他严重后果的，依法追究刑事责任。

第七十二条【降低工程质量的法律责任】建设单位违反本法规定，要求建筑设计单位或者建筑施工企业违反建筑工程质量、安全标准，降低工程质量的，责令改正，可以处以罚款；构成犯罪的，依法追究刑事责任。

第七十三条【非法设计的法律责任】建筑设计单位不按照建筑工程质量、安全标准进行设计的，责令改正，处以罚款；造成工程质量事故的，责令停业整顿，降低资质等级或者吊销资质证书，没收违法所得，并处罚款；造成损失的，承担赔偿责任；构成犯罪的，依法追究刑事责任。

第七十四条【非法施工的法律责任】建筑施工企业在施工中偷工减料的，使用不合格的建筑材料、建筑构配件和设备的，或者有其他不按照工程设计图纸或者施工技术标准施工的行为的，责令改正，处以罚款；情节严重的，责令停业整顿，降低资质等级或者吊销资质证书；造成建筑工程质量不符合规定的质量标准的，负责返工、修理，并赔偿因此造成的损失；构成犯罪的，依法追究刑事责任。

第七十五条【不履行保修的法律责任】建筑施工企业违反本法规定，不履行保修义务或者拖延履行保修义务的，责令改正，可以处以罚款，并对在保修期内因屋顶、墙面渗漏、开裂等质量缺陷造成的损失，承担赔偿责任。

第七十六条【行政处罚的行政机关】本法规定的责令停业整顿、降低资质等级和吊销资质证书的行政处罚，由颁发资质证书的机关决定；其他行政处罚，由建设行政主管部门或者有关部门依照法律和国务院规定的职权范围决定。

依照本法规定被吊销资质证书的，由工商行政管理部门吊销其营业执照。

第七十七条【非法颁证的法律责任】违反本法规定，对不具备相应资质等级条件的单位颁发该等级资质证书的，由其上级机关责令收回所发的资质证书，对直接负责的主管人员和其他直接责任人员给予行政处分；构成犯罪的，依法追究刑事责任。

第七十八条【限制发包的法律责任】政府及其所属部门的工作人员违反本法规定，限定发包单位将招标发包的工程发包给指定的承包单位的，由上级机关责令改正；构成犯罪的，依法追究刑事责任。

第七十九条【非法验收的法律责任】负责颁发建筑工程施工许可证的部门及其工作人员对不符合施工条件的建筑工程颁发施工许可证的，负责工程质量监督检查或者竣工验收的部门及其工作人员对不合格的建筑工程出具质量合格文件或者按合格工程验收的，由上级机关责令改正，对责任人员给予行政处分；构成犯罪的，依法追究刑事责任；造成损失的，由该部门承担相应的赔偿责任。

第八十条【损害赔偿的规定】在建筑物的合理使用寿命内，因建筑工程质量不合格受到损害的，有权向责任者要求赔偿。

第八章　附　则

第八十一条【适用范围补充的规定】本法关于施工许可、建筑施工企业资质审查和建筑工程发包、承包、禁止转包，以及建筑工程监理、建筑工程安全和质量管理的规定，适用于其他专业建筑工程的建筑活动，具体办法由国务院规定。

第八十二条【监管收费的规定】建设行政主管部门和其他有关部门在对建筑活动实施监督管理中，除按照国务院有关规定收取费用外，不得收取其他费用。

第八十三条【适用范围的特别规定】省、自治区、直辖市人民政府确定的小型房屋建筑工程的建筑活动，参照本法执行。

依法核定作为文物保护的纪念建筑物和古建筑等的修缮，依照文物保护的有关法律规定执行。

抢险救灾及其他临时性房屋建筑和农民自建低层住宅的建筑活动，不适用本法。

第八十四条【军用工程的特别规定】军用房屋建筑工程建筑活动的具体管理办法，由国务院、中央军事委员会依据本法制定。

第八十五条【施行日期】本法自 1998 年 3 月 1 日起施行。

二、《中华人民共和国合同法》（节选）

第一节 总 则

第一章 一般规定

第一条为了保护合同当事人的合法权益，维护社会经济秩序，促进社会主义现代化建设，制定本法。

第二条本法所称合同是平等主体的自然人、法人、其他组织之间设立、变更、终止民事权利义务关系的协议。

婚姻、收养、监护等有关身份关系的协议，适用其他法律的规定。

第三条合同当事人的法律地位平等，一方不得将自己的意志强加给另一方。

第四条当事人依法享有自愿订立合同的权利，任何单位和个人不得非法干预。

第五条当事人应当遵循公平原则确定各方的权利和义务。

第六条当事人行使权利、履行义务应当遵循诚实信用原则。

第七条当事人订立、履行合同，应当遵守法律、行政法规，尊重社会公德，不得扰乱社会经济秩序，损害社会公共利益。

第八条依法成立的合同，对当事人具有法律约束力。当事人应当按照约定履行自己的义务，不得擅自变更或者解除合同。

依法成立的合同，受法律保护。

第二章 合同的订立

第九条当事人订立合同，应当具有相应的民事权利能力和民事行为能力。当事人依法可以委托代理人订立合同。

第十条当事人订立合同，有书面形式、口头形式和其他形式。

法律、行政法规规定采用书面形式的，应当采用书面形式。当事人约定采用书面形式的，应当采用书面形式。

第十一条书面形式是指合同书、信件和数据电文（包括电报、电传、传真、电子数据交换和电子邮件）等可以有形地表现所载内容的形式。

第十二条合同的内容由当事人约定，一般包括以下条款：

（一）当事人的名称或者姓名和住所；

（二）标的；

（三）数量；

（四）质量；

（五）价款或者报酬；

（六）履行期限、地点和方式；

（七）违约责任；

（八）解决争议的方法。

当事人可以参照各类合同的示范文本订立合同。

第十三条 当事人订立合同，采取要约、承诺方式。

第十四条要约是希望和他人订立合同的意思表示，该意思表示应当符合下列规定：

（一）内容具体确定；

（二）表明经受要约人承诺，要约人即受该意思表示约束。

第十五条要约邀请是希望他人向自己发出要约的意思表示。寄送的价目表、拍卖公告、招标公告、招股说明书、商业广告等为要约邀请。

商业广告的内容符合要约规定的，视为要约。

第十六条要约到达受要约人时生效。

采用数据电文形式订立合同，收件人指定特定系统接收数据电文的，该数据电文进入该特定系统的时间，视为到达时间；未指定特定系统的，该数据电文进入收件人的任何系统的首次时间，视为到达时间。

第十七条要约可以撤回。撤回要约的通知应当在要约到达受要约人之前或者与要约同时到达受要约人。

第十八条要约可以撤销。撤销要约的通知应当在受要约人发出承诺通知之前到达受要约人。

第十九条有下列情形之一的，要约不得撤销：

（一）要约人确定了承诺期限或者以其他形式明示要约不可撤销；

（二）受要约人有理由认为要约是不可撤销的，并已经为履行合同作了准备工作。

第二十条有下列情形之一的，要约失效：

（一）拒绝要约的通知到达要约人；

（二）要约人依法撤销要约；

（三）承诺期限届满，受要约人未作出承诺；

（四）受要约人对要约的内容作出实质性变更。

第二十一条承诺是受要约人同意要约的意思表示。

第二十二条承诺应当以通知的方式作出，但根据交易习惯或者要约表明可以通过行为作出承诺的除外。

第二十三条承诺应当在要约确定的期限内到达要约人。

要约没有确定承诺期限的，承诺应当依照下列规定到达：

（一）要约以对话方式作出的，应当即时作出承诺，但当事人另有约定的除外；

（二）要约以非对话方式作出的，承诺应当在合理期限内到达。

第二十四条要约以信件或者电报作出的，承诺期限自信件载明的日期或者电报交发之日开始计算。信件未载明日期的，自投寄该信件的邮戳日期开始计算。要约以电话、传真等快速通讯方式作出的，承诺期限自要约到达受要约人时开始计算。

第二十五条 承诺生效时合同成立。

第二十六条 承诺通知到达要约人时生效。承诺不需要通知的，根据交易习惯或者要约的要求作出承诺的行为时生效。

采用数据电文形式订立合同的，承诺到达的时间适用本法第十六条第二款的规定。

第二十七条承诺可以撤回。撤回承诺的通知应当在承诺通知到达要约人之前或者与承诺通知同时到达要约人。

第二十八条受要约人超过承诺期限发出承诺的，除要约人及时通知受要约人该承诺有效的以外，为新要约。

第二十九条受要约人在承诺期限内发出承诺，按照通常情形能够及时到达要约人，但因其他原因承诺到达要约人时超过承诺期限的，除要约人及时通知受要约人因承诺超过期限不接受该承诺的以外，该承诺有效。

第三十条承诺的内容应当与要约的内容一致。受要约人对要约的内容作出实质性变更的，为新要约。有关合同标的、数量、质量、价款或者报酬、履行期限、履行地点和方式、违约责任和解决争议方法等的变更，是对要约内容的实质性变更。

第三十一条承诺对要约的内容作出非实质性变更的，除要约人及时表示反对或者要约表明承诺不得对要约的内容作出任何变更的以外，该承诺有效，合同的内容以承诺的内容为准。

第三十二条当事人采用合同书形式订立合同的，自双方当事人签字或者盖章时合同成立。

第三十三条当事人采用信件、数据电文等形式订立合同的，可以在合同成立之前要求签订确认书。签订确认书时合同成立。

第三十四条承诺生效的地点为合同成立的地点。

采用数据电文形式订立合同的，收件人的主营业地为合同成立的地点；没有主营业地的，其经常居住地为合同成立的地点。当事人另有约定的，按照其约定。

第三十五条当事人采用合同书形式订立合同的，双方当事人签字或者盖章的地点为合同成立的地点。

第三十六条法律、行政法规规定或者当事人约定采用书面形式订立合同，当事人未采用书面形式但一方已经履行主要义务，对方接受的，该合同成立。

第三十七条采用合同书形式订立合同，在签字或者盖章之前，当事人一方已经履行主要义务，对方接受的，该合同成立。

第三十八条国家根据需要下达指令性任务或者国家订货任务的，有关法人、其他组织之间应当依照有关法律、行政法规规定的权利和义务订立合同。

第三十九条采用格式条款订立合同的，提供格式条款的一方应当遵循公平原则确定当事人之间的权利和义务，并采取合理的方式提请对方注意免除或者限制其责任的条款，按照对方的要求，对该条款予以说明。

格式条款是当事人为了重复使用而预先拟定，并在订立合同时未与对方协商的条款。

第四十条格式条款具有本法第五十二条和第五十三条规定情形的，或者提供格式条款一方免除其责任、加重对方责任、排除对方主要权利的，该条款无效。

第四十一条对格式条款的理解发生争议的，应当按照通常理解予以解释。对格式条款有两种以上解释的，应当作出不利于提供格式条款一方的解释。格式条款和非格式条款不一致的，应当采用非格式条款。

第四十二条当事人在订立合同过程中有下列情形之一，给对方造成损失的，应当承担损害赔偿责任：

（一）假借订立合同，恶意进行磋商；

（二）故意隐瞒与订立合同有关的重要事实或者提供虚假情况；

（三）有其他违背诚实信用原则的行为。

第四十三条当事人在订立合同过程中知悉的商业秘密，无论合同是否成立，不得泄露或者不正当地使用。泄露或者不正当地使用该商业秘密给对方造成损失的，应当承担损害赔偿责任。

第三章　合同的效力

第四十四条依法成立的合同，自成立时生效。

法律、行政法规规定应当办理批准、登记等手续生效的，依照其规定。

第四十五条当事人对合同的效力可以约定附条件。附生效条件的合同，自条件成就时生效。附解除条件的合同，自条件成就时失效。

当事人为自己的利益不正当地阻止条件成就的，视为条件已成就；不正当地促成条件成就的，视为条件不成就。

第四十六条当事人对合同的效力可以约定附期限。附生效期限的合同，自期限届至时生效。附终止期限的合同，自期限届满时失效。

第四十七条限制民事行为能力人订立的合同，经法定代理人追认后，该合同有效，但纯获利益的合同或者与其年龄、智力、精神健康状况相适应而订立的合同，不必经法定代理人追认。

相对人可以催告法定代理人在一个月内予以追认。法定代理人未作表示的，视为拒绝追认。合同被追认之前，善意相对人有撤销的权利。撤销应当以通知的方式作出。

第四十八条行为人没有代理权、超越代理权或者代理权终止后以被代理人名义订立的合同，未经被代理人追认，对被代理人不发生效力，由行为人承担责任。

相对人可以催告被代理人在一个月内予以追认。被代理人未作表示的，视为拒绝追认。合同被追认之前，善意相对人有撤销的权利。撤销应当以通知的方式作出。

第四十九条行为人没有代理权、超越代理权或者代理权终止后以被代理人名义订立合同，相对人有理由相信行为人有代理权的，该代理行为有效。

第五十条法人或者其他组织的法定代表人、负责人超越权限订立的合同，除相对人知道或者应当知道其超越权限的以外，该代表行为有效。

第五十一条无处分权的人处分他人财产，经权利人追认或者无处分权的人订立合同后取得处分权的，该合同有效。

第五十二条有下列情形之一的，合同无效：

（一）一方以欺诈、胁迫的手段订立合同，损害国家利益；

（二）恶意串通，损害国家、集体或者第三人利益；

（三）以合法形式掩盖非法目的；

（四）损害社会公共利益；

（五）违反法律、行政法规的强制性规定。

第五十三条合同中的下列免责条款无效：

（一）造成对方人身伤害的；

（二）因故意或者重大过失造成对方财产损失的。

第五十四条下列合同，当事人一方有权请求人民法院或者仲裁机构变更或者撤销：

（一）因重大误解订立的；

（二）在订立合同时显失公平的。

一方以欺诈、胁迫的手段或者乘人之危，使对方在违背真实意思的情况下订立的合同，受损害方有权请求人民法院或者仲裁机构变更或者撤销。

当事人请求变更的，人民法院或者仲裁机构不得撤销。

第五十五条有下列情形之一的，撤销权消灭：

（一）具有撤销权的当事人自知道或者应当知道撤销事由之日起一年内没有行使撤销权；

（二）具有撤销权的当事人知道撤销事由后明确表示或者以自己的行为放弃撤销权。

第五十六条无效的合同或者被撤销的合同自始没有法律约束力。合同部分无效，不影响其他部分效力的，其他部分仍然有效。

第五十七条合同无效、被撤销或者终止的，不影响合同中独立存在的有关解决争议方法的条款的效力。

第五十八条合同无效或者被撤销后，因该合同取得的财产，应当予以返还；不能返还或者没有必要返还的，应当折价补偿。有过错的一方应当赔偿对方因此所受到的损失，双方都有过错的，应当各自承担相应的责任。

第五十九条当事人恶意串通，损害国家、集体或者第三人利益的，因此取得的财产收归国家所有或者返还集体、第三人。

第四章　合同的履行

第六十条当事人应当按照约定全面履行自己的义务。

当事人应当遵循诚实信用原则，根据合同的性质、目的和交易习惯履行通知、协助、保密等义务。

第六十一条合同生效后，当事人就质量、价款或者报酬、履行地点等内容没有约定或者约定不明确的，可以协议补充；不能达成补充协议的，按照合同有关条款或者交易习惯确定。

第六十二条当事人就有关合同内容约定不明确，依照本法第六十一条的规定仍不能确定的，适用下列规定：

（一）质量要求不明确的，按照国家标准、行业标准履行；没有国家标准、行业标准的，按照通常标准或者符合合同目的的特定标准履行。

（二）价款或者报酬不明确的，按照订立合同时履行地的市场价格履行；依法应当执行政府定价或者政府指导价的，按照规定履行。

（三）履行地点不明确，给付货币的，在接受货币一方所在地履行；交付不动产的，在不动产所在地履行；其他标的，在履行义务一方所在地履行。

（四）履行期限不明确的，债务人可以随时履行，债权人也可以随时要求履行，但应当给对方必要的准备时间。

（五）履行方式不明确的，按照有利于实现合同目的的方式履行。

（六）履行费用的负担不明确的，由履行义务一方负担。

第六十三条执行政府定价或者政府指导价的，在合同约定的交付期限内政府价格调整时，按照交付时的价格计价。逾期交付标的物的，遇价格上涨时，按照原价格执行；价格下降时，按照新价格执行。逾期提取标的物或者逾期付款的，遇价格上涨时，按照新价格执行；价格下降时，按照原价格执行。

第六十四条当事人约定由债务人向第三人履行债务的，债务人未向第三人履行债务或者履行债务不符合约定，应当向债权人承担违约责任。

第六十五条当事人约定由第三人向债权人履行债务的，第三人不履行债务或者履行债务不符合约定，债务人应当向债权人承担违约责任。

第六十六条当事人互负债务，没有先后履行顺序的，应当同时履行。一方在对方履行之前有权拒绝其履行要求。一方在对方履行债务不符合约定时，有权拒绝其相应的履行要求。

第六十七条当事人互负债务，有先后履行顺序，先履行一方未履行的，后履行一方有权拒绝其履行要求。先履行一方履行债务不符合约定的，后履行一方有权拒绝其相应的履行要求。

第六十八条应当先履行债务的当事人，有确切证据证明对方有下列情形之一的，可以中止履行：

（一）经营状况严重恶化；

（二）转移财产、抽逃资金，以逃避债务；

（三）丧失商业信誉；

（四）有丧失或者可能丧失履行债务能力的其他情形。

当事人没有确切证据中止履行的，应当承担违约责任。

第六十九条　当事人依照本法第六十八条的规定中止履行的，应当及时通知对方。对方提供适当担保时，应当恢复履行。中止履行后，对方在合理期限内未恢复履行能力并且未提供适当担保的，中止履行的一方可以解除合同。

第七十条　债权人分立、合并或者变更住所没有通知债务人，致使履行债务发生困难的，债务人可以中止履行或者将标的物提存。

第七十一条　债权人可以拒绝债务人提前履行债务，但提前履行不损害债权人利益的除外。

债务人提前履行债务给债权人增加的费用，由债务人负担。

第七十二条　债权人可以拒绝债务人部分履行债务，但部分履行不损害债权人利益的除外。

债务人部分履行债务给债权人增加的费用，由债务人负担。

第七十三条　因债务人怠于行使其到期债权，对债权人造成损害的，债权人可以向人民法院请求以自己的名义代位行使债务人的债权，但该债权专属于债务人自身的除外。

代位权的行使范围以债权人的债权为限。债权人行使代位权的必要费用，由债务人负担。

第七十四条　因债务人放弃其到期债权或者无偿转让财产，对债权人造成损害的，债权人可以请求人民法院撤销债务人的行为。债务人以明显不合理的低价转让财产，对债权人造成损害，并且受让人知道该情形的，债权人也可以请求人民法院撤销债务人的行为。

撤销权的行使范围以债权人的债权为限。债权人行使撤销权的必要费用，由债务人负担。

第七十五条　撤销权自债权人知道或者应当知道撤销事由之日起一年内行使。自债务人的行为发生之日起五年内没有行使撤销权的，该撤销权消灭。

第七十六条　合同生效后，当事人不得因姓名、名称的变更或者法定代表人、负责人、承办人的变动而不履行合同义务。

第五章　合同的变更和转让

第七十七条当事人协商一致，可以变更合同。

法律、行政法规规定变更合同应当办理批准、登记等手续的，依照其规定。

第七十八条当事人对合同变更的内容约定不明确的，推定为未变更。

第七十九条债权人可以将合同的权利全部或者部分转让给第三人，但有下列情形之一的除外：

（一）根据合同性质不得转让；

（二）按照当事人约定不得转让；

（三）依照法律规定不得转让。

第八十条债权人转让权利的，应当通知债务人。未经通知，该转让对债务人不发生效力。

债权人转让权利的通知不得撤销，但经受让人同意的除外。

第八十一条债权人转让权利的，受让人取得与债权有关的从权利，但该从权利专属于债权人自身的除外。

第八十二条债务人接到债权转让通知后，债务人对让与人的抗辩，可以向受让人主张。

第八十三条债务人接到债权转让通知时，债务人对让与人享有债权，并且债务人的债权先于转让的债权到期或者同时到期的，债务人可以向受让人主张抵销。

第八十四条债务人将合同的义务全部或者部分转移给第三人的，应当经债权人同意。

第八十五条债务人转移义务的，新债务人可以主张原债务人对债权人的抗辩。

第八十六条债务人转移义务的，新债务人应当承担与主债务有关的从债务，但该从债务专属于原债务人自身的除外。

第八十七条法律、行政法规规定转让权利或者转移义务应当办理批准、登记等手续的，依照其规定。

第八十八条当事人一方经对方同意，可以将自己在合同中的权利和义务一并转让给第三人。

第八十九条权利和义务一并转让的，适用本法第七十九条、第八十一条至第八十三条、第八十五条至第八十七条的规定。

第九十条当事人订立合同后合并的，由合并后的法人或者其他组织行使合同权利，履行合同义务。当事人订立合同后分立的，除债权人和债务人另有约定的以外，由分立的法人或者其他组织对合同的权利和义务享有连带债权，承担连带债务。

第六章 合同的权利义务终止

第九十一条有下列情形之一的，合同的权利义务终止：

（一）债务已经按照约定履行；

（二）合同解除；

（三）债务相互抵销；

（四）债务人依法将标的物提存；

（五）债权人免除债务；

（六）债权债务同归于一人；

（七）法律规定或者当事人约定终止的其他情形。

第九十二条合同的权利义务终止后，当事人应当遵循诚实信用原则，根据交易习惯履行通知、协助、保密等义务。

第九十三条当事人协商一致，可以解除合同。

当事人可以约定一方解除合同的条件。解除合同的条件成立时，解除权人可以解除合同。

第九十四条有下列情形之一的，当事人可以解除合同：

（一）因不可抗力致使不能实现合同目的；

（二）在履行期限届满之前，当事人一方明确表示或者以自己的行为表明不履行主要债务；

（三）当事人一方迟延履行主要债务，经催告后在合理期限内仍未履行；

（四）当事人一方迟延履行债务或者有其他违约行为致使不能实现合同目的；

（五）法律规定的其他情形。

第九十五条法律规定或者当事人约定解除权行使期限，期限届满当事人不行使的，该权利消灭。

法律没有规定或者当事人没有约定解除权行使期限，经对方催告后在合理期限内不行使的，该权利消灭。

第九十六条当事人一方依照本法第九十三条第二款、第九十四条的规定主张解除合同的，应当通知对方。合同自通知到达对方时解除。对方有异议的，可以请求人民法院或者仲裁机构确认解除合同的效力。

法律、行政法规规定解除合同应当办理批准、登记等手续的，依照其规定。

第九十七条 合同解除后，尚未履行的，终止履行；已经履行的，根据履行情况和合同性质，当事人可以要求恢复原状、采取其他补救措施，并有权要求赔偿损失。

第九十八条 合同的权利义务终止，不影响合同中结算和清理条款的效力。

第九十九条 当事人互负到期债务，该债务的标的物种类、品质相同的，任何一方可以将自己的债务与对方的债务抵销，但依照法律规定或者按照合同性质不得抵销的除外。

当事人主张抵销的，应当通知对方。通知自到达对方时生效。抵销不得附条件或者附期限。

第一百条 当事人互负债务，标的物种类、品质不相同的，经双方协商一致，也可以抵销。

第一百零一条 有下列情形之一，难以履行债务的，债务人可以将标的物提存：

（一）债权人无正当理由拒绝受领；

（二）债权人下落不明；

（三）债权人死亡未确定继承人或者丧失民事行为能力未确定监护人；

（四）法律规定的其他情形。

标的物不适于提存或者提存费用过高的，债务人依法可以拍卖或者变卖标的物，提存所得的价款。

第一百零二条 标的物提存后，除债权人下落不明的以外，债务人应当及时通知债权人或者债权人的继承人、监护人。

第一百零三条 标的物提存后，毁损、灭失的风险由债权人承担。提存期间，标的物的孳息归债权人所有。提存费用由债权人负担。

第一百零四条 债权人可以随时领取提存物，但债权人对债务人负有到期债务的，在债权人未履行债务或者提供担保之前，提存部门根据债务人的要求应当拒绝其领取提存物。

债权人领取提存物的权利，自提存之日起五年内不行使而消灭，提存物扣除提存费用后归国家所有。

第一百零五条 债权人免除债务人部分或者全部债务的，合同的权利义务部分或者全部终止。

第一百零六条 债权和债务同归于一人的，合同的权利义务终止，但涉及第三人利益的除外。

第七章　违约责任

第一百零七条当事人一方不履行合同义务或者履行合同义务不符合约定的，应当承担继续履行、采取补救措施或者赔偿损失等违约责任。

第一百零八条当事人一方明确表示或者以自己的行为表明不履行合同义务的，对方可以在履行期限届满之前要求其承担违约责任。

第一百零九条当事人一方未支付价款或者报酬的，对方可以要求其支付价款或者报酬。

第一百一十条当事人一方不履行非金钱债务或者履行非金钱债务不符合约定的，对方可以要求履行，但有下列情形之一的除外：

（一）法律上或者事实上不能履行；

（二）债务的标的不适于强制履行或者履行费用过高；

（三）债权人在合理期限内未要求履行。

第一百一十一条质量不符合约定的，应当按照当事人的约定承担违约责任。对违约责任没有约定或者约定不明确，依照本法第六十一条的规定仍不能确定的，受损害方根据标的的性质以及损失的大小，可以合理选择要求对方承担修理、更换、重作、退货、减少价款或者报酬等违约责任。

第一百一十二条当事人一方不履行合同义务或者履行合同义务不符合约定的，在履行义务或者采取补救措施后，对方还有其他损失的，应当赔偿损失。

第一百一十三条当事人一方不履行合同义务或者履行合同义务不符合约定，给对方造成损失的，损失赔偿额应当相当于因违约所造成的损失，包括合同履行后可以获得的利益，但不得超过违反合同一方订立合同时预见到或者应当预见到的因违反合同可能造成的损失。

经营者对消费者提供商品或者服务有欺诈行为的，依照《中华人民共和国消费者权益保护法》的规定承担损害赔偿责任。

第一百一十四条当事人可以约定一方违约时应当根据违约情况向对方支付一定数额的违约金，也可以约定因违约产生的损失赔偿额的计算方法。

约定的违约金低于造成的损失的，当事人可以请求人民法院或者仲裁机构予以增加；约定的违约金过分高于造成的损失的，当事人可以请求人民法院或者仲裁机构予以适当减少。

当事人就迟延履行约定违约金的，违约方支付违约金后，还应当履行债务。

第一百一十五条当事人可以依照《中华人民共和国担保法》约定一方向对方

给付定金作为债权的担保。债务人履行债务后，定金应当抵作价款或者收回。给付定金的一方不履行约定的债务的，无权要求返还定金；收受定金的一方不履行约定的债务的，应当双倍返还定金。

第一百一十六条当事人既约定违约金，又约定定金的，一方违约时，对方可以选择适用违约金或者定金条款。

第一百一十七条因不可抗力不能履行合同的，根据不可抗力的影响，部分或者全部免除责任，但法律另有规定的除外。当事人迟延履行后发生不可抗力的，不能免除责任。

本法所称不可抗力，是指不能预见、不能避免并不能克服的客观情况。

第一百一十八条当事人一方因不可抗力不能履行合同的，应当及时通知对方，以减轻可能给对方造成的损失，并应当在合理期限内提供证明。

第一百一十九条当事人一方违约后，对方应当采取适当措施防止损失的扩大；没有采取适当措施致使损失扩大的，不得就扩大的损失要求赔偿。

当事人因防止损失扩大而支出的合理费用，由违约方承担。

第一百二十条当事人双方都违反合同的，应当各自承担相应的责任。

第一百二十一条 当事人一方因第三人的原因造成违约的，应当向对方承担违约责任。当事人一方和第三人之间的纠纷，依照法律规定或者按照约定解决。

第一百二十二条因当事人一方的违约行为，侵害对方人身、财产权益的，受损害方有权选择依照本法要求其承担违约责任或者依照其他法律要求其承担侵权责任。

第八章　其他规定

第一百二十三条其他法律对合同另有规定的，依照其规定。

第一百二十四条本法分则或者其他法律没有明文规定的合同，适用本法总则的规定，并可以参照本法分则或者其他法律最相类似的规定。

第一百二十五条当事人对合同条款的理解有争议的，应当按照合同所使用的词句、合同的有关条款、合同的目的、交易习惯以及诚实信用原则，确定该条款的真实意思。

合同文本采用两种以上文字订立并约定具有同等效力的，对各文本使用的词句推定具有相同含义。各文本使用的词句不一致的，应当根据合同的目的予以解释。

第一百二十六条涉外合同的当事人可以选择处理合同争议所适用的法律，但法律另有规定的除外。涉外合同的当事人没有选择的，适用与合同有最密切联系的国家的法律。

在中华人民共和国境内履行的中外合资经营企业合同、中外合作经营企业合同、中外合作勘探开发自然资源合同，适用中华人民共和国法律。

第一百二十七条 工商行政管理部门和其他有关行政主管部门在各自的职权范围内，依照法律、行政法规的规定，对利用合同危害国家利益、社会公共利益的违法行为，负责监督处理；构成犯罪的，依法追究刑事责任。

第一百二十八条 当事人可以通过和解或者调解解决合同争议。

当事人不愿和解、调解或者和解、调解不成的，可以根据仲裁协议向仲裁机构申请仲裁。涉外合同的当事人可以根据仲裁协议向中国仲裁机构或者其他仲裁机构申请仲裁。当事人没有订立仲裁协议或者仲裁协议无效的，可以向人民法院起诉。当事人应当履行发生法律效力的判决、仲裁裁决、调解书；拒不履行的，对方可以请求人民法院执行。

第一百二十九条 因国际货物买卖合同和技术进出口合同争议提起诉讼或者申请仲裁的期限为四年，自当事人知道或者应当知道其权利受到侵害之日起计算。因其他合同争议提起诉讼或者申请仲裁的期限，依照有关法律的规定。

第十五章　承揽合同

第二百五十一条 承揽合同是承揽人按照定作人的要求完成工作，交付工作成果，定作人给付报酬的合同。

承揽包括加工、定作、修理、复制、测试、检验等工作。

第二百五十二条 承揽合同的内容包括承揽的标的、数量、质量、报酬、承揽方式、材料的提供、履行期限、验收标准和方法等条款。

第二百五十三条 承揽人应当以自己的设备、技术和劳力，完成主要工作，但当事人另有约定的除外。

承揽人将其承揽的主要工作交由第三人完成的，应当就该第三人完成的工作成果向定作人负责；未经定作人同意的，定作人也可以解除合同。

第二百五十四条 承揽人可以将其承揽的辅助工作交由第三人完成。承揽人将其承揽的辅助工作交由第三人完成的，应当就该第三人完成的工作成果向定作人负责。

第二百五十五条 承揽人提供材料的，承揽人应当按照约定选用材料，并接受定作人检验。

第二百五十六条 定作人提供材料的，定作人应当按照约定提供材料。承揽人对定作人提供的材料，应当及时检验，发现不符合约定时，应当及时通知定作人更换、补齐或者采取其他补救措施。

承揽人不得擅自更换定作人提供的材料，不得更换不需要修理的零部件。

第二百五十七条 承揽人发现定作人提供的图纸或者技术要求不合理的，应当及时通知定作人。因定作人怠于答复等原因造成承揽人损失的，应当赔偿损失。

第二百五十八条 定作人中途变更承揽工作的要求，造成承揽人损失的，应当赔偿损失。

第二百五十九条 承揽工作需要定作人协助的，定作人有协助的义务。定作人不履行协助义务致使承揽工作不能完成的，承揽人可以催告定作人在合理期限内履行义务，并可以顺延履行期限；定作人逾期不履行的，承揽人可以解除合同。

第二百六十条 承揽人在工作期间，应当接受定作人必要的监督检验。定作人不得因监督检验妨碍承揽人的正常工作。

第二百六十一条 承揽人完成工作的，应当向定作人交付工作成果，并提交必要的技术资料和有关质量证明。定作人应当验收该工作成果。

第二百六十二条 承揽人交付的工作成果不符合质量要求的，定作人可以要求承揽人承担修理、重作、减少报酬、赔偿损失等违约责任。

第二百六十三条 定作人应当按照约定的期限支付报酬。对支付报酬的期限没有约定或者约定不明确，依照本法第六十一条的规定仍不能确定的，定作人应当在承揽人交付工作成果时支付；工作成果部分交付的，定作人应当相应支付。

第二百六十四条 定作人未向承揽人支付报酬或者材料费等价款的，承揽人对完成的工作成果享有留置权，但当事人另有约定的除外。

第二百六十五条 承揽人应当妥善保管定作人提供的材料以及完成的工作成果，因保管不善造成毁损、灭失的，应当承担损害赔偿责任。

第二百六十六条 承揽人应当按照定作人的要求保守秘密，未经定作人许可，不得留存复制品或者技术资料。

第二百六十七条 共同承揽人对定作人承担连带责任，但当事人另有约定的除外。

第二百六十八条 定作人可以随时解除承揽合同，造成承揽人损失的，应当赔偿损失。

第十六章　建设工程合同

第二百六十九条 建设工程合同是承包人进行工程建设，发包人支付价款的合同。

建设工程合同包括工程勘察、设计、施工合同。

第二百七十条建设工程合同应当采用书面形式。

第二百七十一条建设工程的招标投标活动，应当依照有关法律的规定公开、公平、公正进行。

第二百七十二条发包人可以与总承包人订立建设工程合同，也可以分别与勘察人、设计人、施工人订立勘察、设计、施工承包合同。发包人不得将应当由一个承包人完成的建设工程肢解成若干部分发包给几个承包人。

总承包人或者勘察、设计、施工承包人经发包人同意，可以将自己承包的部分工作交由第三人完成。第三人就其完成的工作成果与总承包人或者勘察、设计、施工承包人向发包人承担连带责任。承包人不得将其承包的全部建设工程转包给第三人或者将其承包的全部建设工程肢解以后以分包的名义分别转包给第三人。

禁止承包人将工程分包给不具备相应资质条件的单位。禁止分包单位将其承包的工程再分包。建设工程主体结构的施工必须由承包人自行完成。

第二百七十三条国家重大建设工程合同，应当按照国家规定的程序和国家批准的投资计划、可行性研究报告等文件订立。

第二百七十四条勘察、设计合同的内容包括提交有关基础资料和文件（包括概预算）的期限、质量要求、费用以及其他协作条件等条款。

第二百七十五条施工合同的内容包括工程范围、建设工期、中间交工工程的开工和竣工时间、工程质量、工程造价、技术资料交付时间、材料和设备供应责任、拨款和结算、竣工验收、质量保修范围和质量保证期、双方相互协作等条款。

第二百七十六条建设工程实行监理的，发包人应当与监理人采用书面形式订立委托监理合同。发包人与监理人的权利和义务以及法律责任，应当依照本法委托合同以及其他有关法律、行政法规的规定。

第二百七十七条发包人在不妨碍承包人正常作业的情况下，可以随时对作业进度、质量进行检查。

第二百七十八条隐蔽工程在隐蔽以前，承包人应当通知发包人检查。发包人没有及时检查的，承包人可以顺延工程日期，并有权要求赔偿停工、窝工等损失。

第二百七十九条建设工程竣工后，发包人应当根据施工图纸及说明书、国家颁发的施工验收规范和质量检验标准及时进行验收。验收合格的，发包人应当按照约定支付价款，并接收该建设工程。建设工程竣工经验收合格后，方可交付使用；未经验收或者验收不合格的，不得交付使用。

第二百八十条勘察、设计的质量不符合要求或者未按照期限提交勘察、设计文件拖延工期，造成发包人损失的，勘察人、设计人应当继续完善勘察、设计，减收或者免收勘察、设计费并赔偿损失。

第二百八十一条因施工人的原因致使建设工程质量不符合约定的，发包人有权要求施工人在合理期限内无偿修理或者返工、改建。经过修理或者返工、改建后，造成逾期交付的，施工人应当承担违约责任。

第二百八十二条因承包人的原因致使建设工程在合理使用期限内造成人身和财产损害的，承包人应当承担损害赔偿责任。

第二百八十三条发包人未按照约定的时间和要求提供原材料、设备、场地、资金、技术资料的，承包人可以顺延工程日期，并有权要求赔偿停工、窝工等损失。

第二百八十四条因发包人的原因致使工程中途停建、缓建的，发包人应当采取措施弥补或者减少损失，赔偿承包人因此造成的停工、窝工、倒运、机械设备调迁、材料和构件积压等损失和实际费用。

第二百八十五条因发包人变更计划，提供的资料不准确，或者未按照期限提供必需的勘察、设计工作条件而造成勘察、设计的返工、停工或者修改设计，发包人应当按照勘察人、设计人实际消耗的工作量增付费用。

第二百八十六条发包人未按照约定支付价款的，承包人可以催告发包人在合理期限内支付价款。发包人逾期不支付的，除按照建设工程的性质不宜折价、拍卖的以外，承包人可以与发包人协议将该工程折价，也可以申请人民法院将该工程依法拍卖。建设工程的价款就该工程折价或者拍卖的价款优先受偿。

第二百八十七条本章没有规定的，适用承揽合同的有关规定。

三、《中华人民共和国招标投标法》

第一章　总　则

第一条【立法宗旨】为了规范招标投标活动，保护国家利益、社会公共利益和招标投标活动当事人的合法权益，提高经济效益，保证项目质量，制定本法。

第二条【适用范围】在中华人民共和国境内进行招标投标活动，适用本法。

第三条【招标活动要求】在中华人民共和国境内进行下列工程建设项目包括项目的勘察、设计、施工、监理以及与工程建设有关的重要设备、材料等的采购，必须进行招标：

（一）大型基础设施、公用事业等关系社会公共利益、公众安全的项目；

（二）全部或者部分使用国有资金投资或者国家融资的项目；

（三）使用国际组织或者外国政府贷款、援助资金的项目。

前款所列项目的具体范围和规模标准，由国务院发展计划部门会同国务院有关部门制订，报国务院批准。

法律或者国务院对必须进行招标的其他项目的范围有规定的，依照其规定。

第四条【不得规避招标】任何单位和个人不得将依法必须进行招标的项目化整为零或者以其他任何方式规避招标。

第五条【应遵循的原则】招标投标活动应当遵循公开、公平、公正和诚实信用的原则。

第六条【不受干预】依法必须进行招标的项目，其招标投标活动不受地区或者部门的限制。任何单位和个人不得违法限制或者排斥本地区、本系统以外的法人或者其他组织参加投标，不得以任何方式非法干涉招标投标活动。

第七条【管理部门】招标投标活动及其当事人应当接受依法实施的监督。

有关行政监督部门依法对招标投标活动实施监督，依法查处招标投标活动中的违法行为。

对招标投标活动的行政监督及有关部门的具体职权划分，由国务院规定。

第二章　招　标

第八条【招标人】招标人是依照本法规定提出招标项目、进行招标的法人或者其他组织。

第九条【招标项目】招标项目按照国家有关规定需要履行项目审批手续的，应当先履行审批手续，取得批准。

招标人应当有进行招标项目的相应资金或者资金来源已经落实，并应当在招标文件中如实载明。

第十条【招标方式】招标分为公开招标和邀请招标。

公开招标，是指招标人以招标公告的方式邀请不特定的法人或者其他组织投标。

邀请招标，是指招标人以投标邀请书的方式邀请特定的法人或者其他组织投标。

第十一条【邀请招标】国务院发展计划部门确定的国家重点项目和省、自治区、直辖市人民政府确定的地方重点项目不适宜公开招标的，经国务院发展计划部门或者省、自治区、直辖市人民政府批准，可以进行邀请招标。

第十二条【自行办理】招标人有权自行选择招标代理机构，委托其办理招标事宜。任何单位和个人不得以任何方式为招标人指定招标代理机构。

招标人具有编制招标文件和组织评标能力的，可以自行办理招标事宜。任何单位和个人不得强制其委托招标代理机构办理招标事宜。

依法必须进行招标的项目，招标人自行办理招标事宜的，应当向有关行政监督部门备案。

第十三条【招标代理机构】招标代理机构是依法设立、从事招标代理业务并提供相关服务的社会中介组织。

招标代理机构应当具备下列条件：

（一）有从事招标代理业务的营业场所和相应资金；

（二）有能够编制招标文件和组织评标的相应专业力量；

（三）有符合本法第三十七条第三款规定条件、可以作为评标委员会成员人选的技术、经济等方面的专家库。

第十四条【从业条件】从事工程建设项目招标代理业务的招标代理机构，其资格由国务院或者省、自治区、直辖市人民政府的建设行政主管部门认定。具体办法由国务院建设行政主管部门会同国务院有关部门制定。从事其他招标代理业务的招标代理机构，其资格认定的主管部门由国务院规定。

招标代理机构与行政机关和其他国家机关不得存在隶属关系或者其他利益关系。

第十五条【从业要求】招标代理机构应当在招标人委托的范围内办理招标事宜，并遵守本法关于招标人的规定。

第十六条【招标公告】招标人采用公开招标方式的，应当发布招标公告。依法必须进行招标的项目的招标公告，应当通过国家指定的报刊、信息网络或者其他媒介发布。

招标公告应当载明招标人的名称和地址、招标项目的性质、数量、实施地点和时间以及获取招标文件的办法等事项。

第十七条【投标邀请书】招标人采用邀请招标方式的，应当向三个以上具备承担招标项目的能力、资信良好的特定的法人或者其他组织发出投标邀请书。

投标邀请书应当载明本法第十六条第二款规定的事项。

第十八条【招标人要求】招标人可以根据招标项目本身的要求，在招标公告或者投标邀请书中，要求潜在投标人提供有关资质证明文件和业绩情况，并对潜在投标人进行资格审查；国家对投标人的资格条件有规定的，依照其规定。

招标人不得以不合理的条件限制或者排斥潜在投标人，不得对潜在投标人实行歧视待遇。

第十九条【招标文件】招标人应当根据招标项目的特点和需要编制招标文件。

招标文件应当包括招标项目的技术要求、对投标人资格审查的标准、投标报价要求和评标标准等所有实质性要求和条件以及拟签订合同的主要条款。

国家对招标项目的技术、标准有规定的，招标人应当按照其规定在招标文件中提出相应要求。

招标项目需要划分标段、确定工期的，招标人应当合理划分标段、确定工期，并在招标文件中载明。

第二十条【招标文件限制】招标文件不得要求或者标明特定的生产供应者以及含有倾向或者排斥潜在投标人的其他内容。

第二十一条【现场踏勘】招标人根据招标项目的具体情况，可以组织潜在投标人踏勘项目现场。

第二十二条【招标人活动】招标人不得向他人透露已获取招标文件的潜在投标人的名称、数量以及可能影响公平竞争的有关招标投标的其他情况。

招标人设有标底的，标底必须保密。

第二十三条【招标文件澄清或者修改】招标人对已发出的招标文件进行必要的澄清或者修改的，应当在招标文件要求提交投标文件截止时间至少十五日前，以书面形式通知所有招标文件收受人。该澄清或者修改的内容为招标文件的组成部分。

第二十四条【投标时限】招标人应当确定投标人编制投标文件所需要的合理时间；但是，依法必须进行招标的项目，自招标文件开始发出之日起至投标人提交投标文件截止之日止，最短不得少于二十日。

第三章 投 标

第二十五条【投标人】投标人是响应招标、参加投标竞争的法人或者其他组织。

依法招标的科研项目允许个人参加投标的，投标的个人适用本法有关投标人的规定。

第二十六条【投标人资格】投标人应当具备承担招标项目的能力；国家有关规定对投标人资格条件或者招标文件对投标人资格条件有规定的，投标人应当具备规定的资格条件。

第二十七条【投标文件】投标人应当按照招标文件的要求编制投标文件。投标文件应当对招标文件提出的实质性要求和条件作出响应。

招标项目属于建设施工的，投标文件的内容应当包括拟派出的项目负责人与主要技术人员的简历、业绩和拟用于完成招标项目的机械设备等。

第二十八条【投标文件提交】投标人应当在招标文件要求提交投标文件的截止时间前，将投标文件送达投标地点。招标人收到投标文件后，应当签收保存，不得开启。投标人少于三个的，招标人应当依照本法重新招标。

在招标文件要求提交投标文件的截止时间后送达的投标文件，招标人应当拒收。

第二十九条【投标文件补充和修改】投标人在招标文件要求提交投标文件的截止时间前，可以补充、修改或者撤回已提交的投标文件，并书面通知招标人。补充、修改的内容为投标文件的组成部分。

第三十条【载明分包】投标人根据招标文件载明的项目实际情况，拟在中标后将中标项目的部分非主体、非关键性工作进行分包的，应当在投标文件中载明。

第三十一条【联合体】两个以上法人或者其他组织可以组成一个联合体，以一个投标人的身份共同投标。

联合体各方均应当具备承担招标项目的相应能力；国家有关规定或者招标文件对投标人资格条件有规定的，联合体各方均应当具备规定的相应资格条件。由同一专业的单位组成的联合体，按照资质等级较低的单位确定资质等级。

联合体各方应当签订共同投标协议，明确约定各方拟承担的工作和责任，并将共同投标协议连同投标文件一并提交招标人。联合体中标的，联合体各方应当共同与招标人签订合同，就中标项目向招标人承担连带责任。

招标人不得强制投标人组成联合体共同投标，不得限制投标人之间的竞争。

第三十二条【投标人禁止】投标人不得相互串通投标报价，不得排挤其他投标人的公平竞争，损害招标人或者其他投标人的合法权益。

投标人不得与招标人串通投标，损害国家利益、社会公共利益或者他人的合法权益。

禁止投标人以向招标人或者评标委员会成员行贿的手段谋取中标。

第三十三条【投标人禁止】投标人不得以低于成本的报价竞标，也不得以他人名义投标或者以其他方式弄虚作假，骗取中标。

第四章　开标、评标和中标

第三十四条【开标时间地点】开标应当在招标文件确定的提交投标文件截止时间的同一时间公开进行；开标地点应当为招标文件中预先确定的地点。

第三十五条【开标】开标由招标人主持，邀请所有投标人参加。

第三十六条【开标活动】开标时，由投标人或者其推选的代表检查投标文件的密封情况，也可以由招标人委托的公证机构检查并公证；经确认无误后，由工作人员当众拆封，宣读投标人名称、投标价格和投标文件的其他主要内容。

招标人在招标文件要求提交投标文件的截止时间前收到的所有投标文件，开标时都应当当众予以拆封、宣读。

开标过程应当记录，并存档备查。

第三十七条【评标】评标由招标人依法组建的评标委员会负责。

依法必须进行招标的项目，其评标委员会由招标人的代表和有关技术、经济等方面的专家组成，成员人数为五人以上单数，其中技术、经济等方面的专家不得少于成员总数的三分之二。

前款专家应当从事相关领域工作满八年并具有高级职称或者具有同等专业水平，由招标人从国务院有关部门或者省、自治区、直辖市人民政府有关部门提供的专家名册或者招标代理机构的专家库内的相关专业的专家名单中确定；一般招标项目可以采取随机抽取方式，特殊招标项目可以由招标人直接确定。

与投标人有利害关系的人不得进入相关项目的评标委员会；已经进入的应当更换。

评标委员会成员的名单在中标结果确定前应当保密。

第三十八条【保密】招标人应当采取必要的措施，保证评标在严格保密的情况下进行。

任何单位和个人不得非法干预、影响评标的过程和结果。

第三十九条【投标文件澄清和说明】评标委员会可以要求投标人对投标文件中含义不明确的内容作必要的澄清或者说明，但是澄清或者说明不得超出投标文件的范围或者改变投标文件的实质性内容。

第四十条【评标活动】评标委员会应当按照招标文件确定的评标标准和方法，对投标文件进行评审和比较；设有标底的，应当参考标底。评标委员会完成评标后，应当向招标人提出书面评标报告，并推荐合格的中标候选人。

招标人根据评标委员会提出的书面评标报告和推荐的中标候选人确定中标人。招标人也可以授权评标委员会直接确定中标人。

国务院对特定招标项目的评标有特别规定的，从其规定。

第四十一条【中标人】中标人的投标应当符合下列条件之一：

（一）能够最大限度地满足招标文件中规定的各项综合评价标准；

（二）能够满足招标文件的实质性要求，并且经评审的投标价格最低；但是投标价格低于成本的除外。

第四十二条【重新招标】评标委员会经评审，认为所有投标都不符合招标文件要求的，可以否决所有投标。

依法必须进行招标的项目的所有投标被否决的，招标人应当依照本法重新招标。

第四十三条【禁止标前谈判】在确定中标人前，招标人不得与投标人就投标价格、投标方案等实质性内容进行谈判。

第四十四条【评标委员会成员】评标委员会成员应当客观、公正地履行职务，遵守职业道德，对所提出的评审意见承担个人责任。

评标委员会成员不得私下接触投标人，不得收受投标人的财物或者其他好处。

评标委员会成员和参与评标的有关工作人员不得透露对投标文件的评审和比较、中标候选人的推荐情况以及与评标有关的其他情况。

第四十五条【中标通知书】中标人确定后，招标人应当向中标人发出中标通知书，并同时将中标结果通知所有未中标的投标人。

中标通知书对招标人和中标人具有法律效力。中标通知书发出后，招标人改变中标结果的，或者中标人放弃中标项目的，应当依法承担法律责任。

第四十六条【合同订立】招标人和中标人应当自中标通知书发出之日起三十日内，按照招标文件和中标人的投标文件订立书面合同。招标人和中标人不得再行订立背离合同实质性内容的其他协议。

招标文件要求中标人提交履约保证金的，中标人应当提交。

第四十七条【书面报告】依法必须进行招标的项目，招标人应当自确定中标人之日起十五日内，向有关行政监督部门提交招标投标情况的书面报告。

第四十八条【中标人义务】中标人应当按照合同约定履行义务，完成中标项目。中标人不得向他人转让中标项目，也不得将中标项目肢解后分别向他人转让。

中标人按照合同约定或者经招标人同意，可以将中标项目的部分非主体、非关键性工作分包给他人完成。接受分包的人应当具备相应的资格条件，并不得再次分包。

中标人应当就分包项目向招标人负责，接受分包的人就分包项目承担连带责任。

第五章　法律责任

第四十九条【必须进行招标的项目而不招标的法律责任】违反本法规定，必须进行招标的项目而不招标的，将必须进行招标的项目化整为零或者以其他任何方式规避招标的，责令限期改正，可以处项目合同金额千分之五以上千分之十以下的罚款；对全部或者部分使用国有资金的项目，可以暂停项目执行或者暂停资金拨付；对单位直接负责的主管人员和其他直接责任人员依法给予处分。

第五十条【招标代理机构的法律责任】招标代理机构违反本法规定，泄露应当保密的与招标投标活动有关的情况和资料的，或者与招标人、投标人串通损害国家利益、社会公共利益或者他人合法权益的，处五万元以上二十五万元以下的罚款，对单位直接负责的主管人员和其他直接责任人员处单位罚款数额百分之五以上百分之十以下的罚款；有违法所得的，并处没收违法所得；情节严重的，暂停直至取消招标代理资格；构成犯罪的，依法追究刑事责任。给他人造成损失的，依法承担赔偿责任。

前款所列行为影响中标结果的，中标无效。

第五十一条【招标人以不合理的条件限制或者排斥潜在投标人的法律责任】招标人以不合理的条件限制或者排斥潜在投标人的，对潜在投标人实行歧视待遇的，强制要求投标人组成联合体共同投标的，或者限制投标人之间竞争的，责令改正，可以处一万元以上五万元以下的罚款。

第五十二条【招标人向他人透露招标情况的法律责任】依法必须进行招标的项目的招标人向他人透露已获取招标文件的潜在投标人的名称、数量或者可能影响公平竞争的有关招标投标的其他情况的，或者泄露标底的，给予警告，可以并处一万元以上十万元以下的罚款；对单位直接负责的主管人员和其他直接责任人员依法给予处分；构成犯罪的，依法追究刑事责任。

前款所列行为影响中标结果的，中标无效。

第五十三条【串通投标的法律责任】投标人相互串通投标或者与招标人串通投标的，投标人以向招标人或者评标委员会成员行贿的手段谋取中标的，中标无效，处中标项目金额千分之五以上千分之十以下的罚款，对单位直接负责的主管人员和其他直接责任人员处单位罚款数额百分之五以上百分之十以下的罚款；有违法所得的，并处没收违法所得；情节严重的，取消其一年至二年内参加依法必须进行招标的项目的投标资格并予以公告，直至由工商行政管理机关吊销营业执照；构成犯罪的，依法追究刑事责任。给他人造成损失的，依法承担赔偿责任。

第五十四条【骗取中标的法律责任】投标人以他人名义投标或者以其他方式弄虚作假，骗取中标的，中标无效，给招标人造成损失的，依法承担赔偿责任；构成犯罪的，依法追究刑事责任。

依法必须进行招标的项目的投标人有前款所列行为尚未构成犯罪的，处中标项目金额千分之五以上千分之十以下的罚款，对单位直接负责的主管人员和其他直接责任人员处单位罚款数额百分之五以上百分之十以下的罚款；有违法所得的，并处没收违法所得；情节严重的，取消其一年至三年内参加依法必须进行招标的项目的投标资格并予以公告，直至由工商行政管理机关吊销营业执照。

第五十五条【标前谈判的法律责任】依法必须进行招标的项目，招标人违反本法规定，与投标人就投标价格、投标方案等实质性内容进行谈判的，给予警告，对单位直接负责的主管人员和其他直接责任人员依法给予处分。

前款所列行为影响中标结果的，中标无效。

第五十六条【评标委员会成员违法的法律责任】评标委员会成员收受投标人的财物或者其他好处的，评标委员会成员或者参加评标的有关工作人员向他人透露对投标文件的评审和比较、中标候选人的推荐以及与评标有关的其他情况的，给予警告，没收收受的财物，可以并处三千元以上五万元以下的罚款，对有所列违法行为的评标委员会成员取消担任评标委员会成员的资格，不得再参加任何依法必须进行招标的项目的评标；构成犯罪的，依法追究刑事责任。

第五十七条【招标人在评标委员会依法推荐的中标候选人以外确定中标人的法律责任】招标人在评标委员会依法推荐的中标候选人以外确定中标人的，依法必须进行招标的项目在所有投标被评标委员会否决后自行确定中标人的，中标无效。责令改正，可以处中标项目金额千分之五以上千分之十以下的罚款；对单位直接负责的主管人员和其他直接责任人员依法给予处分。

第五十八条【中标人转让和直接发包、违法分包的法律责任】中标人将中标项目转让给他人的，将中标项目肢解后分别转让给他人的，违反本法规定将中标项目的部分主体、关键性工作分包给他人的，或者分包人再次分包的，转让、分包无效，处转让、分包项目金额千分之五以上千分之十以下的罚款；有违法所得的，并处没收违法所得；可以责令停业整顿；情节严重的，由工商行政管理机关吊销营业执照。

第五十九条【违法订立合同的法律责任】招标人与中标人不按照招标文件和中标人的投标文件订立合同的，或者招标人、中标人订立背离合同实质性内容的协议的，责令改正；可以处中标项目金额千分之五以上千分之十以下的罚款。

第六十条【中标人违法的法律责任】中标人不履行与招标人订立的合同的，履约保证金不予退还，给招标人造成的损失超过履约保证金数额的，还应当对超过部分予以赔偿；没有提交履约保证金的，应当对招标人的损失承担赔偿责任。

中标人不按照与招标人订立的合同履行义务，情节严重的，取消其二年至五年内参加依法必须进行招标的项目的投标资格并予以公告，直至由工商行政管理机关吊销营业执照。

因不可抗力不能履行合同的，不适用前两款规定。

第六十一条【处罚部门】本章规定的行政处罚，由国务院规定的有关行政监督部门决定。本法已对实施行政处罚的机关作出规定的除外。

第六十二条【干涉招标活动的法律责任】任何单位违反本法规定，限制或者排斥本地区、本系统以外的法人或者其他组织参加投标的，为招标人指定招标代理机构的，强制招标人委托招标代理机构办理招标事宜的，或者以其他方式干涉招标投标活动的，责令改正；对单位直接负责的主管人员和其他直接责任人员依法给予警告、记过、记大过的处分，情节较重的，依法给予降级、撤职、开除的处分。

个人利用职权进行前款违法行为的，依照前款规定追究责任。

第六十三条【国家机关工作人员违法的法律责任】对招标投标活动依法负有行政监督职责的国家机关工作人员徇私舞弊、滥用职权或者玩忽职守，构成犯罪的，依法追究刑事责任；不构成犯罪的，依法给予行政处分。

第六十四条【中标无效的处理】依法必须进行招标的项目违反本法规定，中标无效的，应当依照本法规定的中标条件从其余投标人中重新确定中标人或者依照本法重新进行招标。

第六章　附　则

第六十五条【投诉】投标人和其他利害关系人认为招标投标活动不符合本法有关规定的，有权向招标人提出异议或者依法向有关行政监督部门投诉。

第六十六条涉及国家安全、国家秘密、抢险救灾或者属于利用扶贫资金实行以工代赈、需要使用农民工等特殊情况，不适宜进行招标的项目，按照国家有关规定可以不进行招标。

第六十七条【其他规定】使用国际组织或者外国政府贷款、援助资金的项目进行招标，贷款方、资金提供方对招标投标的具体条件和程序有不同规定的，可以适用其规定，但违背中华人民共和国的社会公共利益的除外。

第六十八条【施行日期】本法自 2000 年 1 月 1 日起施行。

四、《最高人民法院关于审理建设工程施工合同纠纷案件适用法律问题的解释》

法释〔2004〕14号

根据《中华人民共和国民法通则》、《中华人民共和国合同法》、《中华人民共和国招标投标法》、《中华人民共和国民事诉讼法》等法律规定,结合民事审判实际,就审理建设工程施工合同纠纷案件适用法律的问题,制定本解释。

第一条【施工承包合同无效的规定】建设工程施工合同具有下列情形之一的,应当根据合同法第五十二条第(五)项的规定,认定无效:

(一)承包人未取得建筑施工企业资质或者超越资质等级的;

(二)没有资质的实际施工人借用有资质的建筑施工企业名义的;

(三)建设工程必须进行招标而未招标或者中标无效的。

第二条【无效施工承包合同工程价款计算的规定】建设工程施工合同无效,但建设工程经竣工验收合格,承包人请求参照合同约定支付工程价款的,应予支持。

第三条【验收不合格工程价款计算的规定】建设工程施工合同无效,且建设工程经竣工验收不合格的,按照以下情形分别处理:

(一)修复后的建设工程经竣工验收合格,发包人请求承包人承担修复费用的,应予支持;

(二)修复后的建设工程经竣工验收不合格,承包人请求支付工程价款的,不予支持。

因建设工程不合格造成的损失,发包人有过错的,也应承担相应的民事责任。

第四条【施工分包合同无效的规定】承包人非法转包、违法分包建设工程或者没有资质的实际施工人借用有资质的建筑施工企业名义与他人签订建设工程施工合同的行为无效。人民法院可以根据民法通则第一百三十四条规定,收缴当事人已经取得的非法所得。

第五条【竣工前取得资质的规定】承包人超越资质等级许可的业务范围签订建设工程施工合同,在建设工程竣工前取得相应资质等级,当事人请求按照无效合同处理的,不予支持。

第六条【垫资按有效处理的规定】当事人对垫资和垫资利息有约定,承包人请求按照约定返还垫资及其利息的，应予支持，但是约定的利息计算标准高于中国人民银行发布的同期同类贷款利率的部分除外。

当事人对垫资没有约定的，按照工程欠款处理。

当事人对垫资利息没有约定，承包人请求支付利息的，不予支持。

第七条【劳务分包的规定】具有劳务作业法定资质的承包人与总承包人、分包人签订的劳务分包合同，当事人以转包建设工程违反法律规定为由请求确认无效的，不予支持。

第八条【发包人取得单方解除权的规定】承包人具有下列情形之一，发包人请求解除建设工程施工合同的，应予支持：

（一）明确表示或者以行为表明不履行合同主要义务的；

（二）合同约定的期限内没有完工，且在发包人催告的合理期限内仍未完工的；

（三）已经完成的建设工程质量不合格，并拒绝修复的；

（四）将承包的建设工程非法转包、违法分包的。

第九条【承包人取得单方解除权的规定】发包人具有下列情形之一，致使承包人无法施工，且在催告的合理期限内仍未履行相应义务，承包人请求解除建设工程施工合同的，应予支持：

（一）未按约定支付工程价款的；

（二）提供的主要建筑材料、建筑构配件和设备不符合强制性标准的；

（三）不履行合同约定的协助义务的。

第十条【施工承包合同解除后处理的规定】建设工程施工合同解除后，已经完成的建设工程质量合格的，发包人应当按照约定支付相应的工程价款；已经完成的建设工程质量不合格的，参照本解释第三条规定处理。

因一方违约导致合同解除的，违约方应当赔偿因此而给对方造成的损失。

第十一条【承包人拒绝修复处理的规定】因承包人的过错造成建设工程质量不符合约定，承包人拒绝修理、返工或者改建，发包人请求减少支付工程价款的，应予支持。

第十二条【发包人对工程质量承担责任的规定】发包人具有下列情形之一，造成建设工程质量缺陷，应当承担过错责任：

（一）提供的设计有缺陷；

（二）提供或者指定购买的建筑材料、建筑构配件、设备不符合强制性标准；

（三）直接指定分包人分包专业工程。

承包人有过错的，也应当承担相应的过错责任。

第十三条【擅自使用建设工程后果的规定】建设工程未经竣工验收，发包人擅自使用后，又以使用部分质量不符合约定为由主张权利的，不予支持；但是承包人应当在建设工程的合理使用寿命内对地基基础工程和主体结构质量承担民事责任。

第十四条【法定竣工日期的规定】当事人对建设工程实际竣工日期有争议的，按照以下情形分别处理：

（一）建设工程经竣工验收合格的，以竣工验收合格之日为竣工日期；

（二）承包人已经提交竣工验收报告，发包人拖延验收的，以承包人提交验收报告之日为竣工日期；

（三）建设工程未经竣工验收，发包人擅自使用的，以转移占有建设工程之日为竣工日期。

第十五条【质量鉴定合格工期顺延的规定】建设工程竣工前，当事人对工程质量发生争议，工程质量经鉴定合格的，鉴定期间为顺延工期期间。

第十六条【工程价款计算标准的规定】当事人对建设工程的计价标准或者计价方法有约定的，按照约定结算工程价款。

因设计变更导致建设工程的工程量或者质量标准发生变化，当事人对该部分工程价款不能协商一致的，可以参照签订建设工程施工合同时当地建设行政主管部门发布的计价方法或者计价标准结算工程价款。

建设工程施工合同有效，但建设工程经竣工验收不合格的，工程价款结算参照本解释第三条规定处理。

第十七条【工程欠款计息的规定】当事人对欠付工程价款利息计付标准有约定的，按照约定处理；没有约定的，按照中国人民银行发布的同期同类贷款利率计息。

第十八条【竣工结算余款计息时点的规定】利息从应付工程价款之日计付。当事人对付款时间没有约定或者约定不明的，下列时间视为应付款时间：

（一）建设工程已实际交付的，为交付之日；

（二）建设工程没有交付的，为提交竣工结算文件之日；

（三）建设工程未交付，工程价款也未结算的，为当事人起诉之日。

第十九条【工程量确定的规定】当事人对工程量有争议的，按照施工过程中形成的签证等书面文件确认。承包人能够证明发包人同意其施工，但未能提供签证文件证明工程量发生的，可以按照当事人提供的其他证据确认实际发生的工程量。

第二十条【逾期不结算视为认可的规定】当事人约定，发包人收到竣工结算文件后，在约定期限内不予答复，视为认可竣工结算文件的，按照约定处理。承包人请求按照竣工结算文件结算工程价款的，应予支持。

第二十一条【"阴阳合同"计算工程价款的规定】当事人就同一建设工程另行订立的建设工程施工合同与经过备案的中标合同实质性内容不一致的，应当以备案的中标合同作为结算工程价款的根据。

第二十二条【固定总价不予鉴定的规定】当事人约定按照固定价结算工程价款，一方当事人请求对建设工程造价进行鉴定的，不予支持。

第二十三条【仅对争议部分鉴定的规定】当事人对部分案件事实有争议的，仅对有争议的事实进行鉴定，但争议事实范围不能确定，或者双方当事人请求对全部事实鉴定的除外。

第二十四条【施工承包合同不适用专属管辖】建设工程施工合同纠纷以施工行为地为合同履行地。

第二十五条【总包、分包和实际施工人共同承担连带质量责任】因建设工程质量发生争议的，发包人可以以总承包人、分包人和实际施工人为共同被告提起诉讼。

第二十六条【实际施工人利益保护的规定】实际施工人以转包人、违法分包人为被告起诉的，人民法院应当依法受理。

实际施工人以发包人为被告主张权利的，人民法院可以追加转包人或者违法分包人为本案当事人。发包人只在欠付工程价款范围内对实际施工人承担责任。

第二十七条【未履行保修义务应承担的责任】因保修人未及时履行保修义务，导致建筑物毁损或者造成人身、财产损害的，保修人应当承担赔偿责任。

保修人与建筑物所有人或者发包人对建筑物毁损均有过错的，各自承担相应的责任。

第二十八条【施行日期的规定】本解释自二〇〇五年一月一日起施行。

施行后受理的第一审案件适用本解释。

施行前最高人民法院发布的司法解释与本解释相抵触的，以本解释为准。

五、建设工程造价鉴定规范 GB/T 51262—2017

根据住房和城乡建设部《关于印发〈2014 年工程建设标准规范制订、修订计划〉的通知》（建标 [2013]169 号）的要求，本规范编制组经深入调查研究，认真总结实践经验，并在全国范围内广泛征求意见的基础上，经多次讨论，反复修改，编制完成本规范。

本规范共分 7 章和 16 个附录，重在法律法规与专业技术的有机结合，解决目前工程造价鉴定工作中的难点、疑点问题，更好地规范工程造价鉴定行为。主要技术内容包括：总则、术语、基本规定（鉴定机构和鉴定人、鉴定项目的委托、鉴定项目委托的接受、终止、鉴定组织、回避、鉴定准备、鉴定期限、出庭作证）、鉴定依据、鉴定、鉴定意见书、档案管理等。

本规范由住房和城乡建设部负责管理，由中国建设工程造价管理协会负责具体技术内容的解释。执行中如有意见和建议，请寄送中国建设工程造价管理协会（地址：北京市海淀区三里河路 9 号，邮政编码：100835）。

本规范主编单位：中国建设工程造价管理协会

本规范参编单位：北京仲裁委员会

四川省造价工程师协会

湖北省建设工程标准定额管理总站

上海华瑞建设经济咨询有限公司

北京大成律师事务所

天津越洋建设工程造价咨询合伙事务所

广东中量工程投资咨询有限公司

重庆天廷工程咨询有限公司

北京希地环球建设工程顾问有限公司湖北分公司

中建精诚工程咨询有限公司

上海东方环发律师事务所

四川君合律师事务所

成都仲裁委员会

四川开元工程项目管理咨询有限公司

四川鼎鑫工程建设管理有限公司

本规范主要起草人员：谢洪学　吴佐民　王红松　恽其鋆　马　军　舒　宇　袁华之　潘　昕　陈廷模　钟　泉　张正勤　补永赋　潘　敏　金铁英　胡曙海　杨　立　涂　波

本规范主要审查人员：胡传海　关　丽　曹良春　张丽萍　谭敬慧　陈曼文　李秀平　王建忠　张大平　竹隰生　丁亚萍

1 总 则

1.0.1 为规范建设工程造价鉴定行为，提高工程造价鉴定质量，根据《中华人民共和国民事诉讼法》、《中华人民共和国仲裁法》等有关法律法规规定，以工程造价方面科学技术和专业知识为基础，结合工程造价鉴定实践经验制定本规范。

1.0.2 本规范适用于工程造价咨询企业接受委托开展的工程造价鉴定活动。

1.0.3 工程造价鉴定应当遵循合法、独立、客观、公正的原则。

1.0.4 从事工程造价鉴定工作，除应执行本规范外，尚应符合国家现行有关法律、法规、规章及相关标准的规定

2 术 语

2.0.1 工程造价鉴定

指鉴定机构接受人民法院或仲裁机构委托，在诉讼或仲裁案件中，鉴定人运用工程造价方面的科学技术和专门知识，对工程造价争议中涉及的专门性问题进行鉴别、判断并提供鉴定意见的活动。

2.0.2 鉴定项目

指对其工程造价进行鉴定的具体工程项目。

2.0.3 鉴定事项

指鉴定项目工程造价争议中涉及的问题，通过当事人的举证无法达到高度盖然性证明标准，需要对其进行鉴别、判断并提供鉴定意见的争议项目。

2.0.4 委托人

指委托鉴定机构对鉴定项目进行工程造价鉴定的人民法院或仲裁机构。

2.0.5 鉴定机构

指接受委托从事工程造价鉴定的工程造价咨询企业。

2.0.6 鉴定人

指受鉴定机构指派，负责鉴定项目工程造价鉴定的注册造价工程师。

2.0.7 当事人

指鉴定项目中的各方法人、自然人或其他组织。

2.0.8 当事人代表

指鉴定过程中，经当事人授权以当事人名义参与提交证据、现场勘验、就鉴定意见书反馈意见等鉴定活动的组织或专业人员。

2.0.9 工程合同

指鉴定项目当事人在合同订立及实际履行过程中形成的，经当事人约定的与工程项目有关的具有合同约束力的所有书面文件或协议。

2.0.10 证据

指当事人向委托人提交的，或委托人调查搜集的，存在于各种载体上的记录。包括：当事人的陈述、书证、物证、视听资料、电子数据、证人证言、鉴定意见以及勘验笔录等。

2.0.11 举证期限

指委托人确定当事人应当提供证据的时限。

2.0.12 现场勘验

指在委托人组织下，当事人、鉴定人以及需要时有第三方专业勘验人参加的，在现场凭借专业工具和技能，对鉴定项目进行查勘、测量等收集证据的活动。

2.0.13 鉴定依据

指鉴定项目适用的法律、法规、规章、专业标准规范、计价依据；当事人提交经过质证并经委托人认定或当事人一致认可后用作鉴定的证据。

2.0.14 计价依据

指由国家和省、自治区、直辖市建设行政主管部门或行业建设管理部门编制发布的适用于各类工程建设项目的计价规范、工程量计算规范、工程定额、造价指数、市场价格信息等。

2.0.15 鉴定意见

指鉴定人根据鉴定依据，运用科学技术和专业知识，经过鉴定程序就工程造价争议事项的专门性问题作出的鉴定结论，表现为鉴定机构对委托人出具的鉴定项目鉴定意见书及补充鉴定意见书。

3 基本规定

3.1 鉴定机构和鉴定人

3.1.1 鉴定机构应在其专业能力范围内接受委托，开展工程造价鉴定活动。

3.1.2 鉴定机构应对鉴定人的鉴定活动进行管理和监督，在鉴定意见书上加盖公章。当发现鉴定人有违反法律、法规和本规范规定行为的，鉴定机构应当责成鉴定人改正。

3.1.3 鉴定人在工程造价鉴定中，应严格遵守民事诉讼程序或仲裁规则以及职业道德、执业准则。

3.1.4　鉴定人应在鉴定意见书上签名并加盖注册造价工程师执业专用章，对鉴定意见负责。

3.1.5　鉴定机构和鉴定人应履行保密义务，未经委托人同意，不得向其他人或组织提供与鉴定事项有关的信息。法律、法规另有规定的除外。

3.2　鉴定项目的委托

3.2.1　委托人委托鉴定机构从事工程造价鉴定业务，不受地域范围的限制。

3.2.2　委托人向鉴定机构出具鉴定委托书，应载明委托的鉴定机构名称、委托鉴定的目的、范围、事项和鉴定要求、委托人的名称等。

3.2.3　委托人委托的事项属于重新鉴定的，应在委托书中注明。

3.3　鉴定项目委托的接受、终止

3.3.1　鉴定机构应在收到鉴定委托书之日起 7 个工作日内，决定是否接受委托并书面函复委托人，复函（格式参见本规范附录 A）应包括下列内容：

1 同意接受委托的意思表示；

2 鉴定所需证据材料；

3 鉴定工作负责人及其联系方式；

4 鉴定费用及收取方式；

5 鉴定机构认为应当写明的其他事项。

3.3.2　鉴定机构接受鉴定委托，对案件争议的事实初步了解后，当对委托鉴定的范围、事项和鉴定要求有不同意见时，应向委托人释明，释明后按委托人的决定进行鉴定。

3.3.3　鉴定机构收取鉴定费用应与委托人根据鉴定项目和鉴定事项的服务内容、服务成本协商确定。当委托人明确由申请鉴定当事人先行垫付的，应由委托人监督实施。

3.3.4　有下列情形之一的，鉴定机构应当自行回避，向委托人说明，不予接受委托：

1 担任过鉴定项目咨询人的；

2 与鉴定项目有利害关系的。

3.3.5　有下列情形之一的，鉴定机构应不予接受委托：

1 委托事项超出本机构业务经营范围的；

2 鉴定要求不符合本行业执业规则或相关技术规范的；

3 委托事项超出本机构专业能力和技术条件的；

4 其他不符合法律、法规规定情形的。

不接受委托的，鉴定机构应在本规范第 3.3.1 条规定期限内通知委托人并说明理由，退还其提供的鉴定材料。

3.3.6 鉴定过程中遇有下列情形之一的，鉴定机构可终止鉴定：

1 委托人提供的证据材料未达到鉴定的最低要求，导致鉴定无法进行的；

2 因不可抗力致使鉴定无法进行的；

3 委托人撤销鉴定委托或要求终止鉴定的；

4 委托人或申请鉴定当事人拒绝按约定支付鉴定费用的；

5 约定的其他终止鉴定的情形。

终止鉴定的，鉴定机构应当通知委托人（格式参见本规范附录 B），说明理由，并退还其提供的鉴定材料。

3.4 鉴定组织

3.4.1 鉴定机构接受委托后，应指派本机构中满足鉴定项目专业要求，具有相关项目经验的鉴定人进行鉴定。

根据鉴定工作需要，鉴定机构可安排非注册造价工程师的专业人员作为鉴定人的辅助人员，参与鉴定的辅助性工作。

3.4.2 鉴定机构应在接受委托，复函之日起 5 个工作日内，向委托人、当事人送达《鉴定人员组成通知书》（格式参见本规范附录 C），载明鉴定人员的姓名、执业资格专业及注册证号、专业技术职称等信息。

3.4.3 鉴定机构对同一鉴定事项，应当指定两名及以上鉴定人共同进行鉴定。

对争议标的较大或涉及工程专业较多的鉴定项目，应成立由三名及以上鉴定人组成的鉴定项目组。

3.4.4 鉴定机构应按照工程造价执业规定对鉴定工作实行审核制。

3.4.5 鉴定机构应建立科学、严密的管理制度，严格监控证据材料的接收、传递、鉴别、保存和处置。

3.4.6 鉴定机构应按照委托书确定的鉴定范围、事项、要求和期限，根据本机构质量管理体系、鉴定方案等督促鉴定人完成鉴定工作。

3.4.7 鉴定人应建立《鉴定工作流程信息表》（格式参见本规范附录 D），将鉴定过程中每一事项发生的时间、事由、形成等进行完整的记录，并进行唯一性、连续性标识。

3.4.8　鉴定中需向委托人说明或需要委托人了解、澄清、答复的各种问题和事项，鉴定机构应及时制作联系函送达委托人。

3.5　回避

3.5.1　鉴定机构应在《鉴定人员组成通知书》中载明回避声明和公正承诺：

1 本鉴定机构声明：

1）没有担任过鉴定项目的咨询人；

2）与鉴定项目没有利害关系（除本鉴定项目的鉴定工作酬金外）。

2 鉴定人声明：

1）不是鉴定项目当事人、代理人的近亲属；

2）与鉴定项目没有利害关系；

3）与鉴定项目当事人、代理人没有其他利害关系。

3 本鉴定机构和鉴定人承诺：

遵守民事诉讼法（或仲裁法及仲裁规则）的规定，不偏袒任何一方当事人，按照委托书的要求，廉洁、高效、公平、公正地作出鉴定意见。

3.5.2　鉴定机构有本规范第 3.3.4 条情形之一未自行回避的，且当事人向委托人申请鉴定机构回避的，由委托人决定其是否回避，鉴定机构应执行委托人的决定。

3.5.3　鉴定人有下列情形之一的，应当自行提出回避，未自行回避，经当事人申请，委托人同意，通知鉴定机构决定其回避的，必须回避。

1 是鉴定项目当事人、代理人近亲属的；

2 与鉴定项目有利害关系的；

3 与鉴定项目当事人、代理人有其他利害关系，可能影响鉴定公正的。

鉴定人的辅助人员适用上述回避规定。

3.5.4　当事人向委托人申请鉴定人回避的，应在收到《鉴定人员组成通知书》之日起 5 个工作日内以书面形式向委托人提出，并说明理由。

委托人应向鉴定机构作出鉴定人是否回避的决定，鉴定机构和鉴定人应执行委托人的决定。若鉴定机构不执行该决定，委托人可以撤销鉴定委托。

3.5.5　鉴定人主动提出回避并且理由成立的，鉴定机构应予批准，并另行指派符合要求的鉴定人。

3.5.6　在鉴定过程中，鉴定人有下列情形之一的，当事人有权向委托人申请其回避，但应提供证据，由委托人决定其是否回避：

1 接受鉴定项目当事人、代理人吃请和礼物的；

2 索取、借用鉴定项目当事人、代理人款物的。

3.6 鉴定准备

3.6.1 鉴定人应全面了解熟悉鉴定项目，对送鉴证据材料要认真研究，了解各方当事人争议的焦点和委托人的鉴定要求。委托人未明确鉴定事项的，鉴定机构应提请委托人确定鉴定事项。

3.6.2 鉴定人应根据鉴定项目的特点、鉴定事项、鉴定目的和要求制定鉴定方案。方案内容包括鉴定依据、应用标准、调查内容、鉴定方法、工作进度及需由当事人完成的配合工作等。

鉴定方案应经鉴定机构批准后执行，鉴定过程中需调整鉴定方案的，应重新报批。

3.7 鉴定期限

3.7.1 鉴定期限由鉴定机构与委托人根据鉴定项目争议标的涉及的工程造价金额、复杂程度等因素在表3.7.1规定的期限内完成鉴定。

鉴定期限表

表 3.7.1

争议标的涉及工程造价	期限（工作日）
1000万元以下（含1000万元）	40
1000万元以上3000万元以下（含3000万元）	60
3000万元以上10000万元以下（含10000万元）	80
10000万元以上（不含10000万元）	100

鉴定机构与委托人对完成鉴定的期限另有约定的，从其约定。

3.7.2 鉴定期限从鉴定人接收委托人按本规范第4.2.1条的规定移交证据材料之日起的次日起计算。

3.7.3 鉴定事项涉及复杂、疑难、特殊的技术问题需要较长时间的，经与委托人协商，完成鉴定的时间可以延长，每次延长时间一般不得超过30个工作日。每个鉴定项目延长次数一般不得超过3次。

3.7.4 在鉴定过程中，经委托人认可，等待当事人提交、补充或者重新提交证据，勘验现场等所需的时间，不计入鉴定期限。

3.8 出庭作证

3.8.1 鉴定人经委托人通知，应当依法出庭作证，接受当事人对工程造价鉴定意见书的质询，回答与鉴定事项有关的问题。

3.8.2 鉴定人因法定事由不能出庭作证的，经委托人同意后，可以书面形式答复当事人的质询。

3.8.3 未经委托人同意，鉴定人拒不出庭作证，导致鉴定意见不能作为认定事实的根据的，支付鉴定费用的当事人要求返还鉴定费用的，应当返还。

3.8.4 鉴定人出庭作证时，应当携带鉴定人的身份证明，包括身份证、造价工程师注册证、专业技术职称证等，在委托人要求时出示。

3.8.5 鉴定人出庭前应作好准备工作，熟悉和准确理解专业领域相应的法律、法规和标准、规范以及鉴定项目的合同约定等。

3.8.6 鉴定机构宜在开庭前，向委托人要求当事人提交所需回答的问题或对鉴定意见书有异议的内容，以便于鉴定人准备。

3.8.7 鉴定人出庭作证时，应依法、客观、公正、有针对性地回答与鉴定事项有关的问题。

3.8.8 鉴定人出庭作证时，对与鉴定事项无关的问题，可经委托人允许，不予回答。

4 鉴定依据

4.1 鉴定人自备

4.1.1 鉴定人进行工程造价鉴定工作，应自行收集适用于鉴定项目的法律、法规、规章和规范性文件。

4.1.2 鉴定人应自行准备与鉴定项目相关的标准规范，若工程合同约定的标准规范不是国家或行业标准，则应由当事人提供。

4.1.3 鉴定人应自行收集与鉴定项目同时期、同地区、相同或类似工程的技术经济指标以及各类生产要素价格。

4.2 委托人移交

4.2.1 委托人移交的证据材料宜包含但不限于下列内容：

1 起诉状（仲裁申请书）、反诉状（仲裁反申请书）及答辩状、代理词；

2 证据及《送鉴证据材料目录》（格式参加本规范附录E）；

3 质证记录、庭审记录等卷宗；

4 鉴定机构认为需要的其他有关资料。

鉴定机构接收证据材料后，应开具接收清单。

4.2.2 委托人向鉴定机构直接移交的证据材料，应注明质证及证据认定情况，未注明的，鉴定机构应提请委托人明确质证及证据认定情况。

4.2.3 鉴定机构对收到的证据材料应认真分析，必要时可提请委托人向当事人转达要求补充证据的函件（格式参见本规范附录F）。

4.2.4 鉴定机构收取复制件应与证据原件核对无误。

4.3 当事人提交

4.3.1 鉴定工作中，委托人要求当事人直接向鉴定机构提交证据的，鉴定机构应提请委托人确定确定当事人的举证期限，并应及时向当事人发出函件（格式参见本规范附录G）。要求其在举证期限内提交证据。

4.3.2 鉴定机构收到当事人提交的证据材料后，应出具收据，写明证据名称、页数、份数、原件或者复印件以及签收日期，由经办人员签名或盖章。

4.3.3 鉴定人应及时将收到的证据移交委托人，并提请委托人组织质证并确认证据的证明力。

4.3.4 若委托人委托鉴定机构组织当事人交换证据的，鉴定人应将证据逐一登记，当事人签领。若一方当事人拒绝参加交换证据的，鉴定机构应及时报告委托人，由委托人决定证据的交换。

4.3.5 鉴定人应组织当事人对交换的证据进行确认，当事人对证据有无异议都应详细记载，形成书面记录，请当事人各方核实后签字。并将签字后的书面记录报送委托人。若一方当事人拒绝参加对证据的确认，应将此报告委托人，由委托人决定证据的使用。

4.3.6 当事人申请延长举证期限的，鉴定人应告知其在举证期限届满前向委托人提出申请，由委托人决定是否准许延期。

4.4 证据的补充

4.4.1 鉴定过程中，鉴定人可根据鉴定需要提请委托人通知当事人补充证据，对委托人组织质证并认定的补充证据，鉴定人可直接作为鉴定依据；对委托人转交，但未经质证的证据，鉴定人应提请委托人组织质证并确认证据的证明力。

4.4.2 当事人逾期向鉴定人补充证据的，鉴定人应告知当事人向委托人申请，由委托人决定是否接受。鉴定人应按委托人的决定执行。

4.5 鉴定事项调查

4.5.1 根据鉴定需要，鉴定人有权了解与鉴定事项有关的情况，并对所需要的证据并进行复制。

4.5.2 根据鉴定需要，鉴定人可以询问当事人、证人，询问应制作询问笔录（格式参见本规范附录 H）。

4.5.3 鉴定人对特别复杂、疑难、特殊技术等问题或鉴定意见有重大分歧时，可以向本机构以外的相关专家进行咨询，但最终的鉴定意见应由鉴定人作出，鉴定机构出具。

4.6 现场勘验

4.6.1 当事人（一方或多方）要求鉴定人对鉴定项目标的物进行现场勘验的，鉴定人应告知当事人向委托人提交书面申请，经委托人同意后并组织现场勘验，鉴定人应当参加。

4.6.2 鉴定人认为根据鉴定工作需要现场勘验时，鉴定机构应提请委托人同意并由委托人组织现场勘验。

4.6.3 鉴定项目标的物因特殊要求，需要第三方专业机构进行现场勘验的，鉴定机构应说明理由，提请委托人、当事人委托第三方专业机构进行勘验，委托人同意并组织现场勘验，鉴定人应当参加。

4.6.4 鉴定机构按委托人要求通知当事人进行现场勘验的，应填写现场勘验通知书（格式参见本规范附录 J），通知各方当事人参加，并提请委托人组织。一方当事人拒绝参加现场勘验的，不影响现场勘验的进行。

4.6.5 勘验现场应制作勘验笔录或勘验图表，记录勘验的时间、地点、勘验人、在场人、勘验经过、结果，由勘验人、在场人签名或者盖章（格式参见本规范附录 K）。对于绘制的现场图表应注明绘制的时间、方位、绘测人姓名、身份等内容。必要时鉴定人应采取拍照或摄像取证的方式，留下影像资料。

4.6.6 当事人代表参与了现场勘验，但对现场勘验图表或勘验笔录等不予签字，又不提出具体书面意见的，不影响鉴定人采用勘验结果进行鉴定。

4.7 证据的采用

4.7.1 鉴定机构应提请委托人对以下事项予以明确，作为鉴定依据：

1 委托人已查明的与鉴定事项相关的事实；

2 委托人已认定的与鉴定事项相关的法律关系性质和行为效力；

3 委托人对证据中影响鉴定结论重大问题的处理决定；

4 其他应由委托人明确的事项。

4.7.2 经过当事人质证认可，委托人确认了证明力的证据，或在鉴定过程中，当事人经证据交换已认可无异议并报委托人记录在卷的证据，鉴定人应当作为鉴定依据。

4.7.3 当事人对证据的真实性提出异议，或证据本身彼此矛盾，鉴定人应及时提请委托人认定并按照委托人认定的证据作为鉴定依据。

如委托人未及时认定，或认为需要鉴定人按照争议的证据出具多种鉴定意见的，鉴定人应在征求当事人对于有争议的证据的意见并书面记录后，将该部分有争议的证据分别鉴定并将鉴定意见单列，供委托人判断使用。

4.7.4 当事人对证据的异议，鉴定人认为可以通过现场勘验解决的，应提请委托人组织现场勘验。

4.7.5 当事人对证据的关联性提出异议，鉴定人应提请委托人决定。委托人认为是专业性问题并请鉴定人鉴别的，鉴定人应依据相关法律法规、工程造价专业技术知识，经过甄别后提出意见，供委托人判断使用。

4.7.6 同一事项当事人提供的证据相同，一方当事人对此提出异议但又未提出新证据的；或一方当事人提供的证据，另一方当事人提出异议但又未提出能否认该证据的相反证据的，在委托人未确认前，鉴定人可暂用此证据作为鉴定依据进行鉴定，并将鉴定意见单列，供委托人判断使用。

4.7.7 同一事项的同一证据，当事人对其理解不同发生争议，鉴定人可按不同的理解分别作出鉴定意见并说明，供委托人判断使用。

4.7.8 一方当事人不参加按照本规范第 4.3.4 条和第 4.3.5 条规定组织的证据交换、证据确认的，鉴定人应提请委托人决定并按委托人的决定执行；委托人未及时决定的，鉴定人可暂按另一方当事人提交的证据进行鉴定并在鉴定意见书中说明这一情况，供委托人判断使用。

5 鉴定

5.1 鉴定方法

5.1.1 鉴定项目可以划分为分部分项工程、单位工程、单项工程的，鉴定人应分别进行鉴定后汇总。

5.1.2 鉴定人应当根据合同约定的计价原则和方法进行鉴定。如因证据所限，无法采用合同约定的计价原则和方法的，应按照与合同相近的原则，选择施工图算或工程量清单计价方法或概算、估算的方法进行鉴定。

5.1.3 根据案情需要，鉴定人应当按照委托人的要求，根据当事人的争议事项列出鉴定意见，便于委托人判断使用。

5.1.4 鉴定过程中，鉴定人可从专业的角度，促使当事人对一些争议事项达成妥协性意见，并告知当事人。鉴定人应将妥协性意见制作成书面文件由当事人各方签字（盖章）确认，并在鉴定意见书中予以说明。

5.1.5 鉴定过程中，当事人之间的争议通过鉴定逐步减少，有和解意向时，鉴定人应以专业的角度促使当事人和解，并将此及时报告委托人，便于争议的顺利解决。

5.2 鉴定步骤

5.2.1 鉴定过程中，鉴定人、当事人对鉴定范围、事项、要求等有疑问和分歧的，鉴定人应及时提请委托人处理，并将结果告知当事人。

5.2.2 鉴定人宜采取先自行按照鉴定依据计算再与当事人核对等方式逐步完成鉴定。

5.2.3 鉴定机构应在核对工作前向当事人发出《邀请当事人参加核对工作函》（格式参见本规范附录 L）。当事人不参加核对工作的，不影响鉴定工作的进行。

5.2.4 在鉴定核对过程中，鉴定人应对每一个鉴定工作程序的阶段性成果提请所有当事人提出书面意见或签字确认。当事人既不提出书面意见又不签字确认的，不影响鉴定工作的进行。

5.2.5 鉴定机构在出具正式鉴定意见书之前，应提请委托人向各方当事人发出鉴定意见书征求意见稿和征求意见函（格式参见本规范附录 M），征求意见函应明确当事人的答复期限及其不答复行为将承担的法律后果，即视为对鉴定意见书无意见。

5.2.6 鉴定机构收到当事人对鉴定意见书征求意见稿的复函后，鉴定人应根据复函中的异议及其相应证据对征求意见稿逐一进行复核，修改完善，直到对未解决的异议都能答复时，鉴定机构再向委托人出具正式鉴定意见书。

5.2.7 当事人对鉴定意见书征求意见稿仅提出不认可的异议，未提出具体修改意见，无法复核的，鉴定机构应在正式鉴定意见书中加以说明，鉴定人应作好出庭作证的准备。

5.2.8 当事人逾期未对鉴定意见书征求意见稿提出修改意见，不影响正式鉴定意见书的出具，鉴定机构应对此在鉴定意见书中予以说明。

5.2.9 鉴定项目组实行合议制，在充分讨论的基础上用表决方式确定鉴定意见，合议会应作详细记录，鉴定意见按多数人的意见作出，少数人的意见也应如实记录。

5.3 合同争议的鉴定

5.3.1 委托人认定鉴定项目工程合同有效的，鉴定人应根据合同约定进行鉴定。

5.3.2 委托人认定鉴定项目工程合同无效的，鉴定人应按照委托人的决定进行鉴定。

5.3.3 鉴定项目合同对计价依据、计价方法约定不明的，鉴定人应厘清合同履行的事实，如是按合同履行的，应向委托人提出按其进行鉴定；如没有履行，鉴定人可向委托人提出"参照鉴定项目所在地同时期适用的计价依据、计价方法和签约时的市场价格信息进行鉴定"的建议，鉴定人应按照委托人的决定进行鉴定。

5.3.4 鉴定项目合同对计价依据、计价方法没有约定的，鉴定人可向委托人提出"参照鉴定项目所在地同时期适用的计价依据、计价方法和签约时的市场价格信息进行鉴定"的建议，鉴定人应按照委托人的决定进行鉴定。

5.3.5 鉴定项目合同对计价依据、计价方法约定条款前后矛盾的，鉴定人应提请委托人决定适用条款，委托人暂不明确的，鉴定人应按不同的约定条款分别作出鉴定意见，供委托人判断使用。

5.3.6 当事人分别提出不同的合同签约文本的，鉴定人应提请委托人决定适用的合同文本，委托人暂不明确的，鉴定人可按不同的合同文本分别作出鉴定意见，供委托人判断使用。

5.4 证据欠缺的鉴定

5.4.1 鉴定项目施工图（或竣工图）缺失，鉴定人应按以下规定进行鉴定：

1 建筑标的物存在的，鉴定人应提请委托人组织现场勘测计算工程量作出鉴定；

2 建筑标的物已经隐蔽的，鉴定人可根据工程性质、是否为其他工程的组成部分等作出专业分析进行鉴定；

3 建筑标的物已经灭失，鉴定人应提请委托人对不利后果的承担主体作出认定，再根据委托人的决定进行鉴定。

5.4.2 在鉴定项目施工图或合同约定工程范围以外，承包人以完成了发包人通知的零星工程为由，要求结算价款，但未提供发包人的签证或书面认可文件，鉴定人应按以下规定作出专业分析进行鉴定：

1 发包人认可或承包人提供的其他证据可以证明的，鉴定人应作出肯定性鉴定，供委托人判断使用；

2 发包人不认可，但该工程可以进行现场勘验确认，鉴定人应提请委托人组织现场勘测，依据勘验结果进行鉴定；

5.5 计量争议的鉴定

5.5.1 当鉴定项目图纸完备，当事人就计量依据发生争议时，鉴定人应以现行国家相关工程计量规范规定的工程量计算规则计量；无国家标准的，按行业标准或地方标准计量。但当事人在合同中明确约定了计量规则的除外。

5.5.2 一方当事人对双方当事人已经签认的某一工程项目的计量结果有异议的，鉴定人应按以下规定进行鉴定：

1 当事人一方仅提出异议未提供具体证据的，按原计量结果进行鉴定；

2 当事人一方既提出异议又提出具体证据的，应对原计量结果进行复核，必要时可到现场复核，按复核后的计量结果进行鉴定。

5.5.3 当事人就总价合同计量发生争议的，总价合同对工程计量标准有约定的，按约定进行鉴定；没有约定的，仅就工程变更部分进行鉴定。

5.6 计价争议的鉴定

5.6.1 当事人因工程变更导致工程量数量变化为由，要求调整综合单价发生争议的；或对新增工程项目组价发生争议的，鉴定人应按以下规定进行鉴定：

1 合同中有约定的，应按合同约定进行鉴定；

2 合同中约定不明的，鉴定人应厘清合同履行情况，如是按合同履行的，应向委托人提出按其进行鉴定；如没有履行，可按现行国家标准计价规范的相关规定进行鉴定，供委托人判断使用；

3 合同中没有约定的，应提请委托人决定并按其决定进行鉴定，委托人暂不决定的，可按现行国家标准计价规范和相关规定进行鉴定，供委托人判断使用。

5.6.2 当事人因物价波动为由，要求调整合同价款发生争议的，鉴定人应按以下规定进行鉴定：

1 合同中约定了计价风险范围和幅度的，按合同约定进行鉴定；合同中约定了物价波动可以调整，但没有约定风险范围和幅度的，应提请委托人决定，按现行国家标准计价规范的相关规定进行鉴定；但已经采用价格指数法进行了调整的除外；

2 合同中约定物价波动不予调整的，仍应对实行政府定价或政府指导价的材料按《中华人民共和国合同法》的相关规定进行鉴定。

5.6.3 当事人因人工费调整文件，要求调整人工费发生争议的，鉴定人应按以下规定进行鉴定：

1 如合同中约定不执行的，鉴定人应提请委托人决定并按其决定进行鉴定；

2 合同中没有约定或约定不明的，鉴定人应提请委托人决定并按其决定进行鉴定，委托人要求鉴定人提出意见的，鉴定人应分析鉴别：如人工费的形成是以鉴定项目所在地工程造价管理部门发布的人工费为基础在合同中约定的，可按工程所在地人工费调整文件作出鉴定意见；如不是，则应作出否定性意见，供委托人判断使用。

5.6.4 当事人因材料价格发生争议的，鉴定人应提请委托人决定并按其决定进行鉴定。委托人未及时决定可按以下规定进行鉴定，供委托人判断使用：

1 材料价格在采购前经发包人或其代表签批认可的，应按签批的材料价格进行鉴定；

2 材料采购前未报发包人或其代表认质认价的，应按合同约定的价格进行鉴定；

3 发包人认为承包人采购的材料不符合质量要求，不予认价的，应按双方约定的价格进行鉴定，质量方面的争议应告知发包人另行申请质量鉴定。

5.6.5 发包人以工程质量不合格为由，拒绝办理工程结算而发生争议的，鉴定人应按以下规定进行鉴定：

1 已竣工验收合格或已竣工未验收但发包人已投入使用的工程，工程结算按合同约定进行鉴定；

2 已竣工未验收且发包人未投入使用的工程，以及停工、停建工程，鉴定人应对无争议、有争议的项目分别按合同约定进行鉴定。工程质量的争议应告知发包人申请工程质量鉴定，待委托人分清当事人的质量责任后，分别按照工程造价鉴定意见判断采用。

5.7 工期索赔争议的鉴定

5.7.1 当事人对鉴定项目开工时间有争议的，鉴定人应提请委托人决定，委托人要求鉴定人提出意见的，鉴定人应按以下规定提出鉴定意见，供委托人判断使用：

1 合同中约定了开工时间，但发包人又批准了承包人的开工报告或发出了开工通知，应采用发包人批准的开工报告或发出的开工通知的时间。

2 合同中未约定开工时间，应采用发包人批准的开工时间；没有发包人批准的开工时间，可根据施工日志、验收记录等相关证据确定开工时间；

3 合同中约定了开工时间，因承包人原因不能按时开工，发包人接到承包人延期开工申请且同意承包人要求的，开工时间相应顺延；发包人不同意延期要求或承包人未在约定时间内提出延期开工要求的，开工时间不予顺延；

4 因非承包人原因不能按照合同中约定的开工时间开工，开工时间相应顺延；

5 因不可抗力原因不能按时开工的，开工时间相应顺延；

6 证据材料中，均无发包人或承包人提前或推迟开工时间的证据，采用合同约定的开工时间。

5.7.2 当事人对鉴定项目工期有争议的，鉴定人应按以下规定进行鉴定：

1 合同中明确约定了工期的，以合同约定工期进行鉴定；

2 合同对工期约定不明或没有约定的，鉴定人应按工程所在地相关专业工程建设主管部门的规定或国家相关工程工期定额进行鉴定。

5.7.3 当事人对鉴定项目实际竣工时间有争议的，鉴定人应提请委托人决定，委托人要求鉴定人提出意见的，鉴定人应按以下规定提出鉴定意见，供委托人判断使用：

1 鉴定项目经竣工验收合格的，以竣工验收之日为竣工时间；

2 承包人已经提交竣工验收报告，发包人应在收到竣工验收报告之日起在合同约定的时间内完成竣工验收而未完成验收的，以承包人提交竣工验收报告之日为竣工时间；

3 鉴定项目未经竣工验收，未经承包人同意而发包人擅自使用的，以占有鉴定项目之日为竣工时间。

5.7.4 当事人对鉴定项目暂停施工、顺延工期有争议的，鉴定人应按以下规定进行鉴定：

1 因发包人原因暂停施工的，相应顺延工期；

2 因承包人原因暂停施工的，工期不予顺延；

3 工程竣工前，发包人与承包人对工程质量发生争议停工待鉴的，若工程质量鉴定合格，承包人并无过错的，鉴定期间为工期顺延时间。

5.7.5 当事人对鉴定项目因设计变更顺延工期有争议的，鉴定人应参考施工进度计划，判别是否增加了关键线路和关键工作的工程量而引起工期变化，如增加了工期，应相应顺延工期；如未增加工期，工期不予顺延。

5.7.6　当事人对鉴定项目因工期延误索赔有争议的，鉴定人应按本规范第5.7.1—5.7.5条规定先确定实际工期，再与合同工期对比，以此确定是否延误以及延误的具体时间。

对工期延误责任的归属，鉴定人可从专业鉴别、判断的角度提出建议，最终由委托人根据当事人的举证判断确定。

5.8　费用索赔争议的鉴定

5.8.1　当事人因提出索赔发生争议的，鉴定人应提请委托人就索赔事件的成因、损失等作出判断，委托人明确索赔成因、索赔损失、索赔时效均成立的，鉴定人应运用专业知识作出因果关系的判断，作出鉴定意见，供委托人判断使用。

5.8.2　一方当事人提出索赔，对方当事人已经答复但未能达成一致，鉴定人可按以下规定进行鉴定：

1 对方当事人以不符合事实为由不同意索赔的，鉴定人应在厘清证据事实以及事件的因果关系的基础上作出鉴定；

2 对方当事人以该索赔事项存在，但认为不存在赔偿的，或认为索赔过高的，鉴定人应根据相关证据和专业判断作出鉴定。

5.8.3　当事人对暂停施工索赔费用有争议的，鉴定人应按以下规定进行鉴定：

1 合同中对上述费用的承担有约定的，应按合同约定作出鉴定；

2 因发包人原因引起的暂停施工，费用由发包人承担，包括：对已完工程进行保护的费用、运至现场的材料和设备的保管费、施工机具租赁费、现场生产工人与管理人员工资、承包人为复工所需的准备费用等。

3 因承包人原因引起的暂停施工，费用由承包人承担。

5.8.4　因不利的物质条件或异常恶劣的气候条件的影响，承包人提出应增加费用和延误的工期的，鉴定人应按以下规定进行鉴定：

1 承包人及时通知发包人，发包人同意后及时发出指示同意的，采取合理措施而增加的费用和延误的工期由发包人承担；发承包双方就具体数额已经达成一致的，鉴定人应采纳这一数额鉴定；发承包双方未就具体数额达成一致，鉴定人通过专业鉴别、判断作出鉴定；

2 承包人及时通知发包人后，发包人未及时回复的，鉴定人可从专业角度进行鉴别、判断作出鉴定。

5.8.5 因发包人原因，发包人删减了合同中的某项工作或工程项目，承包人提出应由发包人给予合理的费用及预期利润，委托人认定该事实成立的，鉴定人进行鉴定时，其费用可按相关工程企业管理费的一定比例计算，预期利润可按相关工程项目报价中的利润的一定比例或工程所在地统计部门发布的建筑企业统计年报的利润率计算。

5.9　工程签证争议的鉴定

5.9.1　当事人因工程签证费用而发生争议，鉴定人应按以下规定进行鉴定：

1 签证明确了人工、材料、机械台班数量及其价格的，按签证的数量和价格计算；

2 签证只有用工数量没有人工单价的，其人工单价按照工作技术要求比照鉴定项目相应工程人工单价适当上浮计算；

3 签证只有材料和机械台班用量没有价格的，其材料和台班价格按照鉴定项目相应工程材料和台班价格计算；

4 签证只有总价款而无明细表述的，按总价款计算；

5 签证中的零星工程数量与该工程应予实际完成的数量不一致时，应按实际完成的工程数量计算。

5.9.2　当事人因现场签证存在瑕疵发生争议的，鉴定人应按以下规定进行鉴定：

1 签证发包人只签字证明收到，但未表示同意，承包人有证据证明该签证已经完成，鉴定人可作出鉴定意见并单列，供委托人判断使用。

2 签证既无数量，又无价格，只有工作事项的，由当事人双方协商，协商不成的，鉴定人可根据工程合同约定的原则、方法对该事项进行专业分析，作出推断性意见，供委托人判断使用。

5.9.3　承包人仅以发包人口头指令完成了某项零星工作或工程，要求费用支付，而发包人又不认可，且无物证的，鉴定人应以法律证据缺失为由，作出否定性鉴定。

5.10　合同解除争议的鉴定

5.10.1　工程合同解除后，当事人就价款结算发生争议，如送鉴的证据满足鉴定要求的，按送鉴的证据进行鉴定，不能满足鉴定要求的，鉴定人应提请委托人组织现场勘验或核对，会同当事人采取以下措施进行鉴定：

1 清点已完工程部位、测量工程量；

2 清点施工现场人、材、机数量；

3 核对签证、索赔所涉及的有关资料;

4 将清点结果汇总造册,请当事人签认,当事人不签认的,及时报告委托人,但不影响鉴定工作的进行;

5 分别计算价款。

5.10.2 当事人对已完工程数量不能达成一致意见,鉴定人现场核对也无法确认的,应提请委托人委托第三方专业机构进行现场勘验,鉴定人应按勘验结果进行鉴定。

5.10.3 委托人认定发包人违约导致合同解除的,应包括以下费用:

1 已完成永久工程的价款;

2 已付款的材料设备等物品的金额(付款后归发包人所有);

3 临时设施的摊销费用;

4 签证、索赔以及其他应支付的费用;

5 撤离现场及遣散人员的费用;

6 发包人违约给承包人造成的实际损失(其违约责任的分担按委托人的决定执行);

7 其他应由发包人承担的费用。

5.10.4 委托人认定承包人违约导致合同解除的,应包括以下费用:

1 已完成永久工程的价款;

2 已付款的材料设备等物品的金额(付款后归发包人所有);

3 临时设施的摊销费用;

4 签证、索赔以及其他应支付的费用;

5 承包人违约给发包人造成的实际损失(其违约责任的分担按委托人的决定执行);

6 其他应由承包人承担的费用。

5.10.5 委托人认定因不可抗力导致合同解除的,鉴定人应按合同约定进行鉴定;合同没有约定或约定不明的,鉴定人应提请委托人认定不可抗力导致合同解除后适用的归责原则,可建议按现行国家标准计价规范的相关规定进行鉴定,由委托人判断,鉴定人按委托人的决定进行鉴定。

5.10.6 单价合同解除后的争议,按以下规定进行鉴定,供委托人判断使用:

1 合同中有约定的,按合同约定进行鉴定;

2 委托人认定承包人违约导致合同解除的,单价项目按已完工程量乘以约定的单价计算(其中,单价措施项目应考虑工程的形象进度),总价措施项目按与单价项目的关联度比例计算；

3 委托人认定发包人违约导致合同解除的，单价项目按已完工程量乘以约定的单价计算，其中剩余工程量超过 15% 的单价项目可适当增加企业管理费的计算。总价措施项目已全部实施的，全额计算；未实施完的，按与单价项目的关联度比例计算。未完工程量与约定的单价计算后按工程所在地统计部门发布的建筑企业统计年报的利润率计算利润。

5.10.7 总价合同解除后的争议，按以下规定进行鉴定，供委托人判断使用：

1 合同中有约定的，按合同约定进行鉴定；

2 委托人认定承包人违约导致合同解除的，鉴定人可参照工程所在地同时期适用的计价依据计算出未完工程价款，再用合同约定的总价款减去未完工程价款计算；

3 委托人认定发包人违约导致合同解除的，承包人请求按照工程所在地同时期适用的计价依据计算出已完工程价款，鉴定人可采用这一方式鉴定，供委托人判断使用。

5.11 鉴定意见

5.11.1 鉴定意见可同时包括确定性意见、推断性意见或供选择性意见。

5.11.2 当鉴定项目或鉴定事项内容事实清楚，证据充分，应作出确定性意见。

5.11.3 当鉴定项目或鉴定事项内容客观，事实较清楚，但证据不够充分，应作出推断性意见。

5.11.4 当鉴定项目合同约定矛盾或鉴定事项中部分内容证据矛盾，委托人暂不明确要求鉴定人分别鉴定的，可分别按照不同的合同约定或证据，作出选择性意见，由委托人判断使用。

5.11.5 在鉴定过程中，对鉴定项目或鉴定项目中部分内容，当事人相互协商一致，达成的书面妥协性意见应纳入确定性意见，但应在鉴定意见中予以注明。

5.11.6 重新鉴定时，对当事人达成的书面妥协性意见，除当事人再次达成一致同意外，不得作为鉴定依据直接使用。

5.12 补充鉴定

5.12.1 有下列情形之一的，鉴定机构应进行补充鉴定：

1 委托人增加新的鉴定要求的；

2 委托人发现委托的鉴定事项有遗漏的；

3 委托人就同一委托鉴定事项又提供或者补充了新的证据材料的；

4 鉴定人通过出庭作证，或自行发现有缺陷的；

5 其他需要补充鉴定的情形。

5.12.2 补充鉴定是原委托鉴定的组成部分。补充鉴定意见书中应注明与原委托鉴定事项相关联的鉴定事项；补充鉴定意见与原鉴定意见明显不一致的，应说明理由，并注明应采用的鉴定意见。

5.13 重新鉴定

5.13.1 接受重新鉴定委托的鉴定机构，指派的鉴定人员应具有相应专业的注册造价工程师执业资格。

5.13.2 进行重新鉴定时，鉴定人有下列情形之一的，必须回避：

1 有本规范第 3.5.3 条规定情形的；

2 参加过同一鉴定事项的初次鉴定的；

3 在同一鉴定事项的初次鉴定过程中作为专家提供过咨询意见的。

6　鉴定意见书

6.1　一般规定

6.1.1 鉴定机构和鉴定人在完成委托的鉴定事项后，应向委托人出具鉴定意见书。

6.1.2 鉴定意见书的制作应标准、规范，语言表述应符合下列要求：

1 使用符合国家通用语言文字规范、通用专业术语规范和法律规范的用语，不得使用文言、方言和土语；

2 使用国家标准计量单位和符号；

3 文字精练，用词准确，语句通顺，描述客观清晰。

6.1.3 鉴定意见书不得载有对案件性质和当事人责任进行认定的内容。

6.1.4 多名鉴定人参加鉴定，对鉴定意见有不同意见的，应当在鉴定意见书中予以注明。

6.2　鉴定意见书格式

6.2.1 鉴定意见书一般由封面、声明、基本情况、案情摘要、鉴定过程、鉴定意见、附注、附件目录、落款、附件等部分组成：

1 封面：写明鉴定机构名称、鉴定意见书的编号、出具年月；其中意见书的编号应包括鉴定机构缩略名、文书缩略语、年份及序号（格式参见本规范附录N）；

2 鉴定声明（格式参见本规范附录P）。

3 基本情况：写明委托人、委托日期、鉴定项目、鉴定事项、送鉴材料、送鉴日期、鉴定人、鉴定日期、鉴定地点；

4 案情摘要：写明委托鉴定事项涉及鉴定项目争议的简要情况；

5 鉴定过程：写明鉴定的实施过程和科学依据（包括鉴定程序、所用技术方法、标准和规范等）；分析说明根据证据材料形成鉴定意见的分析、鉴别和判断过程；

6 鉴定意见：应当明确、具体、规范、具有针对性和可适用性；

7 附注：对鉴定意见书中需要解释的内容，可以在附注中作出说明；

8 附件目录：对鉴定意见书正文后面的附件，应按其在正文中出现的顺序，统一编号形成目录；

9 落款：鉴定人应在鉴定意见书上签字并加盖执业专用章，日期上应加盖鉴定机构的印章（格式参见本规范附录Q）。

10 附件：包括鉴定委托书，与鉴定意见有关的现场勘验与测绘报告，调查笔录，相关的图片、照片，鉴定机构资质证书及鉴定人执业资格证书复印件。

6.2.2 补充鉴定意见书在鉴定意见书格式的基础上，应说明以下事项：

1 补充鉴定说明：阐明补充鉴定理由和新的委托鉴定事由；

2 补充资料摘要：在补充新资料摘要的基础上，注明原鉴定意见的基础内容；

3 补充鉴定过程：在补充鉴定、勘验的基础上，注明原鉴定过程的基本内容；

4 补充鉴定意见：在原鉴定意见的基础上，提出补充鉴定意见。

6.2.3 应委托人、当事人的要求或者鉴定人自行发现有下列情形之一的，经鉴定机构负责人审核批准，应对鉴定意见书进行补正：

1 鉴定意见书的图像、表格、文字不清晰的；

2 鉴定意见书中的签名、盖章或者编号不符合制作要求的；

3 鉴定意见书文字表达有瑕疵或者错别字，但不影响鉴定意见、不改变鉴定意见书的其他内容的。

对已发出鉴定意见书的补正，如以追加文件的形式实施，应包括如下声明："对××××字号（或其他标识）鉴定意见书的补正"。鉴定意见书补正应满足本规范的相关要求。

如以更换鉴定意见书的形式实施，应经委托人同意，在全部收回原有鉴定意见书的情况下更换。重新制作的鉴定意见书除补正内容外，其他内容应与原鉴定意见书一致。

6.2.4　鉴定机构和鉴定人发现所出具的鉴定意见存在错误的，应及时向委托人作出书面说明。

6.3　鉴定意见书制作

6.3.1　鉴定意见书的制作应符合下列要求：

1 使用 A4 规格纸张，打印制作；

2 在正文每页页眉的右上角或页脚的中间位置以小五号字注明正文共几页，本页是第几页；

3 落款应当与正文同页，不得使用"此页无正文"字样；

4 不得有涂改；

5 应装订成册。

6.3.2　鉴定意见书应根据委托人及当事人的数量和鉴定机构的存档要求确定制作份数。

6.4　鉴定意见书送达

6.4.1　鉴定意见书制作完成后，应及时送达委托人。

6.4.2　鉴定意见书送达时，应由委托人在《送达回证》（格式参见本规范附录 R）上签收。

7　档案管理

7.1　基本要求

7.1.1　鉴定机构应建立完善工程造价鉴定档案管理制度。档案文件应符合国家和有关部门发布的相关规定。

7.1.2　归档的照片、光盘、录音带、录像带、数据光盘等，应当注明承办单位、制作人、制作时间、说明与其他相关的鉴定档案的参见号，并单独整理存放。

7.1.3　卷内材料的编号及案卷封面、目录和备考表的制作应符合以下要求：

1 卷内材料经过系统排列后，应当在有文字的材料正面的右下角、背面的左下角用阿拉伯数字编写页码。

2 案卷封面可打印或书写。书写应用蓝黑墨水或碳素墨水，字迹要工整、清晰、规范。

3 卷内目录应按卷内材料排列顺序逐一载明，并标明起止页码。

4 卷内备考表应载明与本案卷有关的影像、声像等资料的归档情况；案卷归档后经鉴定机构负责人同意入卷或撤出的材料情况，主卷人、机构负责人、档案管理人的姓名；立卷接收日期，以及其他需说明的事项。

7.1.4 需存档的施工图设计文件（或竣工图）按国家有关标准折叠后存放于档案盒内。

7.1.5 案卷应当做到材料齐全完整、排列有序，标题简明确切，保管期限划分准确，装订不掉页不压字。

7.1.6 档案管理人对已接受的案卷，应按保管期限、年度顺序、鉴定类别进行排列编号并编制《案卷目录》、计算机数据库等检索工具。涉密案卷应当单独编号存放。

7.1.7 出具鉴定意见书的鉴定档案，保存期为 8 年。

7.1.8 档案应按"防火、防盗、防潮、防高温、防鼠、防虫、防光、防污染"等条件进行安全保管。档案管理人应当定期对档案进行检查和清点，发现破损、变质、字迹褪色和被虫蛀、鼠咬的档案应当及时采取防治措施，并进行修补和复制。发现丢失的，应当立即报告，并负责查找。

7.2 档案内容

7.2.1 下列材料应整理立卷并签字后归档：

1 鉴定委托书；

2 鉴定过程中形成的文件资料；

3 鉴定意见书正本；

4 鉴定意见工作底稿；

5 送达回证；

6 现场勘验报告、测绘图纸资料；

7 需保存的送鉴资料；

8 其他应归档的特种载体材料。

7.2.2 需退还委托人的送鉴材料，应复印或拍照存档。鉴定档案应纸质版与电子版双套归档。

7.3 查阅或借调

7.3.1 鉴定机构应根据国家有关规定，建立鉴定档案的查阅和借调制度

7.3.2 司法机关因工作需要查阅和借调鉴定档案的，应出示单位函件，并履

行登记手续。借调鉴定档案的应在一个月内归还。

7.3.3　其他国家机关依法需要查阅鉴定档案的，应出示单位函件，经办人工作证，经鉴定机构负责人批准，并履行登记手续。

7.3.4　其他单位和个人一般不得查阅鉴定档案，因特殊情况需要查阅的，应出具单位函件，出示个人有效身份证明，经委托人批准，并履行登记手续。

7.3.5　鉴定人查阅或借调鉴定档案，应经鉴定机构负责人同意，履行登记手续。借调鉴定档案的应在 7 天内归还。

7.3.6　借调鉴定档案到期未还的，档案管理人员应当催还。造成档案损毁或丢失的，依法追究相关人员责任。

7.3.7　鉴定机构负责人同意，卷内材料可以摘抄或复制。复制的材料，由档案管理人核对后，注明"复印件与案卷材料一致"的字样，并加盖鉴定机构印章。